宗祖に訊く

日本仏教十三宗
教えの違い総わかり

大竹 晋

国書刊行会

まえがき

インド仏教のアビダルマ（〝論〟）である『成実論《じょうじつろん》』や『倶舎論《くしゃろん》』においては、仏教のさまざまな論題についてさまざまな部派の論師たちの説が組み合わされ、架空の対論が繰り広げられます。それと同じように、仏教のさまざまな論題について日本仏教十三宗の宗祖たちの説が組み合わされ、架空の対論が繰り広げられる「日本仏教のアビダルマ」を作ったらおもしろいんじゃないかなあ、と思って作ってみたのが本書です。

書物の形式としては、司会が宗祖たちの説を誘導したり補足したりする、架空シンポジウム形式を採ることにしました。ただし、本書において現われる宗祖たちの説はすべて宗祖たちの著作あるいは語録からの引用であり、決して架空の説ではありません。本書は形式としてはお遊びですが、内容としては大まじめに作られています。

もとより、宗祖たちの説は生涯にわたって変化し続けており、初期と後期とにおいて説の内容に差があることもあり得ます。本書においては、主として宗祖たちの後期の説を選びつつ、初期の説のうち有名なものをも、後期の説と矛盾しない範囲において、加えてみました。すなわち、本書において示される宗祖たちの説は、あくまで、生涯にわたって変化を繰り返した宗祖たちの説が筆者によって平均化されたものであることをお断りしておきます。宗祖たちの説の変遷を捨象することは学術書においては褒められるべきことではありませんが、本書はあくまでお遊びを通じて宗祖たちの有名な説の数々を一般読書家にわかりやすく紹介することを目的としておりますので、この点についてはご諒解を乞うものです。

宗祖たちが残した著作あるいは語録は膨大な数にのぼり、その内容も多岐にわたります。宗祖たちはそれぞれ仏教の基本的な論題に対する持説を骨組みとし、それに肉づけして著作あるいは語録を作っていたはずですが、いかんせん、肉が分厚すぎて、骨組みがわかりにくくなっているきらいがあります。本書においては、仏教の基本的な論題を前もっていくつか選び、それらに対して回答となるべき説を宗祖たちの著作あるいは語録から抽出することによって、結果的に、仏教の基本的な論題に対する宗祖たちの持説という骨組みを明らかにすることを目指しました。

言い換えれば、宗祖たちの教えのうちでも、骨組み以外の肉（たとえば、時事や些事に関する教え）については、いかに豊かな内容であろうとも、それをほとんど捨てています。教え以外のもの、たとえば、天台宗における教観双美のうちの観や、真言宗における事相と教相とのうちの事相や、臨済宗や黄檗宗における教外別伝の禅体験についても、それらをほとんど捨てています。

ただし、それぞれの教えの骨組みについては、部分ごとに並行的に比較しておりますので、本書は宗祖たちの教えの違いを知るために便利であると信じています。

仏教学の勉強とは、さまざまに枝分かれした仏教の諸学説の間の細かな違いをわかるようになることでないかと思います。特定の学説のみを採り上げて「仏教ではこうだ」と主張するような独善的な議論は避けるべきものです。独善的な議論は結局不和しか生みません。仏教を愛する人々が、さまざまに枝分かれした諸学説の間の違いをわかって違いを尊重するとともに、諸学説が仏教という大きな樹の中で多くを共有している兄弟であることをわかって和合してくださることを願って、本書を書きました。

本書によって宗祖たちの教えの違いに興味を持ったことをきっかけとして、これまである宗についての書物しか読まなかった人が別の宗についての書物をも読むようになり、そのような人が多くなることによって、日本仏教の世界がゆるやかに結合していったり、仏教書の世界が活気づいていったりすることが起こればいいなあ、と思っています。

なお、本書は、これまで専門家向け仏教書を書いてきた筆者にとって、初めて書いた一般読書家向け仏教書になります。仏教には戒学《かいがく》、定学《じょうがく》、慧学《えがく》という三学（〝三つの学び〟）がありますが、本書は、筆者個人にとって、現代日本において血のかよった三学を考えようとする三部作のうちのひとつをなしています。

戒学『明日から始める優婆塞・優婆夷——自誓受戒で在家仏教』（未刊）
定学『大乗非仏説をこえて——大乗仏教の存在意義』（未刊）
慧学『宗祖に訊く——日本仏教十三宗・教えの違い総わかり』（本書）

『明日から始める優婆塞・優婆夷』においては、本書において触れられなかった仏教的生活の実践をめぐって、「何を食べたらいいのか」から「死んだらどうなる」までに至るこまごまとした諸問題について考えていきます。
『大乗非仏説をこえて』においては、本書において触れられなかった大乗非仏説（大乗仏教は仏説でないということ）をめぐって、「大乗仏教は何のためにあるのか」「大乗仏教は信じられるのか」というような根本的な諸問題について考えていきます。

未刊の二冊についても、縁に随い、いずれ公刊したいと願っています。

このほか、幸いにして本書が広く江湖《こうこ》に迎えられ、さらなるお需《もと》めをいただいた場合、本書と同じように、日本十三宗の前提をなすインド仏教のさまざまな論題について鳩摩羅什《くまらじゅう》と世親《せしん》とが司会を挟んで語りあう架空対談『羅什・世親に訊く——中観と唯識・教えの違い総わかり』（このふたりは同時代の先輩後輩としてともに留学先であるカシミールの説一切有部において声聞乗のアビダルマを学んだのち、それぞれ中観と唯識とにおいて大乗のアビダルマを構築しており、比較すると教理上の接点が多くあっておもしろいのです）ですとか、人を率いる者の道義的心構えについてわが国の武将たちの師であった名僧たちが司会を挟んで語りあう架空シンポジウム『名僧に訊く――武将の帰依処臨済宗・治世の心得総わかり』（鎌倉時代から江戸時代までにわたる臨済宗の名僧たちの厳しくも慈愛あふれる示教を聴くものとなるはずです）を書いてみたいとも思っています。暖かいご声援をいただけますと幸いです。

筆者は宗門に属する者ではありませんが、本書が成るにあたっては、自己の研鑽のほかにも、宗門に属するさまざまな知人からの示教を忝くしました。とりわけ、空海については、年長の友人である博覧強記の真言僧、原田和宗師から大いに啓発されたことを記します。

最後に、本書のもとになった原稿をおもしろがって読んでくださり、本書のプロデューサーとしてついにこんにちの刊行にまで漕ぎつけてくださった、国書刊行会編集部の今野道隆さんに厚く御礼申し上げます。

平成二十七年六月吉日　京都東九条の寓居にて

大竹　晋

目次

凡例

一、本書の各章における宗祖の配列は、最初に旧仏教の諸宗、および、旧仏教と多くの教理を共有する日蓮宗・融通念仏宗の二宗、次に浄土門の諸宗、最後に禅門の諸宗という順序に従っている。これは叙述を容易にするための便宜にすぎず、禅門の優位性を提示するための措置ではない。本書の立場は中立である。

一、本文において仏教語をそのまま用いるに当たっては、直後の〈〃〉内に現代語による言い換えを付した。なお、文脈によっては、一つの仏教語に対し、異なる言い換えを付した。例として、次のようなものがある。

「如来蔵」（原梵語はタターガタ・ガルバ）：原梵語は「如来を蔵するもの」「如来の胎児」という二つの意味を有する。したがって、文脈によって言い換えた。

「法界」（原梵語はダルマ・ダートゥ）：原梵語は「法にとっての基盤」という意味を有する（ここでの法は仏教を指す）。ただし、宗によっては、「諸法の領域」という意味において使用される（ここでの諸法は複数の枠組みを指す）。したがって、文脈によって言い換えた。

「仏道」：「仏の悟り」「仏の道」という二つの意味を有する。したがって、文脈によって言い換えた。

一、註において宗祖の著作や語録の原文を引用するに当たっては、学術的に信頼できる版本のうち、一般読書家が公共図書館などを通じて接近しやすいであろうものを底本として選んだ。漢文で書かれた著作や語録については、訓読文のみを載せている版本を避け、あくまで原漢文を載せている版本を選んだ。カタカナで書かれた著作や語録については、読みやすさを図って、カタカナをひらがなに改めた上で引用した。その際、濁点のないものについては、濁点を加えた。

略号表

DDZ：伝教大師全集（世界聖典刊行協会〔覆刻〕）
DDZF：伝教大師全集第五巻附録（世界聖典刊行協会〔覆刻〕）
DZZ：原文対照現代語訳道元禅師全集（春秋社）
IZ：新纂校訂隠元全集（開明書院）
IZF：新纂校訂隠元全集附録（開明書院）
JZ：浄土宗全書（山喜房佛書林〔覆刻〕）
KDZ：弘法大師全集（筑摩書房）
KZS：国訳禅宗叢書（第一書房〔覆刻〕。原漢文掲載箇所を使用）
NKBT：日本古典文学大系（岩波書店）
NST：日本思想大系（岩波書店）
SNKBT：新日本古典文学大系（岩波書店）
SZB：親鸞全集別巻（春秋社）
T：大正新脩大蔵経（大蔵出版）
入矢義高［1972］：『伝心法要（宛陵録）』、『世界古典文学全集36A　禅家語録Ｉ』（筑摩書房）
入矢義高［1989］：『臨済録』岩波書店（岩波文庫）

善導和尚

法然上人

親鸞上人

一遍上人

臨済禅師

黄檗禅師

隠元禅師

道元禅師

弘法大師

賢首大師

南山大師

慈恩大師

大通上人

日蓮上人

伝教大師

天台大師

開会式
――シンポジウム「宗祖に訊く――日本仏教十三宗・教えの違い総わかり」

霊威あふれる神変《じんぺん》の中、威儀を正した高僧たち、次々と現われて曲彔《きょくろく》（法会《ほうえ》用の曲げ木椅子）に着く。いずれも過去における それぞれの臨終の砌《みぎり》、仏天の御はからいによって、未来における日本仏教十三宗の状況をまのあたりに見せられ、やむにやまれぬ思いから、仏天の神通力に乗って現代の日本に参集した、わが日本仏教十三宗の宗祖たちである。司会、膝を屈して頂礼する。

司会　日本仏教十三宗の宗祖の皆さまにおかれましては、それぞれご遷化《せんげ》の砌、仏天のご加護をもちまして、皆さまの教えの骨組みを明確化しようというこのたびのシンポジウムにご参集いただきまして、誠にありがとうございます。

宗祖たち、目で頷く。

司会　現在、日本仏教は明治初年の廃仏毀釈以来の大再編期を迎えようとしています。①少子高齢化による日本の総人口の減少、その中でもさらに②脱宗教化による日本の宗教人口の減少、加えてさらに③宗教多様化による日本の仏教人口の減少、極めつけは④仏教多様化による日本の伝統仏教人口の減少――。これらの歴史的変動によって、特に、近世以来の檀家制度によって支えられてきた日本の伝統仏教教団である、日本仏教十三宗は変容を迫られつつあります。

ただし、たとえ十三宗がこの先どうなろうとも、十三宗の宗祖の皆さまの教えを学びたいと望む人々の流れが日本の国から絶えることは、日本の国が続くかぎり、絶対にないであろうと思われます。かつてこの国に高い精神性を教え、わが日本人のご先祖さまたちを数知れず徳性へと導いた、日本仏教十三宗の宗祖のかたがた――。皆さまの生きかたを慕い、皆さまのように生きたいと望む人々の流れは、皆さまが遷化なさったのちも、今に至るまで、途絶えることはありません。むしろ、檀家制度を支えてきた大家族が核家族あるいは個人へと分裂し、〝家の宗教〟として十三宗が変容を迫られつつある今、家族を離れた自由な個人が〝個の宗教〟としていずれかの祖師の教えを主体的に選択することも始まりつつあるように思われます。このたびのシンポジウムは、そのような自由な個人に向けて、宗祖の皆さまの教えの骨組みを明確化するために開催されることとなりました。

そもそも、宗（シッダーンタ。〝論証された結論〟）ということばは、人（宗祖）が論証を重ね、結論として出した教えを意味するのであり、決して、その教えを奉ずる教団を意味するのではありませんでした。その意味においては、たとえ教団としての宗がこの先どうなろうとも、教えとしての宗（シッダーンタ）は宗祖の教えに賛同する自由な個人がひとりひとりの心の中に持っていればよいのです。本シンポジウムの副題は、教団としての宗ではなく、教えとしての宗を含意して、「日本仏教十三宗・教えの違い総わかり」と付けられました。

宗祖たち、軽く頷く。

司会　本シンポジウムにおいては、次のような章だてにしたがって、皆さまひとりひとりにお話を伺ってまいります。

第一章と第二章とにおいては、すべての基礎として、教判《きょうはん》（〝教えの判別〟）と行位《ぎょうい》（〝修行の階位〟）とを扱います。

第三章においては、迷いにある段階と、悟りを求める段階との両方に共通の基礎として、真理を扱います。

第四章から第七章までにおいては、迷いにある段階として、心識《しんしき》（〝こころ〟）と、心識のうちにある仏性《ぶっしょう》（〝仏の基盤〟）と、心識に結合する煩悩と、煩悩による生死《しょうじ》とを扱います。

第八章から第十二章までにおいては、悟りを求める段階として、修行と、仏身《ぶっしん》（〝仏のからだ〟）と、仏土《ぶつど》（〝仏の国〟）と、成仏（〝仏になること〟）と、戒律（〝節制と運営規則〟）とを扱います。

以上の十二章を通じて、皆さまの教えの骨組みが明確になることと信じております。

なお、お話を伺う前には、かならず先にインド仏教について触れ、お話を伺う際には、十三宗の宗祖の皆さまの教えと、インド仏教との同異について触れさせていただこうと思います。というのも、皆さまの時代においては、インド仏教についての知識があまり普及していませんでしたが、現代においては、インド仏教についての知識がかなり普及しており、上座部《じょうざぶ》仏教やチベット仏教のような、インド仏教色が濃厚な仏教も日本に進出しております。日本仏教十三宗と、上座部仏教と、チベット仏教との対話は、それぞれの教えがあまり一致しないこともあってか、充分に進んでいるとは言えませんが、これからの日本仏教においては、上座部仏教やチベット仏教を無視することはできません。

現在は過渡期ですから、上座部仏教やチベット仏教を、よりインド仏教色が濃厚であるという点で正解と見なし、日本仏教十三宗を、よりインド仏教色が希薄であるという点で誤解と見なす、短絡的な日本仏教十三宗批判が起こることもあります。しかし、日本仏教十三宗も、もとをたどればインド仏教に始まる以上、もしインド仏教を踏まえて日本仏教十三宗の教えをきちんと説明できるならば、そのような批判を解消できて、実り豊かな対話が望めます。

十三宗の宗祖の皆さまの教えは、それぞれの時代の制約のせいで、必然的に誤解に陥った部分を含んでいますが、しかし、それと同じくらい、歴史的ブッダ以来のアビダルマ（〝論〟）の考えかたをきちんと踏まえ発展させた部分を含んでもいます。この二つの部分をはっきりさせながら、特に後者の部分を生かして、日本仏教のアビダルマを作ることがこのたびの試みの目的です。そのことが将来、日本仏教十三宗と、上座部仏教と、チベット仏教とが対話するための土台にもなります。

宗祖の皆さまの教えのうちに含まれる誤解を指摘することは大変心苦しく、かつ、お耳ざわりなことかと存じますが、開かれた日本仏教づくりのために、なにとぞご寛恕いただけますと幸いです。宗祖の皆さまの教えのうちに含まれる誤解を認めつつも、なおかつ、宗祖の皆さまの教えが歴史的ブッダ以来のアビダルマの考えかたをきちんと踏まえ発展させたものであることを確認し、上座部仏教やチベット仏教とも手を携えていける、未来の、より良い日本仏教を作っていきたいと存じます。

宗祖たち、深く頷く。

司会　さて、ここからは、日本仏教十三宗の成り立ちと、宗祖の皆さまのご生涯とを簡単に紹介申し上げます。

日本に仏教が公伝したのは、飛鳥時代、欽明《きんめい》天皇の代（六世紀中頃）であり、その後、奈良時代から平安時代にかけて、いわゆる八宗が成立し、朝廷から公認されました。表にしますと、左のとおりです（表1）。

そもそも、日本仏教における宗は、当初、五宗としてスタートしました。奈良時代、養老二年（七一八）の太政官《だいじょうかん》による布告に「五宗」（『続日本紀』養老二年十月庚午条）とあり、天平勝宝年間（七四九―七四七）の正倉院文書「僧智憬章疏本等奉請啓」に法性《ほっしょう》宗（法相宗）、三論宗、律宗、倶舎《くしゃ》宗、成実《じょうじつ》宗が列挙されます。これら五宗はいずれも中国あるいは朝鮮半島から日本に伝わっていました。このうち、倶舎宗と成実宗とは平安時代に順に法相宗と三論宗とに組み込まれ、三論宗は鎌倉時代に消滅しました。したがって、五宗のうち十三宗の一員として現在まで残っておりますのは法相宗と律宗との二つのみです。

次に、奈良時代、天平勝宝年間（七四九―七五七）に、華厳宗が加わって、日本仏教は六宗となりました。天平宝字

表1　日本仏教八宗成立年

宗	成立年
法相宗、三論宗、律宗、倶舎宗、成実宗	養老二年（七一八）以前
華厳宗	天平勝宝年間（七四九―七五七）
天台宗	延暦二十五年（八〇六）
真言宗	承和二年（八三五）

（参考：井上光貞［一九八五（一九六一）］「南都六宗の成立」『日本仏教史論集　第二巻　南都六宗』吉川弘文館）

四年（七六〇）の僧綱《そうごう》による要請に「六宗」（『続日本紀』天平宝字四年七月庚戌条）とあります。華厳宗は中国から朝鮮半島を経て日本に伝わりました。

次に、平安時代、延暦二十五年（八〇六）に、天台宗が加わって、日本仏教は七宗となりました。これは、中国に留学して天台宗を日本に伝えた最澄さまのご提案（『顕戒論縁起』巻上、請加新法華宗表）によって、華厳宗二人、天台宗二人、律宗二人、三論宗三人（成実宗一人を付す）、法相宗三人（倶舎宗一人を付す）という年分度者十二人制を定める太政官符（『類聚三代格』）が出されたことに由来します。これ以降、倶舎宗と成実宗とはそれぞれ法相宗と三論宗とに付属する「寓宗《ぐうしゅう》」となりました。

次に、平安時代、承和二年（八三五）に、真言宗が加わって、日本仏教は八宗となりました。これは、中国に留学して密教を日本に伝え、それまでは七宗の共有財産として教えていらっしゃった空海さまが、ご遷化を前に後継者づくりのため真言宗の年分度者三人をご申請、それを定める太政官符が出されたことに由来します。

次に、鎌倉時代、承安五年（一一七五）に、浄土宗が加わって、日本仏教は非公式ながらも九宗となりました。これは、天台宗出身の法然さまが中国の善導《ぜんどう》さまの著作を拠りどころとして、京都東山において専修念仏《せんじゅねんぶつ》（〝もっぱら念仏を修行すること〟）を広め始めたことに由来します。ただし、「新宗を立つる失」（『興福寺奏状』）によって既成仏教側から非難を受け、政権からも禁圧を受けた結果、浄土宗は散り散りとなり、鎌倉時代、室町時代にわたって、倶舎宗や成実宗と同じ「附庸宗《ふようしゅう》」（虎関師錬《こかんしれん》『元亨釈書《げんこうしゃくしょ》』巻二十七、諸宗志）として、天台宗に服従することになりました。浄土宗が一宗として公認されたのは、江戸時代、元和元年（一六一五）の「浄土宗法度」の制定および寛永九年（一六三二）以降の「諸宗末寺帳」の編纂の際、知恩院が天台宗の青蓮院《しょうれんいん》の支配から独立し、浄土宗の本山となった時であると考えられます。

法然さまのお弟子である親鸞さま、曽孫弟子に当たる一遍さまは独自の思索を深めていき、お二人の死後、それぞれの門下からは浄土宗と一線を画する教団が派生しました。のちの浄土真宗と時宗です。両宗は室町時代に在野勢力として発展を遂げましたが、浄土真宗は元亨（一三二一—一三二四）の頃から京都の本願寺が天台宗の比叡山妙香院《みょうこういん》（青蓮院門跡《もんぜき》が住職を兼務）の支配下に置かれる状態が続き、時宗は時衆と呼ばれる遊行者集団のまま宗を名のらない状態が続きました。浄土真宗が一宗として公認されたのは、戦国時代、永禄二年（一五五九）に本願寺が門跡寺院となった頃であると考えられ、時宗が一宗として公認されたのは、江戸時代、寛永九年（一六三二）以降の「諸宗末寺帳」の編纂の際、清浄光寺が時宗の本山となった時であると考えられます。なお、真宗という名は明治五年（一八七二）に公認されたものであり、それまでは一向宗あるいは門徒宗という名が用いられていました。

さらに、天台宗出身の日蓮さまは、浄土宗の開宗に危機感を抱きつつ、強固な『法華経』至上主義を主張し、その死後、日蓮さまの門下からは天台宗と一線を画する教団が派生しました。のちの日蓮宗です。日蓮宗が一宗として公認されたのは、建武元年（一三三四）に京都の妙顕寺が後醍醐天皇の綸旨《りんじ》によって勅願寺となった頃であると考えられます。なお、日蓮宗という名は明治五年（一八七二）に公認されたものであり、それまでは法華宗という名が用いられていました。

浄土宗、浄土真宗、時宗、日蓮宗が鎌倉時代に始まったのに対し、鎌倉時代に中国から渡来したのが、禅門を伝える、臨済宗と曹洞宗との二宗です。臨済宗は複数の経路をたどって日本に伝来しましたが、一宗として公認されたのは、正応四年（一二九一）に亀山《かめやま》天皇が京都に南禅寺《なんぜんじ》（当初は禅林寺）を創建した頃であると考えられます。曹洞宗は道元さまの中国留学によって日本に伝来しましたが、一宗として公認されたのは、遅くとも、室町時代、永正四年（一五〇七）に永平寺が「本朝曹洞第一道場」という勅額を与えられた頃であると考えられます。

安土桃山時代、豊臣秀吉の命令を受け、文禄五年（一五九六）から慶長二〇年（一六一五）にかけ、方広寺において千僧供養が行なわれた時、京都一円において召集されたのは、真言衆（真言宗）、天台宗、律僧（律宗）、五山禅宗（臨済宗）、日蓮党（日蓮宗）、浄土宗、遊行（時宗）、一向衆（浄土真宗）という八宗の僧侶でした（山科言経『言経卿記』文禄四年九月二十五日条）。これによって、当時の有力宗派が知られます。

さらに、江戸時代、寛文元年（一六六一）に、黄檗宗が加わりました。これは、中国から渡来した臨済宗の僧、隠元さまが江戸幕府の庇護を受け、黄檗山万福寺を開創したことに由来します。なお、黄檗宗という名は明治九年（一八七六）に公認されたものであり、それまでは臨済正宗あるいは黄檗派という名が用いられていました。

最後に、江戸時代、元禄元年（一六八八）に、融通念仏宗が加わりました。これは、平安時代の天台宗の僧侶、良《りょう》忍《にん》上人（一〇七三―一一三二）が行なっていたと伝えられる「融通念仏」を源流と仰ぐ、河内地方の在家者の念仏講（〝念仏サークル〟）が、大通融観さまによって、出家者の教団へと改組されたことに由来します。

以上が、簡単ながら、日本仏教十三宗の成り立ちです。

宗祖たち、大きく頷く。

司会　まず、法相宗からは、中国の高祖、基《き》さまをお迎えしました。

インド仏教に声聞乗の学派と大乗の学派とがあるうち、大乗の学派には、龍樹《りゅうじゅ》菩薩を祖とする中観《ちゅうがん》派と、弥勒《みろく》菩薩を祖とする唯識《ゆいしき》派との二つがあります。唯識派の教えは南北朝時代（六世紀）に中国に伝わり始めました。北朝においては、唯識派の世親《せしん》菩薩の『十地経論《じゅうじきょうろん》』（『華厳経』十地品《じゅうじぼん》の註釈）を研究する地論宗《じろんしゅう》が起こり、南朝においては、同じく世親菩薩の『摂大乗論釈《しょうだいじょうろんしゃく》』（無著《むじゃく》菩薩の『摂大乗論』の註釈）を研究する摂論宗《しょうろんしゅう》が起こっています。南北朝を統一した隋においては、両宗が融合した地論系摂論宗が起こりましたが、隋に続く唐において、玄奘《げんじょう》三蔵（六〇二―六六四）がインドの唯識派のもとに留学し、唯識派の教えを直接中国にもたらしてからは、地論系摂論宗は急速に衰退していきました。基さまはその玄奘三蔵の高弟であり、玄奘三蔵がもたらした唯識派の教えを中国に詳しく紹介なさった大学僧でいらっしゃいます。とりわけ、玄奘三蔵に『成唯識論《じょうゆいしきろん》』の編訳を要請し、『成唯識論』の奥義を相伝したことによって、『成唯識論』を中心とする、のちに法相宗と呼ばれる学派を創始なさいました。日本の法相宗は、唐に留学した日本の僧侶たちが、玄奘三蔵や、基さまの孫弟子である智周《ちしゅう》さま（六六八―七二三）から直接いただいた教えを継承しております。簡単ながらご生涯を表にしますと、左のとおりです（表2）。

表2　法相宗・基の生涯

時期	事績
唐・貞観五年（六三二）	誕生。父は左金吾将軍、松州都督、江由県開国公、尉遅宗《うっちしゅう》。
唐・貞観十九年（六四五）	玄奘三蔵が帰国。
唐・貞観二十二年（六四九）	出家。
唐・顕慶四年（六五九）	玄奘三蔵に『成唯識論』編訳を要請、相伝。
唐・麟徳元年（六六四）	玄奘三蔵が遷化。
唐・永淳元年（六八二）	長安（現在の西安）の大慈恩寺にて遷化。

（参考：佐伯良謙［一九八一］『慈恩大師伝』法隆寺）

表からわかりますように、大慈恩寺にお住まいになったため、ご遷化ののちは、早くから慈恩《じおん》大師と敬称されていらっしゃいます（『宋高僧伝』巻四、窺基伝）。本シンポジウムにおいても、慈恩大師さまとお呼びしたいと存じます。

慈恩大師、厳かに頷く。

司会　次に、律宗からは、中国の高祖、道宣《どうせん》さまをお迎えしました。

南北朝時代の中国において、声聞乗の諸部派（諸出家教団）のうち、説一切有部《せついっさいうぶ》の『十誦律《じゅうじゅりつ》』、法蔵部《ほうぞうぶ》の『四分律《しぶんりつ》』、大衆部《だいしゅぶ》の『摩訶僧祇律《まかそうぎりつ》』、化地部《けじぶ》の『五分律《ごぶんりつ》』という四つの律（〝教団運営規則〟）が翻訳されてのち、北朝においてはもっぱら『四分律』が、南朝においてはもっぱら『十誦律』が用いられていました。北朝系の隋が南北朝を統一したのちは、中国全土において『四分律』が用いられるようになりましたが、その際、『四分律』の解釈を担った北朝系の律師《りっし》たちが律宗の起源です。隋に続く唐において、道宣さまはそれまでの律師たちを継承しつつ研究を重ね、のちに南山《なんざん》律宗と呼ばれる学派を創始なさいました。律宗においては法礪《ほうれい》律師（五六九―六三五）を祖とする相部《そうぶ》律宗、道宣さま（五九七―六六七）を祖とする南山律宗、懐素《えそ》律師（六二四―六九七）を祖とする東塔《とうとう》律宗という三つの学系がありましたが、相部律宗と東塔律宗とは宋の時代に断絶し、ただ道宣さまの南山律宗のみがこんにちまで存続しています。日本の律宗は、道宣さまの曽孫弟子である鑑真《がんじん》さま（六八八―七六三）が来日なさって以来、南山律宗を継承しております。簡単ながらご生涯を表にしますと、左のとおりです（表3）。

表からわかりますように、終南山に住まわれました時期が長いため、ご遷化ののちは、古くから南山律師あるいは南山大師と敬称されていらっしゃいます。本シンポジウムにおいても、南山大師さまとお呼びしたいと存じます。

南山大師、厳かに頷く。

司会　次に、華厳宗からは、中国の高祖、法蔵《ほうぞう》さまをお迎えしました。

先に述べましたとおり、南北朝時代の中国において唯識派の教えが伝えられてのち、北朝においては、唯識派の世

表3　律宗・道宣の生涯

時期	事績
隋・開皇十六年（五九六）	長安（現在の西安）にて誕生。父は先の陳の吏部尚書、銭申。
隋・大業六年（六一〇）	長安の日厳寺にて出家。和尚は慧頵律師（五六四―六三七）。
隋・大業十一年（六一五）	具足戒。戒師は智首律師（五六七―六三五）。
唐・武徳七年（六二四）	日厳寺の廃止。長安の崇義寺に移住
唐・貞観四年（六三〇）―十五年（六四一）頃	中国各地を遊行。
唐・貞観十六年（六四二）	長安郊外の終南山の豊徳寺に定住。
唐・貞観十九年（六四五）―二十年（六四六）	玄奘三蔵の翻訳事業に参加。
唐・顕慶三年（六五八）	長安の西明寺の上座に就任。
唐・麟徳元年（六六四）	長安郊外の終南山の浄業寺に隠棲。
唐・乾封二年（六六七）	浄業寺にて遷化。

（参考：藤善眞澄［二〇〇二］『道宣伝の研究』京都大学学術出版会）

表4　華厳宗・法蔵の生涯

時期	事績
唐・貞観十七年（六四三）	誕生。父は唐の佐衛中郎将、康謐。
唐・龍朔二年（六六二）	長安（現在の西安）郊外の終南山にて智儼《ちごん》（六〇二―六六八。華厳宗第二祖）との出会い。
唐・総章元年（六六八）	智儼死去。
唐・咸亨元年（六七〇）	長安の太原寺にて出家。
唐・上元元年（六七四）	具足戒。
唐・永隆元年（六八〇）	日照三蔵（六一二―六八七）の六十巻『華厳経』補塡事業に参加。
唐・証聖元年（六九五）	実叉難陀三蔵（六五二―七一〇）の八十巻『華厳経』翻訳事業に参加。爾来、翻訳事業に多く関与。
唐・先天元年（七一二）	長安の大薦福寺にて遷化。

（参考：吉津宜英［一九九一］『華厳一乗思想の研究』大東出版社）

親菩薩の『十地経論』を研究する地論宗が起こり、南朝においては、同じく世親菩薩の『摂大乗論釈』を研究する摂論宗が起こり、南北朝を統一した隋においては、両宗が融合した地論系摂論宗が起こりましたが、隋に続く唐においては、玄奘三蔵がインドの唯識派のもとに留学し、帰国後、お弟子である慈恩大師さまが法相宗を打ち立ててからは、地論系摂論宗は急速に衰退していきました。その地論系摂論宗のうち、『華厳経』十地品の註釈である『十地経論』を重視し続ける一派があたかも不死鳥のように再生したのが華厳宗です。華厳宗は『華厳経』を大乗の最高位に位置づけ、法相宗の教えを大乗の最下位に位置づけました。法蔵さまはその華厳宗の第三祖であり、大成者でいらっしゃいます。法蔵は法諱《ほうい》（法名）であり、字《あざな》（通称）は賢首《げんじゅ》とおっしゃいます。日本の華厳宗は、朝鮮半島の新羅を経由して、法蔵さまの華厳宗を継承しております。簡単ながらご生涯を表にしますと、右のとおりです（表４）。生前に国一法師という号が唐の朝廷から贈られましたが、古くから、字（通称）によって、賢首大師と敬称されていらっしゃいます。本シンポジウムにおいても、賢首大師さまとお呼びしたいと存じます。

賢首大師、厳かに頷く。

司会　次に、天台宗からは、中国の高祖、智顗《ちぎ》さまと、日本の宗祖、最澄さまとをお迎えしました。

インドの仏教に声聞乗の学派と大乗の学派とがあるうち、インドにおける大乗の学派には、龍樹菩薩を祖とする中観派と、弥勒菩薩を祖とする唯識派との二つがあります。中観派の教えは南北朝時代（四世紀）に中国に伝わり始めました。その中観派の教えをヒントとして、南北朝時代から隋にかけて、高度な瞑想体験を積むようになったのが天台宗です。天台宗はしだいに瞑想経験を『法華経』に結びつけるようになり、『法華経』を大乗の最高位に位置づけました。智顗さまはその第三祖であり、大成者でいらっしゃいます。日本の天台宗は、最澄さまが中国に留学して以来、智顗さまの天台宗を継承しております。簡単ながらご生涯を表にしますと、次頁のとおりです（表５）。

生前に智者大師という号が隋の朝廷から贈られましたが、天台山に住まわれました時期が長いため、ご遷化ののちは、古くから、天台大師と敬称されていらっしゃいます。本シンポジウムにおいても、天台大師さまとお呼びしたいと存じます。

天台大師、厳かに頷く。

表5　天台宗・智顗の生涯

時期	事績
梁・大同四年（五三八）	益陽県（現在の湖南省）にて誕生。父は梁の益陽県の開国侯、陳起祖。
梁・紹泰元年（五五五）	長沙（現在の湖南省の省都、長沙市）の果願寺にて出家。
梁・太平二年（五五七）	具足戒。戒師は慧曠律師（五三四―五六九）。
陳・天嘉元年（五六〇）	大蘇山（河南省）にて慧思《えじ》（五一五―五七七。天台宗第二祖）との出会い。慧思の指導によって空《くう》を体験（大蘇の悟り）。
陳・光大二年（五六八）	慧思の指示によって、大蘇山から、陳の都、建康（現在の江蘇省の省都、南京市）へ移住。布教。
陳・太建七年（五七五）	天台山（浙江省）に隠棲。天台山の華頂峰にて中道《ちゅうどう》を体験（華頂の成道）。
陳・至徳三年（五八五）	勅命によって建康へ移住。布教。
隋・開皇八年（五八八）	隋の中国統一。陳の滅亡。爾来、隋の文帝と、その子、晋王広（のちの煬帝）との帰依を受ける。
隋・開皇十三年（五九三）	荊州（現在の湖北省荊州市）に玉泉寺を建立し居住。
隋・開皇十五年（五九五）	天台山に隠棲。
隋・開皇十七年（五九七）	天台山の西門、石城寺にて遷化。

（参考：京戸慈光［一九七五］『天台大師の生涯』第三文明社〔レグルス文庫〕）

司会　さて、天台大師さまの教えはその後の中国仏教に大きな影響を与えましたが、日本においては伝わるのが遅れ、ただ間接的にその高名がうかがい知られるのみでした。最澄さまは天台大師さまの高名を慕い、鑑真さまによってもたらされた天台宗の文献を独学したのち、唐に留学して天台宗の第六祖である湛然《たんねん》和上（七一一—七八二。天台宗第六祖）の門下である道邃《どうずい》、行満《ぎょうまん》（ともに八—九世紀）両師に教えを受け、帰国ののち、比叡山に天台宗を開いて、その後の日本仏教に計り知れない影響を与えた潔僧でいらっしゃいます。簡単ながらご生涯を表にしますと、左のとおりです（表6）。

ご遷化ののち、貞観八年（八六六）、日本初の大師号として、伝教《でんきょう》大師という諡《おくりな》が朝廷から贈られました。最澄さまのお弟子である円仁さま（七九四—八六四）に慈覚大師という諡が贈られたのと同時のことです。それ以来、日本の

表6　天台宗・最澄の生涯

時期	事績
天平神護二年（七六六）	近江国滋賀郡（現在の滋賀県大津市）にて誕生。父は三津首《みつのおびと》百枝《ももえ》。
宝亀十一年（七八〇）	近江国分寺にて出家。和尚は行表（七二二—七九七）。
延暦四年（七八五）	東大寺にて具足戒。比叡山に居住。
延暦七年（七八八）	比叡山に一乗止観院を開創（弘仁十四年〔八二三〕以降、延暦寺と改名）。
延暦二十三年（八〇四）	入唐。湛然の弟子である道邃、行満から天台宗の教えを受学。
延暦二十四年（八〇五）	順暁（八—九世紀）から密教を受学。帰国。
弘仁八年（八一七）	法相宗の徳一と論争を開始。
弘仁九年（八一八）	小乗戒を放棄。南都六宗と対立。
弘仁十三年（八二二）	比叡山にて遷化。大乗戒壇の公許。

（参考：田村晃祐〔一九八八〕『人物叢書　最澄』吉川弘文館）

表7　真言宗・空海の生涯

時期	事績
宝亀五年（七七四）	讃岐国多度郡（現在の香川県善通寺市）にて誕生。父は佐伯《さえき》直《のあたい》田公《たぎみ》。
延暦十年（七九一）	大学入学。その後、退学し、山林にて修行。
延暦二十三年（八〇四）	出家。東大寺にて具足戒。入唐。
唐・貞観二十一年（八〇五）	長安（現在の西安）の西明寺に居住。恵果から密教を受学。
大同元年（八〇六）	帰国。
大同四年（八〇九）	高雄山寺に居住（天長元年〔八二四〕以降、神護寺と改名）。
弘仁七年（八一六）	高野山を開創。
弘仁十二年（八二一）	満濃池を修築。
弘仁十四年（八二三）	東寺を受領。
天長五年（八二九）	私立総合大学として綜芸種智院《しゅげいしゅちいん》を創設。
承和二年（八三五）	高野山にて遷化。

（参考：高木訷元［二〇〇九］『空海　生涯とその周辺』吉川弘文館）

歴史を通じて、伝教大師というお名前のもとに朝野の尊敬を一身に受けて来られました。本シンポジウムにおいても、伝教大師さまとお呼びしたいと存じます。

伝教大師、厳かに頷く。

司会　次に、真言宗からは、宗祖、空海さまをお迎えしました。空海さまは唐に留学し、①大日如来、②金剛薩埵《こんごうさった》、③龍猛《りゅうみょう》菩薩（ナーガールジュナ）、④龍智《りゅうち》菩薩（ナーガボーディ）、⑤金剛智《こんごうち》三蔵（ヴァジュラボーディ。―七四一）、⑥不空《ふくう》金剛《こんごう》三蔵（アモーガヴァジュラ。七〇五―七七四）、⑦恵果阿闍梨《けいかあじゃり》（七四六―八〇六）と継承されてきた密教の第八代正統継承者（付法第八祖）となったかたであり、唐において不遇の状態にあった密教を日本の国に迎え入れて定着させ、その後の日本仏教に計り知れない影響を与えたほか、書や土木技術においても才能を発揮して、その後の日本文化に多大な貢献をなさった傑僧でいらっしゃいます。簡単ながらご生涯を表にしますと、右のとおりです（表7）。

ご遷化ののち、延喜二十一年（九二一）、弘法《こうぼう》大師という諡《おくりな》が朝廷から贈られました（『日本紀略』後篇一）。それ以来、日本の歴史を通じて、弘法大師というお名前のもとに朝野の尊敬を一身に受けて来られました。本シンポジウムにおいても、弘法大師さまとお呼びしたいと存じます。

弘法大師、厳かに頷く。

司会　次に、浄土宗からは、中国の高祖、善導《ぜんどう》さまと、日本の宗祖、法然さまとをお迎えしました。『観無量寿経《かんむりょうじゅきょう》』においては、「南無阿弥陀仏」と称えることによって誰でも阿弥陀仏の極楽世界（浄土）に生まれ得ることが説かれています。「南無阿弥陀仏」と称えることを大々的に行なったのは唐の道綽《どうしゃく》禅師（五六二―六四五）ですが、善導さまは道綽禅師に師事し、真摯な宗教的情熱に裏づけられて、「南無阿弥陀仏」の声を中国のあらゆる階層に広めていった清僧でいらっしゃいます。特に、「南無阿弥陀仏」と称えることを「念仏」と規定して、口称念《くしょうねん》

表8　浄土宗・善導の生涯

時期	事績
隋・大業九年（六一三）	臨淄（現在の山東省臨淄県）、あるいは泗州（現在の安徽省泗県）にて誕生。俗姓は朱氏。
唐・武徳五年（六二二）	このころ、密州（現在の山東省諸城県）にて出家。
唐・貞観七年（六三三）	具足戒。
唐・貞観十二年（六三八）	このころから道綽に師事。
唐・貞観十九年（六四五）	道綽の死。このころ、長安（現在の西安）に入って布教を開始。
唐・永隆二年（六八一）	遷化。

（参考：藤田宏達［一九八五］『人類の知的遺産18　善導』講談社）

仏《ぶつ》（〝口で称える念仏〟）の道を拓いたことは、中国とその周辺諸国の仏教に莫大な影響を与えました。ご生涯を簡単に表にしますと、右のとおりです（表8）。

本シンポジウムにおいては、善導和尚《かしょう》とお呼びしたいと存じます。

善導和尚、厳かに頷く。

司会　さて、善導和尚の教えはその後の中国仏教に大きな影響を与えましたが、善導和尚は八宗いずれのかたでもなかったため、日本においては、たとえ伝わったにせよ、長く広まらないままでした。法然さまは天台宗出身でいらっしゃいますが、平安時代末期から鎌倉時代初期に至る大混乱の中、人間存在に対する深刻な反省に立脚し、善導和尚の教えによって浄土宗を提唱し、「南無阿弥陀仏」の声を日本のあらゆる階層に広めていった聖僧でいらっしゃいます。法然は房号《ぼうごう》（部屋の名にちなむ通称）であり、法諱《ほうい》（法名）は源空《げんくう》とおっしゃいます。ご生涯を簡単に表にしますと、左のとおりです（表9）。

本シンポジウムにおいては、法然上人とお呼びしたいと存じます。

法然上人、厳かに頷く。

表9　浄土宗・法然の生涯

時期	事績
長承二年（一一三三）	美作国久米南条（現在の岡山県久米郡久米南町）にて誕生。父は久米の押領使、漆《うる》間《ま》時《とき》国《くに》。
保延七年（一一四一）	明石定明の夜襲によって父が戦死。
天養二年（一一四五）	比叡山延暦寺に入門。
久安三年（一一四七）	延暦寺にて出家。
承安五年（一一七五）	善導『観《かん》無《む》量寿《りょうじゅ》経《きょう》疏《しょ》』を読み、専修念仏に帰入。京都東山大谷に居住。
承元元年（一二〇七）	専修念仏の停止。土佐国（現在の高知県。実際には讃岐国（現在の香川県））へ配流（承元の法難）。
建暦元年（一二一一）	流罪赦免。京都へ帰還。東山大谷に居住。
建暦二年（一二一二）	東山大谷にて遷化。

（参考：田村圓澄［一九五九］『人物叢書　法然』吉川弘文館）

表10　浄土真宗・親鸞の生涯

時期	事績
承安三年（一一七三）	誕生。父は公卿、日野有範《ありのり》。
養和元年（一一八一）	京都青蓮院にて出家。延暦寺にて受学。
建仁元年（一二〇一）	六角堂に参籠、観音菩薩の示現。法然に帰依して専修念仏に帰入。
承元元年（一二〇七）	専修念仏の停止。越後国（現在の新潟県）へ配流（承元の法難）。
建暦元年（一二一一）	流罪赦免。
建保二年（一二一四）	上野国（現在の群馬県）を経て常陸国（現在の茨城県）へ移住。
文暦二年（一二三五）	鎌倉幕府による専修念仏禁圧。この頃、京都へ帰還。
弘長二年（一二六二）	実弟、尋有が住持する善法院（現在の京都市中京区）にて遷化。

（参考：赤松俊秀〔一九六一〕『人物叢書　親鸞』吉川弘文館）

司会　次に、浄土真宗からは、宗祖、親鸞さまをお迎えしました。

親鸞さまは天台宗出身でいらっしゃいますが、のちに、法然さまのお弟子となって、浄土宗に参加なさったかたでいらっしゃいます。浄土宗が禁圧され、法然上人のお弟子たちが散り散りになる中、親鸞さまは妻子をもうけ、在野の念仏者として独自の思索を深めてゆかれました。その門流は浄土宗から分岐し、浄土真宗を形成しております。ご生涯を簡単に表にしますと、右のとおりです（表10）。

本シンポジウムにおいては、親鸞上人とお呼びしたいと存じます。

親鸞上人、厳かに頷く。

司会　次に、時宗からは、宗祖、一遍さまをお迎えしました。法然上人のお弟子のひとりである証空《しょうくう》上人（一一七七—一二四七）は浄土宗西山《せいざん》派（西山浄土宗）の祖となられましたが、一遍さまは、その証空上人の門下である、聖達《しょうたつ》上人（十三世紀頃）のお弟子でいらっしゃいます。すべてを捨てて遊行《ゆぎょう》の旅に出、念仏が書かれた札を諸国に配って、念仏を勧め続けなさいました。その門流は浄土宗から分岐し、時宗を形成しております。ご生涯を簡単に表にしますと、左のとおりです（表11）。

表11　時宗・一遍の生涯

時期	事績
延応元年（一二三九）	伊予国（現在の愛媛県）にて誕生。父は御家人、河野通広。
宝治二年（一二四八）	母の死。伊予国にて出家。
建長三年（一二五一）	筑紫国（現在の福岡県）へ遊学。
建長四年（一二五二）—弘長三年（一二六三）	筑紫国大宰府の聖達から浄土宗西山派の教えを受学。
弘長三年（一二六三）	父の死。伊予国へ帰還。還俗。
文永十一年（一二七四）	再度出家。伊予国を出立。熊野本宮にて熊野権現から啓示。爾来、遊行を継続。
正応二年（一二八九）	摂津国兵庫津（現在の兵庫県神戸市）にて遷化。

（参考：大橋俊雄［一九八三］『人物叢書　一遍』吉川弘文館）

本シンポジウムにおいては、一遍上人とお呼びしたいと存じます。

一遍上人、厳かに頷く。

司会　次に、日蓮宗からは、宗祖、日蓮さまをお迎えしました。

日蓮さまは天台宗出身でいらっしゃいますが、天台大師さまと伝教大師さまとの衣鉢を継ぐ『法華経』の行者の自覚に立ち、元寇を始めとする鎌倉時代の社会不安の中、「南無妙法蓮華経」という唱題（〝題目の高唱〟）による社会安定を広く世に訴えなさいました熱血僧でいらっしゃいます。当時の社会不安の中、人心を集めつつあった浄土宗、禅宗、真言宗、律宗を、生命の危険を冒しつつ批判、さらには三回にわたって国家を諫暁《かんぎょう》するなど、男らしい信念の人生を貫かれました。その門流は天台宗と決別し、日蓮宗を形成しております。ご生涯を簡単に表にしますと、左のとおりです。（表12）

本シンポジウムにおいては、日蓮上人とお呼びしたいと存じます。

表12　日蓮宗・日蓮の生涯

時期	事績
承久四年（一二二二）	安房国長狭郡東条郷（現在の千葉県鴨川市）にて誕生。父は漁夫。

天福元年（一二三三）	東条郷の清澄寺に入門。
嘉禎三年（一二三七）	出家。
延応元年（一二三九）―仁治三年（一二四二）	鎌倉に遊学。
仁治三年（一二四二）―建長五年（一二五三）	清澄寺に帰還。比叡山ほかに遊学。
建長五年（一二五三）	清澄寺に帰還。唱題を開始。鎌倉へ移住。
文応元年（一二六〇）	第一回国家諫暁。鎌倉の庵の焼き討ちに遭遇（松葉ヶ谷法難）。
弘長元年（一二六一）	伊豆国（現在の静岡県）に配流。
弘長三年（一二六三）	流罪赦免。
文永元年（一二六四）	東条郷に帰省。東条郷の小松原にて地頭東条景信の襲撃に遭遇（小松原法難）。
文永五年（一二六八）	第二回国家諫暁。
文永八年（一二七一）	鎌倉の龍ノ口刑場（現在の神奈川県藤沢市片瀬）にて処刑寸前の中止に遭遇（龍ノ口法難）。佐渡国（現在の新潟県佐渡市）に配流。
文永十一年（一二七四）	流罪赦免。鎌倉の評定所に招かれ、第三回国家諫暁。御家人南部実長に招かれ、身延山（現在の山梨県南巨摩郡身延町）に移住（のちの久遠寺）。蒙古襲来（文永の役）。
弘安四年（一二八一）	蒙古再襲来（弘安の役）。
弘安五年（一二八二）	療病のため常陸国の南部実長の温泉に向かう途中、武蔵国の御家人池上宗仲の邸（現在の東京都大田区池上本行寺）にて遷化。

（参考：大野達之助［一九五八］『人物叢書　日蓮』吉川弘文館）

表13　融通念仏宗・大通融観の生涯

時期	事績
慶安二年（一六四九）	摂津国住吉郡平野村（現在の大阪市平野区）にて誕生。
貞享三年（一六八六）	第四十五世上人、良観覚意が死去。
貞享四年（一六八七）	上人を出家者とすることを幕府に要請。
貞享五年（一六八八）	上人を出家者とすることを幕府が決定。
元禄二年（一六八九）	第四十六世上人を継承。
正徳六年（一七一六）	遷化。

（参考：神崎寿弘［二〇〇二］「融観大通について」、『印度学仏教学研究』五〇・二ほか）

日蓮上人、厳かに頷く。

司会　次に、融通念仏宗からは、事実上の宗祖、大通融観《だいつうゆうかん》さまをお迎えしました。

平安時代の天台宗の僧侶、良忍《りょうにん》上人（一〇七三―一一三二）が行なっていたと伝えられる「融通念仏」を源流と仰ぎつつ、河内地方において大念仏《だいねんぶつ》（〝集団念仏〟）を行なっていた、鎌倉時代以来の在家者の六つの念仏講（〝念仏サークル〟）が融通念仏宗の原型です。江戸時代初期までは禅門と呼ばれる在家入道のなかから籤《くじ》で選ばれた者が大念仏上人（元和元年〔一六一五〕に念仏講の拠点として大念仏寺が開創されてからは、同寺の住持）を務めていましたが、念仏講のひとつの辻本（講元〔〝サークル代表者〟〕）であった禅門、大通融観さまは、幕府の許しのもと、上人を出家者に改め、出家者中心の融通念仏宗へと変換なさいました。したがって、大通融観さまこそが融通念仏宗の事実上の宗祖でいらっしゃいます。大通は字《あざな》（通称）、融観は法諱《ほうい》（法名）です。ご生涯を簡単に表にしますと、右のとおりです（表13）。本シンポジウムにおいては、大通上人とお呼びしたいと存じます。

大通上人、厳かに頷く。

司会　次に、臨済宗からは、中国の高祖、臨済義玄《りんざいぎげん》さまをお迎えしました。臨済義玄さまは、会昌《かいしょう》の廃仏を含む晩唐の社会不安の中、師である黄檗希運《おうばくけうん》さまを継いで、禅による精神の自立を教えたまい、その後の中国仏教の流れを決定づけた英僧でいらっしゃいます。臨済は居住したお寺である臨済院、義玄は法諱（法名）です。その門流は唐に続く宋において爆発的に発展し、臨済宗を形成しております。臨済宗はい

表14　臨済宗・臨済義玄の生涯

時期	事績
不明	曹州南華（現在の山東省菏沢市曹県）にて誕生。俗姓は邢《けい》氏。
二十歳以降	具足戒。
不明	黄檗希運から印可を受領。滹沱河《こだが》（現在の河北省石家荘市正定県）の渡しに臨む臨済院に居住。その後、戦乱によって移動。
不明	興化寺（現在の河北省邯鄲市大名県）に居住。
唐・咸通八年（八六七）	興化寺にて遷化。

（参考：延沼『臨済慧照禅師塔記』ほか）

くたびかにわたって日本に伝えられましたが、現在の日本臨済宗はいずれも日本から宋に留学した南浦紹明禅師《なんぽしょうみょうぜんじ》（円通大応国師《えんづうだいおうこくし》。一二三五—一三〇九）の系譜を引いております。ご生涯を簡単に表にしますと、前頁のとおりです（表14）。

ご遷化ののち、慧照《えしょう》禅師という諡が唐の朝廷から贈られました（『宋高僧伝』巻十二、義玄伝）。本シンポジウムにおいては、さらに親しみぶかく、臨済禅師とお呼びしたいと存じます。

臨済禅師、厳かに頷く。

司会　次に、曹洞宗からは、高祖、道元さまをお迎えしました。

道元さまは天台宗出身でいらっしゃいますが、道を求めて比叡山を降り、中国に留学して天童如浄《てんどうにょじょう》禅師（一一六三—一二二八）にめぐり逢い、只管打坐《しかんたざ》（〝ひたすら坐禅〟）の末に「身心脱落《しんじんだつらく》」を体験してついに「一生参学の大事」を終え、帰国ののち、独自の思索を深めながらさらなる向上の道を求め続けた俊僧でいらっしゃいます。ご生涯を簡単に表にしますと、次のとおりです（表15）。

本シンポジウムにおいては、道元禅師とお呼びしたいと存じます。

道元禅師、厳かに頷く。

司会　次に、黄檗宗からは、中国の高祖、黄檗希運さまと、日本の宗祖、隠元隆琦《いんげんりゅうき》さまとをお迎えしました。

黄檗希運さまは、会昌の廃仏を含む晩唐の社会不安の中、禅による精神の自立を教えたまい、唐の宰相、裴休《はいきゅう》

（七九一―八六四）の精神的支柱として晩唐に余光《よこう》あらしめた傑僧でいらっしゃいます。黄檗は居住したお寺である黄檗山黄檗寺、希運は法諱（法名）です。ご生涯を簡単に表にしますと、次頁のとおりです（表16）。

表15　曹洞宗・道元の生涯

時期	事績
正治二年（一二〇〇）	京都にて誕生。育父は公卿、堀川通具《みちとも》。
承元元年（一二〇七）	母の死。
建暦二年（一二一二）	比叡山延暦寺に入門。
建保元年（一二一三）	比叡山延暦寺にて出家。
建保五年（一二一七）	京都建仁寺に移住。
南宋・嘉定十六年（一二二三）	入宋。
南宋・宝慶元年（一二二五）	天童如浄に面授。「身心脱落」を体験。
南宋・宝慶三年（一二二七）	天童如浄から嗣書を受領。帰国。京都建仁寺に居住。
寛喜三年（一二三一）	山城国深草（現在の京都市伏見区深草）に移住。
天福元年（一二三三）	山城国深草に興聖寺を開創、住持。
寛元元年（一二四三）	越前国志比荘（現在の福井県吉田郡）に移住。
寛元二年（一二四四）	越前国志比荘に大仏寺を開創、住持（寛元四年（一二四六）以降、永平寺と改名）。
建長五年（一二五三）	療病のため上洛。京都高辻西洞院（現在の京都市下京区高辻通西洞院）にて遷化。

（参考：竹内道雄［一九九二］『人物叢書　道元　新稿版』吉川弘文館）

表16　黄檗宗・黄檗希運の生涯

時期	事績
不明	閩（現在の福建省）にて誕生。
不明	閩の黄檗山建福禅寺（のちの黄檗山万福寺）にて修行。
不明	洪州高安県（現在の江西省宜春市宜豊県）に黄檗山黄檗寺を開創。
唐・会昌二年（八四二）	裴休に請われて洪州の鍾陵（現在の江西省南昌市進賢県）の龍興寺を住持。
唐・大中二年（八四八）	裴休に請われて宛陵（現在の安徽省宣城市）の開元寺に滞在。
唐・大中四年（八五〇）	黄檗寺にて遷化。

（参考：裴休『伝心法要序』）

ご遷化ののち、断際《だんさい》禅師という諡が唐の朝廷から贈られました（『宋高僧伝』巻二十、希運伝）。本シンポジウムにおいては、さらに親しみぶかく、黄檗禅師とお呼びしたいと存じます。

黄檗禅師、厳かに頷く。

司会　黄檗禅師は臨済宗の臨済禅師のお師匠さまでいらっしゃいます。鎌倉時代に臨済宗が日本に伝来してのちも、中国の臨済宗は歩みを進めていましたが、その中国において歩みを進めた臨済宗は、江戸時代に中国の隠元隆琦さまによって日本に導入されました。隠元隆琦さまは臨済禅師から数えて三十二世に当たる禅匠でいらっしゃいます。隠元は道号《どうごう》（悟りの内容にちなむ通称）、隆琦は法諱（法名）です。隠元隆琦さまが導入なさった中国の臨済宗は、既存の日本の臨済宗と区別して、黄檗宗と呼ばれます。

そもそも、福建省のご出身である黄檗禅師は、福建省の黄檗山万福寺（当時は建福禅寺）において修行し、大成なさったのちは、黄檗山にちなんで、江西省に黄檗山黄檗寺を開創なさいました。同じく福建省のご出身である隠元隆

表17　黄檗宗・隠元隆琦の生涯

時期	事績
明・万暦二十年（一五九二）	福建省福州府福清県（現在の福建省福州市福清市）にて誕生。
明・万暦二十五年（一五九七）	旅行中の父の消息途絶。
明・万暦四十七年（一六一九）	母の死。
明・泰昌元年（一六二〇）	福清県の黄檗山万福寺にて出家。
明・崇禎十年（一六三七） —崇禎十七年（一六四四）	黄檗山万福寺を住持。
清・順治元年（一六四四） —順治三年（一六四六）	嘉興府崇徳県（現在の浙江省嘉興市桐郷市）の福厳寺、福建省福州府長楽県（現在の福建省福州市閩侯県）の龍泉寺を住持。
清・順治三年（一六四六） —順治十一年（一六五四）	ふたたび黄檗山万福寺を住持。
清・順治十一年（一六五四）	来日
寛文元年（一六六一）	山城国宇治郡（現在の京都府宇治市）に黄檗山万福寺を開創、住持。
寛文十三年（一六七三）	黄檗山万福寺にて遷化。

（参考：平久保章［一九六二］『人物叢書　隠元』吉川弘文館）

琦さまは、黄檗禅師が修行なさった福建省の黄檗山万福寺の住持でいらっしゃいましたが、日本に渡来し、福建省の黄檗山万福寺にちなんで、新たに宇治に黄檗宗の本山である黄檗山万福寺を開創なさったのです。黄檗宗の名は、臨済禅師のお師匠さまであり、福建省の黄檗山万福寺にゆかりが深い黄檗禅師に由来します。

隠元隆琦さまが黄檗禅師を宗祖と見なしていらっしゃることは、たとえば、寛文元年（一六六一）に黄檗山万福寺を開創した時の隠元隆琦さまのおことばからも明らかに知られます。「黄檗山万福寺は千年の歴史があり、法幢の声はまことがあって、あまねく諸方を覆っている。正幹《しょうかん》禅師（八世紀）が開闢し、始祖（黄檗禅師）が大いに憩い、叱咤の評判は揚がり、断際禅師（黄檗禅師）の道は満ちた。天下の人々は、みなもとが遠い以上、流れも長いと、みな知っている。それ以降、天童禅師（密雲円悟《みつうんえんご》。一五六六―一六四二）がさらに臨済宗の道を振るい、ひろびろと光があった」[1]。ご生涯を簡単に表にしますと、前頁のとおりです（表17）。

司会　生前に大光普照国師《だいこうふしょうこくし》という号が日本の朝廷から贈られました。本シンポジウムにおいては、さらに親しみぶかく、隠元禅師とお呼びしたいと存じます。

隠元禅師、厳かに頷く。

司会　なお、法然上人と親鸞上人、黄檗禅師と臨済禅師がそれぞれ師弟でいらっしゃることについては先に紹介申し上げたとおりですが、さらに補足いたしますと、慈恩大師さまと南山大師さまとは親しい知り合いでいらっしゃいます（『宋高僧伝』巻四、窺基伝）。

さらに、親鸞上人のお嬢さまである覚信尼《かくしんに》（俗名：王御前《おうごぜん》）は、道元禅師の育父である堀川通具《みちとも》卿（一一七一―一二二七）の弟君、久我通光卿《こがみちてる》（一一八七—一二四八）のお屋敷に勤めていらっしゃいました（『本願寺留守職相伝系図』）。

加えて、法然上人の高弟である長西上人《ちょうさい》（一一八四—一二六六）は、法然上人のご遷化の後、道元禅師に禅学を学ばれました（『浄土法門源流章』）。

そして、道元禅師のお弟子のひとりで如一とおっしゃるかたは、のちに浄土宗西山派《せいざん》（西山浄土宗）の祖である証《しょう》空《くう》上人のお弟子となって浄土宗を学び、証空上人の孫弟子である一遍上人によって看取られて亡くなっておられます（『一遍聖絵』巻九）。

祖師たち、起立し、互いに礼拝する。

真言宗・空海　人と人とがわかり合うのは、必ずしも顔を見合わせて長く話し合うばかりでない。心が通ずれば、〔すれちがった孔子の車と程子の車とが〕傾蓋《けいがい》（〝幌あげ〟）して話し込むような出会いとなるのじゃ。(2)

曹洞宗・道元　道元があまねく経論師の見解を見わたすところ、釈尊ご一代にわたる経律論を理解なさるのは、〔天台〕智者禅師おひとりが最も勝れていらっしゃいます。空前絶後と言うべきでしょう。(3)

日蓮宗・日蓮　人間界のあらゆる師のうち、天台智者大師おひとりが仏教をわかっておられるかたじゃ。(4)

浄土宗・法然　善導和尚はひとえに浄土を宗となさり、聖道《しょうどう》を宗となさりませんでした。ゆえにひとえに善導師おひとりに依っております。(5)

浄土真宗・親鸞　たとえ法然上人にだまされて、念仏して地獄に堕ちたとしても、さらさら後悔するはずもありませぬ。(6)

日蓮宗・日蓮　この日本国においては、伝教大師のお弟子でないのは外道じゃ、悪人じゃ。[7]

曹洞宗・道元　黄檗は古今にたぐいなき古仏じゃ、〔師の〕百丈よりも尊貴じゃ、〔百丈の師の〕馬祖よりも英才じゃ。[8]まことに臨済のようなかたは群を抜きん出ておる。[9]

祖師たち、着席する。

司会　以上をもって開会の辞とさせていただきます。

最後に、本書によって十三宗の教えを学ぶ読者の皆さんに、一言ずつお願いいたします。

法相宗・基　ここでのあらゆる道理や解釈はすべて大師（玄奘三蔵）のおそばで決議したもの。ただ、拙僧がそれを伝えるのに漏れや誤りがあるかもしれませぬが、授けていただかなかったわけではありませぬ。有智《うち》のかたがたよ、どうぞ留意してくだされ。[10]

律宗・道宣　初めて道門《どうもん》（〝悟りへの門〟）に入るに、いまだ戒（〝節制〟）も定《じょう》（〝瞑想〟）も修めないまま、僭越にも空《くう》の教えを学ぶなら、仏はお喜びになりませぬぞ。[11]

華厳宗・法蔵　〔釈迦牟尼仏の〕遺された法〔である『華厳経』〕において、この無尽の法について見聞し信仰する者は、金剛（〝ダイヤモンド〟）のような種子《しゅうじ》ができ、必ずやこのまどかに融けあった普遍の法を得るでありましょうぞ。[12]

天台宗・智顗　拙僧は師（慧思《えじ》。五一五―五七七）の教えを受け、禅（〝瞑想〟）と慧《え》（〝知恵〟）とをわずかにたもちましたが、耳が聴きのがし、眼が見のがす点では、あたかも花の上にたまった水のようであります。経論を幅広く聴くことについては、その努力が浅い以上、禅をたよりとし、定（〝瞑想〞）にすがって修習したにすぎず、専門の学者に較べれば、アビダルマの分類をすることは、理屈の上で誤解がないにせよ、手はずの上で完璧でないかもしれませぬ。(13)

天台宗・最澄　努めよや、努めよや。(14)

真言宗・空海　もし信仰をもって修行する者なら、男女を問わず、誰でもそれに値する人じゃ。貴賤を分かたず、誰でもそれの器じゃ。(15)

融通念仏宗・大通融観　少年や壮年であって無事なうちに、時間を見つけては勉めなされ。もしそうしなければ、後悔しても及びがたいというものじゃ。(16)

浄土宗・法然　念仏を信じたいというお人は、たとえ釈尊ご一代にわたる教えをよくよく学びきったとしても、文字ひとつ知らないような愚者の気持ちになって、頭を丸めただけの何も知らない男女と同じになって、智者のふるまいをしないで、ただひたすらに念仏なさってくだされ。(17)

浄土真宗・親鸞　さてはて、〝親鸞は念仏よりほかに極楽往生への道を知っており、また教えの文などをも知っておるじゃろう〞と、興味を持っておいでのようなら、大きな誤りですのう。もしそうなら、奈良や比叡山にも立派な学僧が多くいらっしゃるから、そのかたがたに会っていただいて、極楽往生の要点をよくお聞きなさるがよいですわい。親鸞においては、〝ただ念仏して阿弥陀仏に助けられるがよい〞と、良き人（法然上人）の仰せをこうむって信じるほかに、別の仔細はありませぬのう。(18)

時宗・一遍　愚老がかくかくしかじか申し上げることもわかりにくい場合は、わかりにくいまま、愚老が申し上げることをも捨て去って、何とも詮索せずに、阿弥陀仏の本願にお任せして念仏なさってくだされ。(19)

日蓮宗・日蓮　仏教を学び究めようと思いなさるなら、時間のゆとりがなくては叶うはずがありませぬぞ。(20)

黄檗宗・黄檗希運　たとえおぬしが三乗や十二分教を学びきったとしても、あらゆる見解は捨ててしまうがよい[21]。

臨済宗・臨済義玄　おぬしらが法に則した見解を得たいのなら、他人にまどわされてはならぬ。内においても外においても、会えばすぐ殺せ。仏に会えば仏を殺し、祖師に会えば祖師を殺し、阿羅漢《あらかん》に会えば阿羅漢を殺し、父母に会えば父母を殺し、親族に会えば親族を殺してのち、ようやく解き放たれることができ、ものごとに捕われず、闊達自在となるのじゃ[22]。

曹洞宗・道元　間違った見解とは何か、正しい見解とは何かと、命つきるまで学習し続けよ[23]。

黄檗宗・隠元隆琦　思うに、人がこの世を生きるのは夢まぼろしに同じですのう。この時に悟らなくては、次はいつを待てましょう。立派な男たるもの、どうしてみずから心をくらまし、迷える人たることに甘んじていてよいでしょうか。いかがですかな、いかがですかな[24]。

第一章　教判論

はじめに

司会　日本仏教十三宗は大乗仏教であり、大乗仏教の目的は仏になることにあります。第一章においては、仏になるために知られるべき教判《きょうはん》（〝教えの判別〟）について、宗祖の皆さまにお話を伺います。

インド仏教

司会　まず、十三宗の前提となるインド仏教を扱います。古代インドにおいて悟りを開いて仏（ブッダ。〝目覚めた者〟）となられ、仏教を広めてのち亡くなられた歴史上の人物である釈迦牟尼《しゃかむに》（シャーキャムニ。釈尊《しゃくそん》）を、「歴史的ブッダ」とお呼びするのがこんにちの学界の慣わしです。歴史的ブッダの教えは、彼の死（紀元前五世紀頃）の後に、彼の弟子である声聞《しょうもん》（〝〔仏の〕声を聞く者〟）たちの教団によって、経（スートラ。〝〔教えの〕すじ〟）と律（ヴィナヤ。〝〔教団の〕運営規則〟）と論（アビダルマ。〝法〔＝経〕の解釈〟）との三蔵（トリピタカ。〝三つの籠〟）として編纂されました。図にしますと、次のとおりです。

司会　声聞たちの教団はのちに諸部派へと分裂し、それぞれの部派において、若干異なる三蔵が保持されることになりました。いわゆる三蔵法師とは、この三蔵に通暁した学僧を指します。

経は、諸部派によって伝承されてきたため、『阿含経《あごんきょう》』（アーガマ。〝伝来の教え〟）と呼ばれます。権威ある『阿含経』として、『長《じょう》阿含経』『中《ちゅう》阿含経』『増一《ぞういつ》阿含経』『雑《ぞう》阿含経』という四つが数えられます。

（α）『阿含経』においては、修行者について、次のような三種類があると説かれています。

①声聞《しょうもん》（シュラーヴァカ。〝（仏の）声を聞く者〟）
②独覚《どっかく》（プラティエーカ・ブッダ。〝独りで目覚めた者〟）
③菩薩《ぼさつ》（ボーディサットヴァ。菩提薩埵《ぼだいさった》。〝（仏の）悟りを求める生きもの〟）

声聞は仏の教えを聴聞する者、独覚は仏の教えを聴聞する機会がないまま独りで不完全な仏になった者、菩薩は仏になるべき者です。最初期の仏教においては、仏という呼びかたは、悟りを得た者全般に与えられており、独覚が一種の仏と見なされるのみならず、悟りを開いた声聞も仏と呼ばれていたようです。

（β）しかし、諸部派の論においては、声聞の悟り、独覚の悟り、仏の悟りはそれぞれ別々であり、声聞や独覚は仏になれないと説かれるようになりました。そして、それぞれの悟りに向かう主体として、次のような三乗《さんじょう》（〝三種類の乗りもの〟）が説かれるようになったのです。

①声聞乗《しょうもんじょう》（〝声聞の乗りもの〟）

②独覚乗《どっかくじょう》（〃独覚の乗りもの〃）
③菩薩乗《ぼさつじょう》（〃菩薩の乗りもの〃）

声聞乗と独覚乗とは二乗《にじょう》（〃二種類の乗りもの〃）と呼ばれます。図にしますと、次のとおりです。

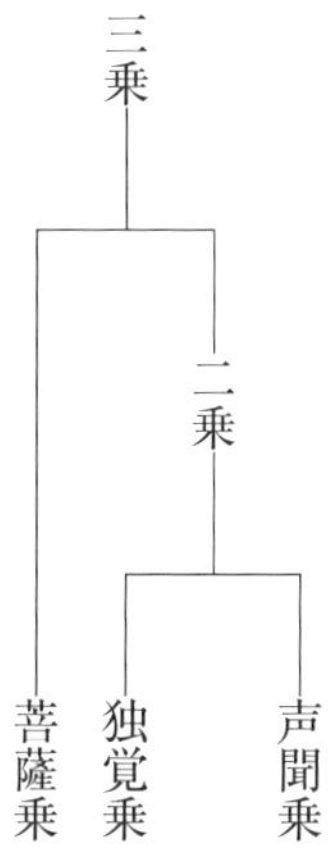

司会　このことによって、諸部派は声聞乗と規定されるようになったのです。

（γ）さらに、歴史的ブッダの死後五百年頃（紀元前後）から、『阿含経』に対する一種の解釈として、大乗経《だいじょうきょう》（〃偉大な乗りものに属する経〃）が出現し始めました。大乗経は歴史的ブッダの直説であることを標榜し、菩薩になれば仏の悟りを得られることを人々に保障し、みずからを菩薩乗と規定しました。あるいは、いくつかの大乗経は三乗が結局のところ仏の悟りを得るための手だてであって、本当は仏の悟りに向かう主体である一乗《いちじょう》（〃ただ一つの乗りもの〃）があるにすぎないと主張し、みずからを一乗と規定しました。さらに、いくつかの大乗経は声聞乗を小乗《しょうじょう》（〃つまらない乗りもの〃）と卑下しました。

それによって、諸部派においても、律をそのまま用いつつ、経のうちに大乗経を加え、論として大乗経の解釈を著わす者が出現し始め、結果として、声聞乗の三蔵と異なる大乗の三蔵を有する、大乗の学派が派生していきました。

インドにおける大乗の学派は、龍樹《りゅうじゅ》菩薩（二―三世紀）を祖とする中観《ちゅうがん》派と、弥勒《みろく》菩薩（三―四世紀）を祖とする唯《ゆい》識《しき》派との二つです。そのうち、唯識派のもとに出現した大乗経のひとつとして『解深密経《げじんみっきょう》』があります。この経は

表1　『解深密経』の三転法輪説

三時	対象	内容
第一時	声聞乗へと出発した者	四諦《したい》という説きかたによる転法輪
第二時	大乗へと出発した者	空性《くうしょう》というはっきりしない説きかたによる転法輪
第三時	あらゆる乗へと出発した者	三つの無自性性《むじしょうしょう》というはっきりした説きかたによる転法輪

釈迦牟尼の一生涯における転法輪《てんぽうりん》（〝法〔すなわち経〕という輪を転がすこと〟）を三つに判別しました。表にしますと、右のとおりです（表1）。

簡単に言えば、次のとおりです。

〔I　第一時〕まず、第一時において、釈迦牟尼は声聞乗へと出発した者のために四諦《したい》（〝四つのまこと〟）という説きかたによって転法輪なさいました。これは釈迦牟尼が悟りを得たのちベナレスにおいて初めて説法なさった時を指します。四諦とは次の四つです。

①苦諦《くたい》（〝苦しみについてのまこと〟）
②集諦《じったい》（〝〔苦しみを〕起こすものについてのまこと〟）
③滅諦《めったい》（〝〔苦しみを〕滅ぼすことについてのまこと〟）
④道諦《どうたい》（〝〔苦しみを滅ぼすための〕道についてのまこと〟）

簡単に言えば、次のとおりです。

①苦諦とは、衆生《しゅじょう》（〝生きもの〟）を構成している法（〝枠組み〟）である五蘊《ごうん》（〝五つのグループ〟）が苦しみであるという

ことを指します。五蘊とは色《しき》（〝物質〟）、受《じゅ》（〝感受〟）、想《そう》（〝対象化〟）、行《ぎょう》（〝形成〟）、識《しき》（〝認識〟）という五つです。

②集諦とは、苦しみを起こすもとは渇愛《かつあい》（〝渇きにも似た愛着〟）であるということを指します。

③滅諦とは、渇愛を滅ぼすことが苦しみを滅ぼすことであるということを指します。

④道諦とは、八正道《はっしょうどう》（〝八つの正しい道〟）が苦しみを滅ぼすための道であるということを指します。八正道とは正見《しょうけん》（〝正しい見かた〟）、正思惟《しょうしゆい》（〝正しい考えかた〟）、正語《しょうご》（〝正しいことば〟）、正業《しょうごう》（〝正しいふるまい〟）、正命《しょうみょう》（〝正しいくらし〟）、正精進《しょうしょうじん》（〝正しいつとめ〟）、正念《しょうねん》（〝正しいこころがけ〟）、正定《しょうじょう》（〝正しい瞑想〟）という八つです。

〔Ⅱ　第二時〕　次に、第二時において、釈迦牟尼は大乗へと出発した者のためにあらゆる法（〝枠組み〟）の空性《くうしょう》（〝からっぽさ〟）というはっきりしない説きかたによって転法輪なさいました。これは釈迦牟尼が『解深密経』より前の大乗経をお説きになった時を指します。あらゆる法の空性とは、あらゆる法が自性《じしょう》（〝自分だけのありかた〟）を欠いていてからっぽであることです。

〔Ⅲ　第三時〕　最後に、第三時において、釈迦牟尼はあらゆる乗へと出発した者のために三つの無自性性《むじしょうしょう》（〝自分だけのありかたがないこと〟）というはっきりした説きかたによって転法輪なさいました。これは釈迦牟尼が『解深密経』をお説きになった時を指します。無自性性とは、空性の言い換えです。『解深密経』において、釈迦牟尼はあらゆる法に三つの自性を言い、それに合わせて、あらゆる法の空性を三つの無自性性に言い換えなさいました。

三つの自性とは、次のとおりです。

①依他起自性《えたきじしょう》（〝他のものをたよりとするという、自分だけのありかた〟）

②遍計所執自性《へんげしょしゅうじしょう》（〝仮想されているという、自分だけのありかた〟）

③円成実自性《えんじょうじつじしょう》（〝完成されているという、自分だけのありかた〟）

簡単に言えば、次のとおりです。

①依他起自性とは、五蘊という法それぞれの、縁起《えんぎ》（〝〔他のものに〕たよって起こること〟）という、自分だけのありかたを指します。

②遍計所執自性とは、ことばの上でのみ仮想されている法（たとえば、仏教においては、衆生〔〝生きもの〟〕を構成している五蘊は有〔〝実在〟〕ですが、我〔アートマン。〝霊魂〟〕は無〔〝非実在〟〕であって、ことばの上でのみ仮想されている法です）それぞれの、仮想されているという、自分だけのありかたを指します。

③円成実自性とは、依他起自性において遍計所執自性がないことを意味する真如《しんにょ》（〝そのとおりのまこと〟）の、いつも変わらず完成されているという、自分だけのありかたを指します。

三つの無自性性とは、次のとおりです。

①生無自性性《しょうむじしょうしょう》（〝生起について、自分だけのありかたがないこと〟）

②相無自性性《そうむじしょうしょう》（〝特徴について、自分だけのありかたがないこと〟）

③勝義無自性性《しょうぎむじしょうしょう》（〝最高〔智〕の対象について、自分だけのありかたがないこと〟）

簡単に言えば、次のとおりです。

①生無自性性とは、五蘊という法それぞれが、起こるためには縁（〝条件〟）にたよらねばならず、自分だけのありかたを持っていないことを指します。

②相無自性性とは、ことばの上でのみ仮想されている法それぞれが、ことばによるかりそめの相（〝特徴〟）を持っているにすぎず、自分だけのありかたを持っていないことを指します。

③勝義無自性性とは、五蘊という法それぞれが、最高〔智〕の対象でなく、最高〔智〕の対象という自分だけのあ

りかたを持っていないということや、あるいは、円成実性が法無我（〝法〔＝依他起自性〕において我〔＝遍計所執自性〕がないこと〟）であり、我という自分だけのありかたを持っていないことを指します。

そして、『解深密経』は、第一時と第二時における転法輪は未了義《みりょうぎ》（〝不完全な内容〟）であり、第三時における転法輪である『解深密経』こそが了義《りょうぎ》（〝完全な内容〟）であると結論しています。

当時のインドにおいては、もともと『阿含経』しかなかったところに大乗経が出現したのですから、大乗経が『阿含経』に遅れて出現したことは常識でした。大乗の学派が大乗経は歴史的ブッダによって説かれたのちどこかに隠されていたと考えたのに対し、諸部派の主流派は大乗経が歴史的ブッダよりはるかにのちに捏造されたと考え、論争が起きました。

しかし、中国においては、大乗経は『阿含経』と同時にインドから伝来したため、大乗経が『阿含経』に遅れて出現したことに気づいた人はほとんどおらず、そのような論争は起きませんでした。むしろ、インドにおいて後進であった大乗の学派は中国のような外国に積極的に進出したため、中国においては大乗経が『阿含経』より圧倒的に普及し、インドにおける大乗の学派の考えが絶対的な信頼をもって受け容れられたのです。

あらゆる仏教をいくつかに判別することは、『解深密経』が中国にもたらされる前に、南北朝時代（五世紀初め頃）の中国においても始まりました。日本においては、そのことを伝統的に「教判」と呼んでいます（中国においては、「判教」と呼ばれています）。

ここからは、いよいよ宗祖の皆さまにお話を伺います。

表2 法相宗・基の三時教判[1]

教	内容	例
第一時教	有《う》	四つの『阿含経』など
第二時教	空《くう》	空であると説く諸経
第三時教	非空非有中道《ひくうひうちゅうどう》	『華厳経』『解深密経』という唯識の教えなど

法相宗

司会　まず、慈恩《じおん》大師さまにお話を伺います。唐の時代に中国からインドの唯識派のもとに留学した玄奘《げんじょう》三蔵（六〇二―六六四）は『解深密経』の三転法輪説を中国にもたらしましたが、その三転法輪説を中国に詳しく紹介なさったのが玄奘三蔵のお弟子である慈恩大師さまです。慈恩大師さまは三転法輪説にもとづいて、三時教判によってあらゆる仏教を判別していらっしゃいます。表にしますと、右のとおりです（表2）。

簡単に言えば、次のとおりです。

〔Ⅰ　第一時教〕　まず、釈迦牟尼以前の異教徒は衆生（〝生きもの〟）が我（〝霊魂〟）として有（〝実在〟）であると誤解していたため、釈迦牟尼は第一時において、衆生を構成している五蘊（〝五つのグループ〟）という法（〝枠組み〟）だけが有であって、我は無（〝非実在〟）であると説きました。

〔Ⅱ　第二時教〕　そののち、声聞乗の信者は法が一概に有であると誤解するようになったため、釈迦牟尼は第二時において、法が空（〝からっぽ〟）であると説きました。

〔Ⅲ　第三時教〕　しまいに、大乗の信者のうち、後世の中観派にあたる者は法が（無という意味において）一概に空であると誤解するようになったため、釈迦牟尼は第三時において、法は一概に有でもなく、一概に空（厳密に言えば、無）でもない、中道（〝まんなかの道〟）であると説きました。法は、遍計所執自性としては無ですので、一概に有ではありませんが、しかし、依他起自性や円成実自性としては有ですので、一概に空（厳密に言えば、無）でもないのです。この第三時教が釈迦牟尼の真意と目されます。

法相宗・基　まとめて教えを示せば、四つの『阿含経』などは第一時教じゃ。空であると説く諸経は第二時教じゃ。はっきりしないことばで〝諸法は無自性（〝自分だけのありかたがないもの〟）である〟とまとめて説いておるからじゃ。『華厳経』『解深密経』という唯識の教えなどは第三時教じゃ。はっきりしたことばで三つの無自性性（〝自分だけのありかたがないこと〟）による非空非有中道（〝空でもなく有でもない中道〟）を説く教えだからじゃ(2)。

司会　厳密に言えば、釈迦牟尼は第二時教における空性（〝からっぽさ〟）を第三時教において三つの無自性性（〝自分だけのありかたがないこと〟）と言い換えたのであって、空性を否定したわけはありません。したがって、慈恩大師さまがおっしゃる「非空非有中道」という表現は、「非無非有中道」という表現のほうが適切でしょうね。

第三時教である唯識については、第四章において詳しくお話を伺います。

ところで、慈恩大師さまは『華厳経』を第三時教に含めていらっしゃいますが、大乗においては、『華厳経』は釈迦牟尼が初めて悟りを開いた時（すなわち、第一時教より前）の経ですから、『華厳経』が第三時教に含まれるのはおかしいのではないでしょうか。

法相宗・基　道理および〔修行者の〕素質に準拠していうが、〔小乗から大乗へと〕段階的に仏道に入る者の場合、大乗は小乗を経由するので、三時教の前後関係がある。〔第一時教と第二時教との後に〕『解深密経』において唯識が説かれたのがそれじゃ。

〔小乗から大乗へと〕段階的に仏道に入るのでない者の場合、大乗は小乗を経由しないので、三時教の前後関係はない。〔三時教の前後関係は、あくまで〕大多数の者に準拠しておるのじゃ。〔三時教の前後関係がないのは、第一時教と第二時教との前に釈迦牟尼が〕初めて悟りを開いた時の『華厳経』などにおいて唯心（＝唯識）が説かれたのがそれじゃ。(3)

司会　三時教の前後関係はあくまで目安にすぎないというお話ですね。ほかに、重要な経として、『法華経』についてはいかがでしょうか。

法相宗・基　その『経』が三周にわたって一乗を説いておるのは、多くは声聞に向けてじゃ。先に〔第二時教である〕『般若経』を説いて〔法を〕空（〝からっぽ〟）だと教え、有という病《やまい》を打ち破った。法について愚かでなくなった彼ら〔声聞〕がすでに〔法を空だと〕信じおわったので、今は、第三時教を説いてやって、彼らに〔法は有でもなく空でもないという〕帰趣を知らしめるのじゃ。(4)

司会　三周とは、『法華経』方便品から譬喩品までの第一周と、信解品と薬草喩品と授記品との第二周と、化城喩品と五百弟子授記品と授学無学人記品との第三周とを指します。『法華経』においては、釈迦牟尼が一乗を説き、声聞たちが一乗を信じ、釈迦牟尼が彼らに仏となることを予言するという流れが、三回繰り返されるので、それを三周と呼ぶのです。要するに、『法華経』は第三時教だというお話ですね。

このほか、慈恩大師さまはあらゆる仏教（〝仏の教え〟）に対するあらゆる仏教学派の主張を八宗判によって判別していらっしゃいます。表にしますと、左のとおりです（表3）。

簡単に言えば、次のとおりです。

〔Ｉ　我法倶有宗〕　我法倶有宗（〝我と法とがともに有であるという主張〟）とは、我（〝霊魂〟）と、衆生（〝生きもの〟）を構成している五蘊という法（〝枠組み〟）とがともに過去と現在と未来とにわたって有（〝実在〟）であるという主張です。

〔Ⅱ　有法無我宗〕　有法無我宗（〝法は有であるが我は無であるという主張〟）とは、衆生を構成している五蘊という法は過去と現在と未来とにわたって有であるが、我は無（〝非実在〟）であるという主張です。

〔Ⅲ　法無去来宗〕　法無去来宗（〝法は過去と未来とにおいて無であるという主張〟）とは、衆生を構成している五蘊という法は現在においてのみ有であり、過去と未来とにおいては無であるという主張です。

表3　法相宗・基の八宗判(5)

宗	例
我法倶有宗《がほうくゆうしゅう》	犢子部《とくしぶ》など
有法無我宗《うほうむがしゅう》	説一切有部《せついっさいうぶ》など
法無去来宗《ほうむこらいしゅう》	大衆部《だいしゅぶ》など
現通仮実宗《げんつうけじつしゅう》	説仮部《せつけぶ》など（『成実論《じょうじつろん》』など経量部《きょうりょうぶ》の別師を含む）
俗妄真実宗《ぞくもうしんじつしゅう》	説出世部《せつしゅっせぶ》など
諸法但名宗《しょほうたんみょうしゅう》	一説部《いっせつぶ》など
勝義皆空宗《しょうぎかいくうしゅう》	清弁《しょうべん》など（中観派）
応理円実宗《おうりえんじつしゅう》	護法《ごほう》など（唯識派）

〔Ⅵ　現通仮実宗〕　現通仮実宗（〝現在は仮設《けせつ》と実体とに共通するという主張〟）とは、衆生を構成している五蘊という法は現在においてのみ実体として有であり、その五蘊において、十二処と十八界という法が仮設（〝仮の設定〟）として有であるという主張です。

〔Ⅴ　俗妄真実宗〕　俗妄真実宗（〝世俗は虚妄《こもう》であり出世間が真実であるという主張〟）とは、衆生を構成している五蘊という法は世間法（〝世間的な枠組み〟）であって虚妄であり、聖者によって得られる出世間法（〝超世間的な枠組み〟）が真実であるという主張です。

〔Ⅵ　諸法但名宗〕　諸法但名宗（〝諸法はただことばにすぎないという主張〟）とは、衆生を構成している五蘊という法はことばの上における仮設であるという主張です。

以上はいずれも声聞乗の部派の主張です。

〔Ⅶ　勝義皆空宗〕　勝義皆空宗（〝最高〔智〕の対象としては〔諸法は〕すべて空であるという主張〟）とは、第二時教にもとづく中観派の主張です。

〔Ⅷ　応理円実宗〕　応理円実宗（〝道理に合う完全なまことの主張〟）とは、第三時教にもとづく唯識派の主張です。

律宗

司会　続いて、南山《なんざん》大師さまにお話を伺います。南山大師さまは二教判によってあらゆる仏教を判別していらっしゃいます。表にしますと、左のとおりです（表4）。

律宗・道宣　とりあえず、化教（〝教化の教え〟）を明らかにするならば、この教は出家者と在家者とに共通しておる。(7)

司会　要するに、化教とは経と論とですね。これらにはいずれも大乗と小乗との区別があります。

律宗・道宣　第二に制教（〝制止の教え〟）を明らかにするならば、〔出家者の〕教団（サンガ。僧伽《そうぎゃ》）が懺悔《さんげ》させ、不行跡を改めさせ、ただちに止めさせるのじゃ(8)。

司会　要するに、制教とは律ですね。これには律そのものである律本と、律の解釈である律論とがあります。化教における大乗と小乗との関係についてはいかがでしょうか。

律宗・道宣　その場合、道理はおおまかには三種類を出ない。

第一は、諸法は〔異教徒が主張するような〕性《しょう》（〝霊体〟＝我）を欠くので空（〝からっぽ〟）、すなわち、無我（〝我がないもの〟）である。この道理を観照する心が小乗と呼ばれる。

第二は、諸法はもともとの相《そう》（〝特徴〟＝自性〔〝自分だけのありかた〟〕）を欠くので空である。〔普通の人は〕ただ情にまかせてみだりに〔諸法の相を〕見るにすぎない。この道理を観照するはたらきは初心者の菩薩に属する。

第三は、諸法という、外界の対象はもともとなく、実のところ、ただ識（〝認識〟）があるのみである。この道理が深くすばらしいものであり、ただ心によってのみそれを対象として知ることは、上級者の菩薩が仏果《ぶっか》（〝仏の位という結果〟）を証得するための修行なのじゃ(9)。

表4　律宗・道宣の二教判(6)

教	例
化教《けきょう》	小乗経、小乗論 大乗経、大乗論
制教《せいきょう》	律本、律論

表5　『中論』の偈

梵文	漢訳
①縁起（〝〔法が他のものを〕たよって起こること〟）ということ、それをわれわれは〔法の〕②空性（〝からっぽさ〟）と呼ぶ。それは〔法の〕③仮設（〝仮のしつらえ〟）であるし、それは〔法が有であるのでもなく無であるのでもない〕④中道に他ならない。	①因縁所生法《いんねんしょしょうほう》（〝条件によって生ぜられた法〟）を、わたしは②〝空〟（〝からっぽ〟）である〟と説く。③〝仮名《けみょう》〟（〝かりそめの名〟）とも呼ぶ。④〝中道〟とも呼ぶ。 （因縁所生法　我説即是空　亦名為仮名　亦名中道義）

司会　『解深密経』の三転法輪や、慈恩大師さまの三時教判と似ていますが、南山大師さまは玄奘三蔵や慈恩大師さまとお知り合いでしたので、影響がおありなのでしょうね。ちなみに、日本の鎌倉時代の凝然《ぎょうねん》上人（一二四〇―一三二一）はこれを性空教《しょうくうきょう》（〝性を欠くので空であるという教え〟）、相空教《そうくうきょう》（〝相を欠くので空であるという教え〟）、唯識教《ゆいしききょう》（〝唯識という教え〟）という三教判と見なし、「南山大師三観教」と名づけています（『律宗綱要』）。

天台宗、日蓮宗

司会　続いて、天台大師さまにお話を伺います。天台大師さまの教判は中観派の龍樹菩薩の『中論』の偈にもとづいていますので、まずはその偈を、梵文からの和訳と、鳩摩羅什《くまらじゅう》（四―五世紀）による漢訳からの和訳とによって挙げますと、右のとおりです（表5）。

梵文における①縁起、②空性、③仮設、④中道という四つは同義語の羅列にすぎません。しかるに、中国における大乗の学派においては、これら四つが大きく誤解されたのです。鳩摩羅什による『中論』の漢訳においては、①縁起、②空性、③仮設、④中道は、順に、①因縁所生法、②空、③仮名、④中道と訳されましたが、偽経『菩薩瓔珞本業《ぼさつようらくほんごう》経《きょう》』（五世紀）においては、これら四つは次第に高度な内容となる異義語の連続と誤解されました。具体的に言えば、『菩薩瓔珞本業経』においては、空は無諦《むたい》（〃無というまこと〃）、仮名は有諦《うたい》（〃有というまこと〃）、中道は第一義諦《だいいちぎたい》（〃最高のまこと〃）と名づけられ、空という無と、仮名という有との二辺《にへん》（〃二極端〃）を離れている、中道（〃まんなかの道〃）が真理と説かれています。

そのことは誤解であるにせよ、この漢訳を読むかぎり、無理からぬところがあります（この漢訳においては、①「因縁所生法」と②「空」とは名詞と形容詞との関係としか思われず、同義語たる名詞の羅列になっていないからです）。

天台大師さまはその『菩薩瓔珞本業経』の誤解にもとづいて、四教判によってあらゆる仏教を判別していらっしゃいます。表にしますと、左のとおりです（表6）。

簡単に言えば、次のとおりです。

〔I　三蔵教〕　釈迦牟尼は、三蔵教（〃〔声聞乗の〕三蔵の教え〃）においては、法が因縁（〃条件〃）によって生ぜられたり滅せられたりすると説きました。

表6　天台宗・智顗の四教判(10)

教	内容	例
三蔵教《さんぞうきょう》	因縁生滅	『阿含経』、律、論
通教《つうぎょう》	因縁即空	方等経《ほうどうきょう》（一般的な大乗経）、『般若経』
別教《べっきょう》	因縁仮名	『華厳経』、方等経（一般的な大乗経）、『般若経』
円教《えんぎょう》	因縁中道	『華厳経』、方等経（一般的な大乗経）、『般若経』、『法華経』

〔Ⅱ　通教〕　通教（〝〔三乗の〕共通の教え〟）においては、因縁によって生ぜられた法は〔自性（〝自分だけのありかた〟）を欠くので〕空（〝からっぽ〟）であると説きました。

〔Ⅲ　別教〕　別教（〝〔菩薩乗だけの〕特別の教え〟）においては、因縁によって生ぜられた法は〔たとえ空であっても〕仮名（〝かりそめの名〟）を持つと説きました。

〔Ⅳ　円教〕　円教（〝完全な教え〟）においては、因縁によって生ぜられた法は空にも偏らず仮名（〝かりそめの名〟）にも偏らない中道であると説きました。この円教が釈迦牟尼の真意と目されます。

先ほど述べましたとおり、四教判は『中論』に対する『菩薩瓔珞本業経』の誤解にもとづいています。ただし、天台大師さまが四教判によっておっしゃりたかったことは、慈恩大師さまの三時教判と同じように、有と空（『菩薩瓔珞本業経』によれば、無）との関係なのであって、有と空（厳密に言えば、無）との関係としては、四教判は特に問題なく理解されるように思われます。釈迦牟尼は①三蔵教においては法を有と説き、②通教においては法を空（厳密に言えば、無）と説き、③別教においては法をかりそめの有と説き、④円教においては法を空（厳密に言えば、無）にも偏らずかりそめの有にも偏らないと説いたわけです。

ちなみに、慈恩大師さまの三時教判においては、第三時教は唯識の教えだったわけですが、天台大師さまの四教判においては、唯識の教えは何教に当たるのでしょうか。

天台宗・智顗　別教においては、阿頼耶識《あらやしき》があらゆる煩悩を生じていると考えるのじゃ。(11)

司会　阿頼耶識とは、唯識の教えにおいて言われる、あらゆる法を内包する識を指します。天台大師さまの四教判においては、唯識の教えは別教に当たるというお話ですね。唯識については、第四章において詳しくお話を伺います。

ところで、ほかの大乗経が複数の教えにまたがるのに対し、『法華経』は円教のみなのですね。

天台宗・智顗　結局のところ、『華厳経』は兼（〝円教が別教を兼ねる〟）、三蔵は但（〝ただ三蔵教のみ〟）、方等経は対（〝通教と別教と円教とが三蔵教に対する〟）、『般若経』は帯（〝円教が通教と別教とを帯びる〟）であり、この『〔法華〕経』にはもはや兼と但と対と帯とはなく、ひたすら、まっすぐな無上の道であると知らねばならぬ。(12)

司会　今のお話は天台大師さまが釈迦牟尼の一生涯における教えの前後関係を「五時」によって判別していらっしゃることと関係します。図にしますと、次のとおりです。

華厳時	『華厳経』	兼（〝円教が別教を兼ねる〟）
阿含時	『阿含経』	但（〝ただ三蔵教のみ〟）
方等時	方等経	対（〝通教と別教と円教とが三蔵教に対する〟）
般若時	『般若経』	帯（〝円教が通教と別教とを帯びる〟）
法華涅槃時	『法華経』	純（〝純粋な円教のみ〟）
	『涅槃経』（四教）	

司会　なお、このほか、天台大師さまは、四教判とはまったく別の四教によって、あらゆる仏教における教えかたを判別してもいらっしゃいます。詳しく言えば、次のとおりです。

①頓教《とんぎょう》（〝すぐさまの教え〟）とは、『華厳経』のように、菩薩にすぐさま向けられるような教えかたを指します。

②漸教《ぜんぎょう》（〝だんだんの教え〟）とは、『阿含経』↓方等経（一般的な大乗経）↓『般若経』↓『法華経』↓『涅槃経』という順序によって、声聞をだんだん菩薩へ向かわせるような教えかたを指します。

③秘密教《ひみつきょう》（〝ひそかな教え〟）とは、何かひとつの経をあらわに説いている時にも、いつもあらゆる経をひそかに説い

ているような教えかたを指します。

④不定教《ふじょうきょう》（〝定まりのない教え〟）とは、優れた素質の者が、『阿含経』であろうが方等経であろうが『般若経』であろうが『法華経』であろうが『涅槃経』であろうが、どれを聞いても『涅槃経』の教えである仏性をまのあたりに見るような教えかたを指します。

後世の天台宗においては、先のⅠ三蔵教、Ⅱ通教、Ⅲ別教、Ⅳ円教を「化法《けほう》の四教」、今の①頓教、②漸教、③秘密教、④不定教を「化儀《けぎ》の四教」と呼ぶようになりました。「化法の四教」「化儀の四教」を「五時」と合わせて「五時八教」と呼ぶようにもなっています。ただし、「化法の四教」が教えであるのに対し、「化儀の四教」は教えかたですので、教判と言えるものは「化法の四教」による四教判のみです。

日蓮上人もこの四教判をお使いですね。

日蓮宗・日蓮　（頷く）　日蓮は、諸経の優劣を知る点においては、華厳宗の〔第四祖〕澄観《ちょうがん》、三論宗の嘉祥《かじょう》大師（吉蔵《きちぞう》。五四九―六二三）、法相宗の慈恩大師、真言宗の弘法大師よりも勝れておる。天台大師と伝教大師との行跡を思い慕っておるからじゃ[13]。

司会　なお、日蓮上人は四教判を補足して、五重相対《ごじゅうそうだい》によってあらゆる仏教を判別してもいらっしゃいます。詳しく言えば、次のとおりです。

①内外相対《ないげそうだい》（〝内典《ないてん》〔〝仏典〟〕と外典《げてん》〔〝仏典でないもの〟〕との違い〟）
②大小相対《だいしょうそうだい》（〝内典のうち、大乗経と小乗経との違い〟）
③権実相対《ごんじつそうだい》（〝大乗経のうち、方便〔である爾前《にぜん》（〝『法華経』より前〟）の諸経〕と真実〔である『法華経』〕との違い〟）
④本迹相対《ほんじゃくそうだい》（〝『法華経』のうち、〔後半である〕本門《ほんもん》と〔前半である〕迹門《しゃくもん》との違い〟）

⑤種脱相対《しゅだつそうだい》（〝本門のうち、解脱のための種まき〔である題目《だいもく》〕と、解脱させるもの〔である『法華経』寿量品《じゅりょうぼん》〕との違い〟）

図にしますと、次のとおりです。

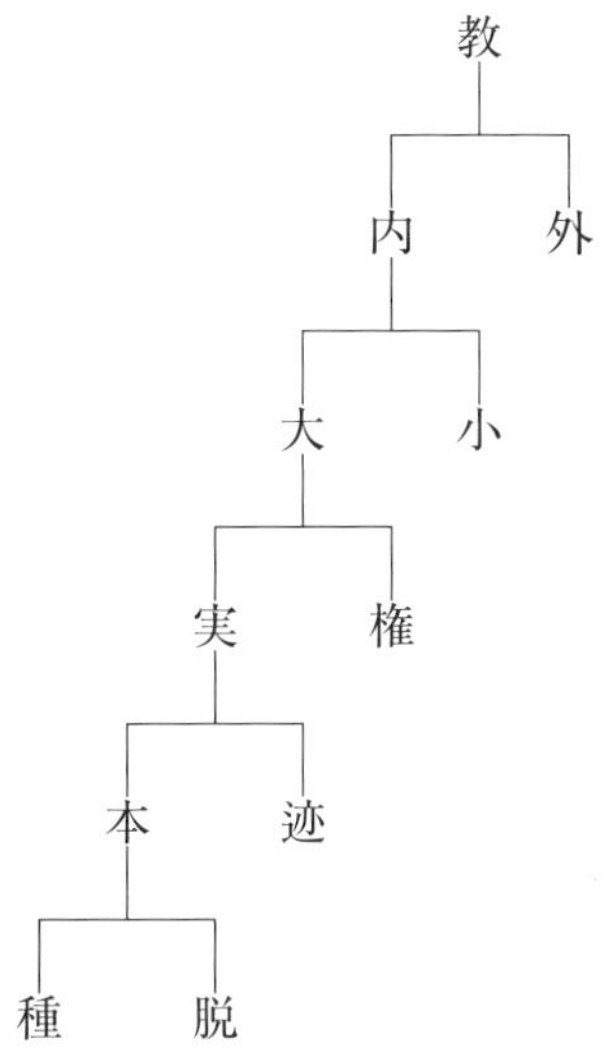

司会　このうち、最初の「外」である外典が仏教の最初であり、最後の「種」である題目が仏教の最後であると日蓮上人はお考えになります。題目とは『法華経』の題名「妙法蓮華経」であり、「南無妙法蓮華経」と唱題（〝題目を高唱〟）することがわれわれ最後の者にとって解脱の種まきになると日蓮上人はおっしゃるのです。

日蓮宗・日蓮　〔釈迦牟尼の〕在世の時の本門と、〔われわれ〕末法期の始めの時の本門とは、同じく〔三蔵教や通教や別教を含まない〕純粋な円教じゃ。ただし、あちらは脱、こちらは種じゃ。あちらは〔『法華経』従地湧出品《じゅうじゆじゅつぽん》の後半と、寿量品《じゅりょうぼん》という一品と、分別功徳品《ふんべつくどくぼん》の前半との〕一品二半、こちらはただ〔「妙法蓮華経」という〕題目の五字のみじゃ。[14]

司会　このお考えはいわゆる末法思想によるものです。仏教においては、『阿含経』以来、仏滅の後に三つの時期があると説かれています。

正法期《しょうぼうき》（〝正しい法の時期〟）
像法期《ぞうほうき》（〝かたちばかりの法の時期〟）
末法期《まっぽうき》（〝法の終末の時期〟）

仏滅の年やそれぞれの時期の長さについてはさまざまな異説がありますが、日本においては、永承七年（一〇五二）から末法期に入ったと見なされました。なお、「末法」ということばは中国仏教において考案されたと考えられ、インド仏教においては「法滅」ということばが一般的です

永承七年より前に、末法期における『法華経』の重要性を力説していらっしゃったのは伝教《でんきょう》大師さまですね。

天台宗・最澄　（頷く）　法華一乗の素質ある者にとって、今はまさにその時じゃ。どうしてわかるかといえば、〔『法華経』〕安楽行品《あんらくぎょうほん》は末世の法滅の時のためのものだからじゃ(15)。

司会　日蓮上人は末法期における『法華経』の重要性を力説する伝教大師さまのお考えを受け継ぎつつも、むしろ、「南無妙法蓮華経」と唱題することを末法期における仏教として提示していらっしゃるのです。「南無妙法蓮華経」については、第八章において詳しくお話を伺います。

華厳宗

司会　続いて、賢首《げんじゅ》大師さまにお話を伺います。賢首大師さまは五教判によってあらゆる仏教を判別していらっしゃいます。表にしますと、左のとおりです（表7）。

簡単に言えば、次のとおりです。

〔I　小乗教〕　釈迦牟尼は、小乗教においては、あらゆる法（〝枠組み〟）は有であると説きました。

〔Ⅱ　始教〕　大乗の始教（〝始めの教え〟）においては、あらゆる法は空（〝からっぽ〟）であると説きました。

〔Ⅲ　終教〕　大乗の終教（〝終わりの教え〟）においては、あらゆる法は、たとえ空であるにせよ、空性（〝からっぽさ〟）が有である以上、一概に（無という意味において）空なのではないと説きました。この空性を、仏性《ぶっしょう》（〝仏の基盤〟）と見なして、如来蔵《にょらいぞう》（〝如来の胎児〟）とも呼びます。仏性については、第五章において詳しくお話を伺います。

〔Ⅳ　頓教〕　頓教（〝すぐさまの教え〟）においては、何も説かないことによって、法が空であると示しました。

〔Ⅴ　円教〕　円教（〝完全な教え〟）においては、いちいちの法が互いを含みあうことが無尽（〝果てもなし〟）に自在に起こっていると説きました。この円教が釈迦牟尼の真意と目されます。いちいちの法が互いを含みあうことについては、第三章において詳しくお話を伺います。

ところで、頓教はどうして頓教と呼ばれるのでしょうか。

華厳宗・法蔵　〔〝二項対立はことばによってあるにすぎない〟と教えようとして、『維摩経』の主人公である〕維摩

表7　華厳宗・法蔵の五教判(16)

教	内容	例
小乗教	有	四つの『阿含経』など
始教《しきょう》	空	空であると説く諸経
終教《じっきょう》	不空	空性の常住を説く諸経
頓教《とんぎょう》	絶言	『楞伽経《りょうがきょう》』『維摩経《ゆいまきょう》』など
円教《えんぎょう》	主伴具足無尽自在	『華厳経』

表8　華厳宗・法蔵の十宗判[18]

宗	例
法我倶有宗《ほうがくうしゅう》	犢子部など
法有我無宗《ほううがむしゅう》	説一切有部など
法無去来宗《ほうむこらいしゅう》	大衆部など
現通仮実宗《げんつうけじっしゅう》	説仮部など（『成実論』など経量部の別師を含む）
俗妄真実宗《ぞくもうしんじつしゅう》	説出世部など
諸法但名宗《しょほうたんみょうしゅう》	一説部など
一切皆空宗《いっさいかいくうしゅう》	始教
真徳不空宗《しんとくふくうしゅう》	終教
相想倶絶宗《そうそうくぜつしゅう》	頓教
円明具徳宗《えんみょうぐとくしゅう》	別教

が沈黙によって二項対立の否定を示したようなものじゃ[17]。

司会　まだるっこしいことばを使わずに空性をすぐさま教えるから、頓教（〝すぐさまの教え〟）と呼ばれるわけですね。

このほか、賢首大師さまはあらゆる仏教（〝仏の教え〟）に対するあらゆる仏教学派の主張を十宗判によって判別していらっしゃいます。表にしますと、右のとおりです（表8）。

初めの六宗は慈恩大師さまの八宗のうち六宗と同じであり、小乗教の諸部派の主張を指します。

〔Ⅶ　一切皆空宗〕一切皆空宗（〝あらゆるものは空であるという主張〟）とは、始教をめぐる主張を指します。

〔Ⅷ　真徳不空宗〕真徳不空宗（〝真なるもの〔である空性〕は徳を具えている点で空でないという主張〟）とは、終教をめぐる主張を指します。

〔Ⅸ　相想倶絶宗〕相想倶絶宗（〝ありさまと、それに対する想いとが途絶えてしまっている主張〟）とは、頓教をめぐる主張を指します。

〔Ⅹ　円明具徳宗〕円明具徳宗（〝完全に明らかで徳を具えている主張〟）とは、円教をめぐる主張を指します。

融通念仏宗

司会　続いて、大通《だいつう》上人にお話を伺います。大通上人は五教判によってあらゆる仏教を判別していらっしゃいます。表にしますと、左のとおりです（表9）。

表9　融通念仏宗・大通融観の五教判(19)

教	内容
人天教《にんでんきょう》	世俗的道徳
小乗教	華厳宗・法蔵の小乗教
漸教《ぜんきょう》	華厳宗・法蔵の始教と終教
頓教《とんぎょう》	華厳宗・法蔵の頓教
円教《えんぎょう》	華厳宗・法蔵の円教

表10　真言宗・空海の二教判[21]

教		仏身
顕教	三乗 一乗	報身《ほうじん》、化身《けしん》
密教	真言乗	法身《ほっしん》

人天教（〝〔来世に〕人か天かに生まれるための教え〟）のほかは、賢首大師さまの五教判における五教とまったく同じであり、ただ、始教と終教とが漸教（〝だんだんの教え〟）として一括されるという違いがあるにすぎません。大通上人が融通念仏宗を賢首大師さまと天台大師さまとの教えによって組織していらっしゃることについては、このあとの諸章において詳しくお話を伺います。

融通念仏宗・大通融観　（頷く）少しでも自分勝手なことばによって自分勝手な見解をこしらえることはありませぬ。[20]

真言宗

司会　続いて、弘法《こうぼう》大師さまにお話を伺います。弘法大師さまは二教判によってあらゆる仏教を判別していらっしゃいます。表にしますと、右のとおりです（表10）。

簡単に言えば、次のとおりです。

〔I　顕教〕　仏の三身《さんじん》のうち、〔釈迦牟尼の本体である〕報身（〝久遠実成《くおんじつじょう》の釈迦牟尼仏〟）が説いた『解深密経』や、〔釈迦牟尼である〕化身が説いた『法華経』などである顕教は聴き手の素質に合わせてあるので真実と見なされません。三身については、第九章において詳しくお話を伺います。

〔Ⅱ　密教〕　法身（大日如来《だいにちにょらい》）がひとりごととして語った『大日経』などである密教は真実と見なされます。

真言宗・空海　そもそも、仏は三身を持ち、教えは二種類ある。報身と化身とが説いたものは顕教（〃表層的な教え〃）と呼ばれ、ことばは表層的かつ簡略で、〔聴き手の〕素質に合わせてある。法身が語ったものは密教（〃深層的な教え〃）と呼ばれ、ことばは深層的かつ遠大で、真実の説である[22]。

司会　ただし、顕教は密教を離れているわけではありません。顕教と密教との違いは表層的か深層的かの違いにすぎませんから、顕教のあらゆる経は、深層においては、かならず密教を有しているのです。したがって、顕教を学ぶ人が顕教の経を顕教としか受け取らないのに対し、密教を学ぶ人は顕教の経を密教として読みとくことができます。

真言宗・空海　顕教と受け取るか、密教と受け取るかは人による。文面によるのではない[23]。

司会　なお、いわゆる末法思想については、どうお考えでしょうか。

真言宗・空海　〔密教においては、悟る側の〕人も、〔悟られる側の〕法も、法爾《ほうに》（〃きまりごと〃）として〔変わらずに〕ある。素質の違いを絶している以上、正法期だの像法期だのがどうして分かれようか[24]。

司会　密教によるならば、いつも、いかなる人によっても法が悟られるのであり、したがって、正法期、像法期、末法期という区別はないというお話ですね。

このほか、弘法大師さまは仏教（〃仏の教え〃）を含むあらゆる教えに対するあらゆる学派の主張を十住心判によって判別していらっしゃいます。表にしますと、次頁のとおりです（表11）。

司会　簡単に言えば、次のとおりです。

〔Ⅰ　異生羝羊心〕　異生羝羊心（〃凡夫の、雄羊のような心〃）とは、自分や自分のものに執着し、食欲や性欲を追求し、

表11　真言宗・空海の十住心判

心	例
異生羝羊心《いしょうていようしん》	輪廻否定者
愚童持斎心《ぐどうじさいしん》	三帰依、五戒、八斎戒、十善戒
嬰童無畏心《ようどうむいしん》	造物主を信仰する輪廻肯定者
唯蘊無我心《ゆいうんむがしん》	声聞乗
抜業因種心《ばつごういんしゅしん》	独覚乗
他縁大乗心《たえんだいじょうしん》	唯識派、法相宗
覚心不生心《かくしんふしょうしん》	中観派、三論宗
一道無為心《いちどうむいしん》	天台宗
極無自性心《ごくむじしょうしん》	華厳宗
秘密荘厳心《ひみつそうごんしん》	真言宗

来世にふたたび生まれることを信じないような、凡夫の主張を指します。道教はこのうちに含まれます。

〔Ⅱ　愚童持斎心〕　愚童持斎心（〝ものを知らぬ子どもの、節制をたもつ心〟）とは、来世に人あるいは天に生まれることを求める在家信者向けの仏教の主張を指します。儒教は五常（仁、義、礼、智、信）が五戒の一種と見なされてこのうちに含まれます。

〔Ⅲ　嬰童無畏心〕　嬰童無畏心（〝子どもの、恐れなき心〟）とは、来世に天に生まれることを求めて現世において造物主に仕えるような主張を指します。

〔Ⅳ　唯蘊無我心〕　唯蘊無我心（〝五蘊のみが有であって、我〔〝霊魂〟〕は無であるという心〟）とは、声聞乗の主張を指します。

〔Ⅴ　抜業因種心〕　抜業因種心（〝〔無明《むみょう》の〕種子《しゅうじ》を原因とする業《ごう》を抜きさる心〟）とは、独覚乗の主張を指します。

〔Ⅵ　他縁大乗心〕　他縁大乗心（〝他者を対象とする大乗の心〟）とは、大乗の唯識派と法相宗との主張を指します。これは、あらゆる他者に向かって、ただ識のみが有であると教える、有の主張です。

〔Ⅶ　覚心不生心〕　覚心不生心（〝心が〔空であって〕生じないことを覚る心〟）とは、大乗の中観派と三論宗との主張を指します。これは、識（心）すらも空（厳密に言えば、無）であると教える、空の主張です。

〔Ⅷ　一道無為心〕　一道無為心（〝一なる中道という無作為の心〟）とは、天台宗の円教の主張を指します。これは、あらゆる法は有にも偏らず空（厳密に言えば、無）にも偏らないと教える、中道の主張です。

〔Ⅸ　極無自性心〕　極無自性心（〝きわめて自性がない心〟）とは、華厳宗の円教の主張を指します。これは、いちいちの法が互いを含みあうと教える、無礙《むげ》の主張です。

〔Ⅹ　秘密荘厳心〕　秘密荘厳心（〝深層的な、壮麗な心〟）とは、真言宗の主張を指します。

伝教大師さまが挙手していらっしゃいますが、お話を伺えますでしょうか。

天台宗・最澄　おそらく、劣ったものを捨てて優れたものを取ることは、世間の変わらぬ道理であろう。しかるに、法華一乗と真言一乗とに、どうして優劣があろうか[25]。

司会　天台宗が真言宗より下に位置づけられるのは納得がいかないというお話ですね。

弘法大師さまはいかがでしょうか。

真言宗・空海　そうはおっしゃるが、〔『大日経』を説いた〕法身と〔『法華経』を説いた〕化身との諸仏に差がないというわけにはいかぬし、顕教と密教とにはどうして浅さ深さ〔の差〕がなかろうか。(26)

浄土宗対日蓮宗、浄土真宗、時宗

司会　続いて、法然上人にお話を伺います。いくつかの大乗経においては、われわれが住む娑婆《しゃば》世界（地球）の西に、極楽《ごくらく》世界と呼ばれる一つの世界（現代的に言えば、惑星）があると説かれています。娑婆（サハー。〝忍耐〟）とは苦しみに耐える場を意味しますが、極楽（スカーヴァティー。〝楽しみを有するもの〟）とは楽しみに満ちた場を意味します。極楽世界の環境は娑婆世界の環境よりも良好なのであり、極楽世界の主である阿弥陀仏は、もし極楽世界に生まれたいと望む者がいるならば、生まれさせてくれると説かれています。

インドにおける大乗の学派に中観派と唯識派との二つがあるうち、中観派においては龍樹菩薩が『十住毘婆沙《じゅうじゅうびばしゃ》論《ろん》』易行品《いぎょうぼん》を、唯識派においては世親《せしん》（天親《てんじん》）菩薩が『無量寿経優波提舎願生偈《むりょうじゅきょううばだいしゃがんしょうげ》』を著して、もし娑婆世界の劣悪な環境のせいで修行できない者がいるならば、来世に極楽世界に生まれてのち修行するよう勧めました。

中国における大乗の学派においては、そのことが踏襲され、極楽世界は極楽浄土という名のもとに広く知られるようになりました。唐の道綽《どうしゃく》（五六二―六四五）は、自著『安楽集《あんらくしゅう》』において、輪廻《りんね》を脱出するための法（〝枠組み〟）として聖道《しょうどう》（〝聖者の道〟）と往生浄土《おうじょうじょうど》（〝極楽世界に生まれること〟）との二つを挙げています。

法然上人はそれにもとづいて、二教判によってあらゆる仏教を判別していらっしゃいます。表にしますと、左のとおりです（表12）。

浄土宗・法然　今、この浄土宗は、もし道綽禅師の意図によるならば、二門を立ててすべてを含めるのであります。

いわゆる、聖道門と浄土門とであります。[27]

司会　聖道門について、詳しくお話を伺えますでしょうか。

浄土宗・法然　第一の聖道門とは、このうちに二つあります。

第一は大乗、

第二は小乗であります。

大乗のうちには、①顕教と②密教、③権教《ごんきょう》（〝かりの教え〟）と④実教《じっきょう》（〝まことの教え〟）などがあってばらばらでありますが、今、この『安楽集』の意図としては、〔聖道門のうちには、〕ただ大乗の①顕教と、大乗の③権教とがあるに

表12　浄土宗・法然の二教判

教	内容
聖道門《しょうどうもん》	大乗の経・律・論 小乗の経・律・論
浄土門《じょうどもん》	【正面から往生浄土を明らかにする教え】 三経・一論 『無量寿経』 『観無量寿経』 『阿弥陀経』 （以上、浄土三部経） 『無量寿経優波提舎願生偈』 【側面から往生浄土を明らかにする教え】 その他、往生浄土を明らかす経・論

すぎませぬ。ゆえに、〔聖道門とは、〕永劫《えいごう》を経過する、遠まわりな修行に該当します。そのことを踏まえて今のことを思案してみるに、〔聖道門のうちには、〕大乗の②密教や、大乗の④実教もあるはずであります。そうである以上、今の真言宗、仏心宗《ぶっしんしゅう》（禅宗）、天台宗、華厳宗、三論宗、法相宗、地論宗《じろんしゅう》、摂論宗《しょうろんしゅう》という、これら八宗の意趣はまさしくこのうちにあることになります。おわかりになるがよろしい。

次に、小乗とは、すべて、小乗の経と律と論とにおいて明らかにされる、声聞と独覚とが煩悩を断ちきり真理を証得し聖者の数に入り結果を得るための道であります。そのことを踏まえて今のことを思案してみるに、〔聖道門のうちには、〕倶舎宗《くしゃしゅう》と成実宗《じょうじつしゅう》と諸部の律宗（南山律宗、東塔律宗、相部律宗）とも含まれるに他なりませぬ。[28]

司会　日蓮上人が挙手していらっしゃいますが、お話を伺えますでしょうか。

日蓮宗・日蓮　このことばの意味は〝道綽禅師の『安楽集』の意図は『法華経』より前の大乗経と小乗経とを聖道門と浄土門とに分けるにすぎないにせよ、わし（法然）は自分勝手に、大乗の実教である『法華経』や、大乗の密教である真言を、〔『法華経』より前の〕四十余年に属する大乗の権教に含めて、聖道門と呼ぶ〟というのじゃ。「そのことを踏まえて今のことを思案してみるに」という言いぐさがそれじゃ。[29]

司会　道綽禅師は『法華経』より前の経を聖道門と浄土門とに分けているにすぎないのに、法然上人が『法華経』を聖道門に含めていらっしゃるのはよろしくないというお話ですね。先ほど詳しくお話を伺いましたとおり、日蓮上人にとって、『法華経』は最高の経であって、聖道門と浄土門との後に位置しているのです。

日蓮宗・日蓮　すべて〔法然の〕『選択本願念仏集《せんちゃくほんがんねんぶつしゅう》』が十六章にわたって仏教に対する計り知れない誹謗を行なっている原因はみなこの言いぐさから始まっておるのじゃ。誤っておることじゃ、哀しいことじゃ。[30]

司会　まことに興味ぶかい問題であって、これからも大いにご意見を伺っていきたいと存じますが、まずは先に進みます。

浄土門については、特に、『無量寿経』『観無量寿経』『阿弥陀経』という三経を「浄土三部経《じょうどさんぶきょう》」と呼んで重視なさるのですね。

司会　さて、一般に、教判においては、最後に挙げられる教えが釈迦牟尼の真意と見なされますが、聖道門と浄土門との二教判においても、浄土門が釈迦牟尼の真意と見なされます。聖道門でなく浄土門が釈迦牟尼の真意と見なされる根拠は何でしょうか。

浄土宗・法然　今は、ただ阿弥陀仏についての三部であるに他ならぬから、浄土三部経と呼んでいるのでありま す(31)。

浄土宗・法然　聖道門の諸経は〔未来の世において〕先に消え去ってしまいます。ゆえに〔『無量寿経』に〕「経の道は消え去る」と言われております。浄土門のこの経（『無量寿経』）は特別に存続いたします。ゆえに〔『無量寿経』に〕「百年間とどまらせよう」と言われております。聖道門はゆかりが浅く、浄土門はゆかりが深いとおわかりになるがよろしい(32)。

司会　簡単に言えば、康僧鎧《こうそうがい》訳『無量寿経』に「未来の世において経の道は消え去る。わたし（釈迦牟尼）は慈悲と哀憐とによって、特別にこの経を残らせ、百年間とどまらせよう。この経にめぐりあった衆生は、願ったままに、みな救われるであろう(33)」とあることが、浄土門を聖道門より上のランクと見なす根拠であるのです。このお考えも、いわゆる末法思想によるものです。

日蓮上人が挙手していらっしゃいますが、お話を伺えますでしょうか。

日蓮宗・日蓮　『法華経』や『涅槃経』より前に浄土三部経が消え去るはずじゃ(34)。

司会　それはどういう根拠によるのでしょうか。

日蓮宗・日蓮　『無量義経』は爾前《にぜん》（〝『法華経』より前〟）の四十余年に属する大部の諸経を列挙したのち、「〔いずれも〕いまだ真実を明らかにしていない」と言っておる。〔浄土三部経も四十余年に属する諸経である以上、〕『無量寿経』などの「この経は特別に存続する」ということばはすべて〔真実でなく〕方便じゃ、虚妄じゃ(35)。

司会　じつは、法然上人が重視なさる『無量寿経』のその文は康僧鎧訳にあるだけで、梵文や他の諸訳にはありません。さらに、日蓮上人が重視なさる『無量義経』はこんにちの学界において偽経の疑いがあると見なされております。したがって、お二人がこの二経を根拠として争うことは、こんにちにおいてはあまり意味がないかもしれませんね。

　聖道門より浄土門を高く位置づける、別の根拠はないのでしょうか。

浄土宗・法然　天台宗や真言宗は頓教《とんぎょう》（〝すぐさまの教え〟）を自称しておりますが、しかしそれらは煩悩を断ちきってのち真理を体験するのですから、まだ漸教《ぜんぎょう》（〝だんだんの教え〟）であります。〝煩悩を断ちきらぬ凡夫がすぐに三界という長い夜を出る〟と明言するのは、ひとえにこの〔浄土門の〕教えのみであります。ゆえにこの〔浄土門の〕教えは頓教の中の頓教であります(36)。

司会　三界とは、われわれが住む娑婆《しゃば》世界を構成している、下界である欲界《よくかい》（〝欲望界〟）と、天界である色界《しきかい》（〝物質界〟）と無色界《むしきかい》（〝非物質界〟）とです。

　浄土門が頓教であることはもともと善導和尚がおっしゃったことですね。

浄土宗・善導　（頷く）今、この『観無量寿経』は菩薩蔵《ぼさつぞう》（菩薩乗）に含まれ、頓教に含まれておる(37)。

司会　ただし、善導和尚がおっしゃる頓教は、天台宗と真言宗とにおいて説かれる頓教と同じであり、菩薩にすぐさま向けられるような教えを指します。それに対し、法然上人がおっしゃる頓教の中の頓教は、凡夫がすぐさま三界を出られるような教えを指します。浄土門を「頓教の中の頓教」と規定して、浄土門を聖道門より高く位置づけすることは、法然上人特有のお説のようです。

浄土宗・法然　いったい、すみやかに輪廻《りんね》を離れたいのであるならば、〔聖道門と浄土門という〕二種類のすぐれた法のうち、まずは聖道門を措《お》いておきなされ、浄土門に入ることを選びなされ[38]。

司会　日蓮上人が挙手していらっしゃいますが、お話を伺えますでしょうか。

日蓮宗・日蓮　それは、近くは根拠とする浄土三部経における「ただ五逆罪《ごぎゃくざい》を犯した者と、正法を誹謗した者とを〔極楽世界に生まれる者の〕例外とする」という〔阿弥陀仏の〕誓いの文にそむき、遠くは〔釈迦牟尼仏〕一生涯の五時のうちの肝心である『法華経』巻二における「もしこの経を信ぜず誹謗する者がいるならば」から「その人は命が終わってのち無間地獄に入るであろう」までに至る誡《いまし》めの文にそむくというものじゃ[39]。

司会　「聖道門を措いておきなされ」とおっしゃる法然上人は、浄土三部経において極楽世界に生まれ得ない者と規定されている「正法を誹謗する者」に該当し、さらに、『法華経』において無間地獄に堕ちる者と規定されている「この経〔『法華経』〕を信ぜず誹謗する者」に該当するというお話ですね。五逆罪とは、①父を殺す罪、②母を殺す罪、③阿羅漢を殺す罪、④仏を出血させる罪、⑤教団を分裂させる罪です。五時については、先ほど詳しくお話を伺いましたとおりです。

法然上人はいかがでしょうか。

浄土宗・法然　〔笑って〕そんなこと〔正法を誹謗すること〕は、人があまりしないことであります[40]。

司会　よほどのことでないかぎり、正法を誹謗することにはならないというお話ですね。

続いて、親鸞上人にお話を伺います。親鸞上人もこの二教判によってあらゆる仏教を判別していらっしゃいます。

浄土真宗・親鸞　この娑婆世界において聖者の位に入り〔悟りという〕結果を得ることが聖道門と呼ばれ、難行道と呼ばれますのう。この〔聖道〕門のうちに、大乗と小乗、漸教と頓教、一乗と二乗と三乗、権教《ごんきょう》と実教《じっきょう》、顕教と密教、竪出《じゅしゅつ》（〝たてに出ること〟）と竪超《じゅちょう》（〝たてに超えること〟）があるのですわい[41]。

司会　竪出と竪超というのが判りにくいですが、竪出とは、〔修行を〕上昇して〔娑婆世界を〕出ることであって、顕教によって段階的に修行することを意味します。竪超とは、〔修行を〕上昇しつつ〔悟りへ〕飛び級することであって、密教によって飛び級的に修行すること（いわゆる即身成仏《そくしんじょうぶつ》）を意味します。

浄土真宗・親鸞　極楽世界において聖者の位に入り〔悟りという〕結果を得ることが浄土門と呼ばれ、易行道と呼ばれますのう。この門のうちに、横出《おうしゅつ》（〝よこに出ること〟）と横超《おうちょう》（〝よこに超えること〟）、仮と真、漸教と頓教、助行《じょぎょう》（〝補助的な修行〟）と正行《しょうぎょう》（〝正統的な修行〟）と雑行《ぞうぎょう》（〝夾雑的な修行〟）、雑修《ざっしゅ》（〝いろいろな修行を雑ぜること〟）と専修《せんじゅ》（〝〔念仏の〕修行に専念すること〟）とがあるのですわい[42]。

司会　横出と横超というのが判りにくいですが、横出とは、〔極楽世界へ〕横飛びして〔娑婆世界を〕出ることであって、修行者が自力によって極楽世界に生まれることを意味します。横超とは、〔極楽世界へ〕横飛びしつつ〔悟りへ〕飛び級することであって、修行者が阿弥陀仏の他力によって極楽世界に生まれると同時に仏になることを意味します。

このうち、横超が最高のランクだということでよろしいでしょうか。

浄土真宗・親鸞　横超とは、〔阿弥陀仏の〕本願を記憶にとどめ、自力の心を離れることですのう。それを横超の他力と呼ぶのですわい。これこそ専修《せんじゅ》の中の専修、頓教の中の頓教、真の中の真、一乗の中の一乗ですのう。これが浄土真宗ですわい[43]。

司会　浄土門を「頓教の中の頓教」と規定して聖道門より高く位置づけすることは法然上人のお説でしたが、親鸞上人はそのことをさらに強調なさっておられるようですね。

浄土真宗・親鸞　浄土真宗は大乗の中の至極ですわい。(44)

司会　親鸞上人は修行者が阿弥陀仏の他力によって極楽世界に生まれると同時に仏になると理解なさって、それを横超とおっしゃったのですが、この親鸞上人のお説は、法然上人にない、親鸞上人特有のお説です。この親鸞上人のお説については、第十一章において詳しくお話を伺います。

続いて、一遍上人にお話を伺います。一遍上人もこの二教判によってあらゆる仏教を判別していらっしゃいます。

時宗・一遍　聖道門と浄土門との二門をよくよく区別すべきじゃ。聖道門は「〔煩悩であろうが悟りであろうが輪廻《りんね》であろうが涅槃《ねはん》であろうが、あらゆる法は空《くう》（〝からっぽ〟）という点で同じであるから、〕煩悩は悟りであり、輪廻は涅槃である」と語る。わしもこの法門を人に教えるべきじゃが、今の世の人の素質では無理じゃ。どうしても煩悩という、もともとの執着に戻ってしまい、人を駄目にしてしまうからじゃ。浄土門は心身を捨て果てて、三界と六道に対しこれっぽっちも望むところがないまま、極楽世界に生まれることを願うのじゃ。この娑婆世界において、一つも必要とするものがあってはならぬ。〝この身をここ（娑婆世界）に置きながら輪廻を離れる〟ということではないのじゃ。(45)

司会　三界とは、われわれが住む娑婆世界を構成している、下界である欲界《よくかい》（〝欲望界〟）と、天界である色界《しきかい》（〝物質界〟）と無色界《むしきかい》（〝非物質界〟）とです。六道とは、地獄、畜生、餓鬼、人、天、阿修羅です。

聖道門と浄土門とについて、一遍上人は法然上人や親鸞上人のように優劣を判定なさらないのでしょうか。

時宗・一遍　〔『法華経』方便品《ほうべんぽん》において〕「『法華経』は釈迦牟尼が世にお出ましになった本意である」と言われておるのも経文のひとつじゃし、〔『阿弥陀経』において〕「釈迦牟尼が五濁《ごじょく》の悪世にお出ましになって悟りを成し遂げたまうたのは、この信じがたい法を説くためである」と言われておるのも経文のひとつじゃ。〔聴き手の〕素質にそれぞれ合っていて利益があるならば、どれも優れた法じゃし、仏の本意じゃ。利益がないならば、どれも劣った法じゃし、仏の本意ならざるものじゃ。ほかの経や、ほかの宗があるから、こんな質問が出てくるのじゃが、〔仏、法、僧という〕三宝が消え去る時には、何と何とを比較するつもりかね。〔『無量寿経』において説かれる、〕念仏のほかには何もなくなる法滅（〝仏教滅亡〟）の百年間の気分になって、ひたすら念仏するがよい。[46]

司会　五濁とは、寿濁《じゅじょく》（〝寿命の劣化〟）、劫濁《こうじょく》（〝時劫の劣化〟）、煩悩濁《ぼんのうじょく》（〝煩悩の劣化〟）、見濁《けんじょく》（〝見解の劣化〟）、衆生濁《しゅじょうじょく》（〝生きものの劣化〟）です。教えの優劣を判定することよりも、教えを自分に役立てることのほうが大切だというお話ですね。

時宗・一遍　もろもろの智者がさまざまに主張した教えの綱要書どもがあるにせよ、どれも煩悩に対処するためのかりそめの綱要書じゃ。そうである以上、念仏の行者はそんなものをも投げ捨てて念仏するがよい。[47]

曹洞宗

司会　道元禅師が挙手していらっしゃいますが、お話を伺えますでしょうか。

曹洞宗・道元　〔釈迦〕如来の一生涯の教えにおいても、爾前《にぜん》（〝『法華経』より前〟）の方便である権教《ごんきょう》（〝方便の教え〟）は実のところご利益はない。ただ最後の実教《じっきょう》（〝真実の教え〟）〔である『法華経』〕のみに実のご利益があるのじゃ。[48]

司会　『法華経』のみに実のご利益があるというお話ですね。道元禅師は伝教大師さまや日蓮上人と同じく天台宗ご出身ですから、伝教大師さまや日蓮上人と同じく釈迦牟尼の真意を『法華経』に求めていらっしゃるのです。

なお、いわゆる末法思想については、どうお考えでしょうか。

曹洞宗・道元　教家《きょうか》（〝教えにもとづく学派〟）〔である天台宗〕において教えをうんぬんする場合にすら、やはり大乗の実教〔である『法華経』〕において正法期、像法期、末法期という区別はない。修行したなら誰でも悟りを得ると言われておる。ましてや、この〔禅家《ぜんか》（〝禅にもとづく学派〟）の〕、一対一で伝えられてきた正しい法においては、その法に参入する場合にも、そこから出で立つ場合にも、誰でも同じく自分自身に具わっている財宝を享受できるのじゃ。[49]

司会　『法華経』において正法期、像法期、末法期という区別がない（たとえ権教が末法期に至ったとしても、実教である『法華経』のご利益は変わらない）のと同じように、禅門の以心伝心の法においても正法期、像法期、末法期という区別はないというお話ですね。道元禅師は伝教大師さまや日蓮上人と同じように、『法華経』において正法期、像法期、末法期という区別はないとおっしゃりつつも、さらに、禅門の以心伝心の法においても正法期、像法期、末法期という区別はないとおっしゃるのです。

曹洞宗・道元　世間の人の多くは「道を学ぶ志はありますが、末法期であって、人が低俗になり、自分の素質も劣っており、規定どおりの修行に堪えません。ただただ身のほどに従ってたやすいものにすがり、〔仏との〕縁を結ぶことを思い、来世に悟りを開きたいものです」と言っておる。

今、言おう。このような言いぐさは、まったく否定すべきものじゃ。仏法において正法期と像法期と末法期とを設定することは、とりあえず一つの方便にすぎぬ。真実の教えの道はそうではない。修行すれば、誰もが〔悟りを〕得られるはずなのじゃ。釈迦牟尼の在世の頃の比丘は決して誰もが優れていたわけではなかった。不思議なことに、希有なことに、あさましい気性の者や、下劣な素質の者もいたのじゃ。仏がさまざまな戒などを区分なさったのは、みな粗悪な衆生のため、下劣な素質の者のためじゃ。どの人も仏法に浴する素質を持つ。〝自分は器でない〟と思ってはならぬ。修行すれば、必ず〔悟りを〕得ることができるのじゃ。[50]

司会　たとえ方便の教えにおいては正法期と像法期と末法期とがあるにせよ、真実の教えにおいてはそうではないのであって、浄土門のかたがたが末法期を理由としてやすきに流れることは否定されるべきであるというお話ですね。

司会　そういうわけで、最後に、禅門の皆さまにお話を伺います。禅門の皆さまはいずれも禅門が「教外別伝《きょうげべつでん》」（〝教えのほかに別に伝えられたもの〟）であることを理由として教判を用いない傾向にあります。

まずは黄檗禅師《おうばくぜんじ》からお願いします。

黄檗宗、臨済宗、曹洞宗

黄檗宗・黄檗希運　如来（釈迦牟尼）は在世のおりに一乗というまことの法を説きたいと願われたが、衆生（〝生きもの〟）は信じず、誹謗を起こし、苦しみの海に沈んだ。もしまったく説かなかったならば、〔如来は〕物惜しみしたことになり、衆生のためにすばらしい道を捨ててしまったことになる。そこで方便（〝手だて〟）を設けて、〝三乗がある〟と説きたまうた。乗に大と小とがあったり、証得に浅いと深いとがあったりするのは、いずれも本当の法ではない。ゆえに〔『法華経』において〕「ただ一乗という道だけがあり、ほかの二つはまことのものではない」と言われておる。しかるに、結局、〔『法華経』において〕一心《いっしん》（〝ただ一つの心〟）という法を明らかにすることはできなかった。ゆえに〔インドにおける禅の付法第一祖〕摩訶迦葉《まかかしょう》を召して、同じ法座に坐らせ、別個に、一心という、ことばを離れた法を付嘱し、この一枝の法を別行させたまうたのじゃ。もし〔一心という法を〕ぴったり悟ったならば、ただちに仏地《ぶつじ》（〝仏の段階〟）に到るじゃろうよ。(51)

司会　禅門において伝えられている、ことばを離れた「一心」という法こそが『法華経』において釈迦牟尼がおっしゃりたかった一乗であり、ことばの教えはすべて三乗であるというお話ですね。

黄檗宗・黄檗希運　仏から祖師に至るまで、どなたもほかのことは説かず、ただ一心のみを論じ、〔その一心を〕一乗とも言ったのじゃ。ゆえに、〔禅門のうちには、〕あらゆる方角をくまなく探しても、ほかの乗なんてものはない。〔『法華経』方便品《ほうべんぽん》において〕「この会衆《えしゅう》には余計な枝葉がなく、ただ節操があるのみ」と言われておる(52)。

司会　ことばの教えである三乗を、教判によって判別することについてはいかがでしょうか。

黄檗宗・黄檗希運　三乗という教えの網は、ただ〔聴き手の〕素質ごとに与えられた薬にすぎず、適当に説かれたもの、そのつど設けられたものであって、それぞれてんでばらばらじゃ。ただ〔そのことを〕了解できただけで、ただちに〔教えの網に〕まどわされなくなる。一番大事なことじゃが、〝何らかの素質ごとに何らかの教えがある〟という状況において、〔いちいち〕経文に固執して理解してはならぬ。どうしてそういうかといえば、〔『金剛般若経』に〕「如来によって説かれたような、定まった法はない」とある。わがこの宗門〔禅門〕においては、〔定まった法という〕そんなものを論じない。ただ心を休めることをわかれば、それだけでただちに済むのじゃ。あらためて〔教えが〕前だの後だのと〔教判を〕考える必要はない(53)。

司会　ことばの教えはいずれも聴き手の素質に合わせて仏がそのつど適当にしゃべったものにすぎないから、教判によって判別することは無意味だというお話ですね。心を休めるとは、どういう意味でしょうか。

黄檗宗・黄檗希運　百種類〔の経論〕について博識であることは、求めないことという最高の状態に及ばない。悟った人とは〝何もしなくてよい〟と気づいた人じゃよ(54)。

司会　何も求めないという意味なのですね。ことばの教えである三乗を学ぶことは、必要ないのでしょうか。

黄檗宗・黄檗希運　たとえおぬしが三乗や十二分教を学びきったとしても、あらゆる見解は捨ててしまえ(55)。

司会　三乗を学んでもかまわないが、それによって見解を起こすなというお話ですね。十二分教とは、仏教に具わる十二種類の教えかたを指します。具体的に言えば、次のとおりです。

①契経《かいきょう》（スートラ。直截的発言）
②応頌《おうじゅ》（ゲーヤ。契経を再説する詩）
③記別《きべつ》（ヴィヤーカラナ。予言）
④諷頌《ふうじゅ》（ガーター。詩）
⑤自説《じせつ》（ウダーナ。自発的発言）
⑥因縁《いんねん》（ニダーナ。因縁譚）
⑦譬喩《ひゆ》（アヴァダーナ。譬喩譚）
⑧本事《ほんじ》（イティヴリタカ。前世譚）
⑨本生《ほんしょう》（ジャータカ。仏の前生譚）
⑩方広《ほうこう》（ヴァイプリヤ。広大譚）
⑪希法《けほう》（アドブータダルマ。奇跡譚）
⑫論議《ろんぎ》（ウパデーシャ。註釈的発言）

唯識派の『瑜伽師地論』本地分中菩薩地力種姓品《ほんじぶんちゅうぼさつじりきしゅしょうぼん》および摂事分《しょうじぶん》によれば、⑩方広は大乗経に該当し、ほかは声聞乗経に該当します。

続いて、臨済禅師《りんざいぜんじ》にお話を伺います。

臨済宗・臨済義玄　学者は了解せぬので語句に執着し、かの凡夫や聖者の語に妨げられておる。ゆえに自分の悟りの眼を塞がれて、はっきりと見ることを得ずにいる。十二分教のごときは表向きの説じゃ。学者は会得せぬので表向きの語句に解釈を加えるが、すべて〔悪い〕原因が〔苦しい〕結果を結ぶはめになって、三界の輪廻をまぬがれぬ[56]。

司会　黄檗禅師と同じご趣旨ですね。

臨済宗・臨済義玄　たとえ百の経論を理解できたところで、一人の、〝何もしなくてもよい〟と思えるようになった坊さんには及ばない。おぬしらは〔百の経論を〕理解できたところで、他人をあなどり、阿修羅のように勝ち負けにこだわり、他人や自分があるという無明によって、地獄ゆきの業を積み重ねるのじゃ。〔『涅槃経』において〕善星《ぜんしょう》比丘《びく》が十二分教を理解したにせよ、生きながら地獄に堕ち、大地のうちに受け容れられなかったとおりじゃ。心を休め、〝何もしなくてもよい〟と思えるようになるにこしたことはない(57)。

司会　黄檗禅師と同じご趣旨ですね。

臨済宗・臨済義玄　文字のうちに〔何かを〕求めてはならぬ。心が動いて疲労し、冷気を吸って無益なだけじゃ。〝一瞬の心は、縁（〝条件〟）によって生じている以上、〔自分自身では〕生じていない〟と、〔心を動かさず、〕三乗という仮の教えを学ぶ菩薩を乗り越えるにこしたことはない(58)。

司会　黄檗禅師と同じご趣旨ですね。

曹洞宗・道元　さてはて、臨済はいまだかつて師を超える意気もなく、師を超えることばも聞かれない(59)。

臨済宗・臨済義玄　三乗や十二分教に至るまで、すべて尻を拭くための再生紙じゃ(60)。

司会　過激ですねえ。黄檗禅師はそこまではおっしゃいませんでした。聖者によって説かれた三乗や十二分教を、まったく読まなくてもよいのでしょうか。

臨済宗・臨済義玄　拙僧の見かたによれば、厭うべきものなどない。おぬしらがもし〔凡夫を厭い〕聖者を愛したとしても、聖者なんてものは聖者という名前にすぎぬ。〔文殊菩薩の聖地である〕五台山《ごだいさん》（現在の山西省五台県）に文殊菩薩を捜す修行者たちがいるが、早くも間違っておる。五台山に文殊菩薩はおらぬ。おぬしらは文殊菩薩を知りたいか。ただただ、わしの目前におる、はたらきが始終変わらず、どこにおいても疑いを起こさない、おぬしたち〔の真の心〕。──それこそが生ける文殊菩薩じゃ。おぬしの一瞬の心に〔もともと〕具わる無差別光（〝わけへだてしない光〟）こそが、どこにおいても真の普賢菩薩なのじゃ。おぬしらの一瞬の心が〔もともと〕みずから束縛をほどくことができ、どこにおいても解脱している、それこそが観音菩薩の三昧《さんまい》（〝瞑想〟）という法なのじゃ。〔そのような、心における文殊菩薩、普賢菩薩、観音菩薩は〕たがいに主宰者と随伴者とになりあっており、出てくる時には一時に出てくる。

一者が三者であり、三者は一者じゃ。そこまでわかったら、ようやく教えを読んでよろしい[61]。

司会　三乗や十二分教は仏菩薩である他者が説いたものですが、そんなものにまどわされずに、まずは仏菩薩である自分の心（一心、一乗）に気づかなければならず、それに気づいたのちに、ようやく三乗や十二分教を読んでもよくなるというお話ですね。

道元禅師が難しい顔をしていらっしゃいますが、お話を伺えますでしょうか。

曹洞宗・道元　今、西のインドの梵文を東の中国の経へと翻訳したものは、わずかに五千巻以下じゃ。これに三乗、五乗、九分教、十二分教がある。これらはみな従い学ぶべき経巻じゃ。従いたくないと回避しようとしても、不可能じゃ[62]。

司会　禅門は三乗や十二分教を回避できないというお話ですが、それはなぜでしょうか。

曹洞宗・道元　ある男は「釈迦のおやじは昔、一生涯の教えを説く以外に、さらに最上乗《さいじょうじょう》である一心（〝ただ一つの心〟）という法を摩訶迦葉に正しく伝え、〔それが禅宗において〕代々伝えられてきた。そういうわけで、教えは〔聴く者の〕素質に合わせて〔釈迦のおやじが〕そのつど適当にしゃべったものにすぎず、心は真理や本性という真実である。この正しく伝えられてきた一心を「教外別伝」（〝教えのほかに別に伝えられたもの〟）と呼ぶ。三乗や十二分教という説かれたことがらと一緒にすべきでない。一心は最上乗（〝最上の乗りもの〟＝一乗）であるから、「直指人心《じきしにんしん》、見性《けんしょう》成仏《じょうぶつ》」（〝ずばり人の心を指し示し、仏性を見て仏となる〟）と呼ぶ」と言っておる[63]。

司会　黄檗禅師や臨済禅師のお説に似ていますが、どうお考えでしょうか。

曹洞宗・道元　〝ただ一心を正しく伝えるのみで、仏の教えを正しく伝えない〟というのは、仏法を知っておらぬ。仏の教えである一心を知っておらぬし、一心である仏の教えを聞いておらぬ。〝一心のほかに仏の教えがある〟という場合、汝がいう一心は、〔仏の教えを取りこぼしているのであるから、〕まだ一心になりきっていない。〝仏の教えのほかに一心がある〟という場合、汝がいう仏の教えは、〔一心を取りこぼしているのであるから、〕まだ仏の教えになりきっていない(64)。

司会　仏の教えを取りこぼしているような一心は、まだ完全な一心になりきっていないし、一心を取りこぼしているような仏の教えは、まだ完全な仏の教えになりきっていないというお話ですね。

曹洞宗・道元　それゆえに、最上乗である一心とは、三乗や十二分教がそれじゃ。大乗の三蔵や、小乗の三蔵がそれじゃ(65)。

司会　なるほど、そういうわけで、道元禅師のお考えによれば、禅門は三乗や十二分教を回避できないわけですね。禅門においては、ことばの教えを尊ぶ他人たちを「教宗」、ことばの教えを尊ばない自分たちを「禅宗」というふうに差異化をはかることが多いのですが、道元禅師はそうお考えにはならないのですね。

曹洞宗・道元　魔物やけだもののような連中はみだりに禅宗と名のって、誤って法華宗（天台宗）や華厳宗などと雌雄を決しようとする。末代にこれという人物がいないせいじゃ。仏から祖師へと一対一で伝えてきたものはただただわが釈迦牟尼仏の正しい法であるのみじゃ。この上なく正しくまったき悟りであるのみじゃ。ゆえに、仏の法のうちに『法華経』『華厳経』などがあるのであって、『法華経』『華厳経』などのそれぞれのうちにそれぞれ仏の法があるのではない。そうである以上、『法華経』『華厳経』などという八万四千の法蔵（〝法の籠〟）はすべて仏から祖師へと一対一で伝えてきたものじゃ。『法華経』『華厳経』などのほかに祖師の道があるわけではない。ゆえに諸宗と張りあうのはよくない(66)。

司会　禅門において伝えられている法は、あらゆる経を含んでいる釈迦牟尼の悟りなのであり、それゆえに、経をよりどころとする教宗と張りあって、禅宗を主張してはならないというお話ですね。

　ただ、経を読むことは禅門においては修行のさまたげにならないでしょうか。

曹洞宗・道元　先師（天童如浄《てんどうにょじょう》。一一六三―一二二八）はいつも「わしのところでは、焼香、礼拝《らいはい》、念仏、懺悔《さんげ》、看経《かんきん》（〝経の黙読〟）を利用せず、祇管打坐《しかんたざ》（〝ひたすら坐禅〟）し、道をわきまえ工夫し、身心脱落《しんじんだつらく》するのだ」とおっしゃっておられた。このようなことばをはっきりわかる者は少ない。それはなぜか。〔禅門においては、〕看経と言ってしまえば差しさわりがあるし、看経と言わなければ嘘になる。言うこともできないし、言わないわけにもいかない。早く言え、早く言え。――このあたりの道理を参学するがよい。この宗旨があるからこそ、古人（雲門文偃《うんもんぶんえん》。八六四―九四九）は「看経するには看経するための眼を具えねばならぬ」とおっしゃった。知るがよい、昔も今も、〔禅門において、〕もし経がいらないならば、このようなことばがあるはずはない。超脱した看経があるし、利用を離れた看経があるということを、参学するがよい(67)。

司会　禅門においては修行のさまたげにならないように選択眼を具えて経を読むというお話ですね。具体的には、どういう経を読むのでしょうか。

曹洞宗・道元　もし看経せねばならぬなら、曹谿慧能《そうけいえのう》さま（中国禅第六祖。六三八―七一三）が挙げておられる経によらねばならぬ。具体的に言えば、『法華経』『涅槃経』『般若経』などがそれじゃ。曹谿慧能さまが挙げておられない経を用いて何になろうか。なぜかといえば、昔の人が〔厳選してわずかな〕経論をひもといたのはひとえに悟りのためであるが、今の人が〔博識ぶって多くの〕経論をひもとくのは名誉や利権のためじゃ。そもそも仏が経を説きたまうたのは衆生に悟りを得させたいためじゃ。今の人が名誉や利権のために仏の経をひもとくのはどれほど仏のお心に背いていることか。ましてや短慮を博識と見なすのはまことに愚かさも甚しいものじゃ(68)。

司会　曹谿慧能さまが挙げておられる経を読むというお話ですね。

その場合に、ほかの宗の人が造った、経の註釈を読むことはいかがでしょうか。

曹洞宗・道元　仏法を学んだり、仏道を修行したりする場合にすら、多くを兼学するのはよくない。ましてや、教《きょう》家《か》（〝教えにもとづく学派〟）による、顕教と密教との聖《しょう》教《ぎょう》については、ひたすら放っておくがよい(69)。

司会　経の註釈を読むことは必要ないというお話ですね。

最後に、経の教えを教判によって判別なさることはないのでしょうか。

曹洞宗・道元　知るがよい、仏家（〝仏教者〟）においては、教えの優劣をあげつらわず、法の浅深をわけへだてせず、ただただ、修行の真偽を知るがよい(70)。

司会　教判よりも、修行が本物か偽物かということのほうが大事だというお話ですね。

おわりに

司会　本章において伺いましたお話を表にしますと、次頁のとおりです（表13）。

皆さま、ありがとうございました。

表13

宗祖	教判
法相宗・基	三時教判（第一時教、第二時教、第三時教）
律宗・道宣	二教判（化教、制教）
天台宗・智顗	四教判（三蔵教、通教、別教、円教）
日蓮宗・日蓮	四教判（三蔵教、通教、別教、円教） 五重相対
華厳宗・法蔵	五教判（小乗教、始教、終教、頓教、円教）
融通念仏宗・大通融観	五教判（人天教、小乗教、漸教、頓教、円教）
真言宗・空海	二教判（顕教、密教）
浄土宗・法然	二教判（聖道門、浄土門）
浄土真宗・親鸞	二教判（聖道門、浄土門）
時宗・一遍	二教判（聖道門、浄土門）
黄檗宗・黄檗希運	教判はない
臨済宗・臨済義玄	教判はない
曹洞宗・道元	教判はない

第二章　行位論

はじめに

司会　先の第一章においては、仏になるために知られるべき教判（〝教えの判別〟）について、宗祖の皆さまにお話を伺いました。この第二章においては、その教判に沿って、仏になるために上られるべき行位《ぎょうい》（〝修行の階位〟）について、宗祖の皆さまにお話を伺います。

インド仏教

司会　まず、十三宗の前提となるインド仏教を扱います。第一章において詳しく扱いましたとおり、歴史的ブッダの教えは、彼の死（紀元前五世紀頃）の後、彼の弟子たちの教団によって、経、律、論という三蔵として編纂されました。経は『阿含経《あごんきょう》』、律は教団の運営規則、論は『阿含経』の解釈です。教団はのちに諸部派へと分裂し、それぞれの部派において、若干異なる三蔵が保持されることになりました。

『阿含経』においては、次のような三種類の修行者が説かれています。

①声聞《しょうもん》（〝〔仏の〕声を聞く者〟）
②独覚《どっかく》（〝独りで目覚めた者〟）

③菩薩《ぼさつ》（〝〔仏の〕悟りを求める生きもの〟）

諸部派の論においては、彼らの悟りは別々であって、声聞や独覚は仏になれないと見なされ、それぞれの悟りに至る、次のような三乗《さんじょう》（〝三種類の乗りもの〟）が説かれています。

①声聞乗《しょうもんじょう》（〝声聞の乗りもの〟）
②独覚乗《どっかくじょう》（〝独覚の乗りもの〟）
③菩薩乗《ぼさつじょう》（〝菩薩の乗りもの〟）

声聞乗と独覚乗とは二乗《にじょう》（〝二種類の乗りもの〟）と言われます。諸部派は声聞乗と規定されます。

その後、歴史的ブッダの死後五百年頃（紀元前後）から、『阿含経』に対する一種の解釈として、大乗経《だいじょうきょう》（〝偉大な乗りものに属する経〟）が出現し始めました。大乗は菩薩になれば仏になりうることを人々に保障し、みずからを菩薩乗と規定し、二乗を小乗《しょうじょう》（〝つまらない乗りもの〟）と規定しています。それによって、諸部派においても、律をそのまま用いつつ、経のうちに大乗経を加え、論として大乗経の解釈を著わす者が出現し始め、結果として、大乗の三蔵を有する、大乗の学派が派生していきました。ここまでは、おさらいです。

（α）『阿含経』においては、行位がばらばらに説かれています。

（β）諸部派の論においては、そのようなばらばらに説かれている行位がまとめられ、声聞乗の行位説が体系化されました。

（γ）大乗経においては、大乗の行位がばらばらに説かれています。たとえば、『般若経』においては、「共《ぐう》の十地」という行位が説かれていますし、『華厳経』においては、「十住《じゅうじゅう》」「十行《じゅうぎょう》」「十廻向《じゅうえこう》」「十地《じゅうじ》」など複数の行位が説かれています。このうち後世において広く用いられたのは、『華厳経』における十地です。

（δ）インドにおける大乗の学派に中観《ちゅうがん》派と唯識《ゆいしき》派との二つがあるうち、唯識派のもとに出現した大乗経である『解深密経《げじんみっきょう》』においては、十地の前に勝解行地《しょうげぎょうじ》（〝勝れた信解による行の地〟）が加えられ、凡夫の段階である勝解行地から、聖者の段階である十地を経て、仏の段階である仏地《ぶつじ》へと至る、十二地の行位が説かれています。唯識派の論においては、そのことが踏襲され、大乗の行位説が体系化されました。表にしますと、左のとおりです（表1）。

ところが、中国における大乗の学派においては、『華厳経』における行位が大きく誤解されたのです。『華厳経』において、十住、十行、十廻向、十地など複数の行位は同時に進まれ、どの行位の終わりにも仏地に至る並列的な行位だったのですが、中国における大乗の学派においては、これら複数の行位は十住から十行へ、十行から十廻向へ、十廻向から十地へと順次に進まれ、十地の終わりから仏地に至る直列的な行位であると誤解されました。

たとえば、中国において撰述された偽経である『菩薩瓔珞本業経《ぼさつようらくほんごうきょう》』（五世紀）においては、十地の後に等覚《とうがく》と妙覚《みょうがく》とが加えられ、十住から十行へ、十行から十廻向へ、十廻向から十地へ、十地から等覚へ、等覚から妙覚へと至る、

表1　唯識派の行位説

勝解行地	十地 ①歓喜地《かんきじ》、②離垢地《りくじ》、③発光地《ほっこうじ》、④焰慧地《えんねじ》、⑤難勝地《なんしょうじ》、 ⑥現前地《げんぜんじ》、⑦遠行地《おんぎょうじ》、⑧不動地《ふどうじ》、⑨善慧地《ぜんねじ》、⑩法雲地《ほううんじ》	仏地

表2　『菩薩瓔珞本業経』の行位説

（十信）	十住	十行	十廻向	十地	等覚	妙覚
	三賢					

四十二位の行位が説かれています。十住の前に準備段階として十信《じゅっしん》も加えられているので、五十二位の行位とも言われます。十住、十行、十迴向はまとめて三賢《さんげん》と呼ばれます。表にしますと、前頁のとおりです（表2）。

唯識派の行位説は南北朝時代（六世紀）に中国に伝わり始めました。

ここからは、いよいよ宗祖の皆さまにお話を伺います。

表3　法相宗・基の行位説

勝解行地			十地	仏地
十住	十行	十迴向		

法相宗

司会　まず、慈恩《じおん》大師さまにお話を伺います。唐の時代に中国からインドの唯識派のもとに留学した玄奘《げんじょう》三蔵（六〇二―六六四）は唯識派の行位説を中国にふたたびもたらしましたが、その行位説を中国に詳しく紹介なさったのが玄奘三蔵のお弟子である慈恩大師さまです。慈恩大師さまは『菩薩瓔珞本業経』を考慮し、十住と十行と十迴向とである勝解行地と、十地と仏地との、四十一位説によって大乗の行位を判別していらっしゃいます。表にしますと、右のとおりです（表3）。

ところで、十信は説かれないのでしょうか。

法相宗・基　十信は〔十住の〕初めである発心住《ほっしんじゅう》のうちに含まれるのじゃ。(1)

律宗

司会　次に、南山《なんざん》大師さまにお話を伺います。南山大師さまは『菩薩瓔珞本業経』の四十二位説によって大乗の行位を判別していらっしゃいます。

律宗・道宣　かの、〔十住、十行、十廻向という〕三賢と、聖者の位である十地と、無垢（等覚）と、妙覚との四十二位における、〔あらゆる法（〝枠組み〟）の〕空性《くうしょう》（〝からっぽさ〟）を内容とする真理は、〔凡夫《ぼんぷ》にとって〕ただ粗いイメージが聞き知られるものにすぎず、低い行位の凡夫の力がいまだ及ばないもの、いまだ行くことができないものじゃ(2)。

表4　天台宗・智顗の行位説(3)

通教	別教	円教	
①乾慧地《けんねじ》、②性地《しょうじ》、③八人地《はちにんじ》、④見地《けんじ》、⑤薄地《はくじ》、⑥離欲地《りよくじ》、⑦已作地《いさじ》、⑧辟支仏地《びゃくしぶつじ》、⑨菩薩地《ぼさつじ》、⑩仏地《ぶつじ》	十信	観行即《かんぎょうそく》〔これより前に理《り》即《そく》と名字即《みょうじそく》とがある〕	五品弟子位
	十住	相似即《そうじそく》	十信（六根清浄位《ろっこんしょうじょうい》）
	十行		
	十廻向		
	十地	分真即《ぶんしんそく》	十住
	等覚		十行
	妙覚		
			十廻向
			十地
			等覚
		究竟即《くきょうそく》	妙覚

天台宗、日蓮宗

司会　次に、天台大師さまにお話を伺います。天台大師さまは四教判それぞれの行位説によって行位を判別していらっしゃいます。三蔵教の行位説は諸部派の論の説、通教の行位説は『般若経』の共の十地説、別教の行位説は『菩薩瓔珞本業経』の五十二位説、円教の行位説は五十二位の最初に『法華経』分別功徳品に由来する五品弟子位《ごほんでしい》を加えた六十二位説です。通教、別教、円教の行位は相互に繋がっています。表にしますと、前頁のとおりです（表4）。

なお、通教を学ぶ菩薩は通教の⑨菩薩地より前に別教か円教かに移行し、別教を学ぶ菩薩は別教の十地より前に円教に移行しますので、通教の⑨菩薩地以上と、別教の十地の初地以上とは教えの上で存在するだけであって、人が存在するわけではありません。これを「果頭無人《かずむにん》」（〝果の段階は無人〟）説と言います。

天台宗・智顗　〔通教と別教という〕前二つにおける〔真理の〕観察についてであるが、〔通教についていえば、〕因〔である①乾慧地から⑧辟支仏地まで〕においては、教えもあるし、修行して〔真理を〕証得する人もいるが、果〔である⑨菩薩地から⑩仏地まで〕においては、教えがあるにすぎず、修行して〔真理を〕証得する人はいない。なぜかといえば、因〔である①乾慧地から⑧辟支仏地まで〕にいる者〔のうち、声聞と独覚と〕は身を灰にして寂滅に入り、空（厳密に言えば、無）のうちに沈んでまったく滅んでしまうので、果の段階にいる仏となることができぬのじゃ。〔⑨菩薩地から⑩仏地までは〕ただ方便として説かれたにすぎないのであって、教えはあるが、修行して〔真理を〕証得する人はいない。

別教についていえば、因〔である十信から十廻向まで〕においては、教えもあるし、修行して〔真理を〕証得する人もいるが、果〔である十地から妙覚まで〕においては、教えがあるにすぎず、修行して〔真理を〕証得する人はいない。なぜかといえば、無明《むみょう》を断ちきって〔別教の十地のうち〕初地に入る時は、円教の〔十住のうち〕初住なのであって、別教の〔十地のうち〕初地なのではない。初地すらそうである以上、ましてや、その後の諸地や、その後の果〔である等覚と妙覚と〕については言うまでもない。

ゆえに、〔通教と別教とにおいては、〕因の人は果に至らないとわかる。ゆえに果頭無人（〝果の段階は無人〟）と言うのじゃ。(4)

司会　天台大師さまご自身はどの行位にいらっしゃるのでしょうか。

天台宗・智顗　わしは大衆《だいしゅ》を統率しなかったなら、かならず六根清浄位だったであろう。ほかの者の世話をしておのれを損なったため、ただ五品弟子位にすぎぬ。(5)

司会　天台大師さまの先生である南岳《なんがく》大師さま（慧思《えじ》。五一五—五七七）は「わしはただ十信である鉄輪位《てつりんい》にすぎぬ(6)」とおっしゃっていらっしゃいますが、天台大師さまはさらに下なのですね。

天台宗・智顗　武津《ぶしん》県（河南省）〔生まれの慧思〕どのは歎いて言っておった。「一生のうちに〔十住である〕銅輪位《どうりんい》に入りたいと望んだが、大衆を統率することが早すぎたため、求めたことがかなわなかった」と。(7)

司会　「鉄輪位」「銅輪位」などはすべて偽経『仁王《にんのう》般若経』（五世紀）に出てくる用語です。

なお、円教の行位は六即にまとめられます。簡単に言えば、次のとおりです。

〔Ⅰ　理即〕　理即とは、仏は中道（〝まんなかの道〟）という真理を証得して仏になるにせよ、その真理は理屈としては衆生《しゅじょう》（〝生きもの〟）を構成している五蘊という法（〝枠組み〟）のうちにすでに含まれている以上、仏教をまったく知らない凡夫も、理屈というレベルにおいて、真理に即（〝合致〟）していることを指します。中道については、第三章において詳しくお話を伺います。

〔Ⅱ　名字即〕　名字即とは、仏教を知ったばかりの凡夫も、仏教の名字（〝ことば〟）を聞いてゆくというレベルにおいて、真理に即していることを指します。
〔Ⅲ　観行即〕　観行即とは、五品弟子位の菩薩が、〔真理の〕観察を修行してゆくというレベルにおいて、真理に即していることを指します。
〔Ⅳ　相似即〕　相似即とは、十信（六根清浄位）の菩薩が、真理を体験する智に相似してゆくというレベルにおいて、真理に即していることを指します。
〔Ⅴ　分真即〕　分真即とは、十住から等覚までの菩薩が、部分的に真理を体験してゆくというレベルにおいて、真理に即していることを指します。
〔Ⅵ　究竟即〕　究竟即とは、妙覚の仏が、全体的に真理を体験しおわったというレベルにおいて、真理に即していることを指します。
天台大師さまを踏襲なさる日蓮上人もこれらの行位を用いていらっしゃいますね。

日蓮宗・日蓮　（頷く）

司会　日蓮上人ご自身はどの行位にいらっしゃるのでしょうか。

日蓮宗・日蓮　日蓮は名字即の凡夫じゃ(8)。

華厳宗

司会　続いて、賢首《げんじゅ》大師さまにお話を伺います。賢首大師さまは五教判それぞれの行位説によって行位を判別していらっしゃいます。小乗教の行位説は諸部派の論の説、始教の迴心教《えしんきょう》（〝小乗の声聞と独覚とを大乗に〟回心させるための教え〟）の行位説は『般若経』の共の十地説、始教の直進教《じきしんきょう》（〝〔菩薩が大乗に〕直進するための教え〟）の行位説は真諦訳『摂大乗論釈』の説、終教の行位説は『菩薩瓔珞本業経』の四十二位説、円教の行位説は『華厳経』に由来する三位説です。頓教においては、行位は説かれません。第一章において詳しくお話を伺いましたとおり、頓教においては、何も説かないことによって、空性（〝からっぽさ〟）が示されます。

始教、終教、円教の行位は相互に繋がっています。表にしますと、左のとおりです（表5）。

なお、始教を学ぶ菩薩は始教の十廻向の終わりまでに、終教を学ぶ菩薩は終教の十廻向の終わりまでに、円教の十地に移行しますので、始教と終教との十地の初地以上は教えの上で存在するだけであって、人が存在するわけではありません。天台大師さまの「果頭無人」（〝果の段階は無人〟）説と同じです。

華厳宗・法蔵　〔『華厳経』において〕「無量億那由他劫《むりょうおくなゆたごう》のあいだこの経（『華厳経』）を信じない」と言われている以上、〔無量億那由他という〕その劫数を過ぎれば〔誰でも〕かならず〔『華厳経』である円教を〕信じるようになるとわかる。この完全な法〔である『華厳経』〕を離れては仏となるための別の道がないからであるし、経（『華厳経』）に

表5　華厳宗・法蔵の行位説(9)

<table>
<tr><td>始教の廻心教</td><td colspan="5">①乾慧地、②性地、③八人地</td><td colspan="3">④見地、⑤薄地、⑥離欲地、⑨菩薩地</td><td>⑦已作地、⑧辟支仏地、⑩仏地</td></tr>
<tr><td>始教の直進教</td><td>十信</td><td>十住</td><td>十行</td><td>十廻向</td><td>四善根</td><td colspan="3">十地</td><td>仏地</td></tr>
<tr><td>終教</td><td colspan="2">十住</td><td>十行</td><td colspan="2">十廻向</td><td colspan="2">十地</td><td>等覚</td><td>妙覚</td></tr>
<tr><td>円教</td><td>見聞位《けんもんい》（十信）</td><td colspan="5">解行位《げぎょうい》（十住、十行、十廻向、十地）</td><td>証果海位《しょうかかいい》</td><td></td><td></td></tr>
</table>

〝この劫数を過ぎてもなお信じない〟とは説かれていないからじゃ。
〝もし十地までに〔無量億那由他という〕その劫数を過ぎれば〔誰でも〕かならず〔『華厳経』である円教を〕信じるようになるというならば、十地からは〔始教と終教との十地と、円教の十地との〕二つの内容が異ならないとわかる。どうして彼ら〔始教を学ぶ菩薩と、終教を学ぶ菩薩と〕によって信じ込まれている〔始教と終教との〕十地がなかろうか〟と質問なさるならば、回答いたそう。かの〔始教と終教との〕教えにおいては、次第に仏位へと至る段階的な十地があって、彼ら〔始教を学ぶ菩薩と、終教を学ぶ菩薩と〕の素質を養い、つとめて成熟させるのじゃ。最も遅い者は〔無量億那由他という〕その劫数を過ぎればかならず〔『華厳経』である円教を〕信じて〔円教の十地に〕入るようになる。速い者〔がいつ入るか〕は定まっておらぬ。準じて知るべきのみじゃ[10]。

司会　賢首大師さまご自身はどの行位にいらっしゃるのでしょうか。

華厳宗・法蔵　わしは〔十信ですらない〕具縛地《ぐばくじ》（〝〔煩悩によって〕完全に縛られた段階〟）におる[11]。

融通念仏宗

司会　なお、大通《だいつう》上人は行位説についで普段からまったくご発言がありませんので、本章においては強いてお話を伺わずにおきます。

真言宗

司会　続いて、密教の立場から、弘法《こうぼう》大師さまにお話を伺います。弘法大師さまはいわゆる即身成仏《そくしんじょうぶつ》（〝すぐこの身で仏となること〟）を説いておられる関係上、行位を判別していらっしゃいません。

真言宗・空海　もし、神通乗（密教）の素質を持つ善男善女《ぜんなんぜんにょ》であって、僧侶であれ俗人であれ、わたしと志を同じくする者が、この法門（密教）に縁を結び、〔それを〕書写し、〔それを〕音読し、〔そこに〕説かれているとおりに修行し、〔それを〕道理に従って思惟するならば、〔仏になるまでにかかると言われる〕三阿僧祇劫《さんあそうぎごう》〔という永劫《えいごう》〕を経ぬまま、父母から生まれたこの身のまま、十地を超え、速やかに〔自分の〕心である仏に証入するであろう。[12]

司会　即身成仏や三阿僧祇劫成仏については、第十一章において詳しくお話を伺います。

浄土宗、浄土真宗

司会　続いて、浄土門の皆さまにお話を伺います。

まず、善導和尚《ぜんどうかしょう》にお話を伺います。善導和尚は『菩薩瓔珞本業経』の五十二位説によって行位を判別していらっしゃいます。

浄土宗・善導　おお世尊、わたしは心を込めて敬礼したい。全方向における、海のような法性《ほっしょう》（〝きまりごと〟）である真如《しんにょ》（〝そのとおりのまこと〟）と、報身《ほうじん》と、化身《けしん》となどである諸仏に。無量の眷属を有し、荘厳されていたり変容したりする、ひとりひとりの菩薩に。すなわち、永劫の時間を満たしていたり満たしていなかったり、智のための行をまっとうしていたりまっとうしていなかったり、随眠《ずいめん》（〝煩悩〟）が尽きていたり尽きていなかったり、〔随眠の〕習気《じっけ》（〝残り香〟）が滅していたり滅していなかったり、有功用《うくゆう》（〝努力必要〟）であったり無功用《むくゆう》（〝努力無要〟）であったり、智を証得していたり智を証得していなかったりする、海のような十地と三賢とに。金剛喩定《こんごうゆじょう》（〝ダイヤモンドのような瞑想〟）に入って一瞬の智と結合したのち、その結果の功徳として涅槃する、妙覚と等覚とに。[13]

司会　法性、真如とは、あらゆる法（〝枠組み〟）の空性《くうしょう》（〝からっぽさ〟）の別名です。報身、化身については、第九章において詳しくお話を伺います。

善導和尚ご自身はどの行位にいらっしゃるのでしょうか。

浄土宗・善導　さて、仏の秘かなご意向は広く深く、教えの門は通暁しがたく、〔十住、十行、十廻向という〕三賢と、聖者の位である十地とによっても測り知られぬものじゃ。ましてや、わしのような、十信より外にいる軽い毛のような〔ふらふらした〕者が、どうしてその趣旨を知りえようか。(14)

司会　次に、親鸞上人にお話を伺います。親鸞上人は行位説について普段からあまりご発言がありませんが、「等覚」「妙覚」についてしばしば発言していらっしゃいますから、善導和尚と同じく五十二位説によって大乗の行位を判別していらっしゃることになります。親鸞上人ご自身はどの行位にいらっしゃるのでしょうか。

浄土真宗・親鸞　それがしどもは信心が定まった凡夫で、行位は正定聚《しょうじょうじゅ》（〝正しさに定まったグループ〟）の位ですのう。これは因位《いんい》（〝仏となる〟原因の段階〟）ですわい。これは等覚に当たるものですわい。(15)

司会　今のお話のうち、阿弥陀仏への信心が定まった凡夫が等覚に当たることについては、第十一章において詳しくお話を伺います。

時宗

司会　なお、一遍上人は行位説について普段からまったくご発言がありませんので、本章においては強いてお話を伺わずにおきます。

黄檗宗、臨済宗、曹洞宗

司会　最後に、禅門の皆さまにお話を伺います。禅門の皆さまはいずれも行位を禅門と無関係と見なす傾向にあります。

　まず、黄檗禅師《おうばくぜんじ》にお話を伺います。

黄檗宗・黄檗希運　祖師（中国禅の初祖、菩提達摩《ぼだいだるま》）は西から来たまうて、ただただ心という仏を伝えたまい、ずばり〝おぬしらの心がもともと仏なのだ〟と指し示したまうた。〔ある祖師の〕心と、〔次の祖師の〕心とが〔ともに仏であって〕異ならぬから、祖師と呼ばれるのじゃ。もし、ずばりこの意味がわかったならば、ただちに三乗のあらゆる行位を超える。もともと仏なのであり、修行によるのでない(16)。

司会　禅門において伝えられる「一心」という仏がわかったならば、ただちに三乗のあらゆる行位を超えられるというお話ですね。第一章において詳しくお話を伺いましたとおり、黄檗禅師は「一心」を一乗、ことばの教えを三乗と見なしていらっしゃいました。

黄檗宗・黄檗希運　修行者がもしただ単に無心でないならば、永劫《えいごう》を重ねて修行しても、結局、悟りを成し遂げず、三乗の修行に縛られて、解脱《げだつ》を得ることはできぬ。ところで、この心（無心）を体得するには遅い者と速い者とがある。法を聞いて一瞬のうちに無心を得る者もいる。十信、十住、十行、十廻向に至ってようやく無心を得る者もいる。十地に至ってようやく無心を得る者もいる。長くかかっても、短くすんでも、無心を得ればそのまま落ちつくのであり、ほかに修習すべきものや証得すべきものはない。〔無心である以上、〕実のところ〔心という〕獲得されるものすらないが、〔しかし、無心は〕真実であり偽りでない。一瞬のうちに得ようが、十地において得ようが、効能は同じであって、深さや浅さはなく、ただ永劫を重ねればいたずらに辛い目に遭うだけじゃ(17)。

司会　わざわざ行位を上っていかなくても、もし無心を得ることができたならば、それが悟りであるというお説ですね。

黄檗宗・黄檗希運　たとえおぬしが〔十住、十行、十迴向という〕三賢や、〔預流《よる》、一来《いちらい》、不還《ふげん》、阿羅漢《あらかん》という〕四果や、十地の最後までを学びきったとしても、やはり単に凡夫や聖者のうちに坐するにすぎぬ。「諸行無常《しょぎょうむじょう》、是生滅法《ぜしょうめっぽう》」（〝生成物は常ならぬものであって、生ずることや滅することという属性を有する〟）と言われておるのを知らぬのか。〔学びの〕勢力が尽きれば、〔学びの〕矢はふたたび墜落するのであって、来世の不如意を招いてしまう。どうして無為《むい》の実相門《じっそうもん》（〝作られたものでないまことのありさまに入るための門〟＝禅門）から、ひとっとびに如来地（仏地）にじかに入るのに較べられようか(18)。

司会　たとえ行位を上がっていっても、いずれは墜落してしまうから、禅門によってすぐさま無心を得るにこしたことはないというお話ですね。

次に、臨済禅師《りんざいぜんじ》にお話を伺います。

臨済宗・臨済義玄　拙僧の見かたによれば、坐ったまま報仏《ほうぶつ》と化仏《けぶつ》との頭をちょん切ってやるし、十地の終わりは丁稚小僧同然、等覚と妙覚とは手かせ足かせの囚人同然、阿羅漢と独覚とは便所の糞同然、悟りと涅槃とは驢馬《ろば》の杭《くい》同然じゃ(19)。

司会　いかなる高い行位にいる声聞も独覚も菩薩も仏も、禅門においては無意味であるというお話ですね。報仏と化仏とについては、第九章において詳しくお話を伺います。

次に、隠元禅師《いんげんぜんじ》にお話を伺います。

黄檗宗・隠元隆琦　参禅する人は綿密をきわめ、〔十住、十行、十迴向という〕三賢〔の菩薩〕と、聖者の位である十地〔の菩薩〕との見かたが及ばないほどじゃ(20)。

司会　いかなる高い行位にいる菩薩も、禅に参ずる人に匹敵しないというお話ですね。

次に、道元禅師にお話を伺います。

曹洞宗・道元　正法眼蔵《しょうぼうげんぞう》（〝正法の精髄〟。禅門において伝えられている法）を伝持する尼僧に対しては、〔預流、一来、不還、阿羅漢という〕四果〔の声聞〕と、独覚と、〔十住、十行、十廻向という〕三賢〔の菩薩〕と、聖者の位である十地〔の菩薩〕とでさえも来訪して礼拝し、法について質問するし、尼僧はその礼拝を受けるであろう。(21)

司会　いかなる高い行位にいる声聞も独覚も菩薩も、禅をきわめた尼僧に匹敵しないというお話ですね。

おわりに

司会　本章において伺いましたお話を表にしますと、次頁のとおりです（表6）。

皆さま、ありがとうございました。

表6

宗祖	行位説
法相宗・基	四十一位説
律宗・道宣	四十二位説
天台宗・智顗（円教）	六十二位説
華厳宗・法蔵（円教）	三位説
融通念仏宗・大通融観	発言せず
真言宗・空海（密教）	密教は行位と関係せず
日蓮宗・日蓮	六十二位説
浄土宗・善導	五十二位説
浄土真宗・親鸞	五十二位説
時宗・一遍	発言せず
黄檗宗・黄檗希運	禅門は行位と関係せず
臨済宗・臨済義玄	禅門は行位と関係せず
曹洞宗・道元	禅門は行位と関係せず

第三章　真理論

はじめに

司会　先の第二章においては、仏になるために上られるべき行位（〝修行の階位〟）について、宗祖の皆さまにお話を伺いました。この第三章においては、その行位において、仏になるために証得されるべき真理について、宗祖の皆さまにお話を伺います。

インド仏教

司会　まず、十三宗の前提となるインド仏教を扱います。第一章において詳しく扱いましたとおり、歴史的ブッダの教えは、彼の死（紀元前五世紀頃）の後、彼の弟子たちの教団によって、経、律、論という三蔵として編纂されました。経は『阿含経《あごんきょう》』、律は教団の運営規則、論は『阿含経』の解釈です。教団はのちに諸部派へと分裂し、それぞれの部派において、若干異なる三蔵が保持されることになりました。

『阿含経』においては、次のような三種類の修行者が説かれています。

①声聞《しょうもん》（〝〔仏の〕声を聞く者〟）
②独覚《どっかく》（〝独りで目覚めた者〟）

③菩薩《ぼさつ》（〝〔仏の〕悟りを求める生きもの〟）

諸部派の論においては、彼らの悟りは別々であって、声聞や独覚は仏になれないと見なされ、それぞれの悟りに至る、次のような三乗《さんじょう》（〝三種類の乗りもの〟）が説かれています。

①声聞乗《しょうもんじょう》（〝声聞の乗りもの〟）
②独覚乗《どっかくじょう》（〝独覚の乗りもの〟）
③菩薩乗《ぼさつじょう》（〝菩薩の乗りもの〟）

声聞乗と独覚乗とは二乗《にじょう》（〝二種類の乗りもの〟）と言われます。諸部派は声聞乗と規定されます。

その後、歴史的ブッダの死後五百年頃（紀元前後）から、『阿含経』に対する一種の解釈として、大乗経《だいじょうきょう》（〝偉大な乗りものに属する経〟）が出現し始めました。大乗は菩薩になれば仏になりうることを人々に保障し、みずからを菩薩乗と規定し、二乗を小乗《しょうじょう》（〝つまらない乗りもの〟）と規定しています。それによって、諸部派においても、律をそのまま用いつつ、経のうちに大乗経を加え、論として大乗経の解釈を著わす者が出現し始め、結果として、大乗の三蔵を有する、大乗の学派が派生していきました。ここまでは、おさらいです。

（α）『阿含経』においては、あらゆる法（〝枠組み〟）が二つに分けられています。図にしますと、次のとおりです。

法
├─ 有為法《ういほう》 ─ 五蘊《ごうん》
└─ 無為法《むいほう》 ─ 涅槃《ねはん》

司会　簡単に説明すれば、次のとおりです。

〔I　有為法〕　有為法（〝作り出されたものという枠組み〟）とは、縁（〝条件〟）によって作り出された法（〝枠組み〟）です。衆生《しゅじょう》（〝生きもの〟）を構成している法である、色《しき》（〝物質〟）、受《じゅ》（〝感受〟）、想《そう》（〝対象化〟）、行《ぎょう》（〝形成〟）、識《しき》（〝認識〟）という五蘊（〝五つのグループ〟）は、いずれも縁にたよって起こった法ですので、有為法と呼ばれます。

五蘊が縁にたよって起こることは縁起《えんぎ》（〝たよって起こること〟）と呼ばれます。縁起は絶え間なく起こっていますが、最大の縁起は死後の転生《てんしょう》（〝生まれ変わり〟）です。転生は、煩悩と有漏業《うろごう》（〝煩悩を伴うふるまい〟）とにたよって、死後に異熟《いじゅく》（〝〔有漏業の〕むくい〟）が起こることですので、「業感縁起《ごうかんえんぎ》」（〝業によって受ける縁起〟）と呼ばれます。

〔II　無為法〕　無為法（〝作り出されたのでないものという枠組み〟）とは、縁（〝条件〟）によって作り出されたのではない法です。仏教の最終到達目標である涅槃（ニルヴァーナ。〝鎮火状態〟）は、縁にたよって起こった法ではなく、むしろ、縁をなくすことによって到達される法ですので、無為法と呼ばれます。

涅槃とは、煩悩と有漏業とをなくすことによって、死後に異熟が起きなくなることです。すなわち、涅槃とは、転生の終焉です。

有為法である五蘊は、縁によって作り出されたものですから、とこしえに有であるのでもなく、とこしえに無であるのでもなく、かりそめに有であるにすぎません。『阿含経』においては、縁起は、有為法がとこしえの有であることと、有為法がとこしえの無であることとの二辺《にへん》（〝二極端〟）を離れている、中道《ちゅうどう》（〝まんなかの道〟）であると説かれています。

（β）諸部派の論においては、『阿含経』が踏襲され、論によっては、無為法として涅槃のみならずほかのものも説かれています。

（γ）大乗経においては、『阿含経』が踏襲され、経によっては、無為法として涅槃のみならずほかのものも説かれています。

（δ）インドにおける大乗の学派に中観《ちゅうがん》派と唯識《ゆいしき》派との二つがあるうち、中観派の龍樹《りゅうじゅ》菩薩（二―三世紀）の『中論』においては、『阿含経』が踏襲され、さらに、縁起の同義語として中道のみならずほかのものも説かれています。具体的に言えば、『中論』においては、縁起は空性《くうしょう》（〝からっぽさ〟）であるし、仮設《けせつ》（〝仮のしつらえ〟）であるし、中道（〝まんなかの道〟）であると説かれています。これら四つは同義語の羅列にすぎません。

しかるに、中国における大乗の学派においては、これら四つが大きく誤解されたのです。鳩摩羅什《くまらじゅう》（四―五世紀）による『中論』の漢訳においては、縁起、空性、仮設、中道は、順に、因縁所生法《いんねんしょしょうほう》（〝条件によって生ぜられた法〟）、空、仮名《けみょう》、中道と訳されましたが、偽経『菩薩瓔珞本業経《ぼさつようらくほんごうきょう》』（五世紀）においては、これら四つは次第に高度な内容となる異義語の連続と誤解されました。具体的に言えば、空は無諦《むたい》（〝無というまこと〟）、仮名は有諦《うたい》（〝有というまこと〟）、中道は第一義諦《だいいちぎたい》（〝最高のまこと〟）と名づけられ、空という無と、仮名という有との二辺（〝二極端〟）を離れている、中道（〝まんなかの道〟）が真理と説かれています。

次に、唯識派の論においては、『阿含経』が踏襲され、無為法として涅槃のみならずほかのものも説かれています。そのひとつが空性です。五蘊は縁によって作り出されたものですから有為法ですが、五蘊の空性は（いつも変わらないものであって）縁によって作り出されたものでありませんから無為法のひとつと見なされるのです。

唯識派の論においては、空性の同義語として、真如《しんにょ》（〝そのとおりのまこと〟）、実際《じっさい》（〝存在の極み〟）、無相（〝無特徴〟）、勝義《しょうぎ》（〝最高〔智〕の対象〟）、法界《ほっかい》（〝法〔＝仏教〕の基盤〟）が挙げられています（『中辺分別論』）。このうち、唯識派の論においてもっとも多用されるのは真如です。空性は、無為法のひとつとしては、真如無為と呼ばれます。

それにともなって、唯識派の論においては、空性を仏になるために証得されるべき真理と見なす真理説が生まれています。このような真理説は『阿含経』や諸部派の論においては決して存在しなかったものです。

唯識派の真理説は南北朝時代（六世紀）に中国に伝わり始めました。そのことによって、中国においては、中道を真理と見なす『菩薩瓔珞本業経』の真理説と、空性を真理と見なす唯識派の真理説とが並存するようになります。

十三宗の宗祖の皆さまのうち、『菩薩瓔珞本業経』の真理説の直接的影響下にあるのは天台大師さま、間接的影響下にあるのは賢首《げんじゅ》大師さまであり、お二人の真理説はほかの宗祖の皆さまに大きな影響を与えています。したがって、本章においては、天台大師さまと賢首大師さまとを中心としてお話を伺いたいと思います。

ここからは、いよいよ宗祖の皆さまにお話を伺います。

天台宗

司会　まず、天台大師さまにお話を伺います。天台大師さまは四教判それぞれの真理説によって真理を判別していらっしゃいます。真理は観（〝観察〟）によって証得されます。表にしますと、左のとおりです（表1）。

簡単に言えば、次のとおりです。

〔I　三蔵教〕　三蔵教においては、析空観（〝〔衆生を五蘊という法にすぎないと〕分析することによって〔衆生を我（〝霊

表1　天台宗・智顗の真理説

教	観	証得される真理
三蔵教《さんぞうきょう》	析空観《しゃっくうかん》	空
通教《つうきょう》	析空観、体空観《たいくうかん》	空
別教《べっきょう》	次第三観《しだいさんがん》	空、仮名、中道
円教《えんぎょう》	一心三観《いっしんさんがん》	空、仮名、中道（三諦円融）

魂〟）が欠けていて〕空であると観察すること〟）によって空が証得されると説かれます。この空を「衆生空《しゅじょうくう》」と呼びます。

〔Ⅱ　通教〕通教においては、析空観のみならず、体空観（〝〔五蘊という法を〕自性《じしょう》（〝自分だけのありかた〟）が欠けていて空であると観察すること〟）によって空が証得されると説かれます。この空を「法空《ほっくう》」と呼びます。

〔Ⅲ　別教〕別教においては、次第三観（〝〔空、仮名、中道という〕三つを順次に観察すること〟）によって空、仮名、中道が順次に証得されると説かれます。

〔Ⅳ　円教〕円教においては、一心三観（〝〔空、仮名、中道という〕三つを一瞬の心のうちに観察すること〟）によって空、仮名、中道が同時に証得されると説かれます。

天台宗・智顗　一心三観は象のように円教大乗を運び、次第三観は馬のように別教大乗を運び、体空観と析空観とは牛のように通教などの大乗を運び、析空観そのものの修行は鹿と羊とのように〔声聞、独覚という〕二乗の法を運ぶのじゃ。(1)

司会　一心三観によって同時に証得される、空、仮名、中道を「三諦円融《さんだいえんにゅう》」（〝〔空、仮名、中道という〕三つのまことが完全に融けあっていること〟）と呼びます。

天台宗・智顗　今の『〔法華〕経』は、三諦円融じゃから、最高に自由自在となるのじゃ。(2)

司会　自由自在とはどのようなことなのでしょうか。

天台宗・智顗　①空である一つのものは空であるすべてのものであり、〔すべてのものは〕たとえ仮名と中道とであるにせよ、空ならざるものではない。――これは総空観《そうくうがん》（〝すべて空と観察すること〟）じゃ。

②仮名である一つのものは仮名であるすべてのものであり、〔すべてのものは〕たとえ空と中道とであるにせよ、仮名ならざるものではない。――これは総仮観《そうけかん》（〝すべて仮名と観察すること〟）じゃ。

③中道である一つのものは中道であるすべてのものであり、〔すべてのものは〕たとえ空と仮名とであるにせよ、中道ならざるものではない。――これは総中観《そうちゅうがん》（〝すべて中道と観察すること〟）じゃ。

これらが、とりもなおさず、『中論』において説かれている不可思議な一心三観じゃ。どんな法についてもそうなのじゃ。(3)

司会　すべてのものは同時に空でもあるし、仮名でもあるし、中道でもあるのであって、その場合、空であるという次元においても、仮名であるという次元においても、中道であるという次元においても、一つのものはすべてのものであるというお話ですね。

通常の仏教においては、すべてのものは、空であるという次元においては一つですが、仮名であるという次元においては別々ですから、仮名であるという次元において、一つのものがすべてのものであるはずがありません。

しかし、三諦円融においては、空と仮名との区別はありませんから、空であるという次元においてのみならず、仮名であるという次元においても、さらには、空と仮名との区別がない中道という次元においても、一つのものはすべてのものであるのです。

まとめれば、空という無と、仮名という有（である有為法）との区別がない以上、仮名という有（である有為法）は、空という無と同じように、さまたげのないものなのであるというのが天台大師さまの真理説なのであって、そこにおいては、〝一つのものがすべてのものである〟ということが起こっているのです。

華厳宗

司会　続いて、賢首《げんじゅ》大師さまにお話を伺います。賢首大師さまは、真如を真理と規定しつつ、四教それぞれの真理説

表2　華厳宗・法蔵の真理説（4）

教	真理（真如）
小乗教	――
始教《しきょう》	空
終教《じっきょう》	空・有
頓教《とんぎょう》	説かれない
円教《えんぎょう》（別教《べっきょう》）	円通諸事、統含無尽

によって真理を判別していらっしゃいます。表にしますと、右のとおりです（表2）。

簡単に言えば、次のとおりです。

〔Ⅰ　小乗教〕　小乗教においては、真理としての真如が説かれません。

〔Ⅱ　始教〕　始教においては、あらゆる法（〝枠組み〟）の空性（〝からっぽさ〟）が真如と説かれます。

〔Ⅲ　終教〕　終教においては、あらゆる法の空性と、空性が有であることとが真如と説かれます。

〔Ⅳ　頓教〕　頓教においては、何も説かないことによって真如が示されます。第一章において詳しくお話を伺いましたとおり、頓教においては、何も説かないことによって空性が示されます。

〔Ⅴ　円教〕　円教においては、複数の事（〝事象〟）が完全に通じあい、すべて互いを含みあうことの無尽（〝尽きることなし〟）であることが真如と説かれます。

ところで、複数の事が完全に通じあい、すべて互いを含みあうことは、どうしてそうなるのでしょうか。

華厳宗・法蔵　今は、理事融通《りじゆうずう》（〝〔空性という〕理〔〝原理〟〕と、〔有為法という〕事〔〝事象〟〕とが融けあっていること〟）によって、このような〔複数の事のあいだの〕無礙《むげ》（〝さまたげなさ〟）を具えておるのじゃ。具体的に言えば、理に異ならない事が理を具えておる以上、その、理に異ならない複数の事を、その、よりどころである理によって、すべて一つ〔の事〕の中に出現させることができるのじゃ。(5)

司会　すべてのものは同時に事（〝事物〟）でもあるし、〔空性という〕理（〝原理〟）でもあるのであって、その場合、理という次元においても、事という次元においても、一つのものはすべてのものであるというお話ですね。

通常においては、すべてのものは、理という次元においては一つですが、事という次元においては別々ですから、事という次元において、一つのものがすべてのものであるはずがありません。

しかし、理事融通においては、理と事との区別はありませんから、理という次元においてのみならず、事という次元においても、一つのものはすべてのものであるのです。

まとめれば、理である空性と、事である有為法との区別がない以上、事である有為法は、理である空性と同じように、さまたげのないものであるというのが賢首大師さまの真理説なのであって、そこにおいては、〝一つのものがすべてのものである〟ということが起こっているのです。

インド仏教、天台宗、華厳宗

司会　さて、ここで、インド仏教の真理説と、『菩薩瓔珞本業経』の真理説と、天台大師さまの真理説と、賢首大師さまの真理説を比較してみたいと思います。表にしますと、次頁のとおりです（表3）。

簡単に言えば、次のとおりです。

表3

	二辺		中道
インド仏教	とこしえの無	とこしえの有	縁起＝空性＝仮設＝中道
『菩薩瓔珞本業経』	空（無諦＝とこしえの無）	仮名（有諦＝かりそめの有＝有為法）	中道（第一義諦）
天台宗・智顗	空（とこしえの無）	仮名（かりそめの有＝有為法）	中道
華厳宗・法蔵	理（空性）	事（有為法）	理事融通

〔Ⅰ　インド仏教〕『阿含経』においては、縁起は、有為法がとこしえの有であることと、有為法がとこしえの無であることとの二辺（〝二つの極端〟）を離れている、中道であると説かれています。中観派の『中論』においては、縁起は空性、仮設、中道であると説かれています。唯識派の論においては、空性が真理であると説かれています。

〔Ⅱ　『菩薩瓔珞本業経』〕中国においては、空性、仮設、中道は、順に、空、仮名、中道と漢訳されましたが、偽経『菩薩瓔珞本業経』においては、空は無諦（〝無というまこと〟）、仮名は有諦（〝有というまこと〟）、中道は第一義諦（〝最高のまこと〟）と名づけられ、空という無にも偏らず、仮名という有にも偏らない、中道が真理であると説かれています。

インド仏教においては、中道は、有為法がとこしえの有でもなく、とこしえの無でもない、かりそめの有であることを意味していますが、『菩薩瓔珞本業経』においては、中道は、有為法がかりそめの有でもあるし、とこしえの無でもあることを意味しています。これは大きな誤解です。

〔Ⅲ　天台宗・智顗〕　天台大師さまは、『菩薩瓔珞本業経』にもとづいて、空という無と、仮名という有との区別がない、中道が真理であると説いていらっしゃいます。その真理においては、仮名という有（である有為法）は、空という無と同じように、さまたげのないものなのであって、〃一つのものがすべてのものである〃ということが起こっています。

〔Ⅳ　華厳宗・法蔵〕　賢首大師さまは、空性を「理」、有為法を「事」と言い換えて、理と事との区別がない、理事融通（すなわち中道）が真理であると説いていらっしゃいます。その真理においては、事である有為法は、理である空性と同じように、さまたげのないものなのであって、〃一つのものがすべてのものである〃ということが起こっています。

天台大師さまの真理論と賢首大師さまの真理論とは基本的に同じです。しかし、それらはインド仏教と異なっています。インド仏教においては、有為法がとこしえの無でもなくとこしえの有でもないことである、空性が真理ですが、天台大師さまや賢首大師さまにおいては、有為法と空性との区別がないことが真理です。そして、その、有為法と空性との区別がないことにおいては、有為法は、空性と同じように、さまたげのないものなのであって、〃一つのものがすべてのものである〃ということが起こっているのです。

インド仏教においては、有為法は互いにさまたげあうもの、空性はさまたげのないものです。しかし、天台大師さまや賢首大師さまの真理論においては、空性がさまたげのないものであるだけでなく、有為法もさまたげのないものであり、〃一つのものがすべてのものである〃、すなわち、五蘊のひとつひとつが五蘊すべてであるのです。ところが、われわれは普段そのようなことを実体験していません。天台大師さまや賢首大師さまはこのような疑問にどのように回答なさるのでしょうか。

このような疑問に回答するために、天台大師さまは「一念三千《いちねんさんぜん》」という瞑想を提出なさり、賢首大師さまは「相即《そうそく》相入《そうにゅう》」という理論を提出なさいます。

すなわち、天台大師さまは、五蘊のひとつひとつが五蘊すべてであることは、普段は実体験されないが、「一念三千」という瞑想によって経験されるというふうに回答なさるのです。

さらに、賢首大師さまは、五蘊のひとつひとつが五蘊すべてであることは、ふだんは実体験されないが、「相即相入」という理屈の上では説明されるというふうに回答なさるのです。

ここからは、「一念三千」「相即相入」についてお話を伺います。

天台宗

司会 まず、天台大師さまにお話を伺います。天台大師さまの「一念三千」とは、有為法である五蘊のうち、識、すなわち、心のうちに、一念(〝一瞬〟)のあいだに、三千の要素が入っているということを指します。詳しく言えば、次のとおりです。

〔I 十界〕 まず、心は六道(地獄、畜生、餓鬼、人、天、阿修羅)と四聖《ししょう》(声聞、独覚、菩薩、仏)とである十界(〝十の要素〟)を具えています。われわれの心のうちに潜在的状態として十界があるということです。

〔II 十界互具〕 次に、十界のいちいちの界はそれぞれ十界を具えています。いちいちの界のうちに潜在的状態として他の九界があるということです。これを「十界互具」と呼びます。

〔III 三世間〕 第三に、十界のいちいちの界はそれぞれ五蘊、衆生、国土という三世間を具えています。いちいちの界は三世間からできているということです。なお、衆生は五蘊ですし、国土は五蘊のうち色ですので、三世間は結局のところ五蘊です。

〔Ⅳ　十如是〕　第四に、三世間はそれぞれ十如是（〃十のそのまま〃）を具えています。

①如是相《にょぜそう》（〃そのままのありさま〃）
②如是性《にょぜしょう》（〃そのままの本性〃）
③如是体《にょぜたい》（〃〔五蘊という〕そのままの実質〃）
④如是力《にょぜりき》（〃そのままの能力〃）
⑤如是作《にょぜさ》（〃そのままの作用〃）
⑥如是因《にょぜいん》（〃〔前世の業という〕そのままの原因〃）
⑦如是縁《にょぜえん》（〃〔前世の煩悩という〕そのままの条件〃）
⑧如是果《にょぜか》（〃〔前世の原因によって前世に得られた〕そのままの結果〃）
⑨如是報《にょぜほう》（〃〔前世の煩悩と有漏業とによって現世に得られた〕そのままの異熟〔〃（有漏業の）むくい〃〕〃）
⑩如是本末究竟《にょぜほんまつくきょう》（〃〔①から⑨までが三諦円融しているという〕そのままの始終完成〃）

これら十如是は『法華経』方便品を典拠とします。

以上を合計すると、十界×十界（＝十界互具）×三世間×十如是で、三千の要素となるのです。

天台宗・智顗　そもそも、一つの心は十界を具えておる。一界がさらに十界を具えておるから百界じゃ。一界は三十世間を具えておるから、百界は三千世間を具えておる。この三千は一念（〃一瞬〃）の心のうちにある。もし心が〔起こら〕なければ、なにもない。少しでも心があれば、三千を具えておる。[6]

司会　以上、もし自己の一瞬の識のうちに五蘊すべてである三千の要素があると瞑想するならば、五蘊のひとつひとつが五蘊すべてであることが実体験されると天台大師さまはおっしゃるのです。われわれは実体験したことがないからわかりませんが、天台大師さまの実体験にもとづく確信として受け取っておきたいと思います。

なお、もし自己の一瞬の識のうちに五蘊すべてである三千の要素があると瞑想するのならば、唯識を瞑想するのにすぎないように思われますが、そのことについてはいかがでしょうか。

天台宗・智顗　今は一丈よりは一尺を選び、一尺よりは一寸を選ぶべきなので、色などという四蘊よりは識という蘊を観察するのじゃ。識という蘊とは、心がそれじゃ。(7)

司会　五蘊のうち、色、受、想、行という四蘊は広すぎるから、識という蘊を例に挙げたのみにすぎず、現実には、四蘊のひとつひとつのうちにも五蘊すべてである三千の要素があるというお話ですね。四蘊のひとつひとつのうちにも五蘊すべてである三千の要素があるということを、天台大師さまがどのように説明なさるのか、お伺いしたい気もしますが、今は先に進みます。

華厳宗

司会　続いて、賢首大師さまにお話を伺います。賢首大師さまの「相即相入」とは、五蘊のそれぞれの力が互いに入りあい、五蘊のそれぞれの体が互いを含みあっていることを指します。詳しく言えば、次のとおりです。

〔相入〕　縁起においては、ある瞬間の五蘊という複数の縁（〝条件〟）にたよって、次の瞬間の五蘊のひとつひとつが起こります。複数の縁は、まとめれば、Aと、非A（〝A以外〟）との二つです。

われわれは、Aの力と非Aの力とが合わさって、結果が起こると考えがちです。しかし、賢首大師さまはそうはお考えになりません。Aが結果を起こそうとしても、もし非Aがなければ結果は起こりませんから、その意味では、非

Aが百パーセント有力、Aはまったく無力であって、Aの力は非Aの力に入っています。逆に、非Aが結果を起こそうとしても、もしAがなければ結果は起こりませんから、その意味では、Aが百パーセント有力、非Aはまったく無力であって、非Aの力はAの力に入っています。このように、Aの力と非Aの力とが互いに入りあっていることを「相入」と呼びます。

〔相即〕　さらに、力はその力を持っている体を離れないものですから、Aの力と非Aの力とが互いの中に入りあっている以上、Aの体と非Aの体とも互いを含みあっているはずです。このように、Aの体と非Aの体とが互いを含みあっていることを「相即」と呼びます。

華厳宗・法蔵　力のうちに体を含め、〔力を離れた〕別の体はないから、ただ〔力と力とが〕相入するのじゃ。体のうちに力を含め、〔体を離れた〕別の力はないから、ただ〔体と体とが〕相即するのじゃ。(8)

司会　以上、もし「相即相入」という理屈によるならば、五蘊のひとつひとつが五蘊すべてであることが説明されると賢首大師さまはおっしゃるのです。五蘊のひとつひとつが五蘊すべてであることを、後世の華厳宗においては、「事事無礙《じじむげ》」（〝事象と事象との間にさまたげがないこと〟）と呼びます。

天台宗、華厳宗

司会　以上、天台大師さまと賢首大師さまとは、五蘊と空性との区別がないことを真理と見なし、その真理においては、五蘊は空性と同じくさまたげのないものであって、五蘊のひとつひとつが五蘊すべてであるとおっしゃるのです。

天台宗・智顗　すべての法は一つの法に入っており、一つの法はすべての法を具えておるのじゃ。(9)

華厳宗・法蔵　完全に融けあって自由自在、一つのものはすべてのもの、すべてのものは一つのものじゃ。(10)

司会　このような、一つのものはすべてのもの、すべてのものは一つのものという真理説は、もともと、天台宗と華厳宗とに先行する、南北朝時代（六世紀）の北朝の宗派である地論宗《じろんしゅう》の文献のうちにしばしば現われる真理説であって、天台大師さまと賢首大師さまとはそれぞれ地論宗からそれを継承したと推測されます。

さらに、天台大師さまの真理説を継承したのは日蓮上人と道元禅師、賢首大師さまの真理説を継承したのは大通上人と弘法大師さまです。

日蓮宗

司会　まず、日蓮上人にお話を伺います。

日蓮宗・日蓮　たとえ諸経において、ところどころに、〔地獄、畜生、餓鬼、人、天、阿修羅という〕六道と、〔声聞、独覚、菩薩、仏という〕四聖とが載っているにせよ、『法華経』や天台大師の著作『摩訶止観《まかしかん》』などという明鏡を見なければ、みずからが〔六道と四聖とである〕十界や、〔十界互具である〕百界や、〔百界の十如是である〕千如是や、一念三千を具えておることをわからぬままじゃ[11]。

司会　天台大師さまの「一念三千」を信じていらっしゃるというお話ですね。

曹洞宗

司会　続いて、道元禅師にお話を伺います。

曹洞宗・道元　草木と、瓦礫と、〔地、水、火、風という〕四大《しだい》（〝四元素〟）と、〔色、受、想、行、識という〕五蘊とは、同じく一心（〝ただひとつの心〟）じゃ、同じく実相《じっそう》（〝まことのありさま〟）じゃ。全方位における諸世界〔である五蘊〕と、真如仏性《ぶっしょう》〔である空性〕とは、同じく法住《ほうじゅう》（〝法の永続状態〟）法位《ほうい》（〝法の絶対状態〟）じゃ。真如仏性のうちにどうして〔真如仏性と異なる〕草木などがあろうか。草木などがどうして真如仏性でないはずがあろうか。諸法は有為法でもなく、無為法でもなく、ただただ、実相なのじゃ(12)。

司会　五蘊という有為法と、空性という無為法との区別はないというお話ですね。天台大師さまがおっしゃる中道を、道元禅師さまは「実相」とおっしゃいます。

天台大師さまが頷いていらっしゃいますが、お話を伺えますでしょうか。

天台宗・智顗　中道である第一義諦はただちに法性《ほっしょう》（〝きまりごと〟）である実相なのじゃ(13)。

司会　道元禅師がお使いになった「実相」ということばは、天台大師さまが中道をあらわすためにお使いになることばだというお話ですね。道元禅師は天台宗ご出身ですから、天台大師さまの影響がおありなのでしょうね。

融通念仏宗

司会　続いて、大通《だいつう》上人にお話を伺います。

融通念仏宗・大通融観　一つのものが有力であるならば、多くのものは無力であって、多くのものは一つのもののうちに入っておる。多くのものが有力ならば、一つのものは無力であって、多くのもののうちに入っておる。一つのものと多くのものとは相入しておるのじゃ(14)。

司会　賢首大師さまと同じご趣旨ですね。

真言宗

司会　続いて、密教の立場から、弘法《こうぼう》大師さまにお話を伺います。

真言宗・空海　〔地、水、火、風という〕四大《しだい》（〝四元素〟）などは心大《しんだい》（〝心という元素〟）を離れない。心と、〔四大である〕色《しき》（〝物質〟）とは異なるにせよ、その本性〔である空性〕においては同じじゃ。色は心であり、心は色であって、さまたげがない。智は境《きょう》（〝〔智の〕対象〟）であり、境は智であり、智は〔空性という〕理（〝〔智の対象である〕原理〟）であり、理は智であって、さまたげがないし、自由自在なのじゃ。[15]

司会　賢首大師さまと同じご趣旨ですね。

法相宗

司会　ここまでは、『菩薩瓔珞本業経』の真理説を継承する宗祖の皆さまのお話を伺ってきましたが、ここからは、唯識派の真理説を継承する宗祖の皆さまのお話を伺います。

まず、慈恩《じおん》大師さまにお話を伺います。唐の時代に中国からインドの唯識派のもとに留学した玄奘《げんじょう》三蔵（六〇二—六六四）は唯識派の最新の真理説を中国にもたらしましたが、その最新の真理説を中国に詳しく紹介なさったのが玄奘三蔵のお弟子である慈恩大師さまです。慈恩大師さまは、あくまで唯識派の真理説にもとづいて、空性を真理と判定していらっしゃいます。

法相宗・基　真理とは、具体的に言えば、二諦《にたい》（〝二つのまこと〟）や、四諦《したい》（〝四つのまこと〟）などの真理じゃ。これは二種類ある。

第一は、根本智《こんぽんち》（〝根本的な智〟）の対象じゃ。諸法の本性というわけじゃ。すなわち、二つの空性という真理じゃ。

第二は、後得智《ごとくち》（〝〔根本智の〕後に得られる智〟）の対象じゃ。それ（空性）の似すがたというわけじゃ。四諦十六行相などのことじゃ。[16]

司会　二諦とは、世俗諦《せぞくたい》（〝世俗におけるまこと〟）、勝義諦《しょうぎたい》（〝最高〔智〕の対象としてのまこと〟）という二つです。

四諦とは、苦諦（〝苦しみについてのまこと〟）、集諦（〝〔苦しみを〕起こすものについてのまこと〟）、滅諦（〝〔苦しみを〕滅ぼすことについてのまこと〟）、道諦（〝〔苦しみを滅ぼすための〕道についてのまこと〟）という四つです。四諦については、第一章において詳しく扱いましたとおりです。

二つの空性とは、衆生空性《しゅじょうくうしょう》（〝〔衆生に我（〝霊魂〟）が欠けていることによる、〕衆生のからっぽさ〟）と、法空性《ほっくうしょう》（〝〔衆生を構成している五蘊という法に自性（〝自分だけのありかた〟）が欠けていることによる、〕法のからっぽさ〟）との二つです。古い訳においては、衆生空、法空と呼ばれます。

四諦十六行相とは、四諦がそれぞれ四つに細分されたものです。

要するに、空性と、空性の似すがた（〝心のうちに捉えられた、空性のイメージ〟）である四諦十六行相とが真理であるというお話ですね。図にしますと、左のとおりです。

- 二諦
  - 勝義諦
    - 根本智の対象――空性
    - 後得智の対象――四諦十六行相
  - 世俗諦

律宗

司会　続いて、南山《なんざん》大師さまにお話を伺います。南山大師さまは、あくまで唯識派の真理説にもとづいて、空性を真理と判定していらっしゃいます。

律宗・道宣　かの、〔十住、十行、十廻向という〕三賢《さんげん》と、聖者の位である十地と、無垢（等覚）と、妙覚との四十二位における、〔あらゆる法（〝枠組み〟）の〕空性を内容とする真理は、〔凡夫《ぼんぷ》にとって〕ただ粗いイメージが聞き知れるものにすぎず、低い行位の凡夫の力がいまだ及ばないもの、いまだ行くことができないものじゃ(17)。

司会　四十二位という行位については、第二章において詳しくお話を伺いましたとおりです。

浄土宗、浄土真宗、時宗、黄檗宗、臨済宗

司会　浄土門の皆さまである、善導和尚《ぜんどうかしょう》、法然上人、親鸞上人、一遍上人は極楽世界に生まれることに専念なさる関係上、仏になるために証得されるべき真理を説きません。

禅門の皆さまのうち、黄檗《おうばく》禅師、隠元《いんげん》禅師、臨済《りんざい》禅師は衆生がもともと仏であると主張なさる関係上、仏になるために証得されるべき真理を説きません。

おわりに

司会　本章において伺いましたお話を表にしますと、次のとおりです（表4）。

皆さま、ありがとうございました。

表4

宗祖	真理
天台宗・智顗	五蘊と空性との区別はなく、その五蘊において、一つのものはすべてのもの、すべてのものは一つのもの
日蓮宗・日蓮	
曹洞宗・道元	
華厳宗・法蔵	
融通念仏宗・大通融観	
真言宗・空海	
法相宗・基	空性
律宗・道宣	
浄土宗・善導	説かない
浄土宗・法然	
浄土真宗・親鸞	
時宗・一遍	
黄檗宗・黄檗希運	
黄檗宗・隠元隆琦	
臨済宗・臨済義玄	

第四章　心識論

はじめに

司会　先の第三章においては、仏になるために証得されるべき真理について、宗祖の皆さまにお話を伺いました。この第四章においては、仏になるための基盤である心識（〝こころ〟）について、宗祖の皆さまにお話を伺います。

インド仏教

司会　まず、十三宗の前提となるインド仏教を扱います。第一章において詳しく扱いましたとおり、歴史的ブッダの教えは、彼の死（紀元前五世紀頃）の後、彼の弟子たちの教団によって、経、律、論という三蔵として編纂されました。経は『阿含経《あごんきょう》』、律は教団の運営規則、論は『阿含経』の解釈です。教団はのちに諸部派へと分裂し、それぞれの部派において、若干異なる三蔵が保持されることになりました。

『阿含経』においては、次のような三種類の修行者が説かれています。

①声聞《しょうもん》（〝〔仏の〕声を聞く者〟）
②独覚《どっかく》（〝独りで目覚めた者〟）
③菩薩《ぼさつ》（〝〔仏の〕悟りを求める生きもの〟）

諸部派の論においては、彼らの悟りは別々であって、声聞や独覚は仏になれないと見なされ、それぞれの悟りに至る、次のような三乗《さんじょう》（〝三種類の乗りもの〟）が説かれています。

①声聞乗《しょうもんじょう》（〝声聞の乗りもの〟）
②独覚乗《どっかくじょう》（〝独覚の乗りもの〟）
③菩薩乗《ぼさつじょう》（〝菩薩の乗りもの〟）

声聞乗と独覚乗とは二乗《にじょう》（〝二種類の乗りもの〟）と言われます。諸部派は声聞乗と規定されます。

その後、歴史的ブッダの死後五百年頃（紀元前後）から、『阿含経』に対する一種の解釈として、大乗経《だいじょうきょう》（〝偉大な乗りものに属する経〟）が出現し始めました。大乗は菩薩になれば仏になりうることを人々に保障し、みずからを菩薩乗と規定し、二乗を小乗《しょうじょう》（〝つまらない乗りもの〟）と規定しています。それによって、諸部派においても、律をそのまま用いつつ、経のうちに大乗経を加え、論として大乗経の解釈を著わす者が出現し始め、結果として、大乗の三蔵を有する、大乗の学派が派生していきました。ここまでは、おさらいです。

（α）『阿含経』においては、識《しき》（〝認識〟）が六つ説かれています。識とは、衆生を構成している、色《しき》（〝物質〟）、受《じゅ》（〝感受〟）、想《そう》（〝対象化〟）、行《ぎょう》（〝形成〟）、識（〝認識〟）という五蘊《ごうん》（〝五つのグループ〟）のうちの識であって、大まかに言えば、われわれ日本人が「こころ」と呼ぶものに該当します。

（β）諸部派の論においては、そのことが踏襲され、声聞乗の心識説が体系化されました。これを六識説と呼びます。図にしますと、次のとおりです。

六識

①眼識《げんしき》　②耳識《にしき》　③鼻識《びしき》　④舌識《ぜっしき》　⑤身識《しんしき》　⑥意識《いしき》

司会　①眼識（〝眼による認識〟）は視覚です。②耳識（〝耳による認識〟）は聴覚です。③鼻識（〝鼻による認識〟）は嗅覚です。④舌識（〝舌による認識〟）は味覚です。⑤身識（〝身による認識〟）は触覚です。⑥意識（〝意による認識〟）は判断です。

それぞれの識は、それぞれの根（〝器官〟）にもとづいて、それぞれの境（〝対象〟）を認識します。識が六つあるのと同じように、根も六つありますし、境も六つあります。これら六根、六境、六識の合計を十八界と呼びます。表にしますと、次のとおりです（表1）。

表1　十八界

六境	六根	六識
①色境《しききょう》	①眼根《げんこん》	①眼識
②声境《しょうきょう》	②耳根《にこん》	②耳識
③香境《こうきょう》	③鼻根《びこん》	③鼻識
④味境《みきょう》	④舌根《ぜっこん》	④舌識
⑤触境《そくきょう》	⑤身根《しんこん》	⑤身識
⑥法境《ほうきょう》	⑥意根《いこん》	⑥意識

簡単に言えば、次のとおりです。

〔Ⅰ　六境〕　①色境（〝色という対象〟）、②声境（〝声という対象〟）、③香境（〝香という対象〟）、④味境（〝味という対象〟）、⑤触境（〝触〔〝肌触り〟〕という対象〟）という五境は、衆生の物質的環境であって、五蘊のうちの色（〝物質〟）に含まれます。

⑥法境（〝法という対象〟）は、衆生の精神的環境であって、五蘊のうちの行（〝形成〟）に含まれます。

〔Ⅱ　六根〕　①眼根（〝眼という器官〟）、②耳根（〝耳という器官〟）、③鼻根（〝鼻という器官〟）、④舌根（〝舌という器官〟）、⑤身根（〝身〔〝肌〟〕という器官〟）という五根は、衆生の神経であって、五蘊のうちの色（〝物質〟）に含まれます。すなわち、①眼根などの五根は、眼などの肉ではなく、視神経などに該当します。眼などの肉は、五根ではなく、①色境、②香境、③味境、④触境という四境（古い訳においては、四塵）からできています。五根は勝義根《しょうぎこん》（〝最高〔智〕の対象である器官〟）と呼ばれ、眼などの肉は扶塵根《ふじんこん》（〝〔四〕塵からできている扶助的な器官〟）と呼ばれます。

⑥意根は『阿含経』において明確に規定されていないため、声聞乗のうち、上座部の論においては、意根は心臓であると規定され、説一切有部《せついっさいうぶ》の論においては、意根は過去の六識であると規定されました。心臓ならば、五蘊のうちの色（〝物質〟）に含まれ、過去の六識ならば、五蘊のうちの識（〝認識〟）に含まれます。

〔Ⅲ　六識〕　六識は、前述のとおり、衆生の「こころ」であって、五蘊のうちの識（〝認識〟）に含まれます。

なお、部派のひとつである説一切有部の論においては、六識は心王《しんのう》（〝心という主体〟）と呼ばれ、それぞれ、従属する心所《しんじょ》（〝心的要素〟）と結合しています。心所は、十八界のうちの⑥法境に含まれ、五蘊のうちの受（〝感受〟）、想（〝対象化〟）、行（〝形成〟）に含まれます。心所の総数は論によってさまざまですが、『阿毘達磨倶舎論《あびだつまくしゃろん》』においては四十六と規定されています。図にしますと、次のとおりです。

心所
- 大地法：十（受《じゅ》、想《そう》、思《し》、触《そく》、欲《よく》、慧《え》、念《ねん》、作意《さい》、勝解《しょうげ》、定《じょう》）
- 大善地法：十（信《しん》、不放逸《ふほういつ》、軽安《きょうあん》、捨《しゃ》、慚《ざん》、愧《き》、無貪《むとん》、無瞋《むしん》、不害《ふがい》、勤《ごん》）
- 大煩悩地法：六（痴《ち》、放逸《ほういつ》、懈怠《けたい》、不信《ふしん》、惛沈《こんじん》、掉挙《じょうこ》）
- 大不善地法：二（無慚《むざん》、無愧《むき》）
- 小煩悩地法：十（忿《ふん》、覆《ふく》、慳《けん》、嫉《しつ》、悩《のう》、害《がい》、恨《こん》、諂《てん》、誑《おう》、憍《きょう》）
- 不定地法：八（尋《じん》、伺《し》、睡眠《すいめん》、悪作《あくさ》、貪《とん》、瞋《しん》、慢《まん》、疑《ぎ》）

司会　詳細については、今まとめては説明しません。今後、必要があるごとに説明します。

（γ）大乗経においては、識がばらばらに説かれています。たとえば、『般若経』においては、『阿含経』と同じ六識が説かれています。インドにおける大乗の学派に中観《ちゅうがん》派と唯識《ゆいしき》派の二つがあるうち、唯識派のもとに出現した大乗経においては、六識に阿頼耶識《あらやしき》（〝根底としての認識〟）を加える七識や、七識に末那識《まなしき》（〝意である認識〟）を加える八識が説かれています。

（δ）唯識派の論においては、そのことが踏襲され、大乗の心識説が体系化されました。これを八識説と呼びます。図にしますと、次頁のとおりです。

八識
- ①眼識
- ②耳識
- ③鼻識
- ④舌識
- ⑤身識
- ⑥意識
- ⑦末那識＝⑥意根
- ⑧阿頼耶識
  - 五根（①眼根、②耳根、③鼻根、④舌根、⑤身根）
  - 五境（①色境、②声境、③香境、④味境、⑤触境）
  - 種子（十八界の種子）

司会　簡単に言えば、次のとおりです。

①眼識から⑥意識までの六識は、声聞乗における六識と同じです。

⑦末那識は、六根のうち⑥意根であり、⑥意識の下部においてエゴイズムを伴っている深層意識（潜在意識）です。先に述べましたとおり、⑥意根は『阿含経』において明確に規定されていないため、声聞乗のうち、上座部の論においては、意根は心臓であると規定され、説一切有部の論においては、意根は過去の六識であると規定されましたが、唯識派の論においては、意根は末那識であると規定されるのです。

⑧阿頼耶識は、①眼識から⑦末那識までの七識にとって、容れものである識です。阿頼耶識の内側に、五根（①眼根、②耳根、③鼻根、④舌根、⑤身根）と五境（①色境、②声境、③香境、④味境、⑤触境）とが映し出され、①眼識から⑥意識までの六識は、阿頼耶識のただなかで、それらを認識しています。抽象的思考の対象である⑥法境（夢や空想など）は、阿頼耶識の内側には映し出されず、⑥意識の内側に映し出されます。⑦末那識は⑧阿頼耶識そのものをエゴイズムに

よって自我と認識しています。

要するに、われわれが心の外側と考えがちな五根と五境とは、唯識派によれば、さらに大きな心である阿頼耶識の内側に映し出されている映像にすぎないのであって、われわれが心と考えがちな七識は、さらに大きな心である阿頼耶識のただなかで、それら映像を認識しているに他なりません。現代的に言えば、唯心論です。

ひとりひとりの阿頼耶識の内側には、ひとりひとり異なる映像が映し出されています。すなわち、ひとりひとり異なる五根と五境とが映し出されています。それゆえに、容姿の違いや境遇の違いがあるのです。なぜそのようにひとりひとり異なる映像が映し出されるのかといえば、ひとりひとりが前世において起こした煩悩（〝まどい〟）や有漏業《うろごう》（〝まどいを伴うふるまい〟）が、ひとりひとり異なるからです。阿頼耶識の内側に映し出されている映像は、基本的には、ひとりひとりが前世において起こした煩悩や有漏業が、今世において異熟《いじゅく》（〝むくい〟）となったものなのです。それゆえに、阿頼耶識は「異熟識《いじゅくしき》」と呼ばれます。

ひとりひとりの阿頼耶識の内側には、十八界の種子《しゅうじ》（〝潜在的状態〟）が貯えられています。十八界が続いていくのは、これら種子がつぎつぎと現行《げんぎょう》（〝顕在的状態〟）を生じていき、その現行が滅する際に新たな種子を阿頼耶識の内側に残していくからです。それゆえに、阿頼耶識は「種子識《しゅうじしき》」とも呼ばれます。

以上、唯識派の論においては、十八界はただ八識のみに還元されます。このことを唯識説と呼びます。

なお、唯識派の論においては、八識は心王《しんのう》（〝心という主体〟）と呼ばれ、それぞれ、従属する心所《しんじょ》（〝心的要素〟）と結合しています。すなわち、唯識と言っても、ただ心王だけではなく、心所もあるのです。心所は十八界のうち⑥法境に含まれます。心所の総数は論によってさまざまですが、無著《むじゃく》菩薩（四世紀ごろ）の『阿毘達磨集論《あびだつまじゅろん》』においては五十五と規定されています。図にしますと、次頁のとおりです。

- 心所
  - 遍行：五（触、作意、受、想、思）
  - 別境：五（欲、勝解、念、定、慧）
  - 善：十一（信、慚、愧、無貪、無瞋、無痴、勤、軽安、不放逸、行捨《ぎょうしゃ》、不害）
  - 煩悩：十（貪、瞋、痴、慢、疑、身見《しんけん》、辺見《へんけん》、見取《けんしゅ》、戒禁取《かいごんしゅ》、邪見《じゃけん》）
  - 随煩悩：二十
    - 大（忿、恨、覆、悩、嫉、慳、誑、諂、憍、害）
    - 中（無慚、無愧）
    - 小（惛沈、掉挙、不信、懈怠、放逸、失念《しつねん》、不正知《ふしょうち》、散乱《さんらん》）
  - 不定：四（睡眠、悪作《おさ》、尋、伺）

※悪作は説一切有部の場合「あくさ」、唯識派の場合「おさ」と訓む。ほかの心所の訓みかたについては、説一切有部の場合と同様。

司会　詳細については、今まとめては説明しません。今後、必要があるごとに説明します。

唯識派の八識説は南北朝時代（六世紀）に中国に伝わり始めました。しかし、そのころの中国においては、八識に阿摩羅識《あまらしき》（〝無垢識《むくしき》〟）という悟りの識が加えられ、九識説によって心識が判別される傾向にありました。九識説はインドから来中した僧侶、真諦《しんたい》三蔵（四九九―五六九）の説と伝えられています。

ここからは、いよいよ宗祖の皆さまにお話を伺います。

法相宗

司会　まず、慈恩《じおん》大師さまにお話を伺います。唐の時代に中国からインドの唯識派のもとに留学した玄奘《げんじょう》三蔵（六〇二―六六四）は唯識派の最新の八識説を中国にもたらしましたが、その最新の八識説を中国に詳しく紹介なさったのが玄奘三蔵のお弟子である慈恩大師さまです。慈恩大師さまは八識説と四智説とによって心識を判別していらっしゃいます。四智説とは、菩薩においては、八識と結合する心所のうち、慧《え》（〝知恵〟）のはたらきが増大し、仏においては、八識はむしろ四智と呼ばれるべきものになるという説です（識がなくなるわけではありません）。これを「転識得智《てんじきとくち》」（〝識を転じて智を得ること〟）と呼びます。転識得智は論によってさまざまですが、一般には『成唯識論《じょうゆいしきろん》』の説が用いられます。図にしますと、左のとおりです。

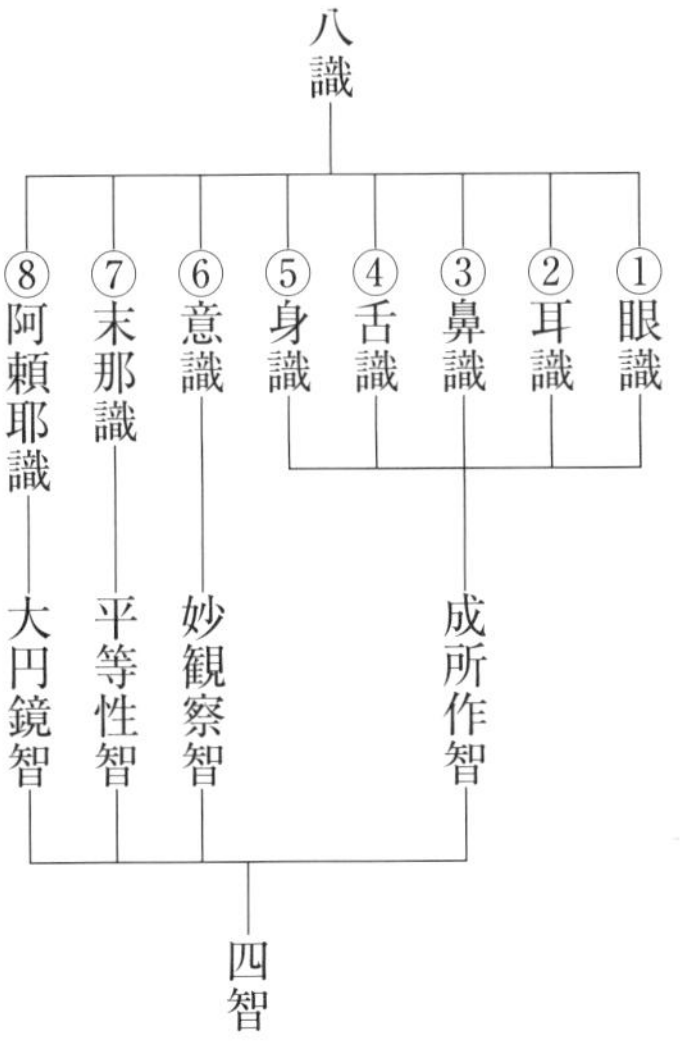

司会　簡単に言えば、次のとおりです。

成所作智（〝なすべきことを成し遂げる知恵〟）は他者を利益する智です。

妙観察智（〝すぐれた観察の知恵〟）は諸法を観察する智です。

平等性智（〝等しさについての知恵〟）は自己と他者との等しさを知る智です。

大円鏡智（〝大きな丸い鏡のような知恵〟）はすべてを現わし出す智です。

玄奘三蔵がインドから帰国するまでの中国においては、八識に阿摩羅識（〝無垢識〟）という悟りの識が加えられ、九識説によって心識が判別される傾向にあったのですが、慈恩大師さまは九識説を八識説に改めなさったわけですね。

法相宗・基　かつて阿末羅識と呼ばれ、あるいは阿摩羅識と呼ばれたが、昔の先生がたが第九識と見なしたのは誤解じゃ。(1)

司会　それでは、阿摩羅識とは、いったい何なのでしょうか。

法相宗・基　この無垢識（阿摩羅識）は大円鏡智と結合しておる〔阿頼耶〕識の名なのじゃ。(2)

司会　阿摩羅識とは、仏になって、大円鏡智と結合するようになった、阿頼耶識の名だというお話ですね。

律宗

司会　続いて、南山《なんざん》大師さまにお話を伺います。南山大師さまは八識説によって心識を判別していらっしゃいます。

律宗・道宣　三界にいる衆生（〝生きもの〟）は、始まりのない昔から、善業や悪業をつくり、〔それらを〕みな阿頼耶識のうちに熏習《くんじゅう》（〝匂い付け〟）しては、業の種子（〝潜在的状態〟）を成り立たせておる。清浄〔である善法〕と染汚〔である煩悩〕とは交じり合い、数は塵の数を超えておる。〔業の種子と、染汚（である煩悩）とによって、〕六道いずれかである異熟（〝むくい〟）を受け、輪廻することは限りない。(3)

司会　三界とは、娑婆世界を構成している、下界である欲界《よくかい》（〝欲望界〟）と、天界である色界《しきかい》（〝物質界〟）と無色界《むしきかい》（〝非物質界〟）とです。六道とは、地獄、餓鬼、畜生、人、天、阿修羅です。

天台宗、日蓮宗

司会　続いて、天台大師さまにお話を伺います。天台大師さまは小乗〔三蔵教《さんぞうきょう》〕については六識説によって、大乗〔通教《つうきょう》、別教《べっきょう》、円教《えんぎょう》〕については九識説によって心識を判別していらっしゃいます。

天台宗・智顗　たとえば一人の心は、どうして、善なので善なる識、悪なので悪なる識、善悪でないので無記〔〝白紙状態〟〕なる識と決まっていようか。これら三つの識をどうして水と火とのように〔異なると〕即断してよかろうか。ただ善に背けば悪となり、悪に背けば善となり、善悪に背けば無記となるだけなのが、ただ一人にある三つの心に他ならない。〔第七識、第八識、第九識という〕三つの識もそれと同じはずじゃ。もし阿頼耶識のうちに輪廻に属する種子があり、〔その種子が〕熏習〔〝匂い付け〟〕によって増えるならば、ただちに〔その種子が〕執着の識〔第七識〕となる。もし阿頼耶識のうちに慧の種子があり、〔その種子が〕聞熏習《もんくんじゅう》〔〝〔仏教を〕聞くことによる匂い付け〟〕によって増えるならば、ただちに転依《てんね》〔〝よりどころの転換〟＝悟り〕が成し遂げられ、悟りの後にあらわれる真如《しんにょ》〔〝そのとおりのまこと〟〕が浄識〔第九識〕と呼ばれる。もし〔第七識、第九識という〕これら二つの識と異なっておるならば、それはただ阿頼耶識であるに他ならぬ。これはやはり一つのものを三つのものと論じ、三つのものを一つのものと論ずるにすぎぬ。[4]

司会　第七識は第八識のうちにある輪廻に属する種子から起こるし、第九識は第八識のうちにある慧の種子から起こる以上、第七識と第九識とは第八識のうちに種子として含まれており、その点において、第七識と第八識と第九識とは三つでもあるし一つでもあるというお話ですね。真如とは、あらゆる法〔〝枠組み〟〕の空性《くうしょう》〔〝からっぽさ〟〕の別名です。

次に、心所についてはいかがでしょうか。

天台宗・智顗　さて、心王《しんのう》とともに起こっている共通の大地法を採り上げようか。〔大地法は、心王が〕善になる場

表2　華厳宗・法蔵の心識説(6)

教	心識説
小乗教《しょうじょうきょう》	六識説
始教《しきょう》	八識説（生滅）
終教《じっきょう》	八識説（生滅、不生不滅）
頓教《とんぎょう》	一心説（唯一真如心）
円教《えんぎょう》	無尽心説

合にも、悪になる場合にも、すべて〔の心王〕に共通しておる。具体的に言えば、想、欲、触、慧、念、思、勝解、念、定、受じゃ(5)。

司会　大地法を始めとする、説一切有部の心所説を採用していらっしゃるというお話ですね。天台大師さまが説一切有部の心所説を採用していらっしゃることについては、第六章においても詳しくお話を伺います。

以上が天台大師さまのお説です。天台大師さまを踏襲なさる日蓮上人も同意見ということでよろしいですね。

日蓮宗・日蓮　（頷く）

華厳宗

司会　続いて、賢首《げんじゅ》大師さまにお話を伺います。賢首大師さまは五教判それぞれの心識説によって心識を判別していらっしゃいます。表にしますと、右のとおりです（表2）。

簡単に言えば、次のとおりです。

〔Ⅰ　小乗教〕小乗教においては、六識は有であると説かれます。

〔Ⅱ　始教〕大乗の始教においては、八識は縁（〝条件〟）にたよって起こっており、自性《じしょう》（〝自分だけのありかた〟）を欠くので空（〝からっぽ〟）であると説かれます。八識は、自性がない以上、生じてはすぐに滅しています。

〔Ⅲ　終教〕終教においては、八識は、たとえ空であるにせよ、空性《くうしょう》（〝からっぽさ〟）が有である以上、一概に（無という意味において）空なのではないと説かれます。阿頼耶識は、生じてはすぐに滅している識であるのみならず、生じもせず滅しもしない空性の別名でもあります。この空性を、仏性《ぶっしょう》（〝仏の基盤〟）と見なして、如来蔵《にょらいぞう》（〝如来の胎児〟）と呼びます。仏性については、第五章において詳しくお話を伺います。

〔Ⅳ　頓教〕頓教においては、空性が唯一真如心（〝ただひとつの、そのとおりのまことである心〟）です。第一章において詳しくお話を伺いましたとおり、頓教においては、何も説かないことによって空性が示されます。

〔Ⅴ　円教〕円教においては、いちいちの識が互いを含みあうことが重重無尽（〝重ねがさね、果てもなし〟）に起こっていると説かれます。第三章において詳しくお話を伺いましたとおり、このことは「相即相入」によって起こっています。

華厳宗・法蔵　もし円教によるならば、性海《しょうかい》（〝大海のような本性〟）として完全に明らかである法界縁起《ほっかいえんぎ》（〝法の領域の縁起〟）がさまたげもなく自由自在であり、いちいち〔の識〕がすべて〔の識〕であるし、すべて〔の識〕がいちいち〔の識〕であって、主宰者〔となるいちいちの識〕と随伴者〔となるすべての識〕とが完全に融けあっていることに準拠して、「十心」を説いて無尽を象徴するのじゃ。〔『華厳経』〕離世間品や〔十地品の〕第九地において説かれているとおりじゃ。

表3　華厳宗・法蔵の十重唯識説(8)

教	十重唯識説
始教	相見《そうけん》倶存《くそん》故《こ》説《せつ》唯識《ゆいしき》
	摂相《しょうそう》帰《き》見《けん》故《こ》説《せつ》唯識《ゆいしき》
	摂数《しょうすう》帰《き》王《おう》故《こ》説《せつ》唯識《ゆいしき》
終教・頓教	以《い》末《まつ》帰《き》本《ほん》故《こ》説《せつ》唯識《ゆいしき》
	摂相《しょうそう》帰《き》性《しょう》故《こ》説《せつ》唯識《ゆいしき》
	転真《てんしん》成《じょう》事《じ》故《こ》説《せつ》唯識《ゆいしき》
	理事《りじ》倶《く》融《ゆう》故《こ》説《せつ》唯識《ゆいしき》
円教（別教）	融事《ゆうじ》相入《そうにゅう》故《こ》説《せつ》唯識《ゆいしき》
	全事《ぜんじ》相即《そうそく》故《こ》説《せつ》唯識《ゆいしき》
	帝網《たいもう》無礙《むげ》故《こ》説《せつ》唯識《ゆいしき》

さらに、唯一《ゆいいつ》法界《ほっかい》性《しょう》起《き》心《しん》が十の属性を具えてもいる〔ことによって無尽を象徴するのじゃ〕。〔『華厳経』〕性起品において説かれているとおりじゃ(7)。

司会　なお、心所は小乗教と始教とにおいてのみ説かれます。これについては、賢首大師さまに十重唯識説があります。表にしますと、右のとおりです（表3）。

簡単に言えば、次のとおりです。

〔Ⅰ　相見倶存故説唯識〕　相見倶存故説唯識（〝相と見とがともにあることによって唯識と説く〞）とは、八識において、認識される側である相（〝〔対象の〕形象〞）と、認識する側である見（〝見識〞）とを別々と見なして、唯識と説く教えです。

〔Ⅱ　摂相帰見故説唯識〕　摂相帰見故説唯識（〝相を収めて見に帰することによって唯識と説く〞）とは、八識において、認識される側である相（〝〔対象の〕形象〞）を、認識する側である見（〝見識〞）の一部と見なして、唯識と説く教えです。

〔Ⅲ　摂数帰王故説唯識〕　摂数帰王故説唯識（〝心数を収めて心王に帰することによって唯識と説く〞）とは、八識において、心所（古い訳においては、心数）を、心王の一部と見なして、唯識と説く教えです。

〔Ⅳ　以末帰本故説唯識〕　以末帰本故説唯識（〝枝末を根本に帰することによって唯識と説く〞）とは、八識において、枝末である前七識を、根本である阿頼耶識の一部と見なして、唯識と説く教えです。

〔Ⅴ　摂相帰性故説唯識〕　摂相帰性故説唯識（〝相を収めて本性に帰することによって唯識と説く〞）とは、八識という相（〝形象〞）を、〔八識の〕空性（〝からっぽさ〞）という本性の一部と見なして、唯識と説く教えです。この空性を、仏性（〝仏の基盤〞）と見なして、如来蔵（〝如来の胎児〞）と呼びます。仏性については、第五章において詳しくお話を伺います。

〔Ⅵ　転真成事故説唯識〕　転真成事故説唯識（〝真なるものを転変させて事を成立させることによって唯識と説く〞）とは、〔八識の〕空性という真なるものが八識という事（〝事物〞）になっていると見なして、唯識と説く教えです。

〔Ⅶ　理事倶融故説唯識〕　理事倶融故説唯識（〝理と事とが融けあっていることによって唯識と説く〞）とは、〔八識の〕空性という理（〝真理〞）と八識という事（〝事物〞）とが融けあっていると見なして、唯識と説く教えです。

〔Ⅷ　融事相入故説唯識〕　融事相入故説唯識（〝事が融けあって相入することによって唯識と説く〞）とは、あらゆる事の

表4　華厳宗・法蔵の仏地説(10)

教	仏地説
小乗教	――
始教	四智（八識やほかの心所もある）
終教	真如を知る大智のみ（八識やほかの心所はない）
頓教	真如である大智のみ（八識やほかの心所はない）
円教	真如であり心王であり心所である大智のみ（無尽）

力が相入していると見なして、唯識と説く教えです。

〔Ⅸ　全事相即故説唯識〕全事相即故説唯識（〃あらゆる事が相即することによって唯識と説く〃）とは、あらゆる事が相即していると見なして、唯識と説く教えです。

〔Ⅹ　帝網無礙故説唯識〕帝網無礙故説唯識（〃インドラ網のようにさまたげなしであることによって唯識と説く〃）とは、あらゆる事が重重無尽（〃重ねがさね、果てもなし〃）に相即相入していると見なして、唯識と説く教えです。

華厳宗・法蔵　上来の十門の唯識の道理は、そのうち、初めの三門は始教について説かれ、次の四門は終教と頓教について説かれ、後の三門は円教のうち別教（〃特別の教え〃）について説かれ、十門まとめては〔円教のうち〕同教（〃〔ほかの四教と〕共同の教え〃）について説かれるのじゃ。(9)

司会　心所は始教においてのみ説かれますから、仏地における「転識得智《てんじきとくち》」は始教においてのみ説かれ、終教以上においては説かれません。表にしますと、右のとおりです（表4。なお、表中の真如〔〃そのとおりのまこと〃〕とは、あらゆる法〔〝枠組み〟〕の空性〔〝からっぽさ〟〕の別名です）。

融通念仏宗

司会　続いて、大通《だいつう》上人にお話を伺います。大通上人は五教判それぞれの心識説によって心識を判別していらっしゃいます。表にしますと、左のとおりです（表5）。

人天教（〝〔来世に〕人と天とに生まれるための教え〟）のほかは、賢首大師さまの五教判における五教と同じです。大通上人の五教判が賢首大師さまの五教判に由来することについては、第一章において詳しくお話を伺いましたとおりです。

円教においては、いちいちの識が互いを含みあうことが重重無尽（〝重ねがさね、果てもなし〟）に起こっていると説かれます。

表5　融通念仏宗・大通融観の心識説[11]

教	心識説
人天教《にんでんきょう》	―
小乗教《しょうじょうきょう》	六識説
漸教《ぜんきょう》	八識説
頓教《とんぎょう》	説かない
円教《えんぎょう》	無尽心説

融通念仏宗・大通融観　いちいちの心のうちにすべての心があり、いちいちの塵のうちにすべての仏国土があるのじゃ[12]。

真言宗

司会　続いて、弘法《こうぼう》大師さまにお話を伺います。インドにおいては、玄奘三蔵の留学の頃から密教が盛んになり始めました。密教においては、根源的な法界体性智《ほっかいたいしょうち》（〝法界〔〝法にとっての基盤〟〕というありかたの智〟）を唯識派の四智に加え、五智説によって心識が判別される傾向にあります。この五智は五仏と見なされます。図にしますと、次のとおりです。

五智
- 成所作智――不空成就《ふくうじょうじゅ》如来
- 妙観察智――阿弥陀如来
- 平等性智――宝生《ほうしょう》如来
- 大円鏡智――阿閦《あしゅく》如来
- 法界体性智――大日如来

司会　弘法大師さまは二教判それぞれの心識説によって心識を判別していらっしゃいます。表にしますと、左のとおりです（表6）。

真言宗・空海　衆生（〝生きもの〟）それぞれの心は、その数が無量じゃ。衆生は酔いしれておって、そのことを覚らず知らずにおるので、大聖《だいしょう》（仏）は彼らのレベルに合わせてその数を開示なさった。唯蘊無我心《ゆいうんむがしん》（声聞）と抜業因種心《ばつごういんしゅしん》（独覚）との二乗はただ六識を知るのみ。他縁大乗心《たえんだいじょうしん》（法相宗）と覚心不生心《かくしんふしょうしん》（三論宗）とはただ八識を示すのみ。一《いち》道無為心《どうむいしん》（天台宗）と極無自性心《ごくむじしょうしん》（華厳宗）とはただ九識を知るのみ。『釈摩訶衍論《しゃくまかえんろん》』は十識を説き、『大日経』は無量心や無量身などを説いておる。(13)

司会　唯蘊無我心などという十住心については、第一章において詳しくお話を伺いましたとおりです。

真言宗・空海　〔声聞乗と独覚乗との〕二乗は智が劣っておるため、六識が説かれた。大乗はやや優れておるため、八識や九識が説かれたにせよ、〔八識や九識に〕執着して停滞し、進もうとしない以上、どうして〔『大日経』に説かれるような〕無量心を知りえようか。密教の意図を理解せず、少しばかりを得ただけで満足し、自分の持ちもの〔である無量心〕を知らずにおるのじゃ。これにまさる貧しさはあるまい。(14)

司会　無量心についてお話を伺えますでしょうか。

真言宗・空海　心王も心所も、その数が無量なのじゃ。(15)

司会　密教における心王や心所は、顕教における心王や心所と同じでしょうか。

真言宗・空海　心王とは法界体性智など〔という五智〕じゃ。心所とは多一識じゃ。(16)

司会　顕教においては、阿頼耶識などという八識が心王であり、法界体性智のほかの四智は仏のみに具わっている心

表6　真言宗・空海の心識説

教		心識説
顕教	小乗	小乗：六識説
	大乗	大乗：八識説、九識説
密教		無量心説

所ですが、密教においては、五智が心王なのですね。その場合、五智は仏のみに具わっているのでなく、あらゆる衆生に具わっているということになります。多一識というのは弘法大師さまが重視する『釈摩訶衍論』において説かれる識ですが、同論に詳しい説明はありません。

ところで、心王や心所は、どのような理屈によって無量なのでしょうか。

真言宗・空海 心王や心所は、主宰者〔となるいちいちの法〕と随伴者〔となるすべての法〕として、無尽〔〝果てもなし〟〕に互いを含みあっており、あたかも帝釈天《たいしゃくてん》の網の宝石群の光が重ねがさねであるように、分析しがたいものであり、〔いちいちの心王や心所は、互いを含みあっている以上、〕それぞれ五智を具えておる。[17]

司会 それは先ほどの賢首大師さまのお説の借用ですね。弘法大師さまは顕教における賢首大師さまの無尽心説を知っていながら、無尽心説を顕教のうちに含めず、無量心説を密教のうちに限定していらっしゃるわけで、これは、厳密に言えば、公平でありません。

浄土宗、浄土真宗、時宗

司会 続いて、浄土門の皆さまにお話を伺います。

まず、善導《ぜんどう》和尚《かしょう》にお話を伺います。浄土門の心識をめぐっては、浄土三部経のひとつである『観無量寿経』において、「次に仏を想い浮かべよ。なぜかといえば、諸仏如来は法界身《ほっかいしん》であり、あらゆる衆生が心に想い浮かべることのうちにあまねく入ってくるのである。それゆえにおまえたちが心において仏を想い浮かべる時、その心はただちに〔仏の〕三十二相（〝三十二の特徴〟）八十種好（〝八十の小特徴〟）であり、その心は仏となり、その心は仏である。海ほどの諸仏正等覚者《しょうとうがくしゃ》は心に想い浮かべることから生ずる。それゆえに一心に思い浮かべ続けて、かの仏如来阿羅漢《あらかん》正等覚者をあきらかに観察せよ(18)」と説かれていますが、これについてはいかがでしょうか。

浄土宗・善導　ある修行者はこの一節の内容を唯識における法身《ほっしん》についての観察と見なしたり、あるいは本性上清らかな仏性《ぶっしょう》についての観察と見なしたりしておるが、その意図ははなはだ誤っておる。わずかな相似すら絶対にない。すがたを想い浮かべると言われ、仮に〔仏の〕三十二相が設定されておるが、〔あらゆる法（〝枠組み〟）の〕真如《しんにょ》（〝そのとおりのまこと〟＝空性《くうしょう》（〝からっぽさ〟））である法界身に、どうして、把握可能な〔三十二〕相や、把握可能な身があろうか。そうではなく、法身は無色であり、眼の対象をかけ離れ、区分可能なたぐいがない。ゆえに虚空《こくう》（〝宇宙空間〟）を法身のありかたに喩えたりするのじゃ。さらに、今、この観察のくだりはただ指方立相《しほうりっそう》（〝〔西という〕方向を指して〔三十二〕相を設定すること〟）であって、心を停めて対象を把握させるにすぎず、〔法身が三十二〕相を有しないことや、念をかけ離れておることをまったく明らかにしておらぬ(19)。

司会　『観無量寿経』においては、唯識は説かれておらず、むしろ、心に外界を把握させる、指方立相が説かれているというお話ですね。法身については第九章において、仏性については第五章において、それぞれ詳しくお話を伺います。結局のところ、善導和尚は六識説によって心識を弁別していらっしゃるのです。

浄土宗・善導　六識が縦横無尽に働けば、自然に悟るのじゃよ(20)。

司会　善導和尚は唯識説をお認めにならないというお話ですね。ちなみに、善導和尚が批判していらっしゃる修行者の主張は、「もしかの〔阿弥陀〕仏の真如法身を観察し、常に〔観察の〕修習に勤めるならば、絶対に〔極楽世界に〕生まれ、正定聚《しょうじょうじゅ》（〝正しさに定まったグループ〟）のうちに住することができるからである(21)」という『大乗起信論《だいじょうきしんろん》』の主張と同じですから、『大乗起信論』にもとづく修行者の主張であるように拝察します。『大乗起信論』は唯識説に立脚する大乗論のひとつです。

もし唯識説をお認めにならないならば、当然、識の外側である外界にわれわれのこの身（〝からだ〟）があるわけですね。

浄土宗・善導　みずからの業識《ごうしき》（〝業と識〟）を内的な因（〝原因〟）とし、父母の精血（〝精液と血液〟）を外的な縁（〝条件〟）とし、因と縁とが結びつくことによって、〔われわれの〕この身（〝からだ〟）があるのじゃ。(22)

司会　業識《ごっしき》（〝業を起こす識〟）という術語が『大乗起信論』のうちに阿頼耶識の一機能として出ていますので紛らわしいのですが、善導和尚のお話においては、「みずからの業識」と「父母の精血」とが対になっていて、「精血」が精液と血液である以上、「業識」も業と識であって、『大乗起信論』における業識とは無関係です。善導和尚のお話における「業識」は、善導和尚の時代によく読まれていた、部派の『成実論』に「このもろもろの業によって、識は後身（〝来世のからだ〟）のうちに住む」(23)とあるような、業と識でしょうね。

このように、善導和尚が唯識説をお認めにならないことは、唯識派が「別時意《べつじい》」説によって浄土教に制限を加えていることと関係があるように拝察します。「別時意」説については、第十章において詳しくお話を伺います。

次に、親鸞上人にお話を伺います。先ほどからずっと、善導和尚のお話を伺いつつしきりに頷いていらっしゃいますが、お話を伺えますでしょうか。

浄土真宗・親鸞　しかるに、末代の出家者たちや在家者たち、近年の諸宗の先生たちは、〔阿弥陀仏を自分の心の〕本性であるとか唯心（〝ただ心のみ〟）にすぎぬとかいうことに陥って、〔『無量寿経』において行なわれた、〕浄土についての真実の証明をけなしておるのじゃ。(24)

司会　親鸞上人も唯識説をお認めにならないというお話ですね。

ちなみに、親鸞上人が愛読していらっしゃった曇鸞《どんらん》『無量寿経優婆提舎願生偈註《むりょうじゅきょううばだいしゃがんしょうげちゅう》』（『往生論註《おうじょうろんちゅう》』）においては、

「諸《しょ》法《ほう》心《しん》成《じょう》無《む》餘《よ》境《きょう》界《がい》」（〝諸法は心で成りたっており、〔心の〕ほかの対象はない〟）[25]と説かれているのですが、親鸞上人はこの漢文を「諸法は心をして無餘の境界を成ず」（〝諸法は心を使って残りなき対象を成りたたせる〟）と訓読していらっしゃいます。曇鸞（四七六―五四二）は心のほかに諸法を認めず唯識説を主張したのですが、親鸞上人は心のほかに諸法を認め唯識説を主張なさらなかったのでした。

次に、一遍上人にお話を伺います。

時宗・一遍　そもそも大乗仏教は心の外側に別の法（〝枠組み〟）を認めぬ。ただし、聖道門《しょうどうもん》においてはあらゆる法が一心（〝ただ一つの心〟）に含まれると習うし、浄土門《じょうどもん》においてはあらゆる法が「南無阿弥陀仏」に含まれるとするのじゃ。あらゆる法は、始まりなしにもともと具わっている、心のうちの功徳に含まれる。しかるに、我執《がしゅう》（〝自我への執着〟）という悪法に覆われて、その〔功徳の〕様態ははっきりしにくい。今、そのあらゆる衆生の心のうちの功徳を、〔阿弥陀仏の〕本願の力によって「南無阿弥陀仏」にする時、衆生の心のうちの功徳ははっきりするのじゃ。[26]

司会　一遍上人は唯識説をお認めになるというお話ですね。

あらゆる法が「南無阿弥陀仏」に含まれるとは、どういう意味でしょうか。

時宗・一遍　そもそもあらゆる法は、たとえ一心（〝ただ一つの心〟）に含まれるにせよ、自分ではその様態をあらわすことができぬ。自分の目で自分の目を見ることができないことや、あるいは、木のうちに火のもとがあるにせよ、その火がその木を焼くことができないことと同じじゃ。鏡を近づければ、自分の目で自分の目を見る。これは鏡の力じゃ。鏡というのは、衆生がもともと具えている大円鏡智という鏡であって、諸仏が悟りたまうた〔「南無阿弥陀仏」という〕名号じゃ。そうじゃから、名号という鏡によって、本源的な姿を見るべきじゃ。[27]

司会　「南無阿弥陀仏」は衆生がもともと具えている大円鏡智だというお話ですね。

時宗・一遍　信ずる者と謗る者とをともに利益するであろう他力不思議の名号は、始まりなしにもともと具わっているものじゃ。〔名号を〕初めて修習するのだと思ってはならぬ。(28)

司会　大円鏡智は、インドの唯識派や慈恩大師さまによれば、仏だけが具えている心所であり、弘法大師さまによれば、衆生がもともと具えている心王でした。一遍上人は浄土宗西山派《せいざん》（西山浄土宗）ご出身ですが、鎌倉時代の無住《むじゅう》（一二二六―一三一二）が自著『沙石集《しゃせきしゅう》』において「当世においては、西山浄土宗の人々は真言を習いあっていると聞く(29)」と言っているように、浄土宗西山派は真言宗を学んでいました。一遍上人は弘法大師さまの影響を受けていらっしゃるのですね。

黄檗宗、臨済宗、曹洞宗

司会　ここからは、禅門の皆さまにお話を伺います。禅門の皆さまはいずれも禅門における「即心是仏《そくしんぜぶつ》」（〝すぐその心で仏である〟）という主張に絡めて心を説明なさる傾向にあります。

まず、黄檗《おうばく》禅師にお話を伺います。

黄檗宗・黄檗希運　〔『楞厳経《りょうごんきょう》』において〕「同じく一精明《いちしょうみょう》であるが、分かれて六和合となっている」と言われておる「一精明」とは一心（〝ただ一つの心〟）じゃ。「六和合」とは六根じゃ。この六根はそれぞれ境と接触する。眼根は色境と接触し、耳根は声境と接触し、鼻根は香境と接触し、舌根は味境と接触し、身根は触境と接触し、意根は法境と接触し、その中間に六識が生ずるので、合計、十八界となる。もし十八界を〔もともと〕なかったものと見きわめられたならば、「六和合」を「一精明」のうちに収束できる。「一精明」とは〔一〕心じゃ。(30)

司会　「一精明」という一心が十八界になっているのであって、十八界はもともとなく、一心だけが本当にあるというお話ですね。黄檗禅師は一心説を主張なさっていることがわかります。

黄檗宗・黄檗希運　世の人は気づかないまま、ただ見聞覚知《けんもんかくち》を心と見なすだけなので、見聞覚知によって覆われてしまい、ゆえに「一精明」という本体を見ないでおる。ただし、そのままに無心であれば、本体がおのずから現われる。ちょうど、太陽が大空に昇って、あらゆる方向をくまなく照らし、遮るものがないかのようじゃ(31)。

司会　「一精明」である一心は「無心」でもあるというお話ですね。「見聞覚知」とは六識を指します。「無心」とはものを分別《ふんべつ》（〝わけへだて〟）しない心を指します（現代語の〝無心に何かに打ち込む〟という場合の無心と同じではありません）。

黄檗宗・黄檗希運　心はおのずから無心であって、〔心のほかに〕無心があるのではない。もし心によって心を無にしようとすれば、心はかえって有となる(32)。

司会　六識をなくした状態が「無心」なのではなく、もともと分別（〝わけへだて〟）しない状態にある六識が「無心」なのであるというお話ですね。

黄檗宗・黄檗希運　ただただ、見聞覚知において本源的な心を確認すればよいのみ。されば、本源的な心は見聞覚知に属さないし、見聞覚知を離れない。ただただ、見聞覚知において見解を起こしてはならぬし、見聞覚知において妄念を働かせてはならぬのみ。また、見聞知覚のほかに〔本源的な〕心を探し求めてはならぬし、見聞覚知を捨て去った上で〔本源的な心という〕法を把握してはならぬ(33)。

司会　一心も「無心」も六識のほかにないというお話ですね。その意味においては、黄檗禅師の一心説は六識説であると言えます。

　なお、心と智との関係についてはいかがでしょうか。

黄檗宗・黄檗希運　あらゆる心の無心を無漏智（〝煩悩のない智〟）と呼ぶ(34)。

司会　「転識得智《てんじきとくち》」するのではなく、無心が智なのですね。
　次に、臨済禅師にお話を伺います。
臨済宗・臨済義玄　心は形がないまま、あらゆる方向に行き渡っておる。〔心は〕眼においては見、耳においては聞き、鼻においては嗅ぎ、口においては語り、手においては捉え、足においては走る。「同じく一精明であるが、分かれて六和合となっている」（『楞厳経』）。心はそもそも無であるから、どこにいても解脱しておる。(35)
司会　黄檗禅師と同じご趣旨ですね。
　次に、道元禅師にお話を伺います。
曹洞宗・道元　昔の人が「即心是仏」と言ったのを、いま会得《えとく》している者はわずかじゃ。「即心」と言うにせよ、五識や六識や八識や九識や心所法などではない。さらに、悉多《しった》（チッタ。〝こころ〟）や汗栗駄《かりだ》（フリダヤ。〝心臓〟）や矣栗陀《いりだ》（これもフリダヤ）などでもない。これらのほかに、どんな心があって、「即心」とされうるのか。慮知（〝思慮〟）や念覚（〝記憶〟）や知見（〝見識〟）や解会《かいえ》（〝理解〟）や〔異教徒が主張する〕霊霊知《れいれいち》（〝霊魂という智〟）や昭昭了《しょうしょうりょう》（これも〝霊魂という智〟）などでもない。(36)
司会　禅門において「即心是仏」と言われている心とは、諸宗において言われている生滅の心や不生不滅の心ではないし、異教徒によって主張されている不生不滅の霊魂でもないというお話ですね。
　まず、もしあらゆる衆生において生滅の心を仏と認めるならば、衆生がそのまま仏であることになってしまいます。
曹洞宗・道元　和尚さま（天童如浄《てんどうにょじょう》。一一六三―一二二八）は教えてくださった。「もしあらゆる衆生がもともと仏であるならば、かえって自然外道《じねんげどう》（〝因果関係を否定する異教徒〟）と同じになってしまう。自分や自分のものを諸仏に較べるのは、得ていないのに『得ている』と言ったり、証得していないのに『証得している』と言ったりする者であること

を免れぬ」と。(37)

司会　次に、もしあらゆる衆生において不生不滅の心を仏と認めるならば、異教徒によって主張されている不生不滅の霊魂も仏であることになってしまいます。

曹洞宗・道元　今言われた見解はまったく仏法（〝仏教〟）でないな。先尼外道《せんにげどう》（〝異教徒であるシュレーニカ〟）の見解じゃ。いわく、かの外道の見解とは、わが身の内部にひとつの霊知（〝霊魂という智〟）がある。その知はそのまま縁（〝条件＝認識対象）に逢うごとに、よく好き嫌いを判断し、良し悪《あ》しを判断する。痛さ痒さを知り、苦楽を知るのは、みなその霊知の力じゃ。しかるに、その霊性（〝霊魂という本性〟）は、この身が〔死によって〕滅びる時、〔身から〕抜け出てかなたに生まれるから、たとえこなたに滅びると見えるにせよ、かなたに生まれることがある以上、永遠に滅びず常住であると言われるのじゃ。かの外道の見解は以上のとおりじゃ。しかるを、この外道の見解を習って仏法（〝仏教〟）と見なすのは、瓦礫を握って黄金や宝石と思うよりさらに愚かじゃ。愚かな迷いが恥ずべきであることは、例えようがない。大唐国の南陽慧忠《なんようえちゅう》国師（六七五―七七五。中国禅の第六祖曹谿慧能《そうけいえのう》禅師の高弟）は深くそれを戒めなさった（『景徳伝燈録《けいとくでんとうろく》』巻二十八、南陽慧忠国師語(38)）。

司会　そういうわけで、道元禅師は禅門において「即心是仏」と言われている心を、生滅の心とも理解なさらないし、不生不滅の心とも理解なさらないのです。

それでは、禅門において「即心是仏」と言われている心とは、どのようなものと理解されるべきなのでしょうか。

曹洞宗・道元　〔禅門において〕正しく伝えられている心とは、一心（〝ただひとつの心〟）があらゆる法（〝枠組み〟）であり、あらゆる法が一心なのじゃ。(39)

司会　あらゆる法を生じたり包んだりするものが心だというのではなく、あらゆる法がそのまま心だというお話ですね。天台大師さまが頷いていらっしゃいますが、お話を伺えますでしょうか。

天台宗・智顗　もし一心があらゆる法を生ずるならば、それは〔一心とあらゆる法とが〕縦（〝時間的に別〟）であることになる。もし心が一時にあらゆる法を包むならば、それは〔一心とあらゆる法とが〕横（〝空間的に別〟）であることになる。縦もよくないし、横もよくない。ただただ、心があらゆる法であり、あらゆる法が心なのじゃ。ゆえに縦でもなく横でもなく、同じでもなく異なるのでもない(40)。

司会　第一章において詳しくお話を伺いましたとおり、天台大師さまは阿頼耶識があらゆる法を生じたり包んだりするという唯識説を別教と見なし、円教より下と見なしていらっしゃいました。道元禅師は天台宗ご出身ですから、天台大師さまの影響がおありなのでしょうね。

道元禅師は何か目に見えない原理が隠されているという考えかたがお嫌いであり、すべては露呈されているとおっしゃるのです。心識についてのみならず、仏性《ぶっしょう》についてもそうおっしゃいます。仏性については、第五章において詳しくお話を伺います。

曹洞宗・道元　〔心がすべての〕対象に変わるだとか、〔すべての対象が〕心に変わるだとかいうのは、大聖《だいしょう》（仏）のお叱りを受けるものじゃ。〔不生不滅の〕心を説くことや、〔不生不滅の〕本性を説くことは、仏祖が否定なさったことじゃ。〔不生不滅の〕心を見るだとか、〔不生不滅の〕本性を見るだとかいうのは、外道の考えかたじゃ(41)。

おわりに

司会　本章において伺いましたお話を表にしますと、次のとおりです（表7）。

皆さま、ありがとうございました。

表7

宗祖	心識説
法相宗・基	八識説（眼識、耳識、鼻識、舌識、身識、意識、末那識、阿頼耶識）
律宗・道宣	八識説（眼識、耳識、鼻識、舌識、身識、意識、末那識、阿頼耶識）
天台宗・智顗（円教）	九識説（八識、阿摩羅識）
日蓮宗・日蓮	九識説（八識、阿摩羅識）
華厳宗・法蔵（円教）	無量識説
融通念仏宗・大通融観（円教）	無量識説
真言宗・空海（密教）	無量識説
浄土宗・善導	六識説（眼識、耳識、鼻識、舌識、身識、意識）
浄土真宗・親鸞	六識説（眼識、耳識、鼻識、舌識、身識、意識）
時宗・一遍	一大円鏡智説
黄檗宗・黄檗希運	一心説（一心は無心）
臨済宗・臨済義玄	一心説（一心は無心）
曹洞宗・道元	一心説（一心はあらゆる法）

第五章　仏性論

はじめに

司会　先の第四章においては、仏になるための基盤である心識（〝こころ〟）について、宗祖の皆さまにお話を伺いました。この第五章においては、その心識のうちに含まれ、仏になるための原因である仏性《ぶっしょう》（〝仏の基盤〟）について、宗祖の皆さまにお話を伺います。

インド仏教

司会　まず、十三宗の前提となるインド仏教を扱います。第一章において詳しく扱いましたとおり、歴史的ブッダの教えは、彼の死（紀元前五世紀頃）の後、彼の弟子たちの教団によって、経、律、論という三蔵として編纂されました。経は『阿含経《あごんきょう》』、律は教団の運営規則、論は『阿含経』の解釈です。教団はのちに諸部派へと分裂し、それぞれの部派において、若干異なる三蔵が保持されることになりました。

『阿含経』においては、次のような三種類の修行者が説かれています。

①声聞《しょうもん》（〝〔仏の〕声を聞く者〟）

②独覚《どっかく》（〝独りで目覚めた者〟）

③菩薩《ぼさつ》（〝〔仏の〕悟りを求める生きもの〞）

諸部派の論においては、彼らの悟りは別々であって、声聞や独覚は仏になれないと見なされ、それぞれの悟りに至る、次のような三乗《さんじょう》（〝三種類の乗りもの〞）が説かれています。

①声聞乗《しょうもんじょう》（〝声聞の乗りもの〞）

②独覚乗《どっかくじょう》（〝独覚の乗りもの〞）

③菩薩乗《ぼさつじょう》（〝菩薩の乗りもの〞）

声聞乗と独覚乗とは二乗《にじょう》（〝二種類の乗りもの〞）と言われます。諸部派は声聞乗と規定されます。

その後、歴史的ブッダの死後五百年頃（紀元前後）から、『阿含経』に対する一種の解釈として、大乗経《だいじょうきょう》（〝偉大な乗りものに属する経〞）が出現し始めました。大乗は菩薩になれば仏になりうることを人々に保障し、みずからを菩薩乗と規定し、二乗を小乗《しょうじょう》（〝つまらない乗りもの〞）と規定しています。それによって、諸部派においても、律をそのまま用いつつ、経のうちに大乗経を加え、論として大乗経の解釈を著わす者が出現し始め、結果として、大乗の三蔵を有する、大乗の学派が派生していきました。ここまでは、おさらいです。

（α）『阿含経』においては、声聞、独覚、菩薩という三つの違いが説かれています。

（β）諸部派の論においては、三乗が説かれています。

（γ）大乗経においては、諸部派の論を踏襲して、三乗が説かれています。

（δ）インドにおける大乗の学派に中観《ちゅうがん》派と唯識《ゆいしき》派との二つがあるうち、唯識派の論においては、声聞、独覚、菩薩という三つの違いが起こるのには原因があると考えられるようになりました。その原因とは、衆生《しゅじょう》（〝生きもの〞）に種子《しゅうじ》（〝潜在的状態〞）として備わっている種姓《しゅしょう》（〝宗教的素質〞）の違いであり、種姓の違いが現行《げんぎょう》（〝顕在的状態〞）となることによって、声聞、独覚、菩薩という三つの違いが起こるのです。

　唯識派の論においては、声聞種姓、独覚種姓、菩薩種姓という三種姓に、悟りと無縁な人天《にんでん》種姓（〝人か天かに生まれることを求める種姓〟）である無種姓《むしゅしょう》（〝悪い種姓〟）と、三種姓のどれにも決まっていない不定《ふじょう》種姓（これは最終的に菩薩種姓となりうる）とを加え、合計、五種姓が説かれています。無種姓の者は「一闡提《いっせんだい》」（イッチャンティカ）と呼ばれます。図にしますと、次のとおりです。

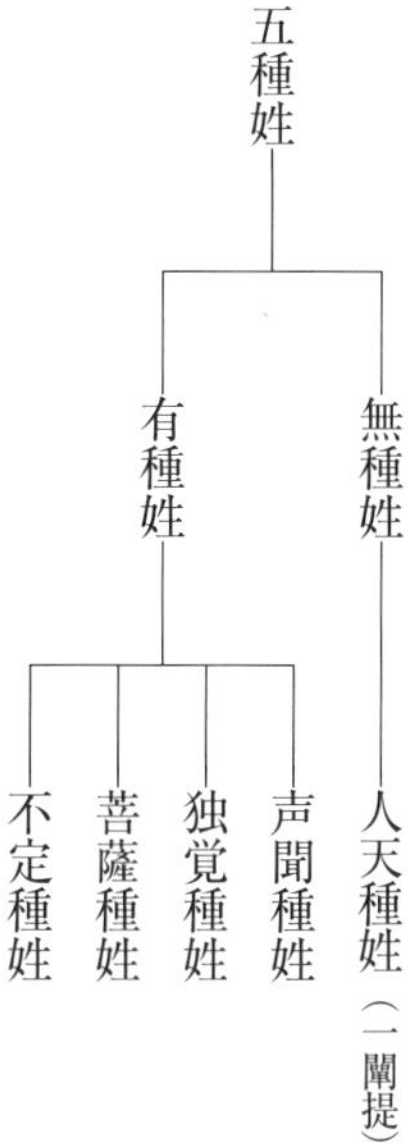

　なお、細かく言えば、五種姓は、それぞれ、先天的に具わっている本性住種姓《ほんしょうじゅうしゅしょう》（〝本性として住している種姓〟）と、後天的に蓄積される習所成種姓《しゅうしょじょうしゅしょう》（〝修習によって成ぜられる種姓〟）との二つから成り立っています。ただし、習所成種姓は本性住種姓を助けるにすぎず、すべては本性住種姓によって先天的に決まっているのです。これを「五姓各《ごしょうかく》別《べつ》」説と呼びます。「五姓各別」説によれば、菩薩の本性住種姓を有する衆生のみが仏になれます。
　しかるに、大乗経のうちには、「あらゆる衆生に仏性《ぶっしょう》（〝仏の基盤〟）がある」「あらゆる衆生は如来蔵《にょらいぞう》（〝如来を蔵するもの〟）である」というふうに、あらゆる衆生のうちに潜在的な仏を認めている諸経もあります。そのような諸経においては、仏の悟りに向かう主体として、一乗《いちじょう》（〝ただ一つの乗りもの〟）があるにすぎないと言われます。
　唯識派の論によれば、そのような諸経は、衆生を構成している法（〝枠組み〟）である五蘊《ごうん》（〝五つのグループ〟）が自《じ》性《しょう》（〝自分だけのありかた〟）を欠くので空《くう》（〝からっぽ〟）であり、空性《くうしょう》（〝からっぽさ〟）は仏の自性身《じしょうしん》（法身《ほっしん》）である以上、あらゆる衆生のうちに潜在的な仏を認めているにすぎません。自性身（法身）については、第九章において詳しくお話を伺います。

ここからは、いよいよ宗祖の皆さまにお話を伺います。

法相宗

司会 まず、慈恩《じおん》大師さまにお話を伺います。唐の時代に中国からインドの唯識派のもとに留学した玄奘《げんじょう》三蔵（六〇二―六六四）は唯識派の「五姓各別」説を中国にもたらしましたが、その「五姓各別」説を中国に詳しく紹介なさったのが玄奘三蔵のお弟子である慈恩大師さまです。当時、中国においては、大乗の信者は「あらゆる衆生は如来蔵である」「あらゆる衆生に仏性がある」と説かれている諸経にもとづいて、あらゆる衆生が仏になれると考えていたのですが、慈恩大師さまは「五姓各別」説によって、菩薩種姓の衆生のみが仏になれると判別なさいました。

法相宗・基 ところで、仏性は二種類ある。第一は理仏性《りぶっしょう》（〝〔空性という〕道理としての仏性〟）であり、『勝鬘経《しょうまんぎょう》』において説かれておる如来蔵がそれじゃ。第二は行仏性《ぎょうぶっしょう》（〝連続体としての仏性〟）であり、『楞伽経《りょうがきょう》』において説かれておる如来蔵がそれじゃ。第一の〔理仏性〕は誰にでもあるが、第二の〔行〕仏性はない場合もある。かの〔唯識派の〕『〔菩薩地持《ぼさつじじ》〕経《きょう》』や〔その異訳である〕『〔瑜伽師地《ゆがしじ》〕論《ろん》』においては「〔菩薩の〕本性住種姓とは、始まりのない昔から決まりごととなっており、めぐりめぐって継続されている、〔眼、耳、鼻、舌、身、意という〕六処《ろくしょ》の特殊状態である」と言われておる。これは行仏性として〔菩薩〕種姓があるのじゃ。無種姓の人は、〔菩薩〕種姓がないゆえに、たとえ発心し修行に努力しても、結局、〔仏の〕この上ない悟りを得ることはできぬ。ただ、人あるいは天になるための善根によって、彼を〔人あるいは天として〕完成させてやれるのみじゃ。〔無種姓の人は〕すなわち〔行〕仏性がないのじゃ[1]。

司会　あらゆる衆生のうちにある空性も仏性（あるいは如来蔵）と呼ばれるし、一部の衆生のうちにしかない菩薩の本性住種姓も仏性（あるいは如来蔵）と呼ばれるのであって、前者の仏性は理仏性、後者の仏性は行仏性であるが、実のところ、理仏性があるだけでは仏になれず、行仏性があってこそ仏になれるというお話ですね。図にしますと、次のとおりです。

仏性
- 理仏性（『勝鬘経』における如来蔵）――空性
- 行仏性（『楞伽経』における如来蔵）――菩薩の本性住種姓

司会　結局のところ、慈恩大師さまによれば、「あらゆる衆生に仏性がある」「あらゆる衆生は如来蔵である」と説いている諸経はあらゆる衆生のうちに空性である理仏性があると説いているにすぎず、あらゆる衆生のうちに菩薩の本性住種姓である行仏性があると説いているわけではないのです。慈恩大師さまによれば、行仏性があってこそ仏になれるのであり、行仏性は一部の衆生のうちにしかない以上、あらゆる衆生が仏になれるわけではありません。

律宗

司会　続いて、南山《なんざん》大師さまにお話を伺います。

律宗・道宣　あらゆる衆生は平等に仏性を有しておるが、仏性は煩悩に混じったまま、汚れがまだ清められておらぬのじゃ[2]。

司会　あらゆる衆生のうちに煩悩に混じった仏性があり、その煩悩の汚れが清められたならば、あらゆる衆生は仏になれるというお話ですね。

華厳宗

司会　続いて、賢首《げんじゅ》大師さまにお話を伺います。

華厳宗・法蔵　ところで、〔唯識派の〕『瑜伽師地論』において「種姓を具えることによって、ようやく〔仏の悟りへと〕発心する」と言われている以上、本性住種姓と習所成種姓との二つを具えることによって、〔ようやく〕種姓という一つのものが成立するのだとわかる。それゆえに、この二つは相互依存関係にあって、二つに分けられない。片方が欠ければ、もう片方は成立しない。〔したがって、習所成種姓が欠ければ、本性住種姓は成立しないのだから、〕〝本性住種姓は先で、習所成種姓は後だ〟と言うこともできない。ただただ、〔発心するのに〕充分な段階に至ってから、ようやく先天的なものとして本性住種姓があると説き、後天的なものとして習所成種姓があると説くことができる、というのがよい(3)。

司会　本性住種姓と習所成種姓との二つは相互依存関係にあるのであり、衆生が声聞乗か独覚乗か菩薩乗かを習うことによって声聞か独覚か菩薩かの習所成種姓を蓄えるまでは、衆生のうちに声聞か独覚か菩薩かの本性住種姓はないのであって、どの衆生も無種姓（一闡提）であるというお話ですね。

華厳宗・法蔵　そのことによって、〔声聞、独覚、菩薩という〕諸乗の種姓はいずれも習所成種姓にもとづいて説かれるのだとわかる(4)。

司会　衆生がもし声聞乗を習うならば、声聞の習所成種姓を蓄えるので、衆生のうちに声聞の本性住種姓があるようになるし、もし独覚乗を習うならば、独覚の習所成種姓を蓄えるので、衆生のうちに独覚の本性住種姓があるようになるし、もし菩薩乗を習うならば、菩薩の習所成種姓を蓄えるので、衆生に菩薩の本性住種姓があるようになる（すなわち、衆生は仏になれるようになる）というお話ですね。慈恩大師さまが『瑜伽師地論』を根拠として一部の衆生だけが仏になれるとおっしゃったのに対し、賢首大師さまは『瑜伽師地論』を根拠としてあらゆる衆生が仏になれるとおっしゃるのです。

賢首大師さまは『瑜伽師地論』において「諸菩薩が種姓を具えること、それが第一の初発心の原因と呼ばれる[5]」と説かれている「種姓を具えること」を、本性住種姓と習所成種姓との二つを具えることと理解なさって、今のようにおっしゃったわけですが、しかし、『瑜伽師地論』においては「始まりのない昔からめぐりめぐって継続されており、決まりごととして獲得されている、諸菩薩の〔眼、耳、鼻、舌、身、意という〕六処の特殊状態、それこそが種姓を具えることと呼ばれると知られるべきである[6]」とも説かれており、「種姓を具えること」は一部の衆生だけが先天的に菩薩乗種姓の本性住種姓を具えることを意味するようです。したがって、残念ながら、賢首大師さまが慈恩大師さまを納得させることは難しいかもしれませんね。

天台宗

司会　続いて、天台大師さまにお話を伺います。天台大師さまが「一念三千」というお考えをお持ちであることについては、第三章においで詳しくお話を伺いましたとおりです。その「一念三千」を構成する要素のうち、十如是の初めの如是相《にょぜそう》（〝そのままのありさま〟）が、如来蔵や仏性に当たります。

天台宗・智顗　如是相とは、あらゆる衆生はみな実相（〝まことのありさま〟）を有しておる。もともとみずからそれを

有しておる。すなわち如来蔵（〝如来の胎児〟）の相じゃ。(7)
司会　あらゆる衆生は如是相を有していることによって仏になれるというお話ですね。

日蓮宗

司会　続いて、日蓮上人にお話を伺います。
日蓮宗・日蓮　われらのように常に輪廻《りんね》に沈んできた一闡提である凡夫が『法華経』を信じようと望み始めるのは、〔自己の〕仏性を現わし出そうとする兆候じゃ。(8)
司会　あらゆる衆生は『法華経』を通じて仏性を現わし出すことによって仏になれるというお話ですね。

真言宗

司会　続いて、弘法《こうぼう》大師さまにお話を伺います。
真言宗・空海　そもそも、形（〝からだ〟）があり識（〝こころ〟）がある者は、かならず仏性を具えておる。仏性と法性（〝きまりごと〟）とは、法界《ほっかい》（〝諸法の領域〟＝全宇宙）にみなぎっており、二つに分けられない。自身と他身とは〔同じ仏性を具えている点で〕一つであって平等である。そのことを覚る者はとこしえに五智という蓮のうてなの上に遊び、そのことに迷う者はたびたび三界という泥の下に沈む。(9)
司会　あらゆる衆生に仏性があるというお話ですね。法性とは、あらゆる法（〝枠組み〟）の空性（〝からっぽさ〟）の別名です。五智については、第四章において詳しくお話を伺いましたとおりです。三界とは、われわれが住む娑婆《しゃば》世界を構成している、下界である欲界《よくかい》（〝欲望界〟）と、天界である色界《しきかい》（〝物質界〟）と無色界《むしきかい》（〝非物質界〟）とです。

融通念仏宗

司会　続いて、大通《だいつう》上人にお話を伺います。

融通念仏宗・大通融観　仏法を修行し始めるにあたっては、〝わが身は如来蔵（〝如来を蔵するもの〟）であり、修行すれば仏となることができる〟と信じるべきじゃ[10]。

司会　あらゆる衆生は仏になれるというお話ですね。

浄土宗、浄土真宗、時宗

司会　続いて、浄土門の皆さまにお話を伺います。
まず、善導《ぜんどう》和尚《かしょう》にお話を伺います。

浄土宗・善導　真如《しんにょ》（〝そのとおりのまこと〟）のありかたは満々としており、その性質上、〔虫けらのような〕うごめく者どもの心を出たりせぬ。法性（〝きまりごと〟）は限度のないことを限度としており、その本性上、もともと動いたりせぬ。汚れなき法界（〝法にとっての基盤〟）は凡夫のうちにも聖者のうちにもひとしく完全に備わっておる。真如は、〔煩悩の〕垢に覆われている時も、〔煩悩の〕垢に覆われていない時も、含識《ごんしき》（〝生きもの〟）のうちにあまねく行き渡っておる。ガンジス河の砂の数ほどの功徳は、はたらきを潜めたまま、〔含識のうちに〕じっとしておる。ただ、〔煩悩の〕垢という障（〝さまたげ〟）の覆いが深いから、清らかな本体〔である真如、法性、法界〕は輝き出るすべがないのじゃ[11]。

司会　真如、法性、法界はいずれもあらゆる法（〝枠組み〟）の空性（〝からっぽさ〟）の別名です。あらゆる衆生に仏性があるにせよ、この娑婆世界において仏性を現わすことは難しいというお話ですね。
次に、親鸞上人にお話を伺います。

浄土真宗・親鸞　罪業《ざいごう》〈〝罪あるふるまい〟〉はもともとかたちがなく、妄想による勘違いから作られる。心の本性はもともと清らかじゃが、この世にはまことの人はおらぬ。(12)

司会　あらゆる衆生に仏性があるにせよ、この娑婆世界において仏性を現わす人はいないというお話ですね。
次に、一遍上人にお話を伺います。

時宗・一遍　〔衆生の心は〕もともと仏性というただひとつの真如〈〝そのとおりのまこと〟〉であって、迷いと悟りとの区別はないのに、理由もなしに妄念を起こしつつ、迷いと思うようになったのは不思議なことじゃ。(13)

司会　あらゆる衆生に仏性があるにせよ、迷ってしまっているというお話ですね。
浄土門の皆さまは、どなたも、あらゆる衆生に仏性があることを認めるにせよ、その仏性をこの娑婆世界において現わし出すことについては悲観的でいらっしゃいます。だからこそ、阿弥陀仏の力を借りて、極楽世界に生まれて、仏性を現わして仏になろうとなさるのでしょうね。

黄檗宗、臨済宗、曹洞宗

司会　続いて、禅門の皆さまにお話を伺います。
まず、黄檗《おうばく》禅師にお話を伺います。

黄檗宗・黄檗希運　即心是仏《そくしんぜぶつ》〈〝すぐその心で仏〟〉じゃ。上は諸仏から、下は〔虫けらのような〕うごめく含霊《ごんりょう》〈〝生きもの〟〉どもに至るまで、みな仏性という同一の心である本体を有しておる。ゆえに〔中国禅の初祖〕菩提達摩《ぼだいだるま》大師は西のインドからいらっしゃって、ただただ、一心《いっしん》（〝ただ一つの心〟）という法を伝え、ずばり〝あらゆる衆生（〝生きもの〟）はもともと仏なのであり、修行によるのでない〟と指し示したまうたのじゃ。[14]

司会　黄檗禅師が「一心」を説いていらっしゃることについては、第四章において詳しくお話を伺いましたとおりです。その「一心」が仏性でもあるというお話ですね。

黄檗宗・黄檗希運　この心は本源清浄仏《ほんげんしょうじょうぶつ》（〝本源的な、清らかな仏〟）じゃ。人はみなそれを有しておる。〔虫けらのような〕うごめく含霊（〝生きもの〟）どもは諸仏菩薩と変わらない。ただ妄想のもとである分別《ふんべつ》（〝わけへだて〟）のせいで、さまざまな業《ごう》（〝ふるまい〟）のむくいを作ってしまうだけじゃ。[15]

司会　次に、隠元《いんげん》禅師にお話を伺います。

黄檗宗・隠元隆琦　道を学ぶ人は本来清浄（〝もとから清らか〟）かつ円満具足（〝完全具備〟）なる心が仏であるとみずから信ずべきじゃ。[16]

司会　黄檗禅師と同じご趣旨ですね。
　次に、臨済《りんざい》禅師にお話を伺います。

臨済宗・臨済義玄　得ることができるような仏はない。しまいには、三乗も五種姓も円頓教（『華厳経』）もすべて場合に応じて薬が病を治すようなもので、すべてまことの法がない。たとえあったとしても、すべてうわっつらな表向きの説であって、文字を並べてとりあえずそう説いてあるにすぎぬ。[17]

司会　三乗や、五種姓や、円頓教を含め、あらゆる仏教はいずれも聴く者の素質に合わせて仏がそのつど適当にしゃべったものにすぎないから、まことの法でないというお話ですね。第一章において詳しくお話を伺いましたとおり、黄檗禅師は「一心」を一乗と規定していらっしゃいました。今、臨済禅師が三乗をまことの法でないとおっしゃるだけで、一乗をまことの法でないとおっしゃらないのは、臨済禅師が黄檗禅師にしたがって、一乗、すなわち、「一心」である仏性を、まことの法と見なしていらっしゃるからですね。

次に、道元禅師にお話を伺います。

曹洞宗・道元　すなわち、悉有《しつう》（〝あるものすべて〟）は仏性じゃ。悉有のうち一悉（〝一種類すべて〟）を衆生（〝生きもの〟）と呼ぶ。まさにその時、衆生の内部と外部とがただちに仏性という悉有なのじゃ(18)。

司会　悉有（〝あるものすべて〟）は、衆生（〝生きもの〟）の内部と、その外部（要するに外界）との二つであるが、その二つともが仏性であるというお話ですね。仏性は衆生の内部にあると考えられがちですが、道元禅師は仏性が衆生の内部にも外部にもあるとおっしゃるのです。

曹洞宗・道元　仏性ということばを聞いて、学ぶ者はたいてい先尼外道《せんにげどう》（〝異教徒であるシュレーニカ〟）が主張する我《が》（アートマン。〝霊魂〟）のようなものと邪推しておる。それは、まともな人に会っておらず、自己をつきつめておらず、師にお目にかかっておらぬせいじゃ(19)。

司会　道元禅師は何か目に見えない原理が隠されているという考えかたがお嫌いであり、すべては露呈されているとおっしゃるのです。仏性についてのみならず、心識についてもそうおっしゃいます。心識については、第四章において詳しくお話を伺いましたとおりです。

あるものすべてが仏性であるならば、仏性はあるということでよろしいでしょうか。

曹洞宗・道元　仏性の道理とは、仏性は仏になる前から具わっているのでなく、仏になった後から具わるのじゃ。仏性はかならず仏になるのとともに来るのじゃ(20)。

司会　たとえあるものすべてが仏性であるにせよ、あるものすべてが衆生に仏性として扱われるのは、衆生が仏になった後からだというお話ですね。

曹洞宗・道元　衆生はもとから仏性を具えているわけでない。たとえ〔仏性を〕具えようと求めても、仏性がはじめて来るわけでない、という宗旨じゃ[21]。

司会　たとえあるものすべてが仏性であるにせよ、衆生が仏になる前には、あるものすべては衆生に仏性として扱われないから、衆生はもとから仏性を具えているわけでないし、衆生が仏になった後には、あるものすべては衆生に仏性として扱われるから、仏性がはじめて来るわけでないというお話ですね。

すなわち、衆生はあるものすべてである仏性を享受しているのですが、それを仏性として扱えないうちは、仏性がないの（と同じ）だというわけです。

曹洞宗・道元　われわれはもともとこの上ない悟りを欠いているものではない。永遠の昔から享受しているのだが、ちゃんと扱うことができぬゆえに、みだりに見解を起こすことを習慣化し、それ（見解）を物のように背負ってしまうことによって、大いなる道をいたずらに踏み外しておる。この見解によって、机上の空論がさまざまに起こってお るのじゃ[22]。

司会　では、ちゃんと扱うにはどうしたらよいのでしょうか。

曹洞宗・道元　そうであるにせよ、今はまさしく、仏の原則によってすべてを手放し、ひたすら坐禅する時、迷いと悟りとのおもんばかりのほとりを超え、凡夫と聖者との道に関わらず、すみやかに規格の外へ遊び出て、大いなる悟りを受用するのじゃ[23]。

司会　ひたすら坐禅したらよいというお話ですね。

結局のところ、仏性はあるのですが、ちゃんと扱えないうちは、ないの（と同じ）だということになります。

曹洞宗・道元　ひとりひとりにみな仏性がある。いたずらに〔みずからを〕卑下してはならぬ。(24)

おわりに

司会　本章において伺いましたお話を表にしますと、次のとおりです（表1）。皆さま、ありがとうございました。

表1

宗祖	仏性説
法相宗・基	あらゆる衆生に理仏性（空性）、一部の衆生に理仏性と行仏性（菩薩種姓）とがあり、一部の衆生のみが仏になれる
律宗・道宣	あらゆる衆生に仏性があり、あらゆる衆生が仏になれる
天台宗・智顗	
華厳宗・法蔵	
融通念仏宗・大通融観	
真言宗・空海	
日蓮宗・日蓮	
浄土宗・善導	
浄土真宗・親鸞	
時宗・一遍	
黄檗宗・黄檗希運	
黄檗宗・隠元隆琦	
臨済宗・臨済義玄	
曹洞宗・道元	

第六章　煩悩論

はじめに

司会　先の第五章においては、仏になるための原因となる仏性（〝仏の基盤〟）について、宗祖の皆さまにお話を伺いました。この第六章においては、その仏性にもとづいて、仏になるために断ちきられるべき煩悩（〝まどい〟）について、宗祖の皆さまにお話を伺います。

インド仏教

司会　まず、十三宗の前提となるインド仏教を扱います。第一章において詳しく扱いましたとおり、歴史的ブッダの教えは、彼の死（紀元前五世紀頃）の後、彼の弟子たちの教団によって、経、律、論という三蔵として編纂されました。経は『阿含経《あごんきょう》』、律は教団の運営規則、論は『阿含経』の解釈です。教団はのちに諸部派へと分裂し、それぞれの部派において、若干異なる三蔵が保持されることになりました。

『阿含経』においては、次のような三種類の修行者が説かれています。

①声聞《しょうもん》（〝〔仏の〕声を聞く者〟）
②独覚《どっかく》（〝独りで目覚めた者〟）

③菩薩《ぼさつ》（〝〔仏の〕悟りを求める生きもの〟）

諸部派の論においては、彼らの悟りは別々であって、声聞や独覚は仏になれないと見なされ、それぞれの悟りに至る、次のような三乗《さんじょう》（〝三種類の乗りもの〟）が説かれています。

①声聞乗《しょうもんじょう》（〝声聞の乗りもの〟）

②独覚乗《どっかくじょう》（〝独覚の乗りもの〟）

③菩薩乗《ぼさつじょう》（〝菩薩の乗りもの〟）

声聞乗と独覚乗とは二乗《にじょう》（〝二種類の乗りもの〟）と言われます。諸部派は声聞乗と規定されます。

その後、歴史的ブッダの死後五百年頃（紀元前後）から、『阿含経』に対する一種の解釈として、大乗経《だいじょうきょう》（〝偉大な乗りものに属する経〟）が出現し始めました。大乗は菩薩になれば仏になりうることを人々に保障し、みずからを菩薩乗と規定し、二乗を小乗《しょうじょう》（〝つまらない乗りもの〟）と規定しています。それによって、諸部派においても、律をそのまま用いつつ、経のうちに大乗経を加え、論として大乗経の解釈を著わす者が出現し始め、結果として、大乗の三蔵を有する、大乗の学派が派生していきました。ここまでは、おさらいです。

（α）『阿含経』においては、煩悩がばらばらに説かれています。

（β）諸部派の論においては、そのようなばらばらに説かれている煩悩がまとめられ、声聞乗の煩悩説が体系化されました。

部派のひとつである説一切有部《せついっさいうぶ》の論においては、六識は心王《しんのう》（〝心という主体〟）と呼ばれ、それぞれ、従属する心所《しんじょ》（〝心的要素〟）と結合しています。心所については、第四章において詳しく扱いましたとおりです。煩悩はこの心所のうちに含まれます。煩悩の総数は十と規定されています。これを「十惑」と呼びます（惑は煩悩の言い換えです）。

①貪《とん》（〝むさぼり〟）
②瞋《しん》（〝いかり〟）
③痴《ち》（〝おろかさ〟）
④慢《まん》（〝おごり〟）
⑤疑《ぎ》（〝うたがい〟）
⑥身見《しんけん》（〝からだはあり続けるという見解〟）
⑦辺見《へんけん》（〝極端な見解〟）
⑧見取《けんしゅ》（〝見解に対する執着〟）
⑨戒禁取《かいごんしゅ》（〝〔非仏教的な〕戒や禁止事項に対する執着〟）
⑩邪見《じゃけん》（〝よからぬ見解〟）

十惑は見所断惑《けんしょだんわく》（〝見道《けんどう》によって断ちきられる惑〟）と修所断惑《しゅしょだんわく》（〝修道《しゅどう》によって断ちきられる惑〟）との二つにまたがっています。見所断惑は聖者が最初に真理を見る段階である見道において断ちきられ、修所断惑は聖者がその後に修習を続ける段階である修道において断ちきられます。

十惑は三界の四諦《したい》に対して起きます。三界とは、われわれが住む娑婆《しゃば》世界を構成している、下界である欲界《よくかい》（〝欲望界〟）と、天界である色界《しきかい》（〝物質界〟）と無色界《むしきかい》（〝非物質界〟）とです。四諦については、第一章において詳しく扱いましたとおりです。表にしますと、次頁のとおりです（表1）。

表1　説一切有部の煩悩説

煩悩（九十八惑）	【見所断惑】 α　欲界に対する三十二惑（四諦に対し十惑が起きる時、集諦《じったい》と滅諦《めったい》とに対し⑥身見・⑦辺見・⑨戒禁取が起きず、道諦《どうたい》に対し⑥身見・⑦辺見が起きない。ほかはすべて起きる） β　色界と無色界とに対するそれぞれ二十八惑（四諦に対し十惑が起こるうち、苦諦に対し②瞋が起きず、集諦と滅諦とに対し②瞋・⑥身見・⑦辺見・⑨戒禁取が起きず、道諦に対し②瞋・⑥身見・⑦辺見が起きない。ほかはすべて起きる） 【修所断惑】 α　欲界に対する四惑（①貪・②瞋・③痴・④慢） β　色界と無色界とに対するそれぞれ三惑（①貪と③痴と④慢。②瞋が起きない）

説一切有部の論においては、見所断惑と修所断惑との合計は九十八惑です。これを九十八随眠《ずいめん》と呼びます（説一切有部の論においては、随眠は煩悩の同義語です）。

（γ）大乗経においては、大乗の煩悩がばらばらに説かれています。

（δ）インドにおける大乗の学派に中観《ちゅうがん》派と唯識《ゆいしき》派との二つがあるうち、唯識派の論においては、そのようなばらばらに説かれている煩悩がまとめられ、大乗の煩悩説が体系化されました。

唯識派の論においては、六識は心王《しんのう》（〝心という主体〟）と呼ばれ、それぞれ、従属する心所《しんじょ》（〝心的要素〟）と結合しています。心所については、第四章において詳しく扱いましたとおりです。煩悩はこの心所のうちに含まれます。煩悩の総数は十と規定されています。これを十惑と呼びます（惑は煩悩の言い換えです）。

唯識派の論における十惑の名は説一切有部の論における十惑の名とまったく同じです。先に挙げた十惑の一覧をご覧ください。

　ただし、唯識派における十惑は煩悩障（〝煩悩というさまたげ〟）と所知障（〝知られるべきものへのさまたげ〟）との二つを兼ねています。煩悩障は声聞によっても断ちきられますが、煩悩障と所知障との二つは菩薩によってしか断ちきられません。

　さらに、煩悩障と所知障との二つはそれぞれ見所断惑（〝見道によって断ちきられる惑〟）と修所断惑（〝修道によって断ちきられる惑〟）との二つにまたがっています。見所断惑は聖者が最初に真理を見る段階である見道において断ちきられ、修所断惑は聖者がその後に修習を続ける段階である修道において断ちきられます。表にしますと、左のとおりです（表2）。

表2　唯識派の煩悩論

煩悩障（百二十八惑）	【見所断惑】 α　欲界に対する四十惑（四諦それぞれに対する十惑） β　色界と無色界とに対するそれぞれ三十六惑（四諦それぞれに対する九惑。②瞋が起きない） 【修所断惑】 α　欲界に対する六惑（①貪・②瞋・③痴・④慢・⑥身見・⑦辺見） β　色界と無色界とに対するそれぞれ五惑（①貪・③痴・④慢・⑥身見・⑦辺見。②瞋が起きない）
所知障（十六惑）	【見所断惑】 十惑（①貪・②瞋・③痴・④慢・⑤疑・⑥身見・⑦辺見・⑧見取・⑨戒禁取・⑩邪見） 【修所断惑】 六惑（①貪・②瞋・③痴・④慢・⑥身見・⑦辺見）

表3　法相宗・基の煩悩説(1)

	声聞・独覚	菩薩
煩悩障	【見所断惑】見道前において現行を伏し、見道において種子を断つ。これによって預流《よる》となる。 【修所断惑】欲界の上中品、欲界の下品、色界と無色界との上中下品という三つに分けて現行を伏し、種子を断つ。そのことによって、順に、一来《いちらい》、不《ふ》還《げん》、阿羅漢となる。ただし飛び級する者もいる。	【見所断惑】十地より前において現行を伏し、十地の初地において種子と習気とを断つ。 【修所断惑】初地から第七地までに現行を伏し、地ごとに習気を断ち、第十地の最期に種子を断つ。
所知障	少しだけ断つが、ほとんど断たない。	【見所断惑】十地より前において現行を伏し、十地の初地において種子と習気とを断つ。 【修所断惑】第七地までに前六識と結合する現行を伏し、第十地の最後に第七識と結合する現行を伏し、種子と習気とを断つ。

唯識派の二障説は南北朝時代（六世紀）に中国に伝わり始めました。しかし、煩悩障と所知障との名が煩悩障と智障《ちしょう》との二訳語によって知られたくらいにすぎず、詳しいことは知られませんでした。

ここからは、いよいよ宗祖の皆さまにお話を伺います。

法相宗

司会　まず、慈恩《じおん》大師さまにお話を伺います。唐の時代に中国からインドの唯識派のもとに留学した玄奘《げんじょう》三蔵（六

○二―六六四）は唯識派の最新の二障説を中国にもたらしましたが、その最新の二障説を中国に詳しく紹介なさったのが玄奘三蔵のお弟子である慈恩大師さまです。慈恩大師さまは、現行《げんぎょう》（〝顕在的状態〟）と種子《しゅうじ》（〝潜在的状態〟）と習気《じっけ》（〝残り香〟）とを区別しつつ、二障説によって煩悩を判別していらっしゃいます。表にしますと、右のとおりです（表3。なお、表中の菩薩の行位については、第二章において詳しくお話を伺いましたとおりです）。

法相宗・基　〔声聞と独覚との〕二乗は煩悩障の現行（〝顕在的状態〟）と種子（〝潜在的状態〟）とを断ちきるが、習気（〝残り香〟）は尽くされぬ。所知障のうち少しだけを永遠に断ちきりもする。(2)

司会　声聞と独覚とが所知障のうち少しだけを永遠に断ちきりもするというのは独特のお説のように思われますが、具体的には何を断ちきるのでしょうか。

法相宗・基　阿羅漢《あらかん》と独覚とは三界の見所断惑と修所断惑とのすべてと定障《じょうしょう》（〝瞑想へのさまたげ〟）とを断ちきることができるのじゃ。(3)

司会　二乗は定障をも断ちきるが、その定障が所知障のうちの少しだというお話ですね。

律宗

司会　続いて、南山《なんざん》大師さまにお話を伺います。南山大師さまは、現行（〝顕在的状態〟）と種子（〝潜在的状態〟）とを区別しつつ、二障説によって煩悩を判別していらっしゃいます。表にしますと、次頁のとおりです（表4。なお、表中の菩薩の行位については、第二章において詳しくお話を伺いましたとおりです）。

まず、煩悩障について伺います。煩悩障の煩悩の総数はいくつでしょうか。

律宗・道宣　結（〝煩悩〟）は十結ある。使（〝随眠〟）は三界にわたって九十八種類じゃ。(4)

表4　律宗・道宣の煩悩説

煩悩障（九十八惑）	【見所断惑】十地より前において現行を伏し、十地の初地において種子を断つ。 【修所断惑】第七地までに現行を伏し、第十地の最期に種子を断つ。
所知障	第七地までに現行を伏し、第十地の最期に種子を断つ。

司会　煩悩の総数は説一切有部の論において説かれている九十八惑（九十八随眠）だというお話ですね。このお話は唯識派の論において百二十八惑が説かれるのと異なっています。

煩悩障のうち、見所断惑は初地までに伏され、初地に断ちきられるでしょうが、修所断惑はいかがでしょうか。

律宗・道宣　第七地の偉大な菩薩すら、煩悩がないとは呼ばれず、〔第十地の〕金剛喩定《こんごうゆじょう》（〝ダイヤモンドのような瞑想〟）ののちに、無為なる悟りを証得するのじゃ。(5)

司会　修所断惑は第七地までに現行が伏されるというお話ですね。

次に、所知障について伺います。

律宗・道宣　初めて菩提心を起こしてから、〔仏地という〕究極に至るまで、その間の功用《くゆう》（〝努力〟）がすべて智障（所知障）と呼ばれる。如来地（仏地）に至ったならば、二障は永遠に尽きるのじゃ。(6)

司会　功用が所知障だというお話ですね。このお話は唯識派の論において十六惑が所知障であるのと異なっています。『華厳経』十地品によれば、第七地までは有功用《うくゆう》（〝努力必要〟）であり、第八地からは無功用《むくゆう》（〝努力不要〟）ですから、南山大師さまによれば、所知障は第七地まで現行し、二障の種子は第十地の最後に断たれるのですね。

天台宗

司会　続いて、天台大師さまにお話を伺います。天台大師さまは現行（〝顕在的状態〟）と種子（〝潜在的状態〟）とを区別せず、ただ煩悩とその習気（〝残り香〟）とだけを区別しつつ、独自の三惑説によって煩悩を判別していらっしゃいます。表にしますと、左のとおりです（表5）。

まず、見思の惑（〝見所断惑と修所断惑と〟）は煩悩障です。ただし、見思の惑の総数は説一切有部の論において説かれている九十八惑であり、唯識派の論において説かれている百二十八惑と異なっています。

次に、塵沙の惑（〝砂の数ほどの惑〟）は界内（〝三界の内のもの〟）と界外（〝三界の外のもの〟）との二種類であって、界内の塵沙の惑は見思の惑の習気です。

最後に、無明の惑（〝無明という惑〟）は所知障です。天台大師さまは智障（〝知恵へのさまたげ〟）とお呼びになります。

天台宗・智顗　〔十地の〕地それぞれに智（〝知恵〟）があるにせよ、智は無明の惑と混じっておる。混じっておるゆえ

表5　天台宗・智顗の煩悩説1

見思《けんじ》の惑（九十八惑）	【思惑】十惑[7] 【見惑】八十八惑[8]
塵沙《じんしゃ》の惑	【界内《かいだい》の塵沙の惑】見思の惑の習気 【界外《かいげ》の塵沙の惑】
無明《むみょう》の惑	

に〔無明の惑を〕智障と呼びうる。〔ある地に属する無明の惑は〕上の地に属する智をさまたげるからじゃ[9]。

司会　その無明の惑とは、具体的に、何なのでしょうか。

天台宗・智顗　界内（〝三界の内〟）において、相応無明《そうおうむみょう》（〝〔ほかの見思の惑と〕結合している無明〟）や、独頭無明《どくずむみょう》（〝〔ほかの見思の惑と結合せず〕独行している無明〟）を断ちきったとしても、〔無明の〕習気がなお存在しておる。小乗においては、習気は煩悩でない。大乗においては、まさに、習気は別個の煩悩であると説かれる。それこそが、界外（〝三界の外〟）の無明なのじゃ[10]。

司会　相応無明や独頭無明とは見思の惑のうち痴なのですが、無明の惑とはその見思の惑である痴を断ちきった後に残る痴の習気であるというお話ですね。もしそうであるならば、見思の惑の習気のうち、痴の習気のみが無明の惑であり、ほかの習気は界内の塵沙の惑であることになります。このお話は唯識派の論において十六惑が所知障であるのと異なっています。

さて、四教を学ぶ者は、それぞれ、観（〝観察〟）によって真理を証得し、これらの煩悩を断ちきります。観は析空《しゃくくう》観《かん》、体空観《たいくうかん》、次第三観《しだいさんがん》、一心三観《いっしんさんがん》という四つであり、真理は空《くう》、仮名《けみょう》、中道《ちゅうどう》という三つです。これらについては、第三章において詳しくお話を伺いましたとおりです。表にしますと、左のとおりです（表6）。

天台宗・智顗　三蔵教においては、理解可能な真理を観じ、析空観の智によって伏したり断ちきったりする。通教においては、理解可能な真理を観じ、体空観の智によって伏したり断ちきったりする。別教においては、中道を知るにせよ、次第三観の智によって伏したり断ちきったりする。円教は中道に即する一心三観の智によって伏したり断ちきったりする[11]。

司会　さらに詳しく表にしますと、次頁のとおりです（表7。なお、表中の菩薩の行位については、第二章において詳しくお話を伺いましたとおりです)。

天台宗・智顗　心はただちに〔中道という〕実相《じっそう》(〝まことのありさま〟)じゃ。観の初めが原因となり、観の完成が結果となる。心を観ずるから、悪い思惟は起きなくなる。心所である煩悩は、たとえ〔『成実論』において説かれるように、心と〕別であるにせよ、たとえ〔説一切有部において説かれるように、心と〕同じであるにせよ、すべて変化させられ、転換させられる(25)。

司会　中道という実相を観じたならば、煩悩はすべて実相に転換されるというお話ですね。したがって、厳密に言えば、煩悩を断ちきらないまま、煩悩を中道の状態にすることが、煩悩を断ちきることだと言えます。

表6　天台宗・智顗の煩悩説2

教	観	観ぜられる真理	断ちきられる煩悩
三蔵教《さんぞうきょう》	析空観	空	見思の惑
通教《つうきょう》	体空観	空	見思の惑、界内の塵沙の惑(=見思の惑の習気)
別教《べっきょう》	次第三観	空	見思の惑
		仮名	塵沙の惑
		中道	無明の惑
円教《えんぎょう》	一心三観	空	見思の惑
		仮名	塵沙の惑
		中道	無明の惑

表7　天台宗・智顗の煩悩説3

	三蔵教	通教	別教	円教
見惑	見道において断つ。	①乾慧地《けんねじ》から②性地《しょうじ》において伏し、③八人地《はちにんじ》から④見地《けんじ》において断つ。[12]	十信《じゅっしん》において伏し、十住《じゅうじゅう》の初住に入る際に断つ。[13]	五品弟子位《ごほんでしい》において伏し、十信（六根清浄位《ろっこんしょうじょうい》）の初信に入る際に断つ。[14]
思惑	修道において断つ。	⑤薄地《はくじ》から⑦已作地《いさじ》において断つ。[15] 異説によれば、⑤薄地から⑥八人地において断ち、⑦已作地において方便を修する[16]。	十住の第二住から第七住において断つ。[17]	十信（六根清浄位）の第二信から第七信において断つ。[18]
塵沙の惑	断たない。	【界内の塵沙の惑（＝見思の惑の習気）】⑧辟支仏地《びゃくしぶつじ》と⑨菩薩地《ぼさつじ》と⑩仏地《ぶつじ》とにおいて尽くす。[19] 【界外の塵沙の惑】断たない。	【界内の塵沙の惑（＝見思の惑の習気）】十住の第八住から第十住において尽くす。[20] 【界外の塵沙の惑】十行《じゅうぎょう》において伏し、十《じゅう》廻向において断つ。[21]	第八信から第十信において尽くす。[22]
無明の惑	断たない。	断たない。	十廻向において伏し、十地と等覚《とうがく》との十一位において一分ずつ断ち、妙覚《みょうがく》に入る際に第十二分を断つ[23]。	十信において伏し、十住から等覚までの四十一位において一品ずつ断ち、妙覚に入る際に第四十二品を断つ[24]。

天台宗・智顗　もし円教によって内容を説明するならば、多くは〔煩悩を〕断ちきらぬことを説いておる。断ちきらぬことによって断ちきるのが、不思議断というものじゃ[26]。

司会　断ちきらないかたちで断ちきることが、円教の不思議断だというお話ですね。

華厳宗

司会　続いて、賢首《げんじゅ》大師さまにお話を伺います。賢首大師さまは五教判それぞれの煩悩説によって煩悩を判別していらっしゃいます。

表8　華厳宗・法蔵の煩悩説[27]

	始教（声聞、独覚）	始教（菩薩）	終教
煩悩障	【見所断惑】見道前において現行を伏し、見道において種子を断つ。これによって預流となる。 【修所断惑】欲界の上中品、欲界の下品、色界と無色界との上中下品という三つに分けて現行を伏し、種子を断つ。それによって一来、不還、阿羅漢となる。ただし飛び級する者もいる。	【見所断惑】十地より前において現行を伏し、十地の初地において種子を断つ。 【修所断惑】初地以降においていつでも種子を断てるが、仏地に入る時に断つ。	十地より前において現行を伏し、十地の初地において種子を断ち、十地すべてにおいて習気を尽くす。
所知障	少しだけ断つが、ほとんど断たない。	【見所断惑】十地より前において現行を伏し、十地の初地において種子を断つ。 【修所断惑】仏地に入る時に種子を断つ。	

〔Ⅰ　小乗教〕　小乗教においては、部派の論のとおり、煩悩が説かれます。

〔Ⅱ　始教〕〔Ⅲ　終教〕　始教と終教とにおいては、現行（〝顕在的状態〟）と種子（〝潜在的状態〟）と習気（〝残り香〟）とを区別しつつ、二障説によって煩悩が説かれます。表にしますと、前頁のとおりです（表8。なお、表中の菩薩の行位については、第二章において詳しくお話を伺いましたとおりです）。

なお、始教は慈恩大師さまのお説に該当します。

〔Ⅳ　頓教〕　頓教においては、煩悩は説かれません。第一章において詳しくお話を伺いましたとおり、頓教においては、何も説かないことによって空性《くうしょう》（〝からっぽさ〟）が示されます。

華厳宗・法蔵　もし頓教によるならば、あらゆる煩悩をもともとおのずから離れておる。断ちきるとも、断ちきらないとも説くことはできぬ。(28)

司会　衆生《しゅじょう》（〝生きもの〟）を構成しているあらゆる法（〝枠組み〟）が空（〝からっぽ〟）であるという次元においては、衆生はあらゆる煩悩をもともと離れているというお話ですね。

〔Ⅴ　円教〕　円教においては、いちいちの煩悩が互いを含みあうことが重重無尽（〝重ねがさね、果てもなし〟）に起こっていると説かれます。第三章において詳しくお話を伺いましたとおり、このことは「相即相入《そうそくそうにゅう》」によって起こっています。

華厳宗・法蔵　もし円教によるならば、あらゆる煩悩はそのありかたを説くことができぬものじゃ。ただし、そのはたらきについて言えば、深遠かつ広大なものじゃ。〔煩悩によって〕さえぎられる側である法（〝枠組み〟）は、いちいち〔の法〕がすべて〔の法〕であり、すべて〔の法〕がいちいち〔の法〕であり、主宰者〔となるいちいちの法〕と随伴者〔となるすべての法〕とを具えておるのじゃから、さえぎる側である煩悩もやはりそうじゃ。それゆえに、現行と種子と習気とを区別しなくてよい。ただただ、法界（〝諸法の領域＝全宇宙〟）においては、ひとつ〔の法〕を得ればすべて〔の法〕が得られるのじゃから、それゆえに、煩悩についても、ひとつ〔の煩悩〕を断ちきればすべて〔の煩悩〕が断ちきられるのじゃ(29)。

司会　第三章において詳しくお話を伺いましたとおり、円教においては、ある一瞬におけるあらゆる法が相即相入していますす。したがって、円教においては、ひとつ煩悩を断ちきれば、あらゆる煩悩が断ちきられるというお話ですね。

融通念仏宗

司会　続いて、大通《だいつう》上人にお話を伺います。大通上人は賢首大師さまの五教判を踏襲していらっしゃいますが、煩悩についてはいかがでしょうか。

融通念仏宗・大通融観　わが宗の場合、〔念仏の〕口称という事象は、こちらとあちらとが交わりあい（相即相入し）、塵の数ほどの世界を満たしており、諸功徳を具えて余すところがない。すなわち、煩悩のままに悟りを証得しておるのじゃ(30)。

司会　第三章において詳しくお話を伺いましたとおり、賢首大師さまの円教を踏襲する大通上人の円教においては、ある瞬間におけるあらゆる法が相即相入していると説かれます。したがって、ある瞬間における、念仏と悟りとは相即相入しています。それゆえに、念仏する人は、煩悩を断ちきらないまま、悟りを証得してもいるというお話ですね。

大通上人は煩悩を断ちきることについて普段からほとんどご発言がないようにお見受けします。それは、今伺いましたような、高みからのお話に由来するのでしょうね。

ただし、現実においては、煩悩を断ちきらないうちは、悟りを証得できません。念仏する人は、娑婆世界において煩悩を断ちきらないまま極楽世界に生まれ、極楽世界において煩悩を断ちきって悟りを証得していくことになります。極楽世界については、第十章において詳しくお話を伺います。

真言宗

司会　続いて、密教の立場から、弘法《こうぼう》大師さまにお話を伺います。

真言宗・空海　ところで、もともと清らかなのが心王のありかたであり、煩悩というのは心所にもともと付けられておる名じゃ[31]。

司会　第四章において詳しくお話を伺いましたとおり、弘法大師さまは、もともと清らかな五智を心と規定し、多一《たいつ》識《しき》を心所と規定していらっしゃいます。煩悩はその多一識にもともと付けられている名だというお話ですね。

では、その、多一識にもともと付けられている煩悩という名は、のちにどのような名に付け替えられるのでしょうか。

真言宗・空海　無明《むみょう》を初めとするあらゆる煩悩は、大空三昧《だいくうざんまい》（〝偉大な空性へと入る瞑想〟）に入ったならば、すべてありはしない。あらゆる煩悩は財宝となる。『仁王《にんのう》般若経』において「菩薩がまだ仏とならないうちは、悟りは煩悩となる。すでに仏となった時は、煩悩は悟りとなる」と言われておることや、さらに、〔『諸行《しょぎょう》無行経《むぎょうきょう》』において〕「貪は悟りであり、瞋と痴ともそうである」とあることもそれじゃ[32]。

司会　多一識は、煩悩という名がなくなって、悟りという名になるというお話ですね。唯識派の論においては、心所のうち、慧《え》（〝知恵〟）が悟りとなるのであって、煩悩が悟りとなるのではありませんが、弘法大師さまによれば、煩悩が悟りとなるのです。

真言宗・空海　もし日輪観《にちりんかん》あるいは月輪観《がちりんかん》することと、声の真言を称えることと、三密《さんみつ》の加持《かじ》を起こすことと、四種曼荼羅《まんだら》のすばらしいはたらきを発揮することとができたならば、大日如来《だいにちにょらい》の光明は法界《ほっかい》（〃諸法の領域〃＝全宇宙）にあまねく拡がり、無明の障はたちまち心という海のうちに帰する。無明《むみょう》はたちまち明《みょう》となる。毒薬がたちまち薬となるのじゃ。[33]

司会　もし密教の修行を行なうならば、心所である煩悩は、断ちきられないまま、たちまち悟りになるというお話ですね。密教の修行については、第八章において詳しくお話を伺います。

浄土宗、浄土真宗、時宗

司会　続いて、浄土門の皆さまにお話を伺います。

まず、善導和尚《ぜんどうかしょう》にお話を伺います。善導和尚は、現行（〃顕在的状態〃）と種子（〃潜在的状態〃）とを区別せず、ただ煩悩とその習気（〃残り香〃）とだけを区別しつつ、二障説によって煩悩を判別していらっしゃいます。

浄土宗・善導　仏を例外として、それより前は、智にもとづく行ないが完全でなく、学ぶべきことを残している段階にある。随眠（〃煩悩〃）とその習気とがあるせいで、二障がいまだ除去されておらず、〔悟りという〕結果と本願とがいまだ完成されておらぬ。[34]

司会　なお、善導和尚は煩悩を断ちきることについて普段からほとんどご発言がないようにお見受けします。それは、まず、阿弥陀仏にすがって極楽世界に生まれることが大事なのであって、煩悩を断ちきることについては極楽世界に生まれてから考えればよいからでしょうね。

次に、法然上人にお話を伺います。

浄土宗・法然　いっぽう、浄土に生まれるという法門は、無明を初めとする煩悩を断ちきらぬまま、阿弥陀仏の本願の力によって、かの浄土に生まれ、〔娑婆世界の〕三界を抜け出し、〔そののち、涅槃に入って〕永遠に生死を離れるのであります。そのことについて調べてみるに、諸文献のうちに載せられておる例はきわめて多くございます。そういうわけで、浄土に生まれるという法門は、煩悩を断ちきらぬまま三界を抜け出すという法門じゃとわかるのであります。(35)

司会　煩悩を断ちきらないまま極楽世界に生まれ、極楽世界において煩悩を断ちきって涅槃に入るというお話ですね。ところで、たとえ煩悩を断ちきらないにせよ、煩悩を抑える努力はしないのでしょうか。

浄土宗・法然　およそ、もろもろの煩悩が起こることは、みな、もともと貪（〝むさぼり〟）と瞋（〝いかり〟）とを母として起こるのであります。貪といわれるものについては、わきまえのあるわずかな欲である貪もあるし、わきまえのない大きな欲である貪もあります。いま浄土宗が抑えるのは、わきまえのない大きな欲である貪という煩悩であります。まず修行者はこのような道理を心得て念仏するがよろしい。それがまことの念仏であります。わきまえのあるわずかな欲である貪はさしつかえありませぬ。瞋という煩悩についても、目上の者を敬ったり目下の者を慈しんだりする心を破棄せずに、〔そのような〕道理を心得るというくらいであります。

痴（〝おろかさ〟）という煩悩といわれるのは、愚かな心であります。この心を賢くするがよろしい。まず輪廻《りんね》を厭い、浄土（極楽世界）を願って、そこに生まれることを大《おお》ごととして営み、もろもろの家業を大ごととしないならば、痴という煩悩はなくなります。わずかばかりの痴は〔浄土に〕生まれるためのさしさわりになりませぬ。

これくらいに心得ておけば、貪や瞋などといういつわりの心は失せて、まことの心はたやすく起こるものであります。それを、浄土宗における、悟りを求める心というのであります。(36)

司会　貪、瞋、痴という三毒のうち、ひどいものを抑える努力をするというお話ですね。

次に、親鸞上人にお話を伺います。

浄土真宗・親鸞　無礙光仏《むげこうぶつ》（〝さまたげなき光の仏〟＝阿弥陀仏）の不思議な本願であり広大な智（〝知恵〟）である〔「南無阿弥陀仏」という〕名号《みょうごう》を信じたならば、煩悩を具足しながら無上大涅槃に至るのですわい(37)。

司会　煩悩を断ちきらないまま極楽世界に生まれると同時に、煩悩を断ちきらないまま涅槃にすら入るというお話ですね。

浄土真宗・親鸞　一瞬の信心を起こすことができたならば、煩悩を断ちきらぬまま涅槃を得るのですわい。凡夫も、聖者も、五逆罪《ごぎゃくざい》を犯した者も、正法を誹謗した者も、みんな〔涅槃に〕入るのですのう。多くの川の水が海に入ってただ一つの塩味になるようなものですわい(38)。

司会　五逆罪とは、①父を殺す罪、②母を殺す罪、③阿羅漢を殺す罪、④仏を出血させる罪、⑤教団を分裂させる罪です。浄土三部経のひとつである『観無量寿経』においては、五逆罪を犯した罪人すら、「南無阿弥陀仏」と十回称えるならば、地獄行きをまぬがれて極楽世界に生まれると説かれています。親鸞上人が、衆生は極楽世界に生まれると同時に涅槃に入るとおっしゃることについては、第十一章において詳しくお話を伺います。

ところで、たとえ煩悩を断ちきらないにせよ、煩悩を抑える努力はしないのでしょうか。

浄土真宗・親鸞　もとは、無明の酒に酔い、貪、瞋、痴という三毒だけを好んでおられたにせよ、〔阿弥陀〕仏の御誓いを聞き始めてからは、無明の酔いもだんだん少しずつ醒め、三毒をも少しずつ好まず、阿弥陀仏の薬をつねに好みなさる身となっておられるはずですのう。しかるに、まだ酔いが醒めきっておらぬのに、重ねて酔いをすすめたり、毒も消えきっておらぬのに、なおも毒をすすめたりするのは、あさましいことですわい。煩悩を具える身じゃからとて、心にまかせて、すべきでないことを身に許したり、言うべきでないことを口に許したり、思うべきでないことを意に許したりして、〃どのようにも心のままにあるのがよい〃と言い合っておられるのは、かえすがえす、不憫に思われることですのう。酔いも醒めぬ前に、なおも酒をすすめ、毒も消えやらぬのに、ますます毒をすすめるようなものですわい。〃薬があるから、毒を好め〃というようなことは、あるべくもないと思われますのう。(39)

司会　貪、瞋、痴という三毒のうち、ひどいものを抑える努力をするというお話ですね。

次に、一遍上人にお話を伺います。

時宗・一遍　この身に仏性《ぶっしょう》（〃仏の基盤〃）という火があるにせよ、自分で煩悩という薪を焼き尽くすことはできぬ。〔「南無阿弥陀仏」という〕名号の智という火の力によって焼き尽くすがよい。(40)

司会　「南無阿弥陀仏」という名号の智の力によって、煩悩を断ちきるべきだというお話ですね。一遍上人が「南無阿弥陀仏」という名号を大円鏡智と見なしていらっしゃることについては、第四章において詳しくお話を伺いましたとおりです。

日蓮宗

司会　続いて、日蓮上人にお話を伺います。第十一章において詳しく伺いますとおり、日蓮上人は「南無妙法蓮華経」と称える人は〃久遠実成《くおんじつじょう》の釈迦牟尼仏〃から因行果徳《いんぎょうかとく》（〃原因としての修行、結果としての功徳〃）を譲られるというお考えをお持ちです。

日蓮宗・日蓮　その人は単に〔『華厳経』『阿含経』「方等経」（一般的な大乗経）『般若経』という〕四味《しみ》である〔三蔵教、通教、別教という〕三教の最高位や、爾前《にぜん》（〃『法華経』より前〃）の円教の人を超えているだけでなく、また真言宗などの祖師である善無畏《ぜんむい》、智儼《ちごん》（法蔵の師）、慈恩、吉蔵《きちぞう》、道宣、達摩《だるま》、善導らを超えていること、百千万億倍じゃ。[41]

司会　つまり、煩悩を断ちきる必要はまったくないというお話ですね。

黄檗宗、臨済宗、曹洞宗

司会　続いて、禅門の皆さまにお話を伺います。

まず、黄檗《おうばく》禅師にお話を伺います。

黄檗宗・黄檗希運　妄想を起こし、その妄想を払おうとするのもやはり妄想となる。妄想はもともと事実無根であり、ただ分別《ふんべつ》（〝わけへだて〟）によってのみ存在する。おぬしがただ凡夫と聖者との両者に対し〔分別の〕感情をなくしてしまうだけで、自然に妄想はなくなる。ことさらそれをどうやって払おうというのじゃ。[42]

司会　凡夫でいることを嫌がったり、聖者になることを好んだりするような分別こそが煩悩のもとであって、分別をなくせば煩悩もなくなるというお説ですね。

次に、臨済《りんざい》禅師にお話を伺います。

臨済宗・臨済義玄　おぬしらがもし聖者になることを好んだり、凡夫でいることを嫌ったりするならば、輪廻《りんね》の海の中で漂うはめになろう。煩悩は心によってあるのだから、無心ならば煩悩は何を縛ることができようか。わざわざ分別（〝わけへだて〟）して〔聖者を〕目標とする必要もなく、自然に一瞬で悟りを得るのじゃ。[43]

司会　黄檗禅師と同じご趣旨ですね。

道元禅師はいかがでしょうか。

曹洞宗・道元　〔天童山景徳寺の〕住職和尚さま（天童如浄《てんどうにょじょう》。一一六三―一二二八）は慈しみ深く教えてくださった。「仏祖の末裔はまず〔欲貪《よくとん》、瞋恚《しんに》、惛沈睡眠《こんじんすいめん》、掉挙悪作《じょうこおさ》、疑《ぎ》という〕五蓋《ごがい》を除去し、のちに六蓋を除去する。五蓋に無明蓋を加えて六蓋とする。無明蓋を除去するだけで、ただちに五蓋が除去される。たとえ五蓋を離れたにせよ、いまだ無明蓋を離れないならば、いまだ仏祖の修証には到っておらぬ」と。

道元はただちに礼拝《らいはい》し感謝し叉手《しゃしゅ》して申し上げた。「これまでいまだ聞いたことがなかったことを、本日、和尚さまに指し示していただきました。このことについては長老がたや雲水仲間たちはまったく知っておりません。さらに、かつて説いてもいません。本日、たいへん幸いなことに、特別に和尚さまの大慈大悲にあずかり、いまだかつて聞かなかったことにあずかりましたのは、前世に善根《ぜんこん》を植えたことによる幸いです。ただ、五蓋や六蓋を除去するために秘術があるのでしょうか、ないのでしょうか」。

和尚さまは微笑んでおっしゃった。「きみがこれまで努力してきたのは何をしてきたのかね。それがとりもなおさず六蓋を離れるための方法なのじゃ。どの仏も、どの祖師も、行位を要せず、五蓋と六蓋とを離れることや、五欲を非難することを、ただちに指し示し、一対一で伝えてきたのじゃ。祇管打坐《しかんたざ》（〝ひたすら坐禅〟）し、努力し、身心脱落《しんじんだつらく》するまでが、五蓋と五欲となどを離れるための秘術なのじゃ。このほかにまったく別のことはない。まったく一つのこともない。どうして二つに堕したり三つに堕したりしようか(44)」。

司会　禅門においては、坐禅によって、①欲貪（〝〔色、声、香、味、触という〕五欲に対するむさぼり〟）、②瞋恚（〝憎しみ〟）、③惛沈睡眠（〝沈み込みと眠け〟）、④掉挙悪作（〝浮わつきと悔やみ〟）、⑤疑（〝うたがい〟）という五蓋や、それに無明を加えた六蓋を断ちきるべきだというお話ですね。

ほかの宗において言われているさまざまな煩悩についてはいかがでしょうか。

曹洞宗・道元　質問してみた。「煩悩障、異熟障《いじゅくしょう》、業障《ごっしょう》などという障は、仏祖がおっしゃったことでしょうか」と。

和尚さまはおっしゃった。「たとえば龍樹《りゅうじゅ》など祖師の説はそのままにしておかねばならぬ。異なる説を有してはいけない。ただし、業障については、慇懃に修行する時、かならずくつがえすことができる」と。(45)

司会　異熟障とは、地獄、畜生、餓鬼、拘盧《くる》（クル。北にある大陸。安楽すぎて仏教のさまたげとなる）、無想天（心が生じない天界。涅槃と勘違いされて仏教のさまたげとなる）です。業障とは、先に扱いました五無間業です。禅門の祖師である龍樹などの説であれば、否定しないというお話ですね。

おわりに

司会　本章において伺いましたお話を表にしますと、次頁のとおりです（表9）。

皆さま、ありがとうございました。

表9

宗祖	煩悩説
法相宗・基	二障説（煩悩障、所知障）
律宗・道宣	二障説（煩悩障、所知障）
天台宗・智顗	三惑説（見思の惑〔＝煩悩障〕、塵沙の惑、無明の惑〔＝所知障〕）
日蓮宗・日蓮	煩悩は断たれる必要がない
華厳宗・法蔵	二障説（煩悩障、所知障）
融通念仏宗・大通融観	少なくとも娑婆世界においては、煩悩は断たれない
真言宗・空海	煩悩は断たれないまま悟りになる
浄土宗・善導	二障説（煩悩障、所知障）
浄土宗・法然	少なくとも娑婆世界においては、煩悩は断たれないが、三毒が抑えられるべき
浄土真宗・親鸞	少なくとも娑婆世界においては、煩悩は断たれないが、三毒が抑えられるべき
時宗・一遍	娑婆世界において、煩悩は断たれるべき
黄檗宗・黄檗希運	無心ならもともと煩悩はない
臨済宗・臨済義玄	無心ならもともと煩悩はない
曹洞宗・道元	五蓋説（欲貪、瞋恚、惛沈睡眠、掉挙悪作、疑）、六蓋説（五蓋、無明）ほか

第七章　生死論

はじめに

司会　先の第六章においては、仏になるために断ちきられるべき煩悩（〝まどい〟）について、宗祖の皆さまにお話を伺いました。この第七章においては、その煩悩によって、仏になるまで続けられるべき生死《しょうじ》について、宗祖の皆さまにお話を伺います。

インド仏教

司会　まず、十三宗の前提となるインド仏教を扱います。第一章において詳しく扱いましたとおり、歴史的ブッダの教えは、彼の死（紀元前五世紀頃）の後、彼の弟子たちの教団によって、経、律、論という三蔵として編纂されました。経は『阿含経《あごんきょう》』、律は教団の運営規則、論は『阿含経』の解釈です。教団はのちに諸部派へと分裂し、それぞれの部派において、若干異なる三蔵が保持されることになりました。

『阿含経』においては、次のような三種類の修行者が説かれています。

①声聞《しょうもん》（〝〔仏の〕声を聞く者〟）
②独覚《どっかく》（〝独りで目覚めた者〟）

③菩薩《ぼさつ》（〝〔仏の〕悟りを求める生きもの〟）

諸部派の論においては、彼らの悟りは別々であって、声聞や独覚は仏になれないと見なされ、それぞれの悟りに至る、次のような三乗《さんじょう》（〝三種類の乗りもの〟）が説かれています。

①声聞乗《しょうもんじょう》（〝声聞の乗りもの〟）

②独覚乗《どっかくじょう》（〝独覚の乗りもの〟）

③菩薩乗《ぼさつじょう》（〝菩薩の乗りもの〟）

声聞乗と独覚乗とは二乗《にじょう》（〝二種類の乗りもの〟）と言われます。諸部派は声聞乗と規定されます。

その後、歴史的ブッダの死後五百年頃（紀元前後）から、『阿含経』に対する一種の解釈として、大乗《だいじょう》経（〝偉大な乗りものに属する経〟）が出現し始めました。大乗は菩薩になれば仏になりうることを人々に保障し、みずからを菩薩乗と規定し、二乗を小乗《しょうじょう》（〝つまらない乗りもの〟）と規定しています。それによって、諸部派においても、律をそのまま用いつつ、経のうちに大乗経を加え、論として大乗経の解釈を著わす者が出現し始め、結果として、大乗の三蔵を有する、大乗の学派が派生していきました。ここまでは、おさらいです。

（α）『阿含経』においては、衆生《しゅじょう》（〝生きもの〟）が死後に転生《てんしょう》（〝生まれ変わり〟）することがばらばらに説かれています。

（β）諸部派の論においては、そのようなばらばらに説かれている転生がまとめられ、声聞乗の転生説が体系化されました。その基本は、惑《わく》（〝まどい〟）、業《ごう》（〝ふるまい〟）、苦《く》（〝苦しみ〟）という三道《さんどう》です。図にしますと、次のとおりです。

三道
- 惑—煩悩
- 業—有漏業《うろごう》
- 苦—異熟《いじゅく》

司会　惑は煩悩です。煩悩については、第六章において詳しく扱いましたとおりです。

業は有漏業（〝煩悩を伴うふるまい〟）です。

苦は異熟（〝〔有漏業の〕むくい〟）としての苦しみです。

簡単に言えば、衆生は、煩悩によって、有漏業を起こし、その煩悩と有漏業とによって、死後に転生し、苦しみである異熟を受けるのです。有漏業は善と悪との二種類ですが、転生によって新たな生涯が始まる以上、異熟は、たとえ苦しみであるにせよ、善でも悪でもない無記（〝白紙状態〟）となっています。したがって、善と悪とが無記へと異なって熟したという意味において、異熟と呼ばれます。

新たな生涯において、煩悩を断ちきらないかぎり、衆生はふたたび、煩悩によって、有漏業を起こし、その煩悩と有漏業とによって、死後に転生し、苦しみである異熟を受けるのです。このことを輪廻《りんね》と呼びます。

詳しく言えば、三道は十二縁起になります。十二縁起とは、①無明《むみょう》、②行《ぎょう》、③識《しき》、④名色《みょうしき》、⑤六処《ろくしょ》、⑥触《そく》、⑦受《じゅ》、⑧愛《あい》、⑨取《しゅ》、⑩有《う》、⑪生《しょう》、⑫老死《ろうし》という十二の要素がそれぞれ先行する要素をたよって起こることです。十二縁起のうちには二回にわたる三道が説かれています。図にしますと、次のとおりです。

【三道その一】

三道
- 惑　①無明
- 業　②行
- 苦　③識、④名色、⑤六処、⑥触、⑦受

【三道その二】

三道
- 惑　⑧愛、⑨取
- 業　⑩有
- 苦　⑪生、⑫老死

司会　さて、仏教における三種類の修行者である、声聞、独覚、菩薩は、最終的に悟りを開いて、順に、阿羅漢《あらかん》、独覚、仏になります。

阿羅漢、独覚、仏は、煩悩を断ちきることによって、有漏業を起こさず、煩悩と有漏業とがなくなることによって、死後に転生せず、苦しみである異熟を受けなくなります。それが仏教の最終到達目標である涅槃《ねはん》（ニルヴァーナ。〝鎮火状態〟）です。煩悩を断ちきることが有余依涅槃《うよえねはん》（〝よりどころを残す涅槃〟）、苦しみである異熟を受けないことが無余依《むよえ》涅槃《ねはん》（〝よりどころを残さない涅槃〟）です。依《え》（〝よりどころ〟）とは衆生を構成している法（〝枠組み〟）である五蘊《ごうん》（〝五つのグループ〟）を指します。五蘊とは色《しき》（〝物質〟）、受《じゅ》（〝感受〟）、想《そう》（〝対象化〟）、行《ぎょう》（〝形成〟）、識《しき》（〝認識〟）です。

（ア）大乗経においては、衆生が死後に転生することがばらばらに説かれています。そのうちもっとも注目されたのは『勝鬘経《しょうまんぎょう》』の「二種生死《にしゅしょうじ》」説です。

〔Ⅰ　分段生死《ぶんだんしょうじ》〕、衆生は、煩悩（その代表が十二縁起の⑨取）によって有漏業を起こし、その煩悩と有漏業とによって死後に転生し、異熟である分段生死（〝〔身体や寿命が〕区切られた生死〟）を受けます。

〔Ⅱ　不思議変易生死《ふしぎへんやくしょうじ》〕阿羅漢、独覚、大力《だいりき》菩薩（〝自在を得た菩薩〟）は、煩悩を断ちきることによって、有漏業を起こさず、煩悩と有漏業とがなくなることによって、死後に転生せず、異熟である分段生死を受けなくなります。

しかし、阿羅漢、独覚、大力菩薩は、仏のみによって断ちきられる無明住地《むみょうじゅうち》（〝無明の基礎〟）をいまだ断ちきっていないため、無明住地によって無漏業を起こし、無明住地と無漏業とによって不思議変易生死（〝不思議な、〔身体や寿命を〕変化させる生死〟）を受けます。

すなわち、『勝鬘経』によれば、阿羅漢と独覚とは、たとえ死後に転生せず、無余依涅槃に入ったように見えたとしても、じつは身体や寿命を変化させて生き続け、仏となるまで大乗の修行を続けるのです。なお、不思議変易生死の同義語として、意生身《いじょうしん》（〝意によって生じた身〟）があります。

表にしますと、左のとおりです（表1）。

表1　『勝鬘経』の生死説

生死	因（〝原因〟）	縁（〝条件〟）
分段生死《ぶんだんしょうじ》	有漏業	取
不思議変易生死《ふしぎへんやくしょうじ》	無漏業	無明住地

（δ）インドにおける大乗の学派に中観《ちゅうがん》派と唯識《ゆいしき》派との二つがあるうち、唯識派の論においては、『勝鬘経』において説かれている煩悩は煩悩障《ぼんのうしょう》（〝煩悩というさまたげ〟）と判定され、無明住地は所知障《しょちしょう》（〝知られるべきものへのさまた

げ〟）と判定され、大乗の生死説が体系化されました。煩悩障と所知障とについては、第六章において詳しく扱いましたとおりです。表にしますと、右のとおりです（表2）。

表2　唯識派の生死説

生死	因（〝原因〟）	縁（〝条件〟）
分段生死	有漏業	煩悩障
不思議変易生死	無漏業	所知障

　第五章において詳しく扱いましたとおり、唯識派の論においては、あらゆる衆生は、声聞種姓、独覚種姓、菩薩種姓、人天種姓、不定《ふじょう》種姓という五つの種姓《しゅしょう》（〝家柄〟＝宗教的素質）のいずれかをもともと具えていると説かれています。五つの種姓は先天的に決まっており変更不可能です。仏になれるのは菩薩種姓の衆生だけであり、他の種姓の衆生は仏になれません。ただし、本質的に菩薩種姓であるにせよ、いまだ声聞乗や独覚乗において修行しており菩薩乗において修行していない、不定種姓の衆生は、たとえ声聞や独覚となっていても、のちに仏となることができます。したがって、唯識派は、『勝鬘経』において説かれている、不思議変易生死を受けて仏となるまで修行を続ける阿羅漢と独覚とを、不定種姓の衆生と判定しました。

『勝鬘経』の二種生死説は南北朝時代（五世紀初め頃）に中国に伝わりましたが、唯識派の二種生死説は唐の時代になるまで伝わりませんでした。

　ここからは、いよいよ宗祖の皆さまにお話を伺います。

法相宗

司会　まず、慈恩《じおん》大師さまにお話を伺います。唐の時代に中国からインドの唯識派のもとに留学した玄奘《げんじょう》三蔵（六〇二―六六四）は唯識派の二種生死説を中国にもたらしましたが、その二種生死説を中国に詳しく紹介なさったのが玄奘三蔵のお弟子である慈恩大師さまです。慈恩大師さまは、煩悩の現行《げんぎょう》（〝顕在的状態〟）と種子《しゅうじ》（〝潜在的状態〟）とを区別しつつ、二種生死説によって生死を判別していらっしゃいます。表にしますと、左のとおりです（表3）。

法相宗・基　諸菩薩は悲願の力によって〔分断生死のうちに〕生まれるにせよ、もし煩悩を種子の状態にまで伏（〝制圧〟）してしまったならば、分段生死という結果は絶対に生ずることができぬ。〔独覚と声聞との〕二乗の〔分段〕生死は悲願によらない以上、もし煩悩障の種子があるならば、〔分段〕生死は後続するから、〔煩悩障の〕種子を断ちきった時に〔分段〕生死は永遠に尽きる。

菩薩の〔分段〕生死はただただ悲願による以上、かならず煩悩障の現行によって悲願を助けてようやく生まれ変わ

表3　法相宗・基の生死説1

生死	因（〝原因〟）	縁（〝条件〟）
凡夫の分段生死	有漏業	煩悩障の現行
菩薩の分段生死	有漏業	煩悩障の現行
声聞と独覚との分段生死	有漏業	煩悩障の現行か種子
不思議変易生死	無漏業	所知障

表4　法相宗・基の生死説2

分段生死	凡夫、声聞種姓の四果の聖者（預流《よる》、一来《いちらい》、不還《ふげん》、阿羅漢《あらかん》）。
不思議変易生死	不定種姓の阿羅漢、不定種姓の独覚、第八地以上の菩薩。
分段生死あるいは不思議変易生死	不定種姓の前三果の聖者（預流、一来、不還）、第七地以前の菩薩。

るから、〔煩悩障の〕現行を伏する時に〔分段〕生死は永遠に尽きる。(1)

司会　さらに、慈恩大師さまは五姓各別説によって二種生死を判別していらっしゃいます。五姓各別説については、第五章において詳しくお話を伺いましたとおりです。表にしますと、右のとおりです（表4。なお、表中の菩薩の行位については、第二章において詳しくお話を伺いましたとおりです）。

法相宗・基　言ってみれば、ある者はただ分段生死を受けるにすぎず、変易生死〔を受けるの〕ではない。凡夫と、四果の決定種姓とを言うのじゃ。

ある者はただ変易生死を受けるにすぎず、分段生死〔を受けるの〕ではない。二乗の無学（〝もはや学ぶことがなくなった者〟）の不定種姓と、第八地以上の菩薩とを言うのじゃ。

ある者は分段生死を受けもするし、変易生死を受けもする。前三果の不定種姓と、第七地以前〔の菩薩〕とを言うのじゃ。(2)

司会　注目すべきは、たとえ『勝鬘経』において阿羅漢が不思議変易生死を受けると説かれているにせよ、じつは不定種姓の預流、一来、不還も不思議変易生死を受けうること、そして、たとえ『勝鬘経』において大力菩薩（〝自在を得た菩薩〟）すなわち十地の第八地において十自在を得た菩薩が不思議変易生死を受けると説かれているにせよ、じつは初地において菩薩はすでに不思議変易生死を受けうることです。これらのことは唯識派の論において説かれていることを慈恩大師さまがおまとめになったものです。

天台宗、日蓮宗

司会　続いて、天台大師さまにお話を伺います。天台大師さまは四教判それぞれの生死説によって生死を判別していらっしゃいます。表にしますと、左のとおりです（表5。なお、表中の菩薩の行位については、第二章において詳しくお話を伺いましたとおりです）。

天台大師さまによれば、不思議変易生死は二つに分かれます。

①方便生死《ほうべんしょうじ》（〝〔真実を得るための〕手だてとしての生死〟）

表5　天台宗・智顗の生死説1

教	生死		
三蔵教	分段生死		
通教	分段生死（共《ぐう》の十地の初地から第六地までの声聞、独覚、菩薩）	不思議変易生死【方便生死】（阿羅漢、独覚、共の十地の第七地と第八地との菩薩）	
別教	分段生死（十信）	不思議変易生死【方便生死】（十住、十行、十迴向）	
円教	分段生死（五品弟子位《ごほんでしい》）	不思議変易生死【方便生死】（十信）	不思議変易生死【実報】（十住、十行、十迴向、十地）
円教	分段生死（五品弟子位、十信、十住、十行、十迴向、十地）		

②実報《じっぽう》（〝真実を得たことのむくい〟）

方便生死は見思の惑を断ちきったのち無明の惑を断ちきっていない者が受ける生死です。

実報は見思の惑のみならず無明の惑を断ちきった者が受ける生死です。

天台宗・智顗　声聞（阿羅漢）と、独覚と、通教の〔共の十地の第七地と第八地との〕菩薩と、別教の三十心〔である十住と十行と十廻向との菩薩〕と、円教の相似即《そうじそく》〔である十信の菩薩〕とは、ただ〔煩悩障である〕見思の惑を断ちきっただけで、いまだ〔所知障である〕無明の惑を断ちきっていないので、無明の惑によって無漏業を潤おし、方便生死を受けるのじゃ。(3)

司会　見思の惑と無明の惑とについては、第六章において詳しくお話を伺いましたとおりです。

なお、第二章において詳しくお話を伺いましたとおり、通教を学ぶ菩薩は通教の共の十地の第九地より前に別教か円教かに移行し、別教を学ぶ菩薩は別教の十地の初地より前に円教に移行します（「果頭無人《かずむにん》」説）。したがって、通教の共の十地の第九地以上や、別教の十地の初地以上には、方便生死はありません。

円教の十住以上には、実報のみがあります。

天台宗・智顗　第二住からは、一生のあいだ、すべて法身《ほっしん》じゃ。(4)

司会　法身とは実報の別名です。これは『大智度論』において説かれている「法身菩薩」に拠ります。

天台宗・智顗　『大智度論』は肉身菩薩が分段生死であると明らかにし、法身菩薩を不思議変易生死と言っておる。(5)

司会　なぜ初住からでなく第二住から実報であるかと言えば、菩薩は初住において真理である中道を証得して無明の惑を一部断ちきり、そのあと転生して第二住においてようやく実報を受けるからです。

本来、不思議変易生死とは、身体や寿命が変化させられた分段生死であって、もはや転生しなくなった分段生死です。しかし、天台大師さまは、不思議変易生死を受けるにはかならず転生が必要であるとお考えなのです。このお考えはインド仏教や慈恩大師さまのお考えと異なります。

天台宗・智顗　いっぽうで、円教の肉身は、一生のあいだに十地に上がることがあるのじゃ。[6]

司会　円教を学ぶ菩薩は、場合によっては、不思議変易生死を受けないまま、分段生死の一生のあいだに五品弟子位から十地に上がることがあり得るというお話ですね。

さて、不思議変易生死が方便生死と実報との二つに分かれる以上、二種生死説は、実のところ、三種生死説になります。表にしますと、左のとおりです（表6）。

天台宗・智顗　業は三種類ある。具体的には、有漏業、無漏業、非漏非無漏業じゃ。〔三種類の業は〕三種類の異熟を得る。具体的には、分段生死、方便生死、実報じゃ。異熟は三種類の煩悩による。具体的には、取相の惑（〝対象に執着する惑〟＝見思の惑）、塵沙の惑、無明の惑じゃ。[7]

司会　第六章において詳しくお話を伺いましたとおり、天台大師さまは煩悩を見思の惑、塵沙の惑、無明の惑という三種類に分けていらっしゃいます。したがって、三種類の煩悩がそれぞれ縁（〝条件〟）となる以上、三種類の生死が

表6　天台宗・智顗の生死説2

生死	因（〝原因〟）	縁（〝条件〟）
分段生死	有漏業	見思の惑
不思議変易生死（方便生死）	無漏業	塵沙の惑
不思議変易生死（実報）	非漏非無漏業	無明の惑

あるのです。

天台宗・智顗　もし〔『勝鬘経』において説かれている〕四つの住地〔である見思の惑〕がないならば、分段生死は起こらぬ。もし無知〔である塵沙の惑〕がないならば、方便生死は起こらぬ。もし無明の惑がないならば、実報は起こらぬ。(8)

司会　ところで、実報にとって因（〝原因〟）となる非漏非無漏業はインド仏教のうちにないものだと思うのですが、どういうものなのでしょうか。

天台宗・智顗　もし〔無明の惑を〕伏したり〔部分的に〕断ちきったりしたならば、順道法愛（〝悟りへと順ずる、法への愛〟）を因とし、無明を縁とし、不思議変易生死（実報）の仏土に生まれるのじゃ。(9)

司会　『大品般若経』やそれに対する註釈『大智度論』において説かれている「順道法愛」が非漏非無漏業であるというお話ですね。

さらに、塵沙の惑は不思議変易生死（実報）にとって縁とならないのに、どうして、すでに不思議変易生死（方便生死）を受けた者は、不思議変易生死（実報）にとって縁となる無明の惑を先に断ちきらず、塵沙の惑を先に断ちきるのでしょうか。

天台宗・智顗　塵沙の惑は〔不思議変易生死（実報）の〕発生を潤さないにせよ、〔衆生を〕教化していく道をさえぎることができるから、前もって断ちきられるべきじゃ。(10)

司会　塵沙の惑は不思議変易生死（実報）にとって縁とならないにせよ、菩薩が衆生を教化するために害となるから、不思議変易生死（実報）にとって縁となる無明の惑を先に断ちきらず、塵沙の惑を先に断ちきるというお話ですね。

なお、天台大師さまのお考えのうちには、慈恩大師さまのお考えと異なる点があと二点ほど見受けられますから、もう少しお話を伺いたいと思います。
まず、慈恩大師さまによれば、菩薩はあくまで煩悩障の現行によって分段生死を受けるのですが、天台大師さまによれば、通教を学ぶ菩薩は共の十地の第十地において煩悩障の習気《じっけ》（〝残り香〟）によって分段生死を受けます。

天台宗・智顗　〔通教の〕菩薩だけの行位は〔共の十地のうち〕第九地と第十地とじゃ。第十地の菩薩はあたかも仏のようじゃが、彼にかぎっては習気がいまだ尽きておらぬ。〔第九地である〕菩薩地を過ぎて、〔第十地である〕仏地に入ると、誓いによって残余の習気を扶助し、閻浮提《えんぶだい》（ジャンブ・ドヴィーパ。〝ユーラシア大陸〟）に生まれ、八相成道《はっそうじょうどう》（〝八つの形式によって悟りを完成〟）するのじゃ(11)。

司会　第二章において詳しくお話を伺いましたとおり、通教を学ぶ菩薩は通教の共の十地の第九地より前に別教か円教かに移行し、別教を学ぶ菩薩は別教の十地の初地より前に円教に移行します（「果頭無人」説）。したがって、通教を学ぶ菩薩が共の十地の第十地において分段生死を受けることは、教えの上で存在するだけであって、人が存在するわけではないのですが、ともかくは、その菩薩は誓いによって煩悩障の習気を扶助して分段生死を受けると説かれるのです。これを「誓扶余習《せいふよしゅう》」（〝誓いによって残余の習気を扶助する〟）説と言います。

天台宗・智顗　通教ならば、誓いによって残余の習気を扶助し、分段生死を受けることがあるのじゃ(12)。

司会　次に、慈恩大師さまによれば、菩薩は現行（〝顕現的状態〟）にも種子（〝潜在的状態〟）にも習気（〝残り香〟）にも限らない所知障によって変易生死を受けるのですが、第六章において詳しくお話を伺いましたとおり、天台大師さまによれば、所知障である無明の惑は習気でしかありません。

天台宗・智顗　大乗においては、まさに、習気は別個の煩悩であると説かれる。それこそが、界外（〝三界の外〟）の無明なのじゃ(13)。

表7　華厳宗・法蔵の生死説1[15]

教	生死
小乗	分段生死
始教	分段生死（第七地以前）と不思議変易生死（第八地以降）とが説かれるが、そのことは見せかけであり、本当は分段生死。
終教	分段生死（十住、十行、十廻向） 不思議変易生死（十地）
頓教	説かれない
円教	分段生死

表8　華厳宗・法蔵の生死説2

生死	因（〝原因〟）	縁（〝条件〟）
分段生死	有漏業	煩悩障の現行（凡夫） 煩悩障の種子（聖者）
不思議変易生死	無漏業	所知障の習気

司会　以上が天台大師さまのお説です。天台大師さまを踏襲なさる日蓮上人も同意見ということでよろしいですね。

日蓮宗・日蓮[14]（頷く）　わが大師（釈迦牟尼仏）は不思議変易生死すら越えたまうたのじゃ。ましてや、分段生死はいうまでもない。

華厳宗

司会　続いて、賢首《げんじゅ》大師さまにお話を伺います。賢首大師さまは五教判それぞれの生死説によって生死を判別していらっしゃいます。表にしますと、右のとおりです（表7）。

この表からおわかりになるとおり、二種生死説は始教と終教とにおいて説かれます。表にしますと、右のとおりです（表8）。

なお、賢首大師さまのお説のうちには、慈恩大師さまのお説と異なる点がいくつか見受けられますから、整理してみたいと思います。

〔Ⅱ　始教〕まず、始教においては、第七地以前に分段生死、第八地以後に不思議変易生死が説かれます。そのことは慈恩大師さまのお説に該当します。しかし、賢首大師さまによれば、そのことは見せかけであり、本当は分段生死しかありません。

華厳宗・法蔵　聖者が〔分段〕生死を受けるのは、〔煩悩障の〕現行によるのでない。彼は〔煩悩障の〕種子をとどめている以上、どうして〔煩悩障の種子によって〕分段生死を受けないはずがあろうか。もし第八地以後において所知障を縁（〝条件〟）として不思議変易生死を受けるというならば、とどめられている煩悩障の種子は無用のものとなる。どうしてその第八地の初めにあらゆる煩悩障の種子を永遠に断ちきってしまわないのか(16)。

司会　第六章において詳しくお話を伺いましたとおり、慈恩大師さまによれば、菩薩は第十地の最期に煩悩障（修所断惑）の種子を断ちきります。賢首大師さまによれば、そのような菩薩は煩悩障の種子によって第十地の最期まで分段生死を受けるはずなのです。

しかし、慈恩大師さまによれば、声聞と独覚とだけが煩悩障の種子によって分段生死を受けるのであり、菩薩はあくまで煩悩障の現行によって分段生死を受けるのでした。したがって、残念ながら、賢首大師さまが慈恩大師さまを納得させることは難しいでしょうね。

〔Ⅲ　終教〕　終教においては、十廻向以前に分段生死、初地以後に不思議変易生死が説かれます。

華厳宗・法蔵　もし終教によるならば、〔菩薩は〕十地より前においては煩悩障をとどめておいて分段生死を受け、〔十地の〕初地においてあらゆる煩悩障の種子を断ちきる。分別起《ふんべつき》（〝計らいによって起こるもの〟）〔である見所断惑〕と倶生起《くしょうき》（〝生まれつき起こるもの〟）〔である修所断惑〕とを別々に断ちきるのではない。所知障のうち、一部の粗いもの〔である種子〕を断ちきりもする。それゆえに十地において〔習気によって〕不思議変易生死を受け、〔仏地の直前の〕金剛喩定《こんごうゆじょう》（〝ダイヤモンドのような瞑想〟）にまで至るのじゃ[17]。

司会　慈恩大師さまによれば、菩薩は現行（〝顕現的状態〟）にも種子（〝潜在的状態〟）にも習気（〝残り香〟）にも限らない所知障によって不思議変易生死を受けるのですが、賢首大師さまによれば、菩薩は所知障の種子を断ちきった後に残る、所知障の習気によって不思議変易生死を受けるのです。

〔Ⅳ　頓教〕　頓教においては、生死は説かれません。第一章において詳しくお話を伺いましたとおり、頓教においては、何も説かないことによって、空性（〝からっぽさ〟）が示されます。

華厳宗・法蔵　もし頓教によるならば、あらゆる行位が説かれない以上、よりどころである生死も推して知るべしじゃ[18]。

司会　頓教においては、行位が説かれない以上、行位のよりどころである生死も説かれないというお話ですね。

〔Ⅴ　円教〕　円教においては、分段生死のみが説かれます。

華厳宗・法蔵　もし円教によるならば、不思議変易生死は説かれない。ただ分段生死によってのみ、第十地の離垢《りく》定《じょう》（〝汚れを離れた瞑想〟）の直前まで至る。〔『華厳経』仏小相光明功徳品においては、〕その位に至ってのち、すべてを見る肉眼を得るから、分段生死であるとわかる。さらに、たとえば〔『華厳経』入法界品においては、〕善財童子《ぜんざいどうじ》らは分段生死によって因位（〝〔仏になるための〕原因の状態〟）を窮めつくすからじゃ(19)。

融通念仏宗

司会　続いて、大通《だいつう》上人にお話を伺います。大通上人は普段から二種生死についてほとんどご発言がありませんが、二種生死を認めていらっしゃるということでよろしいですね。

融通念仏宗・大通融観　（頷く）　分段生死と不思議変易生死とは、よりどころ〔である身体と寿命と〕の限度によって、〔業の〕むくいがそれぞれ別になったものじゃ(20)。

真言宗

司会　続いて、弘法《こうぼう》大師さまにお話を伺います。弘法大師さまが二種生死についてご発言なさるのは、顕教に言及なさる場合に限られるようにお見受けします。

真言宗・空海　三界における業のむくいである、六道における苦しい身は、〔一瞬ごとに〕起こっては滅しており、一瞬一瞬、とどまりもせず、自性《じしょう》（〝自分だけのありかた〟）がなく、実体がなく、幻のようなもの、影のようなものじゃ。因（〝原因〟）と縁（〝条件〟）とによって生じた法である、分段生死と不思議変易生死とは、〔『仁王般若経』によれば、一瞬ごとに〕九百回起こっては滅しており、焔のようなもの、流れのようなものじゃ(21)。

司会　三界とは、われわれが住む娑婆世界を構成している、下界である欲界《よくかい》（〝欲望界〟）と、天界である色界《しきかい》（〝物質界〟）と無色界《むしきかい》（〝非物質界〟）とです。六道とは、地獄、餓鬼、畜生、人、天、阿修羅です。密教においては、いわゆる即身成仏《そくしんじょうぶつ》（〝すぐこの身で仏となること〟）が説かれる以上、分段生死だけで済むわけですね。

浄土宗

司会　続いて、善導和尚《ぜんどうかしょう》にお話を伺います。善導和尚は二種生死説によって生死を判別していらっしゃいます。

浄土宗・善導　『華厳経』に「初地以上もしくは第七地以上は法性生身であり、不思議変易生死身である」と説かれておる。これらには分段生死の苦しみはない[22]。

司会　法性性身とは、先ほど天台大師さまが不思議変易生死（実報）の別名としてお使いになった、法身と同じです。うーん、残念ながら、おっしゃるような文は『華厳経』のうちに見あたらないようです。ただし、先に確認しましたとおり、慈恩大師さまのお説によれば、初地以上もしくは第八地以上の菩薩が変易生死ですので、善導和尚のお説はそれと少し異なることになりますね。

黄檗宗、臨済宗

司会　続いて、禅門の皆さまにお話を伺います。まず、黄檗禅師《おうばくぜんじ》にお話を伺います。

黄檗宗・黄檗希運　人あるいは天に生まれるための業を作らず、地獄に生まれるための業を作らず、あらゆる心を起こさず、〔生まれるための〕諸縁（〝諸条件〟）がすべて生じないなら、この身心がそのまま自由人なのじゃ。〔どこにも〕一向に生まれないというわけではないぞ。ただ意のままに生まれるのじゃ。『経』に「菩薩には意生身がある」と書いてあるのがそれじゃ[23]。

次に、臨済禅師《りんざいぜんじ》にお話を伺います。

臨済宗・臨済義玄　おぬしらが一瞬の妄念を生じさせないことが、菩提樹にのぼることじゃ。三界において神通力でからだを変え、意生身によって仏法を楽しみ禅定を楽しみ、体から光が輝き、服を思えばきらびやかな服が千着、食事を思えば百味が具わり、さらに、不意の病にかかることはない[24]。

次に、隠元禅師《いんげんぜんじ》にお話を伺います。

黄檗宗・隠元隆琦　もし来世における異熟（〝むくい〟）についてご質問なら、今世においておやりになったことがそれ（異熟）になるのじゃ。もし今世においておやりになったさまざまな優れたことがあるなら、自然に人か天かに生まれる。もしさまざまな重い業をおやりになったなら、自然に〔地獄、畜生、餓鬼という〕三悪道に堕ちる。ゆえにわが宗門においては、上に向かってひときわ透徹するから、自然に〔輪廻の〕因果関係のうちなる人か天かに堕ちず、しばらくのあいだ願いの力に乗じて、意生身によって、諸衆生を救い、仏となって後にやむのじゃ[25]。

司会　皆さま、禅によって意生身すなわち不思議変易生死が得られるようになるというお話ですね。

律宗、浄土真宗、時宗、曹洞宗

司会　なお、南山大師さま、親鸞上人、一遍上人、道元禅師は生死説について普段からまったくご発言がありませんので、本章においても強いてお話を伺わずにおきます。

おわりに

司会　本章においてお伺いしましたお話を表にしますと、次のとおりです（表9）。

皆さま、ありがとうございました。

表9

宗祖	生死説
法相宗・基	二種生死説（分段生死、変易生死）
律宗・道宣	発言せず
天台宗・智顗	三種生死説（分段生死、変易生死〔方便生死〕、変易生死〔実報〕）
華厳宗・法蔵	二種生死説（分段生死、変易生死）
融通念仏宗・大通融観	二種生死説（分段生死、変易生死）
真言宗・空海	二種生死説（分段生死、変易生死）
日蓮宗・日蓮	二種生死説（分段生死、変易生死）
浄土宗・善導	二種生死説（分段生死、変易生死）
浄土真宗・親鸞	発言せず
時宗・一遍	発言せず
黄檗宗・黄檗希運	二種生死説（分段生死、変易生死）
黄檗宗・隠元隆琦	二種生死説（分段生死、変易生死）
臨済宗・臨済義玄	二種生死説（分段生死、変易生死）
曹洞宗・道元	発言せず

第八章　修行論

はじめに

司会　先の第七章においては、仏になるまで続けられるべき生死について、宗祖の皆さまにお話を伺いました。この第八章においては、その生死において、仏になるために行なわれるべき修行について、宗祖の皆さまにお話を伺います。

インド仏教

司会　まず、十三宗の前提となるインド仏教を扱います。第一章において詳しく扱いましたとおり、歴史的ブッダの教えは、彼の死（紀元前五世紀頃）の後、彼の弟子たちの教団によって、経、律、論という三蔵として編纂されました。経は『阿含経《あごんきょう》』、律は教団の運営規則、論は『阿含経』の解釈です。教団はのちに諸部派へと分裂し、それぞれの部派において、若干異なる三蔵が保持されることになりました。

『阿含経』においては、次のような三種類の修行者が説かれています。

①声聞《しょうもん》（〝〔仏の〕声を聞く者〟）
②独覚《どっかく》（〝独りで目覚めた者〟）

③菩薩《ぼさつ》（〝〔仏の〕悟りを求める生きもの〟）

諸部派の論においては、彼らの悟りは別々であって、声聞や独覚は仏になれないと見なされ、それぞれの悟りに至る、次のような三乗《さんじょう》（〝三種類の乗りもの〟）が説かれています。

①声聞乗《しょうもんじょう》（〝声聞の乗りもの〟）
②独覚乗《どっかくじょう》（〝独覚の乗りもの〟）
③菩薩乗《ぼさつじょう》（〝菩薩の乗りもの〟）

声聞乗と独覚乗とは二乗《にじょう》（〝二種類の乗りもの〟）と言われます。諸部派は声聞乗と規定されます。

その後、歴史的ブッダの死後五百年頃（紀元前後）から、『阿含経』に対する一種の解釈として、大乗《だいじょう》経（〝偉大な乗りものに属する経〟）が出現し始めました。大乗は菩薩になれば仏になりうることを人々に保障し、みずからを菩薩乗と規定し、二乗を小乗《しょうじょう》（〝つまらない乗りもの〟）と規定しています。それによって、諸部派においても、律をそのまま用いつつ、経のうちに大乗経を加え、論として大乗経の解釈を著わす者が出現し始め、結果として、大乗の三蔵を有する、大乗の学派が派生していきました。ここまでは、おさらいです。

（α）『阿含経』においては、修行がばらばらに説かれています。たとえば、のちに五停心観《ごじょうしんかん》（後述）と呼ばれたような、さまざまな瞑想がそれです。

（β）諸部派の論においては、そのようなばらばらに説かれている修行がまとめられ、声聞乗の修行説が体系化されました。

（γ）大乗経においては、大乗の修行がばらばらに説かれています。たとえば、施《せ》（〝喜捨〟）、戒《かい》（〝節制〟）、忍《にん》（〝忍耐〟）、進《しん》（〝努力〟）、定《じょう》（〝瞑想〟）、慧《え》（〝知恵〟）という六波羅蜜《ろくはらみつ》（〝六種類の完成〟）がそれです。

（δ）インドにおける大乗の学派に中観《ちゅうがん》派と唯識《ゆいしき》派との二つがあるうち、唯識派の論においては、そのようなばらばらに説かれている修行がまとめられ、大乗の修行説が体系化されました。それは、あらゆる修行を六波羅蜜へと還元する、六波羅蜜説です（無著《むじゃく》菩薩『摂大乗論《しょうだいじょうろん》』彼入因果分《ひにゅういんがぶん》）。

六波羅蜜説は南北朝時代（六世紀）までに広く中国に受け容れられました。ただし、六波羅蜜はあくまで抽象的な理念であるため、中国においては、さまざまな指導者によって、われわれのような凡夫がいつも行なうべき具体的な修行が決められ、行なわれていったのです。

ここからは、いよいよ宗祖の皆さまにお話を伺います。

法相宗

司会　まず、慈恩《じおん》大師さまにお話を伺いたいところですが、慈恩大師さまはわれわれのような凡夫がいつも行なうべき具体的な修行について普段からまったくご発言がありませんので、本章においては強いてお話を伺わずにおきます。

なお、唐の李乂《りゅう》（七―八世紀）が書いた伝記『大唐大慈恩寺法師基公碑』においては、慈恩大師さまは「さらにまた、五とおりの戒をたもつおかげで、たとえ鋭い剣を握っても無傷であったし、六つのありかたの施を修行するおかげで、たとえ如意宝珠を得てもしまいこまなかった。厳しい戒とまことの施とによって勇ましく努力した[1]」と記録されております。

五とおりの戒とは五戒でしょうが、現実の出家者は五戒を上まわる二百五十戒をたもちますので、ここで五とおりの戒が挙げられたのは基本的な戒が挙げられたにすぎないようです。

六つのありかたの施とは唯識派の『瑜伽師地論《ゆがしじろん》』摂異門分《しょういもんぶん》において説かれている無所依施《むしょえせ》、広大施《こうだいせ》、歓喜施《かんぎせ》、数《さく》数施《さくせ》、田器施《でんきせ》、摂受眷属施《しょうじゅけんぞくせ》であって、慈恩大師さまみずからも引用していらっしゃいます（『説無垢称経疏《せつむくしょうきょうしょ》』巻二本）。

これによれば、慈恩大師さまは特に六波羅蜜のうち施波羅蜜（〝喜捨の完成〟）と戒波羅蜜（〝節制の完成〟）とを修行することによって有名でいらっしゃったようですね。

法相宗・基　（頷く）

司会　六波羅蜜のうちもっとも具体的な修行は禅波羅蜜（〝瞑想の完成〟）でしょうが、唯識派の経論は精緻であって、それを学ぶのに時間がかかるため、唯識派の経論を学ぶ者は禅波羅蜜を修行する時間が少なくなる傾向にあります。唐の時代に中国からインドの唯識派のもとに留学した玄奘《げんじょう》三蔵（六〇二―六六四）は慈恩大師さまのお師匠さまですが、晩年に「玄奘は若い頃からひとえに教義を研鑽しましたが、ただ四禅《しぜん》（〝四つの省察〟）や九次第定《くしだいじょう》（〝だんだん深まる九つの瞑想〟）にいまだ心を安んずる暇がありません。今は心を禅門に託し、心を定水《じょうすい》に澄ませたいと願っております(2)」と書き記していらっしゃいます。これによって、玄奘三蔵は禅波羅蜜として四禅を含む九次第定を行なうおつもりであったことが知られます。九次第定とは、われわれが住む娑婆《しゃば》世界を構成する、下界である欲界《よくかい》（〝欲望界〟）と、天界である色界《しきかい》（〝物質界〟）と、無色界《むしきかい》（〝非物質界〟）との三界《さんがい》のうち、色界を構成する四禅（〝四つの省察〟）と、無色界を構成する四無色定（〝非物質に属する四つの瞑想〟）と、滅尽定《めつじんじょう》（〝通常の心を滅する瞑想〟）との九つです。

奈良時代に日本から中国の玄奘三蔵のもとに留学した道照《どうしょう》さま（六二九―七〇〇）は玄奘三蔵から「わたしが昔、西域に赴き、旅路において飢え、乞食《こつじき》すべき村もなかった時、忽然として一人の沙門《しゃもん》（僧侶）があらわれ、手に梨を持って、それを食べるようわたしにくれた。わたしはそれを食べてのち、気力が日ごとに健やかになった。今のおまえこそが、その、梨を持ってきてくれた沙門［の生まれ変わり］なのだ(3)」と告げられて、たいへんにかわいがられたかたですが、玄奘三蔵から「経論は深妙であって、究めつくすことはできない。禅を学んで東の国（日本）に伝えるにこしたことはない(4)」と教えられて、禅を学んで帰国なさいました。帰国後、元興寺の東南の隅に禅院を建てて禅を教授なさいましたが、その禅のようすは「あるいは三日に一度〔瞑想から〕起き、あるいは七日に一度〔瞑想から〕起きた(5)」と伝えられております。七日を限度として瞑想から起きることは滅尽定の特徴ですから、道照さまが伝えた禅は、玄奘三蔵が考えていた禅と同じく、四禅から滅尽定に至る九次第定であったと推測されます。

したがって、法相宗においては、禅波羅蜜として九次第定を修行することがもっとも正統的であると結論されるのです。残念ながら、道照さまが伝えた九次第定の伝統はその後絶えております。今後、志ある法相宗の僧侶が上座部仏教から九次第定を学ぶならば、法相宗において九次第定を復活させることも夢ではありません。

唯識派の論においては、真理を証得するために、唯識観という瞑想を行なうことが説かれます。ただし、唯識観は十地の初地の直前にある菩薩が初地に入るために行なう修行ですので、われわれのような凡夫がいつも行なうべき修行ではありません。われわれのような凡夫がいつも行なうべき修行はあくまで九次第定なのです。

華厳宗

司会　続いて、賢首《げんじゅ》大師さまにお話を伺いたいところですが、賢首大師さまもわれわれのような凡夫がいつも行なうべき具体的な修行について普段からまったくご発言がありませんので、本章においては強いてお話を伺わずにおきます。

なお、唐の閻朝隠《えんちょういん》（七—八世紀）が書いた伝記『大唐大薦福寺故大徳康蔵法師之碑』においては、賢首大師さまは「〔法蔵〕法師にとっては糞掃衣《ふんぞうえ》（捨てられていた汚れ布を洗って作った衣）が自分の衣であり、禅のここちよさが自分の食べものであった(6)」と記録されております。

これによれば、賢首大師さまは特に六波羅蜜のうち禅波羅蜜（〝瞑想の完成〟）を修行することによって有名でいらっしゃったようですね。

華厳宗・法蔵　（頷く）

司会　具体的にはどのようなことを修行していらっしゃったのか、ヒントだけでもいただけないでしょうか。

華厳宗・法蔵　一巻の『華厳三昧』において説いておいたとおりじゃ。[7]

司会　残念ながら、その本は失われてしまって、残っていないのです。それゆえに、たとえば鎌倉時代の明恵《みょうえ》上人（一一七三―一二三二）は真言宗の修行を採り入れて自分なりに華厳宗の修行を構築しなければならなかったのでした。

律宗

司会　続いて、南山大師さまにお話を伺います。南山大師さまは五停心観を修行と規定していらっしゃいます。

律宗・道宣　〔貪《とん》、瞋《しん》、痴《ち》、慢《まん》、散乱《さんらん》という〕五煩悩については、あたかも棘のある木を除去する時にまずその根を断ちきるように、ことさらに五停心観を修習し、五煩悩を終息させるのじゃ。〔五煩悩を〕とどめて起こらないようにするから、五停心観と呼ばれる。この観を修習することによって、煩悩の現行《げんぎょう》（〝顕在的状態〟）が現行しなくなるので、小解脱のきっかけを得るわけじゃ。戒（〝節制〟）と定《じょう》（〝瞑想〟）とが使いものになってきて、だんだんに神通を証得するのが大解脱と呼ばれる。〔貪、瞋、痴、慢、疑《ぎ》、身見《しんけん》、辺見《へんけん》、見取《けんしゅ》、戒禁取《かいごんしゅ》、邪見《じゃけん》という〕十煩悩が滅びつくすことが真解脱と呼ばれる。いずれも今の五停心観という法にもとづかぬようなものはない。[8]

司会　五停心観は『阿含経』においてばらばらに説かれている五つの修行が唯識派の『瑜伽師地論』本地分中菩薩地力種姓品において菩薩の修行としてまとめられたのが始まりです。中国においては南北朝時代（六世紀）から五度門あるいは五停心観と名づけられて親しまれました。簡単に言えば、次のとおりです。
①不浄観《ふじょうかん》（〝〔自己と他者との身を〕不浄と観察すること〟）によって貪（〝むさぼり〟）を断ちきります。
②慈悲観《じひかん》（〝〔他者を〕慈悲によって観察すること〟）によって瞋（〝いかり〟）を断ちきります。
③因縁観（〝縁起を観察すること〟）によって痴（〝おろかさ〟）を断ちきります。
④界差別観《かいしゃべつかん》（〝〔自己を〕構成要素へと分解して観察すること〟）によって慢（〝おごり〟）を断ちきります。
⑤数息観《すそくかん》（〝息の通いを観察すること〟）によって散乱（〝みだれ〟）を断ちきります。

五停心観によって断ちきられる五煩悩は十煩悩の一部です。十煩悩については、第六章において詳しくお話を伺いましたとおりです。

律宗・道宣　かならず五停心観によって煩悩を除去し聖者の位を証得するのじゃ。[9]

司会　五停心観によって大乗の聖者の位である十地を証得できるというお話ですね。ちなみに、天台大師さまは五停心観を小乗の修行とお考えになり、特に④界差別観を析空観《しゃっくうかん》と呼んでいらっしゃいます。析空観については、第三章において詳しくお話を伺いましたとおりです。しかし、南山大師さまは唯識派の説にもとづいて五停心観を大乗と小乗とに共通の修行とお考えになるのです。

具体的には、どのように聖者の位を証得するのでしょうか。

律宗・道宣　もし数息観のうちに入ったならば、心所《しんじょ》（〝心的要素〟）はしだいに止んでいき、しまいには九次第定（〝だんだん深まる九つの瞑想〟）において、一なるまことの清浄心のうちに帰する。この清浄心が仏性《ぶっしょう》（〝仏の基盤〟）と呼ばれ、まことの常なる法身《ほっしん》（〝法でできたからだ〟）と呼ばれ、無心なる心であり、無相（〝無特徴〟）という相（〝特徴〟）を有するのじゃ。[10]

司会　先ほど確認しましたとおり、九次第定とは、われわれが住む娑婆世界を構成する、下界である欲界（〝欲望界〟）と、天界である色界（〝物質界〟）と、無色界（〝非物質界〟）との三界のうち、色界を構成する四禅（〝四つの省察〟）と、無色界を構成する四無色定（〝非物質に属する四つの瞑想〟）と、滅尽定《めつじんじょう》（〝通常の心を滅する瞑想〟）との九つです。五停心観のうちの数息観によって最終的に滅尽定のうちに入ってのち、あらゆる法（〝枠組み〟）の空性《くうしょう》（〝からっぽさ〟）である法身を体験し、聖者の位を証得するというお話ですね。

天台宗、日蓮宗

司会　続いて、天台大師さまと伝教大師さまとにお話を伺います。天台大師さまは六波羅蜜を禅波羅蜜のうちにまとめ、禅波羅蜜を修行と規定していらっしゃいます。

そもそも、天台大師さまは、お師匠さまであった慧思禅師（五一五―五七七）から、禅波羅蜜として、三種止観《さんしゅしかん》（〝三種類の、静止と観察〟）を教わりました。

1　漸次止観《ぜんじしかん》（〝だんだんの、静止と観察〟）

2　不定止観《ふじょうしかん》（〝〔だんだんとも、すぐさまとも〕決まっていない、静止と観察〟）

3　円頓止観《えんどんしかん》（〝完全な、すぐさまの、静止と観察〟）

これらはいずれも同一の真理を証得するための修行であって、ただ、修行の進みかたがだんだんであるか、すぐさまであるか、どちらでもないかによって異なるのみです。天台大師さまがお考えである真理については、第三章において詳しくお話を伺いましたとおりです。

このうち、天台大師さまが最終的に完成させたのは円頓止観であり、後世においてはもっぱらこれが修行として用いられました。したがって、ここでも、円頓止観についてのみ、お話を伺います。

円頓止観においては、十境（〝十種類の対象〟）を十法門（〝十種類の見地〟）によって打破します。これは「十乗観法《じゅうじょうかんぽう》」と呼ばれます。具体的に言えば、次のとおりです。

①観不思議境《かんふしぎきょう》（〝常識的思考を超えた対象を観察すること〟）によって、陰入界境《おんにゅうかいきょう》（〝〔実体視された、〕五蘊《ごうん》、十二処《じゅうにしょ》、十八界《じゅうはちかい》という対象〟）を打破します。

②起慈悲心《きじひしん》（〝慈悲心を起こすこと〟）によって、煩悩境《ぼんのうきょう》（〝煩悩という対象〟）を打破します。

③巧安止観《ぎょうあんしかん》（〝止観を巧みに安定させること〟）によって、病患境《びょうげんきょう》（〝病気という対象〟）を打破します。

④破法遍《はほうへん》（〝法〔〝枠組み〟〕を打破することが普遍化すること〟）によって、業相境《ごっそうきょう》（〝〔過去の〕悪業のありさまという対象〟）を打破します。

⑤識通塞《しきつうそく》（〝開通状況と閉塞状況とを認識すること〟）によって、魔事境《まじきょう》（〝魔のしわざという対象〟）を打破します。

⑥修道品《しゅどうぼん》（〝悟りの助けとなるものを修習すること〟）によって、禅定境《ぜんじょうきょう》（〝瞑想〔への深入り〕という対象〟）を打破します。

⑦対治助開《たいじじょかい》（〝対処という助けによって〔解脱を〕開くこと〟）によって、諸見境《しょけんきょう》（〝さまざまな見解という対象〟）を打破します。

⑧知次位《ちじい》（〝〔自己の〕地位の階次を知ること〟）によって、増上慢境《ぞうじょうまんきょう》（〝高慢という対象〟）を打破します。

⑨能安忍《のうあんにん》（〝〔自己の名声に対する〕忍耐を安定させることができること〟）によって、二乗境《にじょうきょう》（〝〔声聞と独覚との〕二乗であることという対象〟）を打破します。

⑩無法愛《むほうあい》（〝〔自己が得た〕法への愛着をなくすこと〟）によって、菩薩境《ぼさつきょう》（〝菩薩であることという対象〟）を打破します。

このうち、①の「陰入界境」は衆生《しゅじょう》（〝生きもの〟）を構成している法（〝枠組み〟）である五蘊、十二処、十八界であり、②の「煩悩境」から⑩の「菩薩境」までは①のうちに時々現われるにすぎません。したがって、「十乗観法」の基本は①の「陰入界境」です。

五蘊、十二処、十八界という対象である①の「陰入界境」を、常識的思考を超えた対象として観察することが①の「観不思議境」ですが、具体的にはどのように観察するのでしょうか。

天台宗・智顗　もしもじゃ、

〃一つの心はすべての心であるし、すべての心は一つの心であるし、一つでないし、すべてでない〃

〃一つの蘊はすべての蘊であるし、すべての蘊は一つの蘊であるし、一つでないし、すべてでない〃

〃一つの処はすべての処であるし、すべての処は一つの処であるし、一つでないし、すべてでない〃

〃一つの界はすべての界であるし、すべての界は一つの界であるし、一つでないし、すべてでない〃

〃一つの衆生はすべての衆生であるし、すべての衆生は一つの衆生であるし、一つでないし、すべてでない〃

〃一つの国土はすべての国土であるし、すべての国土は一つの国土であるし、一つでないし、すべてでない〃

〃一つの特徴はすべての特徴であるし、すべての特徴は一つの特徴であるし、一つでないし、すべてでない〃

と理解し、しまいには、

〃一つの完成はすべての完成であるし、すべての完成は一つの完成であるし、一つでないし、すべてでない〃

と理解するならば、あらゆるものをひっくるめて、すべて不可思議境なのじゃ。(11)

司会　〃一つのものはすべてのものである〃という、常識的思考を超えた対象を観察することが「観不思議境」であるというお話ですね。

第三章において詳しくお話を伺いましたとおり、〃一つのものはすべてのものである〃ということは、一心三観《いっしんさんがん》

（〝一瞬の心のうちに〔空《くう》、仮名《けみょう》、中道《ちゅうどう》という〕三つを観察すること〟）によって実体験されます。今の「観不思議境」とは、要するに、一心三観なのですね。

天台宗・智顗　（頷く）　観察されるべきものは〔空、仮名、中道という〕三諦《さんだい》、発起されるべきものは〔一心〕三観なのじゃ。(12)

司会　なお、この円頓止観の行ないかたとして、四種三昧《ししゅざんまい》（〝四種類の瞑想〟）があります。

Ⅰ　常坐三昧《じょうざざんまい》（〝常に坐ったままの瞑想〟）
Ⅱ　常行三昧《じょうぎょうざんまい》（〝常に歩み行きながらの瞑想〟）
Ⅲ　半行半坐三昧《はんぎょうはんざざんまい》（〝半分坐ったまま、半分歩み行きながらの瞑想〟）
Ⅳ　非行非坐三昧《ひぎょうひざざんまい》（〝坐ったままでもなく、歩み行きながらでもない瞑想〟）

これらはいずれも同一の真理を証得するための修行であって、ただ、修行のやりかたが常に坐ったままであるか、

表1　天台宗・智顗の四種三昧(13)

三昧	典拠	期間
常坐三昧	一行三昧《いちぎょうざんまい》（『文殊問般若経』『文殊説般若経』）	九十日
常行三昧	般舟三昧《はんじゅざんまい》（『般舟三昧経』）	九十日
半行半坐三昧	方等三昧《ほうどうざんまい》（『大方等陀羅尼経』）	七日
	法華三昧《ほっけざんまい》（『法華経』『観普賢菩薩行法経』）	二十一日
非行非坐三昧	随自意三昧《ずいじいざんまい》、覚意三昧《かくいざんまい》（そのほか諸経）	無規定

表2　天台宗・智顗の四信五品

四信	①一念信解《いちねんしんげ》（"〔『法華経』寿量品《じゅりょうほん》に対する〕一瞬の信解"） ②略解言趣《りゃくげごんしゅ》（"〔『法華経』寿量品の〕言葉の意趣に対する簡略な信解"） ③広為他説《こういたせつ》（"〔『法華経』寿量品を〕広く他者に説くこと"） ④深信観成《じんしんかんじょう》（"〔『法華経』寿量品に対する〕深い信解によって〔霊山浄土を〕観ることの完成"）
五品	①随喜品《ずいきぼん》（"〔『法華経』に対する〕随喜"） ②読誦品《どくじゅぼん》（"〔『法華経』の〕音読"） ③説法品《せっぽうぼん》（"〔『法華経』の〕説法"） ④兼行六度品《けんぎょうろくどぼん》（"兼ねて六波羅蜜を修行すること"） ⑤正行六度品《しょうぎょうろくどぼん》（"正しく六波羅蜜を修行すること"）

常に歩み行きながらであるか、半分坐ったまま、半分歩み行きながらであるか、どちらでもないかによって異なるのみです。四種三昧はすべて大乗経のうちに典拠があります。表にしますと、前頁のとおりです（表1）。

天台宗・最澄　春と秋とには常行三昧、冬と夏とには常坐三昧じゃ。あとは修行者の好みのままに、半行半坐三昧を修習し、あるいは非行非坐三昧を修習すべきじゃ[14]。

司会　ちなみに、親鸞上人はお若い頃に比叡山延暦寺の常行三昧堂（"常行三昧を行なうための堂"）の堂僧（"堂の役僧"）を務めていたことで知られております。

浄土真宗・親鸞　（頷く）

司会　さて、第二章において詳しくお話を伺いましたとおり、天台大師さまは、『法華経』分別功徳品《ふんべつくどくぼん》によって、四教判のうち円教の行位の最初に五品弟子位《ごほんでしい》を置いていらっしゃいます。そもそも、分別功徳品においては、釈尊の在世の時代に修行されるべき四信《ししん》と、釈尊の滅後の時代に修行されるべき五品《ごほん》とが説かれています。したがって、釈尊の滅後の時代に円教を学ぶ凡夫はまず五品を修行すべきであり、それを修行する位が五品弟子位なのです。表にしますと、右のとおりです（表2）。

ところで、円教を学ぶ凡夫は五品弟子位の始めから円頓止観を修行すべきなのでしょうか。

天台宗・智顗　観（〝観察〟）とは仏の知（〝知恵〟）を言い、止（〝静止〟）とは仏の見（〝見識〟）を言うのじゃ。一瞬ごとに止観が起こることは、衆生（〝生きもの〟）が仏の知見を起こすことじゃ。この観（〝観察〟）が完成することを、最初の①随喜品と呼ぶ[15]。

司会　五品の最初の①随喜品も円頓止観に他ならないというお話ですね。円教を学ぶ凡夫は五品弟子位の始めから一心三観を修行すべきなのです。

日蓮上人が挙手していらっしゃいますが、お話を伺えますでしょうか。

日蓮宗・日蓮　いわゆる五品のうち第一品（①随喜品）と第二品（②読誦品）と第三品（③説法品）とにおいては、仏はまさしく戒（〝節制〟）と定（〝瞑想〟）との二つを廃止して、ひたすら慧（〝知恵〟）という一つに絞っておられる。慧もまた難しいので、信を慧の代わりとなさっておられる。信という一字こそ、おっしゃりたかったことなのじゃ。不信は一闡提《いっせんだい》となる謗法《ほうぼう》（〝仏教誹謗〟）の原因じゃ。信は慧の原因じゃ。名字即《みょうじそく》の位じゃ[16]。

司会　①随喜品と②読誦品と③説法品とにおいては、本来、一心三観の慧（〝知恵〟）を修行すべきですが、『法華経』分別功徳品においては、①随喜品と②読誦品と③説法品とは「深信解相《じんしんげそう》」（〝深い信解のありさま〟）と呼ばれていますから、もし慧を修行することが難しければ、慧の原因である信を修行してもよいというお話ですね。「一闡提」については第五章において、「名字即」については第二章において、それぞれ詳しくお話を伺いましたとおりです。

慧は戒、定、慧という三学（〝三つの学び〟）のうちのひとつですし、施（〝喜捨〟）、戒（〝節制〟）、忍（〝忍耐〟）、進（〝努力〟）、定（〝瞑想〟）、慧（〝知恵〟）という六波羅蜜（〝六つの完成〟）のうちのひとつです。信というのは『法華経』に対する信ですが、具体的にはどのように修行するのでしょうか。

日蓮宗・日蓮　〔六波羅蜜のうち〕施（〝喜捨〟）や戒（〝節制〟）などという五波羅蜜を廃止して、ひたすら「南無妙法蓮華経」と唱えさせるのを、〔四信のうち〕①一念信解と、〔五品のうち〕①随喜品との内容とするのじゃ。これがこの『〔法華〕経』の本意じゃ(17)。

司会　「南無妙法蓮華経」と唱えることが『法華経』に対する信だというお話ですね。

まとめれば、天台大師さまが円教を学ぶ凡夫は五品弟子位の始めから円頓止観を修行すべきだとおっしゃるのに対し、日蓮上人は円教を学ぶ凡夫は五品弟子位の始めには「南無妙法蓮華経」と唱えるだけでよいとおっしゃるのです。

真言宗

司会　続いて、弘法《こうぼう》大師さまにお話を伺います。弘法大師さまは、普段から、密教のさまざまな儀軌（〝儀礼のしかた〟）にもとづく修行を勧めていらっしゃり、特定の何かを修行と規定してはいらっしゃいません。ただし、日本の真言宗においては、鎌倉時代以降、もっぱら四度加行《しどけぎょう》という修行が行なわれています。ここでは、弘法大師さまが特に全文を引用しておられる、龍樹菩薩に帰される『金剛頂瑜伽中発阿耨多羅三藐三菩提心論《こんごうちょうゆがちゅうほつあのくたらさんみゃくさんぼだいしんろん》』（略称『菩提心論』）によって、弘法大師さまが考えておられる基本的な修行を紹介しておきます。表にしますと、左のとおりです（表3）。

簡単に言えば、月輪観から阿字観によって十地の初地に入り、三密から五相成身観によって仏地に入るのですね。

真言宗・空海　真言の修行者がこうしたことを観察し、手に印を結び、口に真言を唱え、心を三摩地《さんまじ》（サマーディ。〝瞑想〟）のうちに安定させるならば、〔衆生と密教の諸尊との〕三密が呼応しあって加持《かじ》（〝うしろだて〟）しあうから、すみやかに大いなる悉地《しっじ》（シッディ。〝完成〟）を得られるのじゃ(19)。

司会　「悉地」は悟りの完成を意味します。いわゆる即身成仏《そくしんじょうぶつ》（〝すぐこの身で仏になること〟）です。

融通念仏宗

司会　続いて、大通《だいつう》上人にお話を伺います。融通念仏宗は、天台宗と華厳宗との教えに基づく、半ば聖道門《しょうどうもん》、半ば

表3　『菩提心論』における修行(18)

修行	内容
月輪観《がちりんかん》 → 阿字観《あじかん》（『大日経』）	**【月輪観】**あらゆる衆生にもともと具わっている浄らかな悟りの心のイメージとして、八つの花弁を持つ白い蓮の花の上の、肘から先ほどの直径の満月を思い浮かべてそれを観察する。 **【阿字観】**その満月の中に、無生《むしょう》（アヌトパッティ。〝〔諸法が空であって〕生じていないこと〟）のイメージとして白光色の「阿」（ア）字を思い浮かべてそれを観察する（アはアヌトパッティのア）。常にそれを見るようになれば、無生智《むしょうち》（無生法忍《むしょうほうにん》〔〝〔諸法が空であって〕生じていないことに対する承認〟〕）を獲得し、〔十地の〕初地に入る。
三密《さんみつ》 → 五相成身観《ごそうじょうしんかん》（『金剛頂経』）	**【三密】**①身密《しんみつ》は手に印を結んで聖者たち（諸仏菩薩）を招くこと。②語密《ごみつ》はひそかに真言を称え、はっきり発音し、誤らないこと。③意密《いみつ》はヨーガにおいて満月と結びつけて菩提心を観察すること（＝月輪観）。 **【五相成身観】**①自らの心に通達する。②〔心臓の上に清らかな心のイメージである満月が見え、〕悟りの心を成ずる（＝月輪観）。③その清らかな心のイメージである満月の中に、金剛杵《こんごうしょ》を見る。④〔あらゆる諸仏がその金剛杵に入り、〕自らをその金剛杵を身とする者と見る。⑤〔自らをあらゆる諸仏と同じであると見、〕この上ない悟りを証得し、金剛杵のような堅固な身を獲得する。

浄土門《じょうどもん》の宗ですが、大通上人は念仏（口称念仏《くしょうねんぶつ》（〝口で称える念仏〟））を修行と判別していらっしゃいます。

融通念仏宗・大通融観　僧侶か俗人かを問わず、教えを受ける他にも、毎日早朝にうがいした後、西に向かって合掌し、「弥陀所伝《みだしょでん》　融通念仏《ゆうずうねんぶつ》　億百万遍《おくひゃくまんべん》　決定往生《けつじょうおうじょう》」と声を上げ、心を込めて、高すぎず低すぎず、遅すぎず急ぎすぎず、中庸を得て、一音一音はっきりと、（「南無阿弥陀仏」という）果号を称え、十回を限度とする。この一生涯を終えるまで、少しもやめてはならぬ。早朝に仏名を称えるのは尊敬を表わす。大臣が朝廷に出仕するのと同じじゃし、君子が自らを省みるのと同じじゃ。あるいは、早朝は夜気がすがすがしく、いまだ世渡りに思いを馳せないので、おのが心の清らかさを得られるのじゃ。あるいは、朝露はたちまち消え去ってしまい、電光はただちに過ぎ去ってしまうのに、幸いにも、一日の光景を得ることができたので、一日の仏名を称えれば、霊験あらたかに極楽に生まれることを得るのじゃ[20]。

司会　「弥陀所伝……」とは、融通念仏宗の開祖と見なされる日本天台宗の良忍さま（一〇七三―一一三二）が阿弥陀仏から「一人一切人　一切人一人　一行一切行　一切行一行　十界一念　融通念仏　億百万遍　功徳円満」（〝ひとりはみんな、みんなはひとり、ひとりの修行はみんなの修行、みんなの修行はひとりの修行。〔地獄、畜生、餓鬼、人、天、阿修羅、声聞、独覚、仏、菩薩という〕十界は一瞬の心に含まれ、融通しあう念仏によって、億百万回ぶんの、功徳が完成する〟）という偈を授かったという伝説を指します。

浄土宗、浄土真宗、時宗

司会　ここからは、浄土門の皆さまにお話を伺います。浄土門の修行は、中観派《ちゅうがんは》の龍樹《りゅうじゅ》菩薩以来、易行《いぎょう》（〝たやすい修行〟）と表現されています。

まず、易行の概要について、法然上人にお話を伺います。

浄土宗・法然　とりあえず、曇鸞《どんらん》法師（四七六―五四二）の『往生論註《おうじょうろんちゅう》』のうちに言われております。

「謹んで龍樹菩薩の『十住毘婆沙論《じゅうじゅうびばしゃろん》』を拝読するに、『〔悟りに対する〕不退却を求める菩薩には二種類の道がある。第一は難行道《なんぎょうどう》（〝なしがたい修行の道〟）、第二は易行道《いぎょうどう》（〝たやすい修行の道〟）である』と説かれている。

難行道とは、具体的に言えば、五濁《ごじょく》の世において、無仏の時において、〔悟りに対する〕不退却を求めることは困難なのである。この困難は多くあるが、おおまかに五つ三つを言って、内容を示したい。

第一は、外道（〝異教徒〟）がうわべは善をよそおって菩薩の法を乱すこと。

第二は、声聞が求めるおのれだけの利益が〔菩薩の〕大いなる慈悲をさまたげること。

第三は、他人を顧みない悪人が他人の優れた徳性を踏みにじること。

第四は、〔現世において得られた〕善いむくいを〔楽と〕誤解して梵行《ぼんぎょう》（〝性的禁欲の修行〟）をやめること。

第五は、〔菩薩の〕自力だけであって〔仏の〕他力の加護がないこと。

これらのことであって、〔われわれの〕目に映るものすべてがそれである。あたかも陸路の歩行が苦であるのに似ている。

易行道とは、具体的に言えば、ただ〔阿弥陀〕仏を信ずることという原因によって、浄土（極楽世界）に生まれたいと願い、〔阿弥陀〕仏の本願の力に乗ってすみやかにその清らかな仏土に往生することを得、〔阿弥陀〕仏の力によって加護され、ただちに大乗の正定聚《しょうじょうじゅ》（〝正しさに定まったグループ〟）に入るのである。正定とは〔悟りに対する〕不退却である。あたかも水路の乗船が楽であるのに似ている」と。

このうち、難行道とは、聖道門であります。易行道とは、浄土門であります。難行道と易行道、聖道門と浄土門は、ことばが違っているにせよ、意味は同じであります[21]。

司会　五濁とは、寿濁《じゅじょく》（〝寿命の劣化〟）、劫濁《こうじょく》（〝時劫の劣化〟）、煩悩濁《ぼんのうじょく》（〝煩悩の劣化〟）、見濁《けんじょく》（〝見解の劣化〟）、衆生濁《しゅじょうじょく》（〝生きものの劣化〟）です。

次に、易行の詳細について、善導和尚《ぜんどうかしょう》にお話を伺います。

浄土宗・善導　次に、行（〝修行〟）に信を起こすことについてであるが、ところで、この行には二種類ある。

一つめは正行《しょうぎょう》（〝正統的な修行〟）、

二つめは雑行《ぞうぎょう》（〝夾雑的な修行〟）じゃ。

正行とは、ひたすら往生経（浄土三部経）の行によって行ずることが正行と呼ばれる。それは何かというならば――

①一心不乱にひたすらこの『観無量寿経』『阿弥陀経』『無量寿経』などを音読すること、

②一心不乱に思いを凝らして、かの〔阿弥陀仏の〕仏国土における〔依報《えほう》（〝環境としてのむくい〟＝仏国土）と正《しょう》報《ぼう》（〝正式なむくい〟＝仏身）との〕二報の様子を観察し記憶すること、

③礼拝《らいはい》する際に一心不乱にひたすらかの仏を礼拝すること、

④口で称える際に一心不乱にひたすらかの仏の名号《みょうごう》（「南無阿弥陀仏」）を称えること、

⑤讃嘆し供養する際に一心不乱にひたすら讃嘆し供養すること。

以上が正行と呼ばれる。

また、この正行のうちに、さらに二種類ある。

一つめは、一心不乱にひたすら阿弥陀仏の名号を称え、歩く時も、とどまる時も、坐る時も、臥せる時も、時間の長短を問わず、一瞬一瞬やめないならば、それ（④）が正定《しょうじょう》の業《ごう》（〝正統的かつ確定的な修行〟）と呼ばれる。かの仏の本

願にそぐうからじゃ。

〔二つめは、〕もし礼拝や音読（①②③⑤）によるならば、助業《じょごう》（〝補助的な修行〟）と呼ばれる。

この正定の業と助業との二つのほかの、のこりのさまざまな善行はすべて雑行と呼ばれる。[22]

司会　浄土三部経による五つの正行のうち、特に念仏（口称念仏〔〝口で称える念仏〟〕）が阿弥陀仏の本願にかなう正行であるというお話ですね。

次に、親鸞上人にお話を伺います。

浄土真宗・親鸞　謹んで浄土真宗を考えてみれば、二種類の廻向《えこう》（〝贈りもの〟）がありますのう。

一つめは往相《おうそう》（〝〔極楽世界に〕往くためのもの〟）、

二つめは還相《げんそう》（〝〔極楽世界から〕還るためのもの〟）ですわい。

往相廻向のうちに、まことの、教（〝教え〟）と行（〝修行〟）と信（〝信仰〟）と証（〝〔涅槃の〕証得〟）とがありますのう。

さて、まことの教を明らかにしてみれば、『大無量寿経』がそれですわい。[23]

司会　通常の仏教においては、廻向とは衆生（〝生きもの〟）が自分の功徳を他者に贈り、自分の悟りのみならず、他者の悟りを助けることを意味します。しかし、親鸞上人においては、廻向とは阿弥陀仏が自分の功徳を他者に贈り、他者の悟りを助けることを意味します。すなわち、親鸞上人においては、教である『無量寿経』のみならず、行も、信も、証も、すべて衆生が阿弥陀仏からいただくものであり、衆生がみずから起こすものではないのです。現代の学界においては、このことを「絶対《ぜったい》他力《たりき》」（〝絶対的に他者〔＝阿弥陀仏〕の力によること〟）と呼びます。

教については、先ほどお話を伺いました。証については、第十一章において詳しくお話を伺います。今は、行と信とについて、お話を伺えますでしょうか。

浄土真宗・親鸞　謹んで往相廻向を考えてみれば、大いなる行があるし、大いなる信がありますのう。大いなる行とは、無碍光《むげこう》如来（阿弥陀仏）の名号（「南無阿弥陀仏」）を称えることですわい。この行はさまざまな善法《ぜんぽう》を含んでおり、さまざまな善根《ぜんこん》を具えておる。きわめて速く完成する。真如《しんにょ》（〝そのとおりのまこと〟）という唯一の真実である、功徳いっぱいの宝の海ですのう。そういうわけで、大いなる行と呼ばれるのですわい[24]。

司会　行とは念仏（口称念仏〔〝口で称える念仏〟〕）であるというお話ですね。真如とは、あらゆる法（〝枠組み〟）の空性《くうしょう》（〝からっぽさ〟）の別名です。

浄土真宗・親鸞　そういうわけで、〔阿弥陀仏の〕名号を称えれば衆生のあらゆる無明《むみょう》を断ちきることができるし、衆生のあらゆる意向を満たすことができるのですのう。名号を称えることが最高の本当の正業《しょうごう》（〝正統的な修行〟）じゃ。正業は念仏じゃ。念仏は「南無阿弥陀仏」じゃ。「南無阿弥陀仏」は正念《しょうねん》（〝正統的なこころがけ〟）じゃ。おわかりになるがよろしい[25]。

司会　念仏によって無明を断ちきることができるというお話ですね。しかし、通常の仏教においては、慧《え》（〝知恵〟）によって無明を断ちきるのではないでしょうか。

浄土真宗・親鸞　慧である念仏を得るのは、〔阿弥陀仏の前身である〕法蔵《ほうぞう》菩薩の本願の力のおかげですのう。信という慧がないならば、どうして涅槃を悟れましょうや[26]。

司会　行である念仏が、慧でもあり信でもあり、衆生は阿弥陀仏の本願の力のおかげでそれを得るというお話ですね。信と慧とを同一視なさる点で、親鸞上人と日蓮上人とはよく似ていらっしゃいます。

浄土真宗・親鸞　そういうわけで、行であれ信であれ、ひとつとして阿弥陀如来の清らかな本願の御心によって〔衆生に〕廻向され完成されないようなものはありませぬのう。その原因以外に他の原因はありませぬのう。おわかりになるがよろしい[27]。

司会　行であれ信であれ、衆生がみずから起こすものでなく、阿弥陀仏からいただくものだというお話ですね。もしそうならば、厳密に言えば、念仏は修行でないことになります。

浄土真宗・親鸞　本願はもともと〔衆生に対する〕阿弥陀仏の御約束であるとわかった上は、〔念仏は衆生の〕善でもありませぬし、〔衆生の〕修行でもありませぬのう。そういうわけで他力と呼ばれるのですわい[28]。

司会　念仏が修行でないならば、念仏は何なのでしょうか。

浄土真宗・親鸞　阿弥陀仏の本願を憶えていれば、自然にただちに正定聚（〝正しさに定まったグループ〟）に入りますのう。ただ常に〔阿弥陀〕如来の名号を唱えて、大悲の誓いの御恩に報いるべきですわい[29]。

司会　念仏はあくまで阿弥陀仏への報恩（〝恩返し〟）であるというお話ですね。

　以上が二種類の廻向のうちの往相廻向ですが、還相廻向についてもお話を伺えますでしょうか。

浄土真宗・親鸞　二つめに、還相廻向と言うのは、他者を利益することという、教化地《きょうけじ》（〝〔他者を〕教化する段階〟）における利益ですのう。「必ず一生補処《いっしょうふしょ》（〝〔仏となるまでに〕あと一生を残す状態〟）に至る」という願のうちに出ておりますわい。一生補処の願と呼ばれもしますし、還相廻向の願と呼んでもよいですのう[30]。

司会　阿弥陀仏の前身である法蔵菩薩の本願のひとつ（第二十二願）として、康僧鎧《こうそうがい》訳『無量寿経』に「もしわたしが仏〔阿弥陀仏〕になった際に、よその仏国土の諸菩薩がわたしの仏国土に生まれに来て、最終的に必ず一生補処に至らないならば――本願によって自由自在に〔寿命が〕変化され、衆生のために、大きな誓いという鎧を着け、善根を積みかさね、あらゆる者を解脱させ、諸仏国土を周遊し、菩薩の行を修習し、全方向の諸仏如来を供養し、ガンジス河の砂の数ほどの衆生を開化させ、この上ない正しくまったき悟りへと出発させ、抜群である諸地の行へと出立し、普賢《ふげん》菩薩の功徳を現前に修習する者たちを例外としますが――もしそうならないならば、〔わたしは〕正しい悟りを得たくありません」[31]とあります。すなわち、たとえ極楽世界に生まれたとしても、仏になろうとせずに、衆生を助けるために、さまざまな世界へと還っていく菩薩たちもいるのです。そのような菩薩にそれを許すことが還相迴向であるというお話ですね。

　次に、一遍上人にお話を伺います。

時宗・一遍　もっぱら〔阿弥陀仏の〕名号（「南無阿弥陀仏」）を称える行を修め、ほかの雑行（〝夾雑的な修行〟）に努めてはならぬ。[32]

司会　善導和尚がおっしゃった正行と雑行とのうち、正行のひとつである念仏（口称念仏〔〝口で称える念仏〟〕）が修行であるというお話ですね。

時宗・一遍　そうは言ってもじゃ、〔阿弥陀仏の前身である〕法蔵比丘は、五劫ものあいだ思惟をかさねた知恵によって、〔阿弥陀仏の〕名号という不思議な法を悟り得て、凡夫を〔極楽世界に〕生まれさせることを〔自分が仏となるための〕本願となさった。この本願がすでに十劫もの前にかなえられ〔法蔵比丘が阿弥陀仏になれ〕た時、全方向にいる衆生が〔極楽世界に〕生まれるためにすべきことは「南無阿弥陀仏」であると決定された。この、〔阿弥陀仏の〕悟りそのものが、阿弥陀仏の名号のうちに現われておる以上、厭離穢土《おんりえど》、欣求浄土《ごんぐじょうど》（〝穢土を厭い、浄土を求める〟）の志があろう人は、自分の身における信と不信、浄と不浄、有罪と無罪とを問題にせず、ただ、このような不思議な名号を聞くことができたことを喜んで、「南無阿弥陀仏」と称えて息絶え、命を終える時、かならず聖者たちのお迎えにあずかって、〔極楽世界において〕無生法忍《むしょうほうにん》（〝あらゆる法〔〝枠組み〟〕が生じていないことの確認〟）を得るがよろしい。[33]

司会　浄土三部経のひとつである『観無量寿経』においては、五逆罪《ごぎゃくざい》を犯した罪人すら、「南無阿弥陀仏」と十回称えるならば、地獄行きをまぬがれて極楽世界に生まれると説かれています。五逆罪とは、①父を殺す罪、②母を殺す罪、③阿羅漢を殺す罪、④仏を出血させる罪、⑤教団を分裂させる罪です。「南無阿弥陀仏」と十回称える者が極楽世界に生まれることは十劫もの前から決まっているというお話ですね。もしそうならば、厳密に言えば、念仏は修行でないことになります。

時宗・一遍　熊野権現《くまのごんげん》が「信と不信とを問題にせず、有罪と無罪とを問題にせず、『南無阿弥陀仏』が〔極楽世界に〕生まれるのであるぞ」と夢でご教示くださった時から、わしは了解して、自力〔の修行〕という妄執《もうしゅう》を捨てたのじゃ(34)。

司会　法然上人の高弟のおひとりに、浄土宗西山派《せいざん》〔西山浄土宗〕の祖である証空《しょうくう》上人〔一一七七―一二四七〕がいらっしゃいます。証空上人のお考えによれば、阿弥陀仏の前身である法蔵菩薩は衆生が「南無阿弥陀仏」と十回称えてなお自分の仏土に生まれないならば仏にならないという本願を立て、それが今から十劫も前にかなえられて阿弥陀仏になった以上、「南無阿弥陀仏」と十回称える者が極楽世界に生まれることは十劫もの前から決まっています。したがって、証空上人は「南無阿弥陀仏」こそが〔極楽世界に〕生まれる主体であるとお考えになりました〔『西山善慧上人御法語』〕。一遍上人は証空上人の孫弟子でいらっしゃいますから、証空上人のお考えを、特に熊野権現のお告げによって裏づけなさったのです。

念仏が修行でないならば、念仏は何なのでしょうか。

時宗・一遍　とにもかくにも、跳ねよ、踊れ、心という馬よ。阿弥陀仏の御法と聞くのはうれしいではないか(35)。

司会　念仏はあくまで歓喜の表現だというお話ですね。歓喜の表現として一遍上人がお広めになったのがいわゆる

「踊り念仏」です。

なお、一遍上人のお説は信と不信とを問題としないものですが、阿弥陀仏から信をいただくことを重視する浄土真宗（蓮如以降）の内部においては、このような説は「十劫安心《じっこうあんじん》」という異安心《いあんじん》（〝異端の安心〟）の扱いを受けています。

曹洞宗による批判

司会　先ほどから道元禅師が憮然としていらっしゃいますが、お話を伺えますでしょうか。

曹洞宗・道元　また、読経《どきょう》、念仏などの勤行によって得られる功徳を、汝はわかっておるのかどうか。ただ舌を動かし声を上げることを仏事の功徳と思っておるのは、何ともむなしいことじゃ。仏法に較べてはなはだ遠く、いよいよ遥かじゃ。また、経をひもとくことは、仏が頓《とん》（〝すぐさま〟）や漸《ぜん》（〝だんだん〟）の修行のしかたを教えておいたのを〔われわれが〕はっきり知り、教えのとおり修行したならば、かならず証得を得させるであろうというのじゃ。〔経について〕無駄に憶測を費やして、〔その憶測を〕悟りを得るための功徳になぞらえようというのではない。愚かにも千万回も称えるような口業《くごう》（〝口のふるまい〟）をしきりに行なって仏道（〝仏の悟り〟）に至ろうとするのは、あたかもハンドルを北にして南へ行こうとするようなものじゃ。あるいは、円形の穴に四角い木をはめ込もうとするのと同じじゃ。経文を見ながらも修行すべき道をわかっておらぬのは、医師が薬の調合法を忘れておるようで、いったい何の利益があろうか。口から声をひっきりなしに出しておるのは、春の田の蛙が昼も夜も鳴いておるようじゃ。結局、利益などない。(36)

司会　念仏は無駄だというお話ですね。

曹洞宗・道元　今どきの人は「易行の行を行ずるのがよい」と言っておる。この言いぐさはもっとも悪い。はなはだ仏道と合わぬ。もし専念することを行と見なすならば、ずっと寝転がっていることすら面倒くさい行じゃ。一つのことすら面倒くさいならば、万事が面倒くさいであろう。易行を好む人は自分を仏道の器《うつわ》でないと知れ。ましてや、今の世に流布しておる法とは、これは釈迦大師が無量劫のあいだ難行苦行なさってのち、その後にようやくこの法を得たまうたのじゃ。みなもとがそうである以上、そこから派生したものがどうして易行であることができようか。仏道を好む士は易行を志してはならぬ。もし易行を求めるならば、けっして本当の地に達せず、けっして〔『法華経』化《け》城喩品《じょうゆほん》において説かれる〕宝のありかに到らぬはずじゃ。昔の人は凄い力量を具えていたが、それでも「難行」とおっしゃった。仏道の深大さを察知できるというものじゃ。もし仏道がもともと易行ならば、昔の凄い力量の士は「難行難解」と言うことができたはずがない。今の人を昔の人に較べれば、九牛の一毛にも及ばない。しかるに、この劣った素質や薄っぺらな知識を、たとえ無理やりに、難行を行ずることができるものと見なしても、やはり昔の人の易行易解に及ぶことができぬ。今の人が好む易解易行の法とは、それはいったい何であろうか。世法でもなく、仏法でもなく、天魔波旬《てんまはじゅん》（〝悪魔パーピーヤス〟）の行にも及ばず、外道や二乗の行にも及ばぬ。凡夫の迷妄の甚しいものと言ってよかろうか。たとえ〔易行を輪廻からの〕出離と見なすにせよ、むしろ果てしない輪廻じゃ[37]。

司会　仏教の修行はそもそも難行なのがあたりまえであって、易行を好む人は仏教の修行の器でないし、易行は輪廻を脱出するための修行にならないというお話ですね。

親鸞上人が挙手していらっしゃいますが、お話を伺えますでしょうか。

浄土真宗・親鸞　念仏は本当に浄土に生まれるための種であるのか、あるいは地獄に堕ちるべき業であるのか、まったく存じませぬのう。たとえ法然上人にだまされて、念仏して地獄に堕ちたとしても、さらさら後悔するはずもありませぬ。そのわけは、ほかの修行にも励んで仏になるはずのわが身が、念仏して地獄に堕ちたのなら、だまされたという後悔もあるじゃろうが、どの修行もものにならないわが身じゃから、どうせ地獄が住みかに決定ですわい(38)。

司会　どの修行もものにならず、地獄に堕ちることは必然だが、最後の望みの綱のつもりで念仏しているのだというお話ですね。親鸞上人に言わせれば、自分が仏教の修行の器でないことはわかっているし、念仏は修行のつもりでないということでしょうね。

浄土真宗・親鸞　結局、愚かなわが身の信心については先ほどのとおりですわい。そうである以上、念仏を選んで信じなさるのも、あるいは捨てなさるのも、おのおのがたのお考えしだいじゃ(39)。

司会　愚者にとっては念仏しかないというお話ですね。

曹洞宗・道元　文字ひとつ理解しない、才能がない愚鈍な人も、もし坐禅に打ち込んだならば、多年にわたって長く学んできた聡明な人にすらまさってめざましくなる。そうである以上、学ぶ人は、只管打坐《しかんたざ》(40)（〝ひたすら坐禅〟）し、他のことを気にしてはならぬ。仏祖の道はひたすら坐禅じゃ。他のことに随うのはよくない。

司会　愚者にとっては坐禅があるというお話ですね。

曹洞宗・道元　もし聡明博識だから仏道（〝仏の道〟）に入ってよいというならば、神秀上座《じんしゅうじょうざ》（六〇六―七〇六。中国禅の〔北宗〕第六祖）こそその人にふさわしい。もし凡庸卑賤だから仏道に嫌われてよいというならば、曹渓慧能《そうけいえのう》高祖（六三八―七一三。中国禅の〔南宗〕第六祖。文字を読めなかった）はどうして成し遂げられたであろうか。仏道を伝えたり得たりするためのきまりが聡明博識のほかに存在することは、このことから明らかじゃ。探しては尋ねるがよい、顧みては参学するがよい。さらに、老年耄碌も嫌われないし、幼年や壮年も嫌われない。趙州従諗《じょうしゅうじゅうしん》（七七八―八九七）は六十歳あまりで初めて参学したが、それでもなお祖師の席上における英雄であった。鄭《てい》氏の娘は十三歳にしてすでに久しく〔潙山霊祐《いさんれいゆう》（七七一―八五三）に〕参学しており、やはり道場において抜群であることができた。仏法の威力が現われることは参加するか参加しないかにかかっており、分かれ道は参学するか参学しないかにあるのじゃ[41]。

司会　ひたすら坐禅するにせよ、もし坐禅の意味や故実を知っている必要があるならば、愚者にとって参加しにくくないでしょうか。

曹洞宗・道元　仏道を学ぶ初心者は、ただただ、〔禅道場の〕大衆《だいしゅ》に従って、仏道を修行すべきじゃ。修行の意味や故実などを、学び知ろうと思ってはならぬ。用心や故実なども、ただ一人で山にこもったり市中に隠れ住んだりして修行しようという時に、誤りなくよくわかっておればよいだけのことじゃ。もし〔禅道場の〕大衆に従って修行するならば、仏道を得るはずじゃ。たとえば、舟に乗って行く場合には、たとえ故実を知らず、行くさまを知らなくても、もし良い船頭に任せて行くならば、たとえ知っていても、知らなくても、向こう岸に到るようなものじゃ。善知識（〝指導者〟）に従って、〔禅道場の〕大衆とともに修行して、もし私心がないならば、自然に仏道を学ぶ人となるのじゃ[42]。

司会　初心者のうちは坐禅の意味や故実を知る必要はないというお話ですね。

坐禅と念仏とは両立しないのでしょうか。

曹洞宗・道元　〔天童山景徳寺《てんどうさんけいとくじ》（浙江省寧波市）の〕住職和尚さま（天童如浄《てんどうにょじょう》。一一六三―一二二八）は教えてくださった。「参禅は身心脱落《しんじんだつらく》である。焼香・礼拝《らいはい》・念仏・懺悔《さんげ》・看経《かんきん》（〝経の黙読〟）を用いず、只管打坐《しかんたざ》（〝ひたすら坐禅〟）するのみ」と[43]。

司会　坐禅と念仏とは両立しないというお話ですね。

ですが、隠元禅師は黄檗宗の在家信者に念仏させてもいらっしゃらないでしょうか。

黄檗宗・隠元隆琦　いまどきの連中が、素質の点で劣り、気力の点で弱く、辛抱できないのをどうすればよいのじゃ。

やむを得ずに、人に念仏させてもおるのは、まさしく病に応じて薬を与えるという気持ちじゃ。誰が不適切と思うじゃろうか。(44)

司会　あくまでやむを得ず念仏させているというお話ですね。

黄檗宗、臨済宗、曹洞宗

司会　というわけで、続いて、禅門の皆さまにお話を伺います。

まず、黄檗禅師《おうばくぜんじ》にお話を伺います。

黄檗宗・黄檗希運　悟りは心のうちにすでにあり、六波羅蜜（〝六つの完成〟）のようなよろずの修行と関係ない。六波羅蜜のようなよろずの修行はすべて〔衆生（〝生きもの〟）を〕教化するための法門であり、衆生に接するたび衆生を救ってやるという程度のことにすぎぬ。(45)

司会　悟りは心のうちにもともと具わっており、六波羅蜜のような修行によって新たに得られるのではないというお話ですね。第四章において詳しくお話を伺いましたとおり、黄檗禅師がおっしゃる心とは無心を指していました。

黄檗宗・黄檗希運　この心がそのまま仏、仏がそのまま衆生じゃ。衆生である時にもこの心は減らぬし、諸仏となる時にもこの心は増えぬ。しまいには、六波羅蜜のようなよろずの修行も、ガンジス河の砂の数ほどの功徳も、もともとおのずから〔心のうちに〕具わっているのであり、修習によって添えられるわけではない。(46)

司会　もし悟りが心のうちにもともと具わっており、六波羅蜜のような修行によって新たに得られるのではないならば、いかなる修行によってその悟りを扱えるようになるのでしょうか。

黄檗宗・黄檗希運　心を虚空《こくう》のようにし終え、枯木や大石のようにし終え、冷えた灰や消えた火のようにし終えれば、ようやく少しばかりものになってきたというものじゃ。もしそうならねば、いつの日か閻魔大王がおぬしを拷問するはめになるぞ(47)。

司会　無心でいる修行をせよというお話ですね。

黄檗宗・黄檗希運　今はただあらゆる時に、行く時であろうが、とどまる時であろうが、坐る時であろうが、横になる時であろうが、ただただ無心を学び、分別《ふんべつ》（〝わけへだて〟）をなくし、依存をなくし、執着をなくし、一日中なりゆきまかせに、阿呆のようであれ。世の中の人はみなおぬしを知らず、おぬしもまた人に知られるようにしたり、知られぬようにしたりする必要はない。心は大石のようにまったく継ぎ目がなく、あらゆるものがおぬしの心に入らぬので、突っ立ったまま執着がない。そのようであってこそ、ようやく少しばかりものになってきたというものじゃ(48)。

司会　次に、臨済《りんざい》禅師にお話を伺います。

臨済宗・臨済義玄　拙僧の見かたによれば、仏もなく衆生もなく、昔の人もなく今の人もない。得たものはそもそも得ていたのであり、時間を経て得られたのではない。修行もなく証得もなく、得ることもなく失うこともない。あらゆる時において、何か別の法があるのではない。もしこれ以上何か法があるならば、わしはそれを「夢のごとく、幻のごとし」と呼ぶ。拙僧の説はすべてこのとおりじゃ(49)。

司会　黄檗禅師と同じご趣旨ですね。

臨済宗・臨済義玄　ただ、あちこちの者が「六波羅蜜のようなよろずの修行が仏法である」と言っているようなことは、わしに言わせれば、飾りの意味、仏教行事の意味しかなく、仏法ではない。しまいには、持斎《じさい》（〝一日に限っての持戒〟）や持戒に至るまで、油を捧げてこぼさないほどであっても、悟りの眼は見えないまま、すべて〔業の〕むくいを受けねばならず、〔閻魔大王に〕接待費を請求される日がやってくるぞ(50)。

司会　黄檗禅師と同じご趣旨ですね。

次に、道元禅師にお話を伺います。

曹洞宗・道元　今、仏祖の行ないをしようと思うならば、望むものもなく、求めるものもなく、得るものもなく、利益がないまま昔の聖者の道を行ない、仏祖代々の行跡を行なうべきじゃ。求めるものを断ち、仏という結果を望んではならぬ。そうは言っても、修行を止め、もとの悪行にとどまるならば、かえって求めるもののうちに堕し、旧弊《きゅうへい》にとどまってしまう。まったく少しの望むものもとどめず、ただただ、人と天との福徳をもたらすものになろうと、僧侶の威儀を守り、衆生を救済利益する行儀を思い、諸善を好んで修習し、もとの悪を捨て、今の善をためらわず、一生のあいだ行なっていくならば、それを昔の人も「漆桶の底を破りぬく」（〝漆のような黒い迷いでいっぱいの心という桶の底を爽やかに打ち破る〟）と言っておられる。仏祖の行跡とはそうしたものじゃ(51)。

司会　具体的には、どういう修行を行なうべきなのでしょうか。

曹洞宗・道元　只管打坐《しかんたざ》（〝ひたすら坐禅〟）じゃ。あるいは階上、あるいは階下において、常に坐禅をいとなむ。人に交わって話したりせず、聾者のごとく、痾者のごとく、常にひとり坐禅を好むのじゃ(52)。

司会　何も求めないというお説は黄檗禅師や臨済禅師のお説と似ていますが、黄檗禅師や臨済禅師が修行として必ずしも坐禅を強調なさらないのに対し、道元禅師は只管打坐を強調なさるのですね。

おわりに

司会　本章において伺いましたお話を表にしますと、次のとおりです（表4）。

皆さま、ありがとうございました。

表4

宗祖	修行説
法相宗・基	発言なし
律宗・道宣	五停心観
天台宗・智顗	一心三観
日蓮宗・日蓮	唱題
華厳宗・法蔵	発言なし
融通念仏宗・大通融観	念仏
真言宗・空海	密教のさまざまな儀軌にもとづく修行
浄土宗・善導	念仏
浄土真宗・親鸞	念仏（厳密に言えば、修行でなく報恩）
時宗・一遍	念仏（厳密に言えば、修行でなく歓喜）
黄檗宗・黄檗希運	坐禅（無心を学ぶ）
臨済宗・臨済義玄	坐禅（無心を学ぶ）
曹洞宗・道元	坐禅（只管打坐）

第九章　仏身論

はじめに

司会　先の第八章においては、仏になるために行なわれるべき修行について、宗祖の皆さまにお話を伺いました。この第九章においては、その修行によって、仏になって得られるべき仏身《ぶっしん》（〝仏のからだ〟）について、宗祖の皆さまにお話を伺います。

インド仏教

司会　まず、十三宗の前提となるインド仏教を扱います。第一章において詳しく扱いましたとおり、歴史的ブッダの教えは、彼の死（紀元前五世紀頃）の後、彼の弟子たちの教団によって、経、律、論という三蔵として編纂されました。経は『阿含経《あごんきょう》』、律は教団の運営規則、論は『阿含経』の解釈です。教団はのちに諸部派へと分裂し、それぞれの部派において、若干異なる三蔵が保持されることになりました。

『阿含経』においては、次のような三種類の修行者が説かれています。

①声聞《しょうもん》（〝〔仏の〕声を聞く者〟）

②独覚《どっかく》（〝独りで目覚めた者〟）

③菩薩《ぼさつ》（〝〔仏の〕悟りを求める生きもの〟）

諸部派の論においては、彼らの悟りは別々であって、声聞や独覚は仏になれないと見なされ、それぞれの悟りに至る、次のような三乗《さんじょう》（〝三種類の乗りもの〟）が説かれています。

①声聞乗《しょうもんじょう》（〝声聞の乗りもの〟）
②独覚乗《どっかくじょう》（〝独覚の乗りもの〟）
③菩薩乗《ぼさつじょう》（〝菩薩の乗りもの〟）

声聞乗と独覚乗とは二乗《にじょう》（〝二種類の乗りもの〟）と言われます。諸部派は声聞乗と規定されます。

その後、歴史的ブッダの死後五百年頃（紀元前後）から、『阿含経』に対する一種の解釈として、大乗経《だいじょうきょう》（〝偉大な乗りものに属する経〟）が出現し始めました。大乗は菩薩になれば仏になりうることを人々に保障し、みずからを菩薩乗と規定し、二乗を小乗《しょうじょう》（〝つまらない乗りもの〟）と規定しています。それによって、諸部派においても、律をそのまま用いつつ、経のうちに大乗経を加え、論として大乗経の解釈を著わす者が出現し始め、結果として、大乗の三蔵を有する、大乗の学派が派生していきました。ここまでは、おさらいです。

（α）『阿含経』においては、仏身がばらばらに説かれています。

（β）諸部派の論においては、そのようなばらばらに説かれている仏身がまとめられ、声聞乗の仏身説が体系化されました。それは、生身《しょうしん》（〝生まれつきのからだ〟）と法身《ほっしん》（〝法でできているからだ〟）との二身説です。図にしますと、次のとおりです。

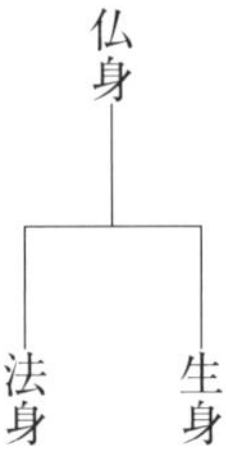

司会　部派のひとつである説一切有部《せついっさいうぶ》の論によれば、法身とは、仏の属性である十八不共仏法《じゅうはちふぐうぶっぽう》を指します。

（γ）大乗経においては、大乗の仏身がばらばらに説かれています。たとえば、『般若経』においては、諸部派の論における二身説を踏襲して、色身（〝物質でできているからだ〟）と法身との二身説が説かれています。『般若経』によれば、法身とは、あらゆる法（〝枠組み〟）の真如《しんにょ》（〝そのとおりのまこと〟＝空性《くうしょう》〔〝からっぽさ〟〕）を指します。

さらに、インドにおける大乗の学派に中観《ちゅうがん》派と唯識《ゆいしき》派との二つがあるうち、唯識派のもとに出現した『解深密《げじんみっ》経《きょう》』においては、仏身について、法身（〝法でできているからだ〟）と変化身《へんげしん》（〝さまざまな姿に変化するからだ〟）との二身説が説かれています。図にしますと、次のとおりです。

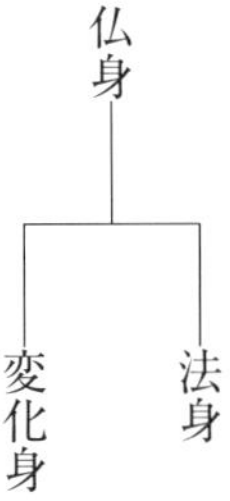

司会　『解深密経』によれば、法身とは仏としての転依《てんね》（〝よりどころの転換〟）を指します。変化身とは法身によって作り出される一時的なからだを指します。

あらゆる衆生《しゅじょう》（〝生きもの〟）を構成している法（〝枠組み〟）は、自性《じしょう》（〝自分だけのありかた〟）を欠くので空（〝からっぽ〟）であり、したがって、あらゆる衆生のうちには空性（〝からっぽさ〟）があります。『般若経』においては、法身とは、あらゆる法（〝枠組み〟）の真如（〝そのとおりのまこと〟＝空性〔〝からっぽさ〟〕）を指しますから、『般若経』によれば、あらゆる衆生のうちに法身があります。それに対し、『解深密経』においては、法身とは仏としての転依を指しますから、『解深密経』によれば、仏以外のあらゆる衆生のうちに法身がありません。

（δ）インドにおける大乗の学派に中観派と唯識派との二つがあるうち、唯識派の論においては、そのようなばらばらに説かれている仏身がまとめられ、大乗の仏身説が体系化されました。それは、自性身《じしょうしん》（〝自性であるからだ〟）、受用身《じゅゆうしん》（〝享受するためのからだ〟）、変化身《へんげしん》（〝さまざまな姿に変化するからだ〟）という三身説です。図にしますと、次のとおりです。

仏身――法身
　　　　├自性身――法身
　　　　├受用身
　　　　└変化身

司会　このうち、自性身とは、あらゆる法（〝枠組み〟）の空性（〝からっぽさ〟）です。あらゆる法は自性を欠くので空（〝からっぽ〟）である反面、あらゆる法は空性を自性とすると言うこともできます。そのような、自性としての空性です。

受用身とは、法楽《ほうらく》（〝仏法の楽しみ〟）を受用（〝享受〟）するからだです。受用身は十地の菩薩に説法します。十地については、第二章において詳しく扱いましたとおりです。

変化身とは、受用身によって作り出された一時的なからだです。変化身は声聞と勝解行地《しょうげぎょうじ》の菩薩とに説法します。勝解行地については、第二章において詳しく扱いましたとおりです。

自性身は法身と呼ばれますが、そのことは『般若経』における法身に由来します。さらに、三身すべてが法身と呼ばれますが、そのことは『解深密経』における法身に由来します。

唯識派によれば、仏になることとは受用身になることに他なりません。しかるに、一般に仏になったと考えられている釈迦牟尼《しゃかむに》（シャーキャ・ムニ。釈尊）は、唯識派によれば、変化身にすぎません。『法華経』寿量品《じゅりょうぼん》において、インドの霊鷲山《りょうじゅせん》にいた釈迦牟尼は「わたしはじつは仏となってから無量無辺百千万億那由他劫《なゆたこう》を経過している」とおっしゃっています。それについて、唯識派は、仏となってからそれだけの劫を経過しているのは受用身であり、釈迦牟尼はその受用身によって作り出された変化身であると解釈しました（世親菩薩『妙法蓮華経憂波提舎《うばだいしゃ》』）。釈迦牟尼にとって受用身に当たるこの仏の名は明らかでありませんが、一般に〝久遠実成《くおんじつじょう》の釈迦牟尼仏〟と呼ばれています。

唯識派の三身説は南北朝時代（六世紀）に中国に伝わり始めました。三身の訳語は中国の王朝ごとにまちまちです。表にしますと、左のとおりです（表1）。

ここからは、いよいよ宗祖の皆さまにお話を伺います。

表1　三身の訳語

北朝の訳	南朝の訳	隋・唐の訳
法身	法身	法身
真身	自性身	自性身
報身	応身	受用身
応身、応化身	化身	変化身

法相宗

司会　まず、慈恩《じおん》大師さまにお話を伺います。唐の時代に中国からインドの唯識派のもとに留学した玄奘《げんじょう》三蔵（六〇二—六六四）は唯識派の最新の三身説を中国にもたらしましたが、その最新の三身説を中国に詳しく紹介なさったのが玄奘三蔵のお弟子である慈恩大師さまです。慈恩大師さまは受用身を自受用身《じじゅゆうしん》（〝自己が享受するためのからだ〟）と他《た》受用身《じゅゆうしん》（〝他者が享受するためのからだ〟）との二つに分ける事実上の四身説によって仏身を判別していらっしゃいます。

図にしますと、次のとおりです。

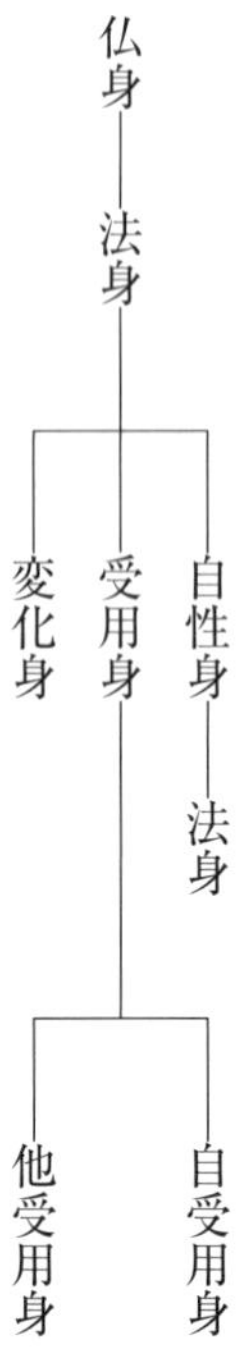

法相宗・基　自受用身はみずから法楽を受用し、他受用身は他者に〔法楽を〕受用させるのじゃ。[1]

司会　自受用身は説法しないまま自分で法楽を受用し、他受用身は説法することによって他者である十地の菩薩に法楽を受用させるというお話ですね。

律宗

司会　続いて、南山《なんざん》大師さまにお話を伺います。南山大師さまは三身説によって仏身を判別していらっしゃいます。

図にしますと、次のとおりです。

仏身
- 法身
- 報身
- 化身

律宗・道宣　戒（〝節制〟）はもともと三つあり、三身を得るための根本じゃ。

第一に、摂律儀戒《しょうりつぎかい》（〝律儀〔〝つつしみ〟〕を保持するという戒〟）は、諸悪を断ちきることであり、法身のための原因じゃ［法身はもともと浄らかであるにせよ、諸悪に覆われて現われぬので、今、諸悪を離れることを修習し、それが成功したならば、功徳が現われるというわけじゃ］。

第二に、摂善法戒《しょうぜんぽうかい》（〝善法を保持するという戒〟）は、諸善を修習することであり、報身のための原因じゃ［報身は諸善によって作られるが、諸善を作ることのうち、止持戒《しじかい》（〝〔諸悪を〕止めるという戒〟）と作持戒《さじかい》（〝〔諸善を〕作すという戒〟）とより高いものはない。今、止持戒と作持戒との二善を修習して、それを、報身を作るための縁に用いるのじゃ］。

第三に、摂衆生戒《しょうしゅじょうかい》（〝衆生〔〝生きもの〟〕を保護するという戒〟）は、〔衆生を〕慈しみによって救済することに〔菩薩の〕心のはたらきがあることであり、化身のための原因じゃ［化身は心〔のはたらき〕がないまま〔衆生の〕求めに従ってすぐに対応するが、今、〔菩薩が〕大いなる慈しみによってあまねく〔衆生を〕救済することにおいて、〔菩薩の〕心のはたらきは〔それと〕同じなのじゃ］[2]。

司会　摂律儀戒、摂善法戒、摂衆生戒という三聚浄戒については、第十二章において詳しくお話を伺います。

表2　天台宗・智顗の仏身説

教	仏身説
三蔵教《さんぞうきょう》(3)	仏身――生身
通教《つうきょう》(4)	仏身　法身　生身
別教《べっきょう》・円教《えんぎょう》(5)	仏身　法身　報身　応身　真身

天台宗、日蓮宗

司会　続いて、天台大師さまにお話を伺います。天台大師さまは四教判それぞれの仏身説によって仏身を判別していらっしゃいます。表にしますと、右のとおりです（表2）。

三蔵教は生身のみの一身説、通教は法身と生身との二身説、別教と円教とは法身と報身と応身との三身説ですが、究極的に高い価値を持つのは三身説ですね。

天台宗・智顗　〔あらゆる法（〝枠組み〟）の空性（〝からっぽさ〟）という〕境《きょう》（〝対象〟）を法身と見なし、〔空性を知る〕智を報身と見なし、〔衆生を利益する〕用《ゆう》（〝はたらき〟）を起こすものを応身と見なすのじゃ。(6)

司会　ただし、三身のうち法身と報身とは一体の真身であり、応身と合わせて二身ともなります。「真応二身《しんおうにしん》」という表現は天台大師さまが三身以上にしばしばお使いになる表現です。

天台宗・智顗　三身による教義説明は二身に背くものでない。〔開いて三身、合わせて二身という〕その開合がわかったならば、どうして片方だけを用いようか。(7)

司会　（頷く）　特に釈迦牟尼（釈尊）についてお話を伺います。先ほど紹介しましたとおり、唯識派の論においては、『法華経』寿量品における〝久遠実成の釈迦牟尼仏〟は釈迦牟尼にとっての受用身（報身）と解釈され、釈迦牟尼はその受用身によって仮に作り出された変化身（応身）と解釈されています。天台大師さまも三身説によっていらっしゃる以上、その解釈にしたがっていらっしゃるということでよろしいでしょうか。

天台宗・智顗　法身の如来は毘盧遮那《びるしゃな》という名であり、当地においては遍一切処《へんいっさいしょ》（〝あらゆる所に遍ねき者〟）と訳される。報身の如来は盧舎那《るしゃな》という名であり、当地においては浄満《じょうまん》（〝浄らかさが満ちた者〟）と訳される。応身の如来は釈迦文《しゃかもん》という名であり、当地においては度沃焦《どよくしょう》（〝焼かれるような状態を超えた者〟）と訳される。(8)

司会　図にしますと、次のとおりです。

法身――毘盧遮那
報身――盧舎那――〝久遠実成の釈迦牟尼仏〟
応身――釈迦文

司会　「毘盧遮那」は『観普賢菩薩行法経《かんふげんぼさつぎょうほうきょう》』のうちに出る仏名、「盧舎那」は『華厳経』のうちに出る仏名であって、どちらも「ヴァイローチャナ」という梵語に対する音写語ですが、天台大師さまは「毘盧遮那」を法身の名とお考えになり、「盧舎那」を釈迦牟尼にとって報身に当たる〝久遠実成の釈迦牟尼仏〟の名とお考えになるわけですね。「釈迦文」は「シャーキャ・ムニ」という梵語に対する音写語であって、釈迦牟尼と同じです。

さて、特に〝久遠実成の釈迦牟尼仏〟についてお話を伺います。

天台宗・智顗　この品《ぼん》（『法華経』寿量品）において〔無量無辺百千万億那由他劫という〝久遠実成の釈迦牟尼仏〟の寿命の〕量がいわれるのは、三身を総括的に明らかにしておるが、もし個別的な見かたによるならば、まさしく報身についてなのじゃ。(9)

司会　「三身を総括的に明らかにしておる」とは、どういう意味でしょうか。

天台宗・智顗　この三如来（三身）を個別なものとして把握するのはよくないのじゃ。『涅槃経』において「法身だけでもなく、般若（〝知恵〟）だけでもなく、解脱だけでもなく、三つの法がそろっているのが、秘密蔵と呼ばれ、大いなる涅槃と呼ばれる」と言われておる。〔三身を〕一つとするのも、異なるとするのも、縦（時間的順序）に並んでいるとするのも、横（空間的順序）に並んでいるとするのも、よくないのじゃ。三つの法を全体的に見て、仮に如来と呼ぶのじゃ。(10)

司会　法身と報身と化身とは、順に、『涅槃経』において説かれる法身と般若と解脱とであって、それらは分けられないというお話ですね。唯識派の論においては、法身と報身と化身とが、順に、法身と般若と解脱とに同一視されることはありませんが、天台大師さまにおいては、同一視されるのです。

したがって、唯識派の論においては、まず法身があり、その法身から報身があり、その報身から応身があるのですが、天台大師さまにおいては、〝久遠実成の釈迦牟尼仏〟という報身と、それによって作り出される応身とは、もともと法身と同時にあるということになります。

天台宗・智顗　仏は〔過去、現在、未来という〕三世においていずれも三身を有しておるが、もろもろの教えにおいては、そのことを秘めて、伝えておらぬのじゃ。(11)

司会　日蓮上人がしきりに頷いていらっしゃいますが、お話を伺えますでしょうか。

日蓮宗・日蓮　沙羅双樹《さらそうじゅ》のもとにおける〔釈迦牟尼〕ご臨終の際の『涅槃経』四十巻や、そのほか『法華経』の前後のもろもろの大乗経においては、法身について〝始めもなく終わりもない〟と説いてあるにせよ、応身と報身とについても〝本来そうである〟と明らかにすることは一字一句も説かれておらぬ。(12)

司会　『法華経』においては、三身が始めもなく終わりもないということが説かれているというお話ですね。もしそうならば、〝久遠実成の釈迦牟尼仏〟は、法身が始めもなく終わりもないのと同様に、始めもなく終わりもない報身であって、始めもなく終わりもなくさまざまな応身を作り出し続けていることになります。

日蓮宗・日蓮　かくて、考えてみれば、『華厳経』における全方向の仏や、『阿含経』における小乗の釈迦牟尼や、方等経、『般若経』、『金光明経』、『阿弥陀経』、『大日経』などにおける権仏《ごんぶつ》（〝方便としての仏〟）たちは、この寿量品の〔久遠実成の釈迦牟尼〕仏という天上の月がしばらく大小さまざまな器の水面に姿を浮かべたようなものなのじゃが、諸宗の学者たちは、身近なところでは自らの宗を誤解し、究極的には『法華経』の寿量品を知らずにおる。水中の月に対して本当の月だという想いを起こし、〔水中に〕入って〔月を〕取ろうと思ったり、縄をつけて〔月を〕繋ぎとめようとする。天台大師さまが「天上の月を知らず、ただ池の中の月を見るのみ」とおっしゃっておられるよ。(13)

司会　阿弥陀仏や大日如来は〝久遠実成の釈迦牟尼仏〟によって作り出されたさまざまな権仏（〝方便としての仏〟）、すなわち、応身にすぎないというお話ですね。

日蓮宗・日蓮　始めて悟りを開いてのち四十余年後の釈尊（釈迦牟尼）は、一劫《いちこう》前あるいは十劫《じっこう》前などに悟りを開いた諸仏を集めて、〔それら諸仏を自分の〕分身とお説きになった。(14)

司会　『法華経』見宝塔品において、釈迦牟尼仏は自分の分身たちが全方向の諸世界において法を説いているとおっしゃって、光によって諸世界をはっきりさせ、分身たちを娑婆世界に呼び戻しなさいました。阿弥陀仏や大日如来はそれら分身たちにすぎないというお話ですね。

諸世界のあるじである阿弥陀仏などが釈迦牟尼仏の分身であるか否かは、日本の天台宗においても議論されていました（たとえば、貞舜《じょうしゅん》『宗要柏原案立《しゅうようかしわばらあんりゅう》』爾前分身《にぜんぶんしん》）。日蓮上人は〝分身である〟とお考えです。

しかし、梵文によれば、諸世界のあるじである諸仏と、諸世界において法を説いている釈迦牟尼仏の分身たちとは、明らかに別ものです。釈迦牟尼仏が光によって諸世界をはっきりさせた時、諸世界のあるじである諸仏はその光に気づいて、娑婆世界にやって来ましたが、「それだけでは、世尊釈迦牟尼如来のからだから変化された者（変化身）たちは、全員、一方向からさえも来ていなかった」と梵文に書いてあります。漢訳にも「而《しか》るに釈迦牟尼仏の一方所分の身を、猶《な》お故《もと》より未だ尽くさず」と書いてあります。

したがって、阿弥陀仏や大日如来は〝久遠実成の釈迦牟尼仏〟によって作り出されたさまざまな権仏（〝方便としての仏〟）、すなわち、応身であるという日蓮上人のご意見は、こんにちにおいてはあまり意味がないかもしれませんね。

華厳宗

司会　続いて、賢首《げんじゅ》大師さまにお話を伺います。賢首大師さまは五教判それぞれの仏身説によって仏身を判別していらっしゃいます。表にしますと、左のとおりです（表3）。

簡単に言えば、次のとおりです。

〔I　小乗教〕　小乗教における生身（〝生まれつきのからだ〟）とは、肉体を指します。化身とは、生身の超能力によってさまざまに作り出されるからだを指します。

〔Ⅱ　始教〕　始教における生身とは、変化身と他受用身とを指します。法身とは、自受用身と自性身とを指します。これは唯識派の『仏地経論《ぶつじきょうろん》』巻十の説です。

表3　華厳宗・法蔵の仏身説(15)

教	仏身説
小乗教	仏身─（生身・化身）
始教《しきょう》	仏身─（生身─（変化身・他受用身）・法身─（自受用身・自性身））
終教《じっきょう》	仏身─法身─（自性法身─法身─自性身・応化法身─（報身─（応化仏・功徳仏・智慧仏・如如仏）・化身））
頓教《とんぎょう》	一実性仏《いちじっしょうぶつ》
円教《えんぎょう》	十仏（＝無尽）

表4　融通念仏宗・大通融観の仏身説

教	仏身説
人天教《にんでんきょう》・小乗教・漸《ぜん》教《きょう》・頓教《とんぎょう》	仏身―法身―自性身―法身／受用身―自受用身／他受用身／応化身
円教《えんぎょう》	十仏（＝無尽）

〔Ⅲ　終教〕　終教における自性法身と応化法身とは、偽経『菩薩瓔珞本業経《ぼさつようらくほんごうきょう》』の説です。応化仏、功徳仏、智慧仏、如如仏とは、『楞伽経《りょうがきょう》』の説です。

〔Ⅳ　頓教〕　頓教の一実性仏とは、沈黙によって示される空性（〃からっぽさ〃）です。

〔Ⅴ　円教〕　円教の十仏とは、『華厳経』十地品《じゅうじぼん》と離世間品《りせけんぼん》との説です。賢首大師さまはこの十仏を無尽（〃かぎりなさ〃）の象徴とお考えになります。

華厳宗・法蔵　十仏が提示されることによって、〔仏身の〕無尽が象徴されることもある。〔『華厳経』〕離世間品において説かれるとおりじゃ。これは一乗円教による説じゃ。[16]

融通念仏宗

司会　続いて、大通《だいつう》上人にお話を伺います。大通上人は五教判それぞれの仏身説によって仏身を判別していらっしゃいます。表にしますと、次のとおりです（表4）。

まず、円教のほかの四教の仏身説は三身説かその延長の四身説です。

応化身は人天教を学ぶ凡夫と、小乗教を学ぶ声聞と、漸教あるいは頓教を学ぶ地前の菩薩とに説法します。

受用身（他受用身）は漸教あるいは頓教を学ぶ十地の菩薩に説法します。

次に、円教の仏身説は十仏説です。これは賢首大師さまの円教の仏身説を踏襲しています。

融通念仏宗・大通融観　十仏のほかに別の三身や四身はない。三身や四身は十仏のはたらきじゃ(17)。

真言宗

司会　続いて、弘法《こうぼう》大師さまにお話を伺います。弘法大師さまは四種法身説によって仏身を判別していらっしゃいます。図にしますと、左のとおりです。

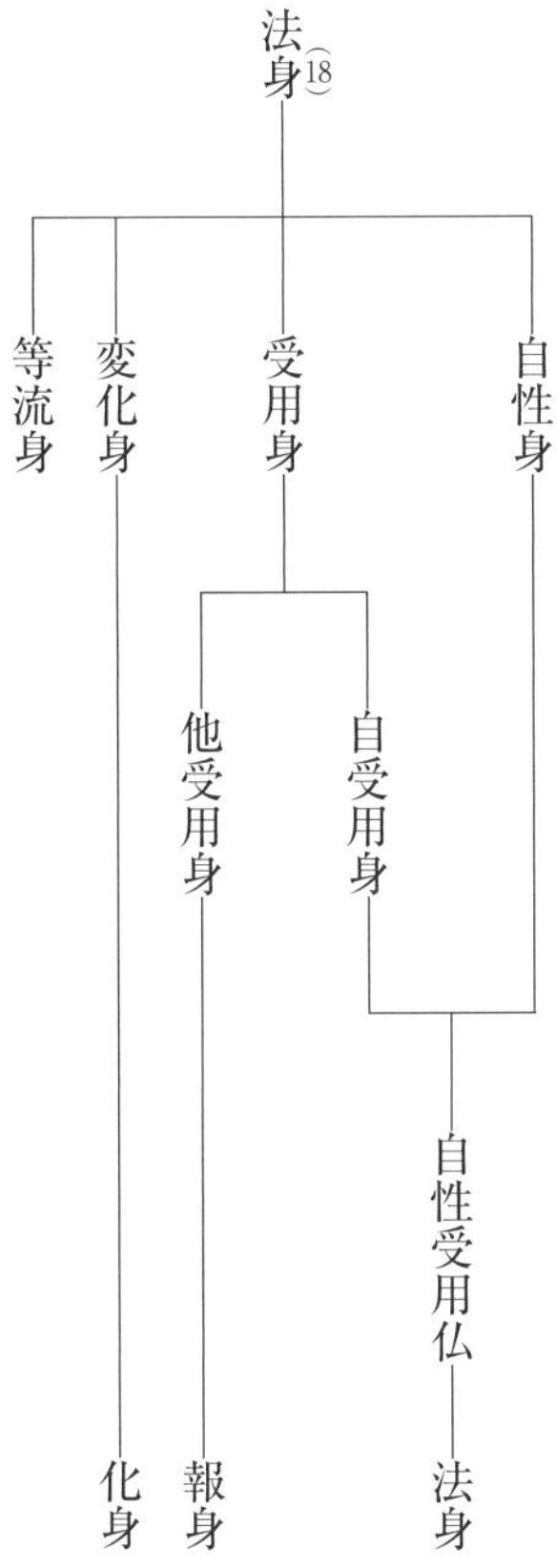

真言宗・空海　〔諸仏は〕同じように四身を証得する。いわゆる、自性身、受用身、変化身、等流身じゃ(19)。
司会　不空訳『金剛頂経《こんごうちょうきょう》瑜伽《ゆが》十八界指帰《じゅうはちかいしいき》』『略述金剛頂瑜伽分別聖位修証法門《りゃくじゅつこんごうちょうゆがふんべつしょういしゅしょうほうもん》』『金剛頂瑜伽中発阿耨多羅《こんごうちょうゆがちゅうほつあのくたら》三藐三菩提心論《さんみゃくさんぼだいしんろん》』においては、梵文『楞伽経』において説かれる自性身、受用身、変化身、等流身《とうるしん》という四身が紹

介され（ちなみに、この梵文『楞伽経』の四身は、賢首大師さまによって終教の四身と規定されていた、『楞伽経』の四仏と同じです）、不空訳『金剛《こんごう》峯《ぶ》楼閣《ろうかく》一切《いっさい》瑜伽《ゆが》瑜祇《ゆぎ》経《きょう》』においては、それらが「四種法身」と呼ばれます。四身のうち最初の三身は唯識派の三身と同じであり、最後の等流身は、変化身からさらに生じた、さまざまに変化するからだを指します。四身はすべて法身ですので、弘法大師さまは四身をそれぞれ自性法身、受用法身、変化法身、等流法身ともお呼びになります。

ところで、密教が法身によって説かれた教えであり、顕教が報身と化身とによって説かれた教えであると言われることについては、第一章において詳しくお話を伺いましたとおりです。広義においては、四身はすべて法身ですが、狭義においては、四身のうちに法身、報身、化身が含まれるわけですね。

真言宗・空海　もし『略述金剛頂瑜伽分別聖位修証法門』によって説くならば、如来の変化身が十地より前の菩薩と、二乗と、凡夫とのために三乗の経を説くことや、他受用身が十地の菩薩のために一乗を説くことなどは、いずれも顕教じゃ。〔自性身と自受用身とが一体化している〕自性受用仏が自ら法楽を受用するために自らの従者といっしょにそれぞれ三密門を説くこと、それを密教と言うのじゃ。[20]

司会　広義においては、四身はすべて法身ですが、狭義においては、四身のうち、自性身と自受用身とが一体化している身が法身であって密教を説く身であり、他受用身が報身、変化身が化身であって顕教を説く身であるというお話ですね。このお説は、唯識派の『仏地経論』巻十において、法身が自性身と自受用身とであり、生身が他受用身と変化身とであると説かれていることと関係するようです。

密教は法身によって説かれた教えであると言われますが、もし法身が自性身だけならば、自性身は物質的なからだでないので、法身が教えを説けるはずがありません。その場合の法身は自性身と自受用身とが一体化したものであり、自受用身が物質的なからだであるからこそ、法身は教えを説けるのですね。

次に、密教の四種法身説において四身すべてが法身と総称されることは、唯識派の三身説において三身すべてが法身と総称されることと似ていますが、何か違いはあるのでしょうか。

真言宗・空海　法身の如来は大毘盧遮那仏《だいびるしゃなぶつ》じゃ(21)。

司会　まず、狭義における法身である、自性身と自受用身とが一体化している法身が大日如来であるわけですね。

真言宗・空海　報身仏を言う場合にも、やはり大日尊と呼ぶ(22)。

司会　報身である他受用身も大日如来なのですか。

真言宗・空海　化身仏を言う場合にも、あるいは大日尊と呼ぶ。化身の光明は法界《ほっかい》（〝諸法の領域〟＝全宇宙）をあまねく照らすから、〔大日という〕その呼び名を得るのじゃ(23)。

司会　化身である変化身も大日如来なのですか。

真言宗・空海　等流身を言う場合にも、やはり大日尊と呼ぶ。〔等流身は〕その〔大日尊の〕内容を分有しておるからじゃ(24)。

司会　等流身までも大日如来なのですか。唯識派の三身説において法身という総称が単に仏身という意味でしかないのに対し、密教の四種法身説において法身という総称は大日如来を意味しているのですね。要するに、密教の四種法身説における四身はすべて大日如来のさまざまな現われにすぎないのです。

最後に、特に釈尊についてお話を伺います。

真言宗・空海　もし『菩薩瓔珞本業経』によるならば、毘盧遮那は理法身（〝真理としての法身〟）、盧舎那は智法身（〝知恵としての法身〟）、釈迦は化身じゃ。そうである以上、『金剛頂《こんごうちょう》瑜伽《ゆが》金剛薩埵《こんごうさった》五秘密《ごひみつ》修行《しゅぎょう》念誦《ねんじゅ》儀軌《ぎき》』において語られる「毘盧遮那仏という自受用身によって説かれる、個人的に覚られるべき聖智の法」とは、これは理智法身の境涯じゃ(25)。

司会　今、弘法大師さまが『菩薩瓔珞本業経』とおっしゃったのは、先に天台大師さまが言及なさった『観普賢菩薩行法経』の誤りのようです。毘盧遮那は理法身すなわち自性身であり、盧舎那は智法身すなわち自受用身であり、釈迦牟尼（釈尊）は化身であるというお話ですね。

　ちなみに、『法華経』寿量品における〝久遠実成の釈迦牟尼仏〟についてはどうお考えでしょうか。

真言宗・空海　〔『法華経』は〕他受用身と変化身とによって〔聴き手の〕素質に合わせて説かれたものじゃからのう(26)。

司会　〝久遠実成の釈迦牟尼仏〟は他受用身、釈迦牟尼仏は変化身だというお話ですね。図にしますと、次のとおりです。

法身	自性身	理法身	毘盧遮那
	自受用身	智法身	盧舎那
報身	他受用身		〝久遠実成の釈迦牟尼仏〟
化身	変化身		釈迦牟尼

司会　ちなみに、天台密教（台密）の円仁《えんにん》（慈覚大師。七九四―八六四）は、唐の大興善寺《だいこうぜんじ》の阿闍梨《あじゃり》（元政）から「かの『法華経』の久遠実成はただこの『〔金剛頂〕経』の毘盧遮那仏にすぎぬ。別だと執着してはならぬ(27)」と教わって、〝久遠実成の釈迦牟尼仏〟を自受用身と見なしています。

浄土宗、浄土真宗、時宗

司会　続いて、浄土門の皆さまにお話を伺います。まず、善導和尚《ぜんどうかしょう》と法然上人とはいずれも三身説によって仏身を判別していらっしゃいます。ただし、用いられる三身の名が多少違います。善導和尚によれば、応身は報身の別名ですし、法然上人によれば、応身は化身を意味します。表にしますと、左のとおりです（表5）。

浄土宗・善導　ところで、報身と応身との二身は、「眼」と「目」とが異名であるようなものじゃ。かつては報身を応身と訳したし、のちには応身を報身と訳した。そもそも、報身と言われるのは、原因である修行は無駄でなく、かならず結果〔である仏身〕を招き、結果は原因に応ずる（＝報いる）から、報身と呼ばれる。さらに、〔応身と言われるのは、仏になるまでにかかるといわれる〕三阿僧祇劫《さんあそうぎごう》〔という永劫《えいごう》〕をかけて修行されるよろずの修行は悟りを得ることにかならず応じ、今すでに悟りが成しとげられたのが、応身なのじゃ。そういうわけで、過去と現在との諸仏は三身を設定なさるのであり、それ（三身）以外に別のものはない。たとえ、八相成道《はっそうじょうどう》（〝八つの形式によって悟りを成就〟）する仏の数がきわまりなく、〔それらの〕名が砂の数ほどであったとしても、本質的に言えば、みな、化身のう

表5　浄土宗・善導、法然の仏身説

善導	法然
仏身─法身、報身─応身、化身	仏身─法身、報身、応身

ちに一括される。今、かの阿弥陀仏は報身のひとつじゃ。(28)

司会　三阿僧祇劫については、第十一章において詳しくお話を伺います。

浄土宗・法然　三身と言われるのは、具体的に言えば、法身と報身と応身とであります。

まず、法身とは、これは諸仏によって証得される対象であり、すがたのない、深い、すばらしい真理、すなわち、あらゆる諸法の絶対的な空寂（〝からっぽさ〟）が法身と呼ばれるのであります。

次に、報身とは、原因〔である修行〕に報いる〔結果としての〕身であります。これは、その法身という、すがたのない、すばらしい真理を、証得する智が報身と呼ばれるのであります。

これら二身は、法界《ほっかい》（〝諸法の領域〟＝全宇宙）に遍満しており、あらゆるものを包んでおります。

次に、応身とは、衆生（〝生きもの〟）を救済するために、期限のない〔仏身の〕中において仮に期限を示し、功用《くゆう》（〝努力〟）を要しない〔仏身の〕中において仮に功用を示して、〔衆生の〕種類ごとに〔衆生に〕応ずる身であります。(29)

司会　次に、親鸞上人にお話を伺います。親鸞上人は四身説によって仏身を判別していらっしゃいます。これは、親鸞上人が三身説における応身と化身とを別個とお考えになるからです。図にしますと、次のとおりです。

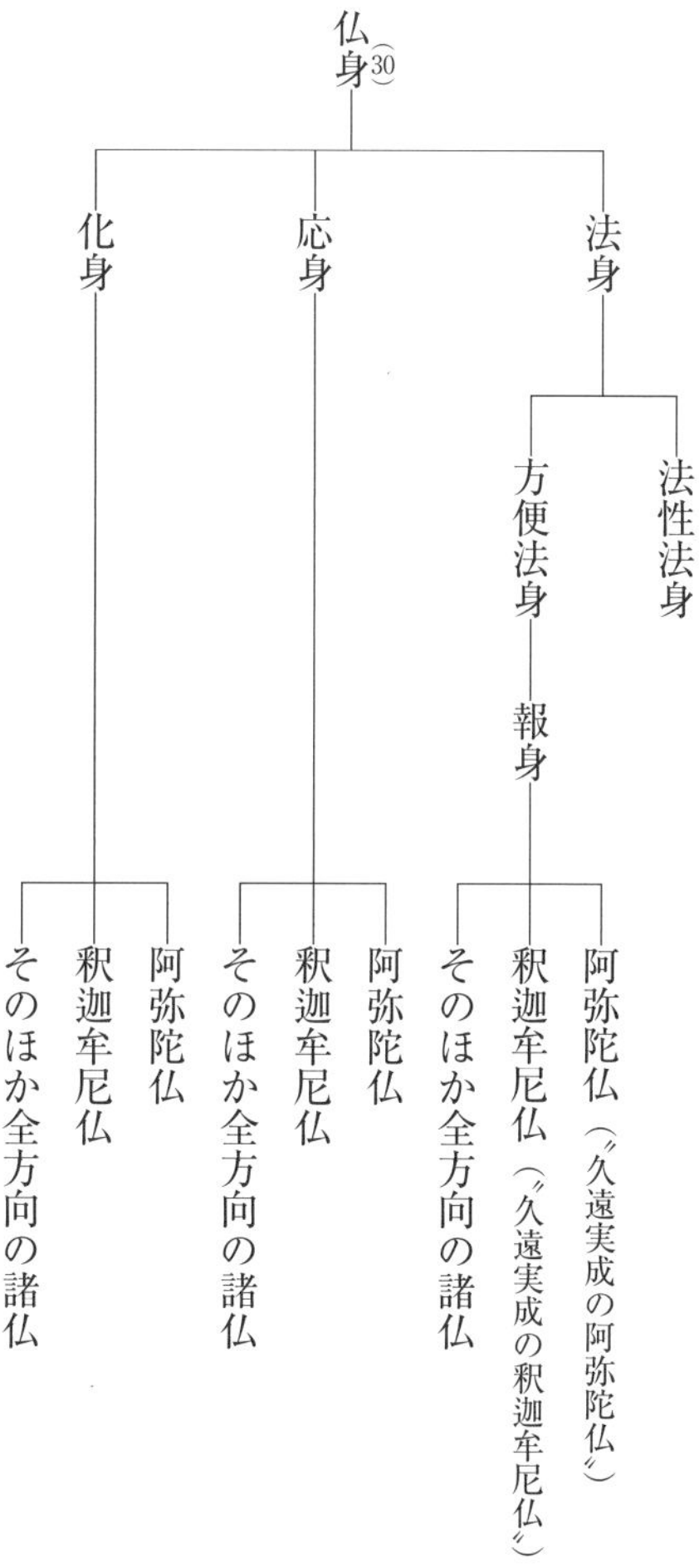

浄土真宗・親鸞　無明という長い夜を憐れんで、法身という光の輪が、尽きることなく、無《む》碍《げ》光仏《こうぶつ》（阿弥陀仏）という姿を示し、安養界《あんようかい》（極楽世界）に影を現わしたのですわい。(31)

久遠実成の阿弥陀仏は、五濁《ごじょく》の凡夫を憐れんで、釈迦牟尼仏という姿を示し、〔インドの〕ガヤー城に応身として現われたのですわい。(32)

司会　五濁とは、寿濁《じゅじょく》（〝寿命の劣化〟）、劫濁《こうじょく》（〝時劫の劣化〟）、煩悩濁《ぼんのうじょく》（〝煩悩の劣化〟）、見濁《けんじょく》（〝見解の劣化〟）、衆生濁《しゅじょうじょく》（〝生きものの劣化〟）です。法身が阿弥陀仏を作り出し、阿弥陀仏が釈迦牟尼仏（釈尊）という応身を作り出したというお話ですね。その阿弥陀仏は報身でよろしいでしょうか。

浄土真宗・親鸞　今、この阿弥陀如来は報身如来ですのう。(33)

司会　ふつう、釈尊という応身を作り出したのは、〝久遠実成の釈迦牟尼仏〟という報身であるはずです。しかし、親鸞上人は、釈尊という応身を作り出したのは、〝久遠実成の阿弥陀仏〟という報身であるとおっしゃるのです。〝久遠実成の阿弥陀仏〟とは何でしょうか。

浄土真宗・親鸞　阿弥陀仏が仏となってから今までに十劫たっていると説かれているにせよ、久遠の劫よりも昔からの仏のように拝見されるのですわい[34]。

司会　親鸞上人は阿弥陀仏を〝久遠実成の阿弥陀仏〟とご覧になるというお話ですね。

次に、一遍上人にお話を伺います。一遍上人も三身説によって仏身を判別していらっしゃいます。図にしますと、次のとおりです。

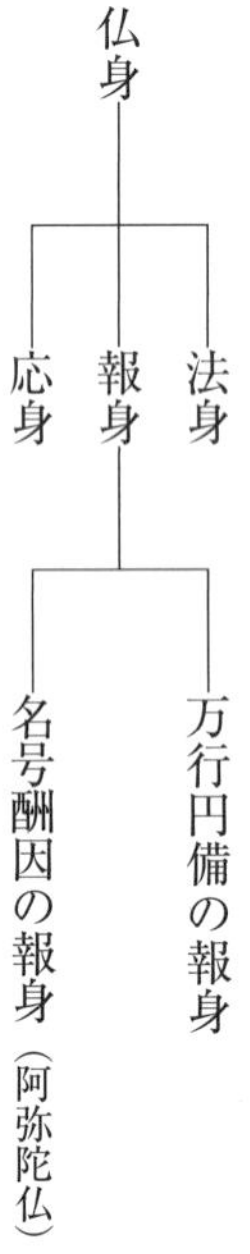

時宗・一遍　自性清浄《じしょうしょうじょう》（〝本性として清らかな状態〟）の法身は、〔あらゆる諸法（〝枠組み〟）の〕真如《しんにょ》（〝そのとおりのまこと〟＝空性《くうしょう》〔〝からっぽさ〟〕）という、常に存続しておる仏じゃ。迷いも悟りもない〔仏じゃ〕から、〔われわれが法身を〕知っても知らなくても、何のご利益もない。

万行円備（〝よろずの修行が完成された状態〟）の報身は、真理（＝真如）に智がぴったり合致した仏じゃ。対象〔である真理〕と智とが一体になってしまった〔仏じゃ〕から、〔われわれが〕心で〔仏を〕念じても口で〔名号を〕称えても、何のご利益もない。

断悪修善（〝悪を断ちきり善を修習した状態〟）の応身は、機会に応じて〔煩悩という〕病《やまい》を治す仏じゃ。十悪や五逆罪《ごぎゃくざい》を犯した罪人にとっては無縁であり、出離のためには何のご利益もない。

名号酬因（〝名号を称える者を出離させるという本願を立てて修行したことについて、その修行という原因が報われた状態〟）の報身は、凡夫が出離するための仏じゃ。全方向の衆生に対する本願じゃから、一人も〔本願から〕漏れるという欠点はない。[35]

司会　万行円備の報身とは阿弥陀仏でない諸仏を指し、名号酬因の報身とは阿弥陀仏を指します。十悪とは、①殺《せっ》生《しょう》（〝生きものを殺すこと〟）、②不与取《ふよしゅ》（〝与えられないのに取ること〟）、③邪淫《じゃいん》（〝よこしまな性生活〟）、④妄語《もうご》（〝いつわり〟）、⑤綺語《きご》（〝おべんちゃら〟）、⑥粗悪語《そあくご》（〝荒いことば〟）、⑦離間語《りけんご》（〝仲を裂くことば〟）、⑧貪欲《とんよく》（〝むさぼり〟）、⑨瞋恚《しんに》（〝いかり〟）、⑩邪見《じゃけん》（〝よこしまな見解〟）です。五逆罪とは、①父を殺す罪、②母を殺す罪、③阿羅漢を殺す罪、④仏を出血させる罪、⑤教団を分裂させる罪です。浄土三部経のひとつである『観無量寿経』においては、十悪や五逆罪を犯した罪人すら、「南無阿弥陀仏」と十回称えるならば、地獄行きをまぬがれて極楽世界に生まれると説かれています。

時宗・一遍　今、他力である、〔阿弥陀仏の〕不思議な名号は、自受用〔身〕の智じゃ。ゆえに〔名号は〕仏の自説（〝自らの説〟）とも言われ、また、随自意《ずいじい》（〝自らの意のまま〟）とも言われるのじゃ。自受用と言うのは、水が〔ほかの〕水を飲んでいき、火が〔ほかの〕火を焼いていくように、松なら松、竹なら竹が、そのありかたとして、自分なりに輪廻〔の切れ目〕がないことを言うのじゃ。[36]

司会　法然上人の高弟のおひとりに、浄土宗西山《せいざん》派（西山浄土宗）の祖である証空《しょうくう》上人（一一七七—一二四七）がいらっしゃいます。証空上人のお考えによれば、阿弥陀仏の前身である法蔵菩薩は衆生が「南無阿弥陀仏」と十回称えてなお自分の仏土に生まれないならば仏にならないという本願を立て、それが十劫もの前にかなえられて阿弥陀仏になった以上、「南無阿弥陀仏」と十回称える者が極楽世界に生まれることは十劫も前から決まっています。したがって、証空上人は阿弥陀仏について、「南無阿弥陀仏」と称える他者を救う役割を持つ他受用身と、誰でも極楽世界に生まれる以上、他者を救う役割を持たない自受用身とをお考えになりました（『述成』）。一遍上人は証空上人の孫弟子でいらっしゃいますから、証空上人のお考えのもと、阿弥陀仏を特に自受用身とおっしゃるのです。②名号酬因の報身は、厳密に言えば、自受用身であるというお話ですね。

黄檗宗、臨済宗、曹洞宗

司会　ここからは、禅門の皆さまにお話を伺います。禅門の皆さまはいずれも禅門における「即心是仏《そくしんぜぶつ》」（〝すぐその心で仏である〟）という主張に絡めて三身を軽視なさる傾向にあります。

まず、黄檗禅師《おうばくぜんじ》にお話を伺います。

黄檗宗・黄檗希運　仏には三身がある。法身は本性上からっぽで行き渡っている法を説き、報身はあらゆる清らかな法を説き、化身は六波羅蜜というよろずの修行の法を説く。法身が法を説くことを、言語や音声や形相や文字として求めることはできぬ。〔その法は〕説かれるものがなく、証得されるものがなく、本性上からっぽで行き渡っているだけじゃ。ゆえに〔『金剛般若経』に〕「説かれるべき法はない、それが法を説くことと呼ばれる」と言われておる。報身と化身とはいずれも〔衆生の〕素質に合わせて現われたものにすぎず、〔報身と化身とによって〕説かれる法も〔衆生の〕事情に合わせ素質に合わせて教化するためのもので、いずれも真の法でない。ゆえに〔世親菩薩の『金剛般若経論』において〕「報身と化身とは真の仏でないし、法を説く者でもない」と言われておる。(37)

司会　法身は真の仏であるが、報身と化身とはいずれも聴く者の素質に合わせて現われたものにすぎず、真の仏でないというお話ですね。法身によって説かれた「本性上からっぽで行き渡っている法」とは何でしょうか。

黄檗宗・黄檗希運　〔衆生のうちに〕もともと備わっている〔心という〕仏は、無一物であり、からっぽで行き渡っていて、静かであり、明るいすばらしい安らぎであるに他ならぬ。深く自らそこに悟入すれば、〔衆生は〕ずばりそれ〔仏〕じゃ。完全無欠なのじゃ。(38)

司会　法身によって説かれた「本性上からっぽで行き渡っている法」とは、禅門において伝えられている一心すなわち無心を指すというお話ですね。一心については、第四章において詳しくお話を伺いましたとおりです。

次に、臨済《りんざい》禅師にお話を伺います。

臨済宗・臨済義玄　おぬしらは祖仏と同じくありたいならば、外界に〔仏を〕探してはならぬ。おぬしらの一瞬の心のうちに〔もともと〕具わる清浄光《しょうじょうこう》（〝清らかな光〟）こそがおぬしらの内なる法身仏じゃ。おぬしらの一瞬の心のうちに〔もともと〕具わる無分別光《むふんべつこう》（〝わけへだてしない光〟）こそがおぬしらの内なる報身仏じゃ。おぬしらの一瞬の心のうちに〔もともと〕具わる無差別光《むしゃべつこう》（〝片よりのない光〟）こそがおぬしらの内なる化身仏じゃ。この三身仏は今わしの目前で法を聴いているその人のことじゃ。ただ外に向かって求めないだけでこのようなはたらきがありうるのじゃ。経論の註釈家によれば、三身が究極の決まりとされる。拙僧の見解ではそうでない。この三身はことばでしかないし、三つの足がかりでしかない。昔の人は「仏身は道理によって設定され、仏国土はありかたによって論ぜられる」と言っておる。法身や法身の国土は光や影のようなものだとはっきりわかる。大徳たちよ、おぬしらはまず光や影を操っている人を知って理解せねばならぬ。〔その人、すなわち、おぬしら自身こそ〕諸仏の根源であり、あらゆる修行者の帰依処《きえしょ》なのじゃ。(39)

司会　三身は禅門において伝えられている一心にすぎないというお話ですね。

次に、隠元《いんげん》禅師にお話を伺います。

黄檗宗・隠元隆琦　たとえ苦しんで修行し、むやみに修練しても、いまだ魔と外道との生涯を免れぬ。あたかも砂を蒸して飯にしようと求めるかのようじゃ。そんなことはありえない。かの、〔みずからの〕根本部分である正しい悟りと、どこで関係しようか。そのこと（正しい悟り）はもともと現われておる以上、どうして修行を要しようか。もともと清らかである以上、何が汚れようか。もともと透きとおっている以上、何がさまたげようか。もともと具わっている以上、何が欠けていようか。そうであるにせよ、並みの男たちを超えた、過ぎたる度量の禅僧でなければ、それを使いこなすのは大いに難しい。いやしくも、そのように信じることができ、手に入れることができ、手放すことができたならば、仏という一語を、たとえ悟っていても、聞くことを喜ばず、ただちに、坐りながらに報身仏と化身仏との頭をちょん切ってしまうのじゃ(40)。

司会　衆生にもともと具わっている悟りである法身は真の仏であるが、報身と化身とは真の仏でないというお話ですね。

ですが、隠元禅師は黄檗宗の在家信者に阿弥陀仏（報身、化身）をたよらせてもいらっしゃらないでしょうか。

黄檗宗・隠元隆琦　一瞬の心の清らかで完全な明るさが阿弥陀仏じゃ。一瞬の心の無差別智《むしゃべっち》が文殊菩薩じゃ。一瞬の心の平等な行ないが普賢菩薩じゃ。千の仏も万の祖師もみな一心をもとにしてなるのじゃ。心を離れてなるのならば、外道となるのじゃ。まさしく砂を蒸すかのようであり、どうして飯にできようか。砂は飯のもとでないからじゃ(41)。

司会　阿弥陀仏も文殊菩薩も普賢菩薩も、本当は、禅門において伝えられている一心にすぎないというお話ですね。

次に、道元禅師にお話を伺います。

曹洞宗・道元　報身と化身とは〔真の〕諸仏でなく、思いめぐらす者は〔真の〕衆生といえぬ。ゆえに、〝仏が法を説き終わらぬうちに、法が仏を説くようになった〟と言うのじゃ(42)。

司会　黄檗禅師と同じご趣旨ですね。

では、禅門においては、三身のうち、法身がまことの仏なのでしょうか。

曹洞宗・道元　諸仏はかならず威儀（〝行儀作法〟）を行ずることが足りておる。これを行仏《ぎょうぶつ》というのじゃ。行仏は報身仏でもなく、化身仏でもなく、自性身仏でもなく、他性身仏（〝自性のほかを身とする仏〟）でもなく、始覚《しかく》（〝悟り始めの者〟）でもなく、本覚《ほんがく》（〝悟りが潜在的な者〟）でもなく、性覚《しょうがく》（〝本性として悟りのある者〟）でもなく、無覚《むかく》（〝悟りのない者〟）でもない。そのような仏は絶対に行仏に肩を並べることができぬ。諸仏が仏道（〝仏の道〟）にいる時は覚（〝悟り〟）を必要とせぬ、と知るべきじゃ。仏向上《ぶっこうじょう》の道（〝仏に縛られぬ道〟）へと立ち居振るまいを到達させるのは、ただ行仏のみじゃ。自性身仏などが夢にも見ざるものじゃ。この行仏には、ことあるごとに威儀が現われるから、その身の前には威儀が現われるし、悟りの前から作用がにじみ出ることは、どの時にもわたり、どの方向にもわたり、どの仏にもわたり、どの修行にもわたっておる。行仏でなければ、仏に縛られることや法に縛られることから解脱できず、仏魔や法魔の仲間にされてしまうのじゃ。(43)

司会　仏に縛られない立ち居振るまいを具えた行仏のほうが、三身よりも大事だというお話ですね。

では、三身をまったく軽視なさるのでしょうか。

曹洞宗・道元　（合掌）　清浄法身毘盧舎那仏（〝清らかな法身である毘盧舎那仏よ〟）、円満報身盧舎那仏（〝まどかな報身である盧舎那仏よ〟）、千百億化身釈迦牟尼仏（〝千百億もの化身である釈迦牟尼仏たちよ〟）……。(44)

司会　禅門においては、根本の師である釈迦牟尼仏の三身を尊敬するというお話ですね。

なお、毘盧舎那を法身、盧舎那を報身、釈迦牟尼を化身となさるのは、天台大師さまのお話と同じです。道元禅師は天台宗ご出身ですから、天台大師さまに従っていらっしゃるのですね。

おわりに

司会　本章において伺いましたお話を表にしますと、次のとおりです（表6）。皆さま、ありがとうございました。

表6

宗祖	仏身説
法相宗・基	四身説（自性身、自受用身、他受用身、変化身）
律宗・道宣	三身説（法身、報身、化身）
天台宗・智顗（円教）	三身説（法身、報身、応身）
日蓮宗・日蓮	三身説（法身、報身、応身）
華厳宗・法蔵（円教）	十仏説（無尽身説）
融通念仏宗・大通融観（円教）	十仏説（無尽身説）
真言宗・空海	四種法身説（自性身、受用身、変化身、等流身）
浄土宗・善導	三身説（法身、報身〔＝応身〕、化身）
浄土宗・法然	三身説（法身、報身、応身）
浄土真宗・親鸞	三身説（法身、応身、化身）
時宗・一遍	三身説（法身、報身、応身）
黄檗宗・黄檗希運	三身説（法身、報身、化身）、法身重視
黄檗宗・隠元隆琦	三身説（法身、報身、化身）、法身重視
臨済宗・臨済義玄	三身説（法身、報身、化身）、三身は一心
曹洞宗・道元	三身説（法身、報身、化身）、行仏重視

第十章　仏土論

はじめに

司会　先の第九章においては、仏になって得られるべき仏身（〝仏のからだ〟）について、宗祖の皆さまにお話を伺いました。この第十章においては、その仏身によって居住されるべき仏土《ぶつど》（〝仏の国〟）について、宗祖の皆さまにお話を伺います。

インド仏教

司会　まず、十三宗の前提となるインド仏教を扱います。第一章において詳しく扱いましたとおり、歴史的ブッダの教えは、彼の死（紀元前五世紀頃）の後、彼の弟子たちの教団によって、経、律、論という三蔵として編纂されました。経は『阿含経《あごんきょう》』、律は教団の運営規則、論は『阿含経』の解釈です。教団はのちに諸部派へと分裂し、それぞれの部派において、若干異なる三蔵が保持されることになりました。

『阿含経』においては、次のような三種類の修行者が説かれています。

①声聞《しょうもん》（〝〔仏の〕声を聞く者〟）
②独覚《どっかく》（〝独りで目覚めた者〟）

③菩薩《ぼさつ》（〝〔仏の〕悟りを求める生きもの〟）

諸部派の論においては、彼らの悟りは別々であって、声聞や独覚は仏になれないと見なされ、それぞれの悟りに至る、次のような三乗《さんじょう》（〝三種類の乗りもの〟）が説かれています。

①声聞乗《しょうもんじょう》（〝声聞の乗りもの〟）

②独覚乗《どっかくじょう》（〝独覚の乗りもの〟）

③菩薩乗《ぼさつじょう》（〝菩薩の乗りもの〟）

声聞乗と独覚乗とは二乗《にじょう》（〝二種類の乗りもの〟）と言われます。諸部派は声聞乗と規定されます。

その後、歴史的ブッダの死後五百年頃（紀元前後）から、『阿含経』に対する一種の解釈として、大乗《だいじょう》経（〝偉大な乗りものに属する経〟）が出現し始めました。大乗は菩薩になれば仏になりうることを人々に保障し、みずからを菩薩乗と規定し、二乗を小乗《しょうじょう》（〝つまらない乗りもの〟）と規定しています。それによって、諸部派においても、律をそのまま用いつつ、経のうちに大乗経を加え、論として大乗経の解釈を著わす者が出現し始め、結果として、大乗の三蔵を有する、大乗の学派が派生していきました。ここまでは、おさらいです。

（α）『阿含経』においては、歴史的ブッダ（釈尊）に至る代々のブッダである過去七仏《かこしちぶつ》（〝過去の七人の諸仏〟）が娑婆《しゃば》世界（地球）に居住したことが説かれています。

（β）諸部派の論においては、そのことが踏襲されました。

（γ）大乗経においては、釈迦牟尼仏（釈尊）が娑婆世界に居住することのみならず、阿弥陀仏が西方の極楽世界に居住することなど、現在十方仏《げんざいじっぽうぶつ》（〝現在の全方位の諸仏〟）が諸世界に居住することがばらばらに説かれています。釈迦牟尼仏の娑婆世界、阿弥陀仏の極楽世界などは仏土（ブッダ・クシェートラ。仏刹《ぶっせつ》、仏国土《ぶっこくど》）と呼ばれます。仏土は現代で言うところの惑星に該当し、いずれも虚空《こくう》（〝宇宙空間〟）のうちに浮かんでいます。

（δ）インドにおける大乗の学派に中観《ちゅうがん》派と唯識《ゆいしき》派との二つがあるうち、唯識派の論においては、そのようなばらばらに説かれている仏土がまとめられ、大乗の仏土説が体系化されました。第九章において詳しく扱いましたとおり、唯識派の論においては、仏身について、自性身（法身）、受用身、変化身という三身が説かれています。それと同じように、唯識派の論においては、仏土について、法性土《ほっしょうど》、受用土《じゅゆうど》、変化土《へんげど》という三土が説かれています。これを三土説と呼びます。図にしますと、次のとおりです。

仏土
- 法性土（自性身〔法身〕の仏土）
- 受用土（受用身の仏土）
- 変化土（変化身の仏土）

司会　このうち、法性土とは、自性身（法身）と同じく、あらゆる法（〝枠組み〟）の空性《くうしょう》（〝からっぽさ〟）です。

受用土とは、受用身が十地の菩薩に説法する仏土です。

変化土とは、変化身が声聞や勝解行地《しょうげぎょうじ》の菩薩に説法する仏土です。

十地と勝解行地とについては、第二章において詳しく扱いましたとおりです。

唯識派の三土説は南北朝時代（六世紀）に中国に伝わり始めました。三土の訳語は中国の王朝ごとにまちまちです。

表にしますと、次頁のとおりです（表1。南朝の訳は知られていません）。

ここからは、いよいよ宗祖の皆さまにお話を伺います。

表1　三土の訳語

北朝の訳	唐の訳
法土、法身土、法仏土	法性土
報土、報身土、報仏土	受用土
化土、化身土、化仏土	変化土

法相宗

司会　まず、慈恩《じおん》大師さまにお話を伺います。唐の時代に中国からインドの唯識派のもとに留学した玄奘《げんじょう》三蔵（六〇二―六六四）は唯識派の最新の三土説を中国にもたらしましたが、その最新の三土説を中国に詳しく紹介なさったのが玄奘三蔵のお弟子である慈恩大師さまです。慈恩大師さまは受用土を自受用土《じじゅゆうど》と他受用土《たじゅゆうど》との二つに分ける事実上の四土説によって仏土を判別していらっしゃいます。このことは、第九章において詳しくお話を伺いましたとおり、慈恩大師さまが受用身を自受用身と他受用身との二つに分ける事実上の四身説によって仏身を判別していらっしゃることに呼応します。図にしますと、次のとおりです。

司会　一例を挙げれば、釈迦牟尼仏（釈尊）の娑婆世界は他受用土と変化土とによって構成されています。図にしま

すと、次のとおりです。

- 娑婆世界(1)
  - 他受用土――霊山浄土《りょうせんじょうど》（『法華経』寿量品《じゅりょうほん》）
  - 変化土
    - 穢土《えど》
    - 浄土（仏足指按〔〝仏の足が指で按ず〟〕。『維摩経』）

司会　娑婆世界の変化土に穢土と浄土とがあるうち、穢土はわれわれが通常暮らしている穢土、浄土は仏の神通力によって一時的に染土から変わった浄土です。

さらに一例を挙げれば、阿弥陀仏の極楽世界は、第一説によれば、他受用土であり、第二説によれば、他受用土と変化土とを兼ねます。図にしますと、次のとおりです。

【第一説】

- 極楽世界――他受用土

【第二説】

- 極楽世界
  - 他受用土
  - 変化土

司会　まず、第一説は唯識派の論における説です。

法相宗・基　第一説を言えばじゃ、〔唯識派の無著《むじゃく》菩薩の〕『摂大乗論《しょうだいじょうろん》』などによれば、西方〔極楽世界〕は他受用土じゃ。[2]

司会　浄土三部経においては、凡夫は願っただけで極楽世界に生まれると説かれていますね。しかし、唯識派の論においては、極楽世界は受用身が十地の菩薩に説法するための他受用土なのですから、凡夫が願っただけで極楽世界に生まれるのは不可能でないでしょうか。

法相宗・基　『摂大乗論』は「ただ願っただけで〔極楽世界に〕生まれるというわけではない。〔この経文は〕別時意《べつじい》〔〝別の時を意図すること〟〕によるのである」と言っておる。たとえば一枚のコインを投資して千枚のコインという儲けを得るのは、別の時にようやく得るのであって、今すぐ得るのではない。十回念仏しただけで〔極楽世界に〕生まれるというのもそれと同じであり、十回念仏したことをきっかけとして、後にだんだん〔極楽世界に〕生まれる状況が整うのじゃ。十回念仏しただけで死後すぐに〔極楽世界に〕生まれるというのではない。[3]

司会　浄土三部経において、凡夫は願っただけで極楽世界に生まれると説かれているのは、死後すぐに極楽世界に生まれるのではなく、何度も生まれ変わりを重ねつつ修行して十地の菩薩になった「別の時」にようやく極楽世界に生まれるのだというお話ですね。これを「別時意」説と呼びます。

次に、第二説は『阿弥陀鼓音声王陀羅尼経《あみだこおんじょうおうだらにきょう》』を考慮する説です。

法相宗・基　第二説を言えばじゃ、西方〔極楽世界〕は報土〔他受用土〕と化土〔変化土〕とに共通する。報土の証拠となる文は、前に説かれたとおりじゃ。化土の証拠とは、『阿弥陀鼓音声王陀羅尼経』において「阿弥陀仏には月上《がつじょう》と呼ばれる父がおり、殊勝妙顔《しゅしょうみょうがん》と呼ばれる母がおり、子がおり、魔がおり、〔仏敵〕提婆達多《だいばだった》がおり、王城もある」と言われておる。もし化身でなければ、どうしてこんなことがあろうか。[4]

司会　この経においては、阿弥陀仏が父や母や子を伴っていると説かれていますが、父や母や子を伴っているのは変化身ですから、極楽世界は他受用土であるだけでなく、変化土でもあると考えられるのです。

法相宗・基　二つの説については、気分にまかせ、どちらを取るにせよ捨てるにせよ、好きになされ(5)。

律宗

司会　なお、南山《なんざん》大師さまは仏土について普段からまったくご発言がありませんので、本章においても強いてお話を伺わずにおきます。

天台宗

司会　続いて、天台大師さまにお話を伺います。天台大師さまは独自の四土説によって仏土を判別していらっしゃいます。図にしますと、次のとおりです。

仏土(6)
- （法身土）――常寂光土《じょうじゃっこうど》
- （報身土）――実報無障礙土《じっぽうむしょうげど》
- （化身土）
  - 方便有余土《ほうべんうよど》
  - 凡聖同居土《ぼんしょうどうごど》
    - 同居染土
    - 同居浄土

司会　この四土の区別は仏土に生まれる衆生《しゅじょう》（〝生きもの〟）である二種生死の区別に由来します。二種生死について

表2　天台宗・智顗の仏土居住者説

仏土	二種生死	例
常寂光土	―	―
実報無障礙土	不思議変易生死（実報）	別教の初地より後の菩薩と、円教の初住より後の菩薩との二人（じつは同一人）(7)。
方便有余土	不思議変易生死（方便生死）	〔阿羅漢である〕声聞と、独覚と、通教の〔共の十地の第七地と第八地との〕菩薩と、別教の三十心〔である十住と十行と十迴向との菩薩〕と、円教の相似即〔である十信〕の菩薩と(8)。
凡聖同居土	分段生死	〔預流と一来と不還と阿羅漢とである〕四果の声聞と、独覚と、通教の〔共の十地の〕第六地の菩薩と、別教の十住の菩薩と、円教の十信〔のうち方便有余土に生まれない状態〕の菩薩と(9)。 ※なお、円教においては十信から十地まで分段生死のまま一生のうちに過ごす菩薩もいる（第七章において既述）。

は、第七章において詳しくお話を伺いましたとおりです。表にしますと、右のとおりです（表2）。

まず、①常寂光土（〝常に静寂なまま光っている仏土〟）とは、仏の法身だけが住む仏土です。この名称は『観普賢菩薩行法経』に拠ります。

次に、②実報無障礙土（〝真実を得た報いである、さまたげのない仏土〟）とは、煩悩のうち、見思《けんじ》の惑（煩悩障）と、塵沙《じんしゃ》の惑と、無明《むみょう》の惑（所知障）の一部とを断ちきった菩薩が、死後に転生し、不思議変易生死のひとつである実報を受けて住む仏土です。煩悩については、第六章において詳しくお話を伺いましたとおりです。無障礙土（〝さまたげのない仏土〟）と呼ばれるのは、この菩薩が三諦円融《さんだいえんにゅう》（〝〔空、仮名、中道という〕三つの存在が完全に融けあっていること〟）を体験しているからです。三諦円融については、第三章において詳しくお話を伺いましたとおりです。

次に、③方便有余土（〝〔真実を得るための〕手だてとしての、ほかの仏土〟）は、煩悩のうち、見思の惑（煩悩障）を断ちきった、声聞と独覚と菩薩とが、死後に転生し、不思議変易生死のひとつである方便生死を受けて住む仏土です。この名称は真諦《しんたい》訳『摂大乗論釈《しょうだいじょうろんしゃく》』の「方便生死」と『法華経』化城喩品《けじょうゆほん》の「余国」とに拠ります。

次に、④凡聖同居土（〝凡夫と聖者とが同居する仏土〟）は、凡夫と、見思の惑（煩悩障）を断ちきった、声聞と独覚と菩薩とが、いまだ死後に転生しないまま、分段生死のままいっしょに住む仏土です。この凡聖同居土は同居染土《どうごぜんど》（〝凡夫と聖者とが同居する穢土〟）と同居浄土《どうごじょうど》（〝凡夫と聖者とが同居する浄土〟）との二つです。同居染土とは、たとえば、六道と三界とがある、釈迦牟尼仏（釈尊）の娑婆世界です。六道とは、地獄、畜生、餓鬼、人、天、阿修羅です。三界とは、下界である欲界《よくかい》（〝欲望界〟）と、天界である色界《しきかい》（〝物質界〟）と無色界《むしきかい》（〝非物質界〟）とです。同居浄土とは、たとえば、地獄、餓鬼、畜生という三悪道もなく、三界もない、阿弥陀仏の極楽世界です。

なお、円教を学ぶ菩薩は仏となるまでに必ずしも②実報無障礙土や③方便有余土に転生するとは限らず、④凡聖同居土において分段生死のまま一生のうちに十地まで上がることも可能です。このことについては、第七章において詳しくお話を伺いましたとおりです。

以上が天台大師さま独自の四土説です。ちなみに、天台大師さまは極楽世界を④凡聖同居土となさいますから、「別時意」説を考慮なさらないことになりますね。

天台宗・智顗　もしただ聖者だけが〔極楽世界に〕生まれるのならば、どうして凡夫は願っただけで〔極楽世界という〕かの仏土に生まれる〔と浄土三部経に書いてある〕のか。ゆえに、〔凡夫は〕煩悩を具えているにせよ、〔阿弥陀

仏の〕本願の力によって心を堅持して、やはり〔極楽世界に〕住むようになるのだとわかる。(10)

司会　天台大師さまご自身も、ご遷化《せんげ》の砌《みぎり》に、『法華経』と『無量寿経』とを朗読させ、極楽世界に向かわれる旨を辞世の句に詠まれましたね。ご披露いただいてもよろしいでしょうか。

天台宗・智顗　「〔阿弥陀仏の〕四十八願による荘厳な浄土〔である極楽世界〕は、〔七宝の〕蓮華が浮かぶ池や、宝石の樹を具え、生まれやすいが、〔たやすく生まれる〕人はおらぬ。〔臨終の時に、地獄からの迎えである〕火の車のようすが現われ、改悔することができた者すら生まれるのだから、ましてや、戒（〝節制〟）と慧《え》（〝知恵〟）とをくりかえし修習した者は、道を行なった力のおかげで、まことに生まれそこなわぬ。〔仏の〕梵天のような声のありさまは、まことに人をだましはせぬ。(11)」

司会　なお、これら四土は、別々でありながらも、ユニットを構成しています。一例を挙げれば、釈迦牟尼仏〔釈尊〕の娑婆世界は実報無障礙土と方便有余土と凡聖同居土とによって構成されています。図にしますと、次のとおりです。

娑婆世界	実報無障礙土	霊山浄土（『法華経』寿量品）
	方便有余土	余諸住処《よしょじゅうしょ》（『法華経』寿量品）
	凡聖同居土	三界

天台宗・智顗　〔『法華経』寿量品に〕「わたし（〝久遠実成の釈迦牟尼仏〟）は常に霊鷲山にいる」というのは、これは実報無障礙土を言うのじゃ。「余諸住処にもいる」というのは、方便有余土を言うのじゃ。〔「余諸住処」は〕上述の〔『法華経』化城喩品に〕「余国」とあるのと同じじゃ。(12)

司会　ところで、第三章において詳しくお話を伺いましたとおり、天台大師さまにとっては、三諦円融（〝〔空、仮名、中道という〕三つのまことが完全に融けあっていること〉が真理です。もしそうでしたら、結局、四土は実報無障礙土のうちに融けあっていることにならないでしょうか。

天台宗・智顗　もし別々なものとして言うならば、方便有余土は〔凡聖同居土である〕三界のほかにあると言える。もし事象のうちに真理を見るならば、〔方便有余土は〕必ずしも〔凡聖同居土の〕遠くにはない。下の〔『法華経』分《ふん》別功徳品《べつくどくぼん》の〕文に「もし深い心によって〔『法華経』寿量品を〕信解できたならば、仏が常に霊鷲山《りょうじゅせん》にいて、大菩薩たちと声聞たちの教団とに囲まれて、説法しているのを見るであろう」と言われておる。すなわち、方便有余土〔を見る〕という意味じゃ[13]。

もし別々なものとして言うならば、実報無障礙土は方便有余土のほかにあると言える。もし事象のうちに真理を見るならば、これもやはり〔方便有余土の〕遠くにはない。〔『法華経』分別功徳品の〕文に「娑婆世界が瑠璃の大地を有し、平坦であり、さまざまな宝石で作られた楼閣を有し、諸菩薩だけがみなそこにいるのを見るであろう」と言われておる。すなわち、実報土〔を見る〕という意味じゃ[14]。

司会　四土は、たとえ別々であるにせよ、真理の次元においては融けあっているというお話ですね。

融通念仏宗

司会　続いて、大通《だいつう》上人にお話を伺います。

融通念仏宗・大通融観　いにしえから仏土の説明はまちまちで多方面にわたっておるが、大きくまとめれば四つある。第一は凡聖同居土、第二は方便有余土、第三実報無障礙土、第四は常寂光土じゃ[15]。

司会　天台大師さまの四土説をそのまま採用するというお話ですね。

極楽世界については、いかがでしょうか。

融通念仏宗・大通融観　極楽世界という浄土について〔西方という〕方角が示されておるのは、素質ある者の信仰を成育させてやるためじゃ。〔仏土という〕境《きょう》（〝認識対象〟）の真理を教えるならば、ひとつの仏土はあらゆる仏土、あらゆる仏土はひとつの仏土であって、完全に融けあっており、説くことができぬのじゃ[16]。

司会　極楽世界が西方にあるという教えは、極楽世界に行くまでの仮の教えだというお話ですね。

華厳宗

司会　続いて、賢首《げんじゅ》大師さまにお話を伺います。賢首大師さまは五教判それぞれの仏土説によって仏土を判別していらっしゃいます。

まず、始教と終教と頓教とにおいては、三土説の変形によって仏土を判別していらっしゃいます。図にしますと、次のとおりです。

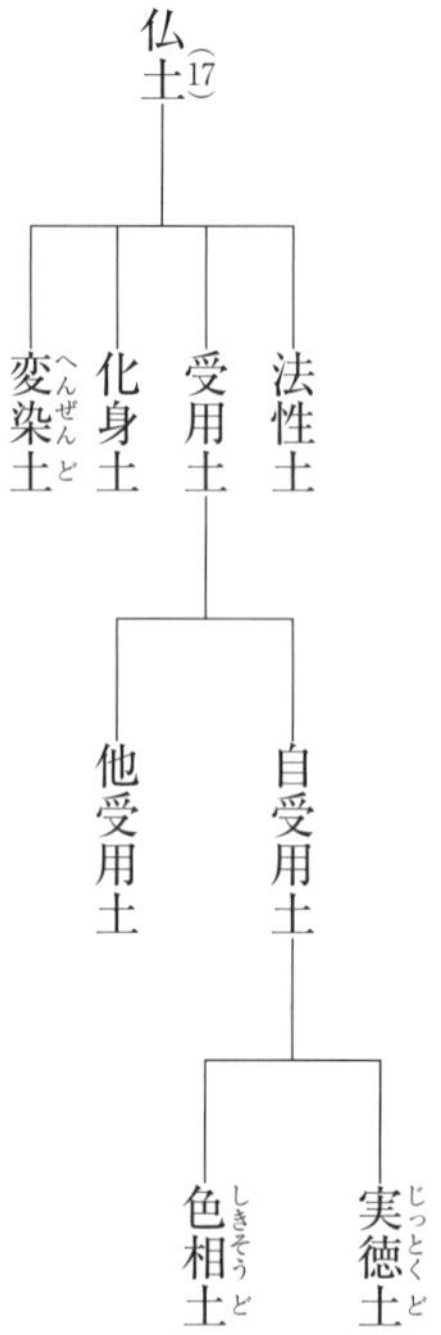

司会　一例を挙げれば、娑婆世界は化身土と変染土とによって構成されています。図にしますと、次のとおりです。

- 娑婆世界[18]
  - 化身土――染土
  - 変染土（足指案地。〔〃足の指で地を案ず〃〕。『維摩経』）

司会　自受用土が二つに分けられるうち、実徳土（〃まことの徳からなる国土〃）は妙行（〃素晴らしい行ない〃）など、色相土（〃物質を特徴とする国土〃）は勝宝（〃素晴らしい宝石〃）です。変染土は仏の神通力によって一時的に染土から変わった浄土です。慈恩大師さまは変染土を変化土に含めていらっしゃいましたが、賢首大師さまは含めずにいらっしゃいます。

次に、円教においては、いちいちの仏土が互いを含みあうことが重重無尽（〃重ねがさね、果てもなし〃）に起こっていると説かれます。第三章において詳しくお話を伺いましたとおり、このことは「相即相入」によって起こっています。ちなみに、『華厳経』寿命品《じゅみょうぼん》においては、娑婆世界の次に極楽世界が置かれており、極楽世界はいちいちの仏土が互いを含みあう円教の仏土への入り口と見なされます。賢首大師さまご自身も、ご遷化の砌に、極楽世界に向かわれる旨を辞世の句に詠まれましたね。ご披露いただいてもよろしいでしょうか。

華厳宗・法蔵　「西方の浄域〔である極楽世界〕は俗塵を離れ、〔そこにある〕千の葉を持つ蓮華は車輪ほどの大きさじゃ。仏身となるのはいつのことやら、見当もつかぬ。[19]」

真言宗

司会　続いて、弘法《こうぼう》大師さまにお話を伺います。弘法大師さまは四土説によって仏土を判別していらっしゃいます。

このことは、第九章において詳しくお話を伺いましたとおり、弘法大師さまが四種法身説によって仏身を判別してい

表3　真言宗・空海の仏土説

仏土	四種法身との対応
法仏土	自性身＋受用身（自受用身）
報仏土	受用身（他受用身）
応化仏土	変化身
等流身土	等流身

らっしゃることに拠ります。表にしますと、右のとおりです（表3）。

真言宗・空海　右に説かれておる、〔法仏土、報仏土、応化仏土、等流身土という〕依報《えほう》（〃環境であるむくい〃）と、〔法仏、報仏、応化仏、等流身という〕正報《しょうぼう》（〃正式なむくい〃）とである仏土は、いずれも四種法身に呼応しておる。[20]

司会　四種法身については、第九章において詳しくお話を伺いましたとおりです。

　ただし、弘法大師さまは、この娑婆世界を捨てて極楽世界のようなほかの仏土に生まれることについて、普段からまったくご発言がないようにお見受けします。そもそも、第四章において詳しくお話を伺いましたとおり、密教においては、大日、阿閦《あしゅく》、宝生《ほうしょう》、阿弥陀、不空成就《ふくうじょうじゅ》という五仏は、衆生（〃生きもの〃）の心である五智に他なりません。したがって、阿弥陀仏の極楽世界は、衆生の心である五智の属性でしかありません。

真言宗・空海　ものの見えない連中に〃瞑想に入っている法身仏はもともとわが心のうちに具わっており、勝義諦《しょうぎたい》（〃最高〔智〕の対象としてのまこと〃）と世俗諦《せぞくたい》（〃世間におけるまこと〃）とは〔同じであって〕どちらも常なるものであり、鳥獣や草木はみな法の声を発し、〔阿弥陀仏の〕極楽世界も〔弥勒菩薩の〕兜率天《とそつてん》ももともと胸の中にある〃という

ことをすぐに悟らせたいものじゃ。(21)

司会　極楽世界に生まれることを願ったりする、ものの見えない連中に、密教を教えてやりたいというお話ですね。密教においては、むしろ、みずから四種法身となって、みずから四土を開いていくことが重視されるのです。

真言宗・空海　男も女も、もし一字だけでも〔真言を〕記憶できたならば、朝ごとに一度、自らの心である〔大日如来の金剛法界《こんごうほっかい》〕宮《ぐう》を観察するがよい。自らの心は三土でもあり、五智という荘厳はもともと豊かに具わっておるのじゃ。(22)

司会　なお、龍猛《りゅうみょう》菩薩（龍樹《りゅうじゅ》菩薩）に帰される密教の論である『金剛頂瑜伽中発阿耨多羅三藐三菩提心論《こんごうちょうゆがちゅうほつあのくたらさんみゃくさんぼだいしんろん》』（『菩提心論』）においては、「もし本源的なもの〔である悟りの心〕に帰ることができたならば、〔そこがそのまま〕密厳国《みつごんこく》土《ど》である。座を立たぬまま、あらゆる仏事（〝仏のしごと〟）を成し遂げるようになる」(23)と説かれています。密厳国土は『密厳経《みつごんきょう》』において説かれている仏土ですが、『菩提心論』の訳者は『密厳経』の訳者である不空金剛《ふくうこんごう》三蔵（アモーガヴァジュラ。七〇五―七七四）ですから、『菩提心論』において密厳国土が説かれているのはおそらく不空金剛三蔵みずからが密教の修行者の境地を『密厳経』における密厳国土に例えたのだと考えられます。

しかるに、中国密教（一行《いちぎょう》『大日経疏《だいにちきょうしょ》』巻三）においては、密厳国土が『大日経』のうちに説かれる「悉地宮《しつじぐう》」と同一視され、さらに、日本密教においては、『大日経』のうちに説かれる大日如来の「金剛法界宮《こんごうほっかいぐう》」と同一視され、法身である大日如来が住む法仏土と考えられるようになりました。ただし、弘法大師さまにおいては、密厳国土がそのように考えられることはありません。

浄土宗、浄土真宗、時宗

司会　法然上人が挙手していらっしゃいますが、お話を伺えますでしょうか。

浄土宗・法然　真言教の阿弥陀は自分の心である如来でありますので、〔自分の心以外の〕他所《よそ》を探すべきではありませぬ。わが〔浄土〕教の阿弥陀は法蔵比丘《ほうぞうびく》が仏となったものであります。西方〔の極楽世界〕にいらっしゃるので、その趣意は〔真言教と〕大いに異なっております。(24)

司会　そういうわけで、ここからは、浄土門の皆さまにお話を伺います。まず、善導和尚《ぜんどうかしょう》にお話を伺います。善導和尚は三土説によって仏土を判別していらっしゃいます。図にしますと、次のとおりです。

仏土
- 法土
- 報土
- 化土

浄土宗・善導　三身の教化のはたらきはいずれも浄土を創立し、それによって衆生（〝生きもの〟）を導くのじゃ。(25)

司会　極楽世界はいかがでしょうか。

浄土宗・善導　報土であり、化土ではない。(26)

司会　極楽世界は報土であるというお話ですね。ところで、浄土三部経においては、凡夫はただ願っただけで極楽世界に生まれると説かれていますが、唯識派の論においては、受用土は受用身が十地の菩薩に説法するための仏土ですから、凡夫は極楽世界に生まれられません。唯識派の論によれば、凡夫はただ願っただけで死後すぐに極楽世界に生まれるのではなく、何度も生まれ変わりを重ねつつ修行して十地の菩薩になった「別の時」にようやく極楽世界に生まれるのでした。いわゆる「別時意」説ですが、これについてはどうお考えでしょうか。

浄土宗・善導　菩薩の論に執着して指南としてはならぬ。もしこの執着によるならば、みずからも〔利益を〕失うし、他人をも誤らせることになる。(27)

司会　「別時意」説を認めないというお話ですね。

浄土宗・善導　もし仏によって説かれたものならば、それは了義教《りょうぎきょう》（〝充分な教え〟）であるが、菩薩などによって説かれたものはすべて不了義教《ふりょうぎきょう》（〝不充分な教え〟）と呼ばれる。おわかりになるがよい。それゆえ、今は仰ぎたてまつって、あらゆる、わたしと縁を結ぶ、〔極楽世界に〕生まれたいという人々にお勧めしたい。ただただ、仏のおことばを深く信じて、専念して修行なさるがよい。菩薩などの不適切な教えを信用して、疑惑というさまたげを作ってはならぬ。疑惑を抱いてみずから迷えば、〔極楽世界に〕生まれるという大きな利益を失うはめになりましょう。(28)

司会　それでは、凡夫は、十地の菩薩でないのに、なぜ受用土（報土）である極楽世界に生まれることができるのでしょうか。

浄土宗・善導　あらゆる、善であったり悪であったりする凡夫が〔極楽世界に〕生まれることができるのは、いずれも、阿弥陀仏の大願のはたらきの力を増上縁《ぞうじょうえん》（〝強い助け〟）としないものはない。(29)

司会　凡夫は極楽世界に生まれた後、どの行位に入るのでしょうか。

浄土宗・善導　不退（〝〔仏の悟りに対する〕不退却〟）を証得して、〔十住、十行、十迴向という〕三賢《さんげん》に入るのじゃ。(30)

司会　行位については、第二章において詳しくお話を伺いましたとおりです。

次に、親鸞上人にお話を伺います。親鸞上人は四土説によって仏土を判別していらっしゃいます。これは、親鸞上人が三土説における応身土と化身土とを別個とお考えになるからです。図にしますと、次のとおりです。

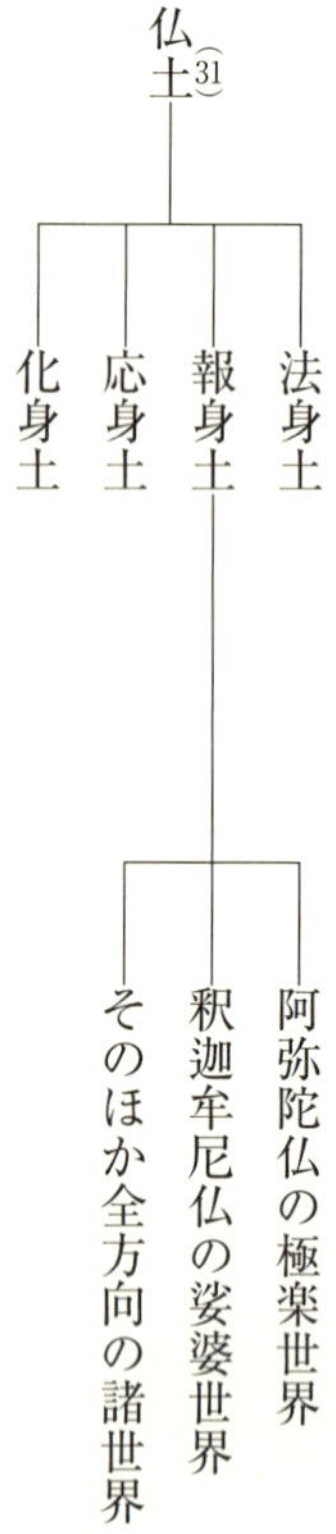

司会　親鸞上人は阿弥陀仏の極楽世界を真仏土（〝まことの仏土〟＝報身土）と仮《け》仏土（〝かりの仏土〟＝化身土）とに区別なさいます。真仏土（報身土）はかたちがない光の世界であり、仮仏土（化身土）はかたちがある西方の世界です。図にしますと、次のとおりです。

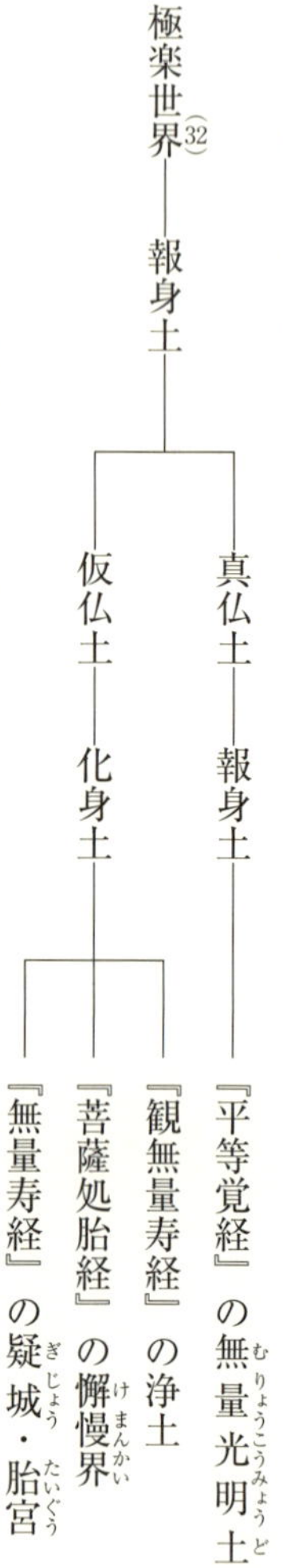

浄土真宗・親鸞　選択本願《せんじゃくほんがん》という正統な原因によって、真仏土が成立したのですわい。(33)

司会　「選択本願」とは何でしょうか。

浄土真宗・親鸞　〔衆生の〕この信心は〝〔衆生を〕念仏によって〔極楽世界に〕生まれさせよう〟という〔阿弥陀仏の〕本願から出ますのう。この大願を選択本願と呼ぶのですわい。(34)

司会　阿弥陀仏の前身である法蔵菩薩の本願のひとつ〔第十八願〕として、康僧鎧《こうそうがい》訳『無量寿経』に「もしわたしが仏〔阿弥陀仏〕となった際に、全方向の衆生がわたしの国土〔極楽世界〕に生まれたいと願って、十回念じて生まれないならば、〔わたしは〕正しい悟りを得たくありません」とあるのが「選択本願」であるというお話ですね。言い換えれば、衆生が念仏によって極楽世界に生まれる場合、光の世界である真仏土（報身土）に生まれますが、衆生が念仏でない他のさまざまな修行によって極楽世界に生まれる場合、さまざまなかたちがある仮仏土（化身土）に生まれることになります。

浄土真宗・親鸞　まことに、仮仏土にとって原因となる修行がさまざまじゃから、仮仏土もさまざまになるはずですのう。これを方便化身の化身土と呼ぶのですわい。(35)

司会　衆生が原因として修行する、念仏でない修行がさまざまであるから、その結果として衆生が生まれる、仮仏土（化身土）もさまざまになるというお話ですね。

浄土真宗・親鸞　七つの宝石でできた講堂だとか、菩提樹だとかは、方便化身の浄土ですわい。全方向から生まれに来る者は限りありませぬ。講堂も、菩提樹も、敬礼されるべきですのう。(36)

司会　浄土三部経に書いてあるような、極楽世界のさまざまなかたちはすべて仮仏土（化身土）であるというお話ですね。

しかし、善導和尚は極楽世界を報土としかおっしゃらなかったのではないでしょうか。

浄土真宗・親鸞　真仏土も仮仏土も、みな〔阿弥陀仏の〕海のような大悲の大願が報いられたものですわい。そういうわけで、報仏土だとわかりますのう。(37)

司会　極楽世界はあくまで報身土ですが、阿弥陀仏はその報身土においてさらに相手に応じて方便として仮仏土（化身土）を見せるというお話ですね。

凡夫は極楽世界に生まれ、どの行位に入るのでしょうか。

浄土真宗・親鸞　〔阿弥陀仏の〕偉大な本願にもとづく清らかな報身土〔である極楽世界〕においては、行位の階梯を言わず、一瞬というわずかな間に、すみやかに、この上ない正しい悟りを飛び級的に証得するのですわい。ゆえに横超《おうちょう》（〝よこに超えること〟）と言いますのう。(38)

司会　凡夫は極楽世界に生まれると同時に仏になるというお話ですね。横超とは、〔極楽へ〕横飛びしつつ〔悟りへ〕飛び級することであって、凡夫が阿弥陀仏の他力によって極楽世界に生まれると同時に仏となることを意味します。この親鸞上人のお説は善導和尚のお説と異なっています。この親鸞上人のお説については、第十一章において詳しくお話を伺います。

次に、一遍上人にお話を伺います。一遍上人は三土については普段から特にご発言がありませんが、善導和尚に従って極楽世界を報身土と見なしていらっしゃるということでよろしいでしょうか。

時宗・一遍　（頷く）法界《ほっかい》（〝諸法の領域〟＝全宇宙）において区分がないのを、ただちに報身仏や報身土と呼ぶのじゃ。(39)

司会　どの報身仏もどの報身土も法界のうちに広がっているというお話ですね。しかし、浄土三部経によれば、極楽世界は西方にあるのではないでしょうか。

時宗・一遍　『金剛頂瑜伽中発阿耨多羅三藐三菩提心論』（『菩提心論』）に「〔法という〕いかだに乗って向こう岸に着いたならば、法はもはや捨ててしまうがよい」と言われておる。極楽世界についても、指方立相《しほうりっそう》（〝〔西という〕方向を指して〔三十二〕相を設定すること〟）の部分は、もはや捨ててしまうがよい部分であろうぞ。(40)

司会　極楽世界が西方にあるという教えは、極楽世界に行くまでの仮の教えだというお話ですね。善導和尚のおことばである「指方立相」については、第四章において詳しくお話を伺いましたとおりです。

なお、『菩提心論』は密教の論です。一遍上人は浄土宗西山派《せいざん》（西山浄土宗）ご出身ですが、鎌倉時代の無住《むじゅう》（一二二六―一三一二）が自著『沙石集《しゃせきしゅう》』において「当世においては、西山浄土宗の人々は真言を習いあっていると聞く(41)」と言っているように、浄土宗西山派は真言宗を学んでいました。一遍上人は弘法大師さまの影響を受けていらっしゃるのですね。

以上が浄土門の皆さまの仏土説です。親鸞上人と一遍上人とが改めて挙手していらっしゃいますが、お話を伺えますでしょうか。

浄土真宗・親鸞　光明寺の和尚《かしょう》（善導和尚）の『般舟讃《はんしゅうさん》』においては、「信心がある人は、その心がすでに常に浄土に居る」と解釈されておりますのう。「居る」というのは、浄土に、信心がある人の心が、常にいるという意味ですわい(42)。

時宗・一遍　〔阿弥陀仏の〕他力をめぐって〔阿弥陀仏の〕名を称える修行者は、たとえその身はまだしばらく穢土にあるにせよ、心はすでに往生を遂げて浄土にあるのじゃ。この趣旨をめいめい深く信ぜられるがよろしい(43)。

司会　浄土門の修行者は来世に極楽世界に生まれる前に、すでに今世に心は極楽世界に生まれているというお話ですね。お二人は善導和尚に拠っていらっしゃるようですが、善導和尚はどうおっしゃったのでしょうか。

浄土宗・善導　もろもろの修行者に申し上げたい。凡夫の輪廻は貪ったり厭わなかったりしてよいものでない。阿弥陀仏の浄土は軽んじたり喜ばなかったりしてよいものでない。厭えば娑婆から永く隔たるし、喜べば浄土に常に居るのじゃ(44)。

司会　親鸞上人は「すでに常に浄土に居る」とおっしゃり、一遍上人は「すでに往生を遂げて浄土にある」とおっしゃいましたが、善導和尚は「浄土に常に居る」とおっしゃるのみであり、「すでに」とはおっしゃいません。むしろ、善導和尚が「娑婆から永く隔たる」「浄土に常に居る」とおっしゃるのは対句ですから、「常に」は「永く」と同じく〝いつまでも〟という意味です。したがって、善導和尚が「浄土に常に居る」とおっしゃるのは、来世からいつまでも極楽世界にいるという意味であり、心が今世からすでにずっと極楽世界にいるという意味ではないようです。しかし、お二人は心が今世からすでに極楽世界に生まれているとお考えになるのですね。

特に、親鸞上人のお考えをめぐって、のちの浄土真宗においては、極楽世界に生まれるのは今世からなのか来世からなのかが大問題となりました。いずれにせよ、心のみでなく心身を含む完全な意味において極楽世界に生まれるのが来世からであることは確かです。

日蓮宗

司会　先ほどから、浄土門の皆さまのお話を聞きながら、日蓮上人がせせら笑っていらっしゃいますが、お話を伺えますでしょうか。

日蓮宗・日蓮　〔『法華経』より前の諸経によって仏土に〕生まれ得るというのも、仏になり得るというのも、ともに別時意〔〝別の時を意図すること〟〕じゃ。(45)

司会　『法華経』より前の諸経によっては仏土に生まれ得ないし、仏になり得ないのであって、『法華経』の時に至ってようやく仏土に生まれ得るようになるし、仏になり得るようになるというお話ですね。『法華経』より前の諸経によっては仏になり得ないということについては、第十一章において詳しくお話を伺います。今は、どうして『法華経』より前の諸経によっては仏土に生まれ得ないのでしょうか。

日蓮宗・日蓮　仏は〔悟りを開いてのち〕四十余年間に説きたまうた『観無量寿経』などの諸経を一括し、〔『無量義経』において〕「いまだ真実を明らかにしていない」と説きたまうた以上、この〔『無量義経』の〕経文に従えば、

〔『観無量寿経』や『無量寿経』において〕「十回念仏すればただちに〔極楽世界に〕生まれる」などというのは、本当は生まれられぬと申し上げたい[46]。

司会　うーん、じつは、日蓮上人が重視なさる『無量義経』はこんにちの学界において偽経の疑いがあると見なされております。したがって、極楽世界に生まれることをこの経を根拠として否定することは、こんにちにおいてはあまり意味がないかもしれませんね。

さらに、『法華経』においても、『法華経』より前の経と同じように、兜率天《とそつてん》や極楽世界や全方向の浄土が説かれています。それをどう解釈なさるのでしょうか。

日蓮宗・日蓮　爾前《にぜん》（〝『法華経』より前〔の経〕〟）における浄土は〝久遠実成《くおんじつじょう》の釈迦如来〟が〔一時的に〕現わしたまうた浄土であって、本当はすべて穢土じゃ。『法華経』のうちでも方便品《ほうべんぼん》と寿量品との二品じゃ。寿量品に至って、本当の浄土を決め、〔娑婆世界という〕この国土を浄土と決めたまうた。ただし、兜率天や極楽世界や全方向の浄土に関するご質問について言えば、爾前（〝『法華経』より前〔の経〕〟）における〔兜率天や極楽世界などという〕名を改めぬまま、〔娑婆世界という〕この国土を、兜率天や極楽世界などという名で呼んでいるのじゃ。たとえば、この『〔法華〕経』のうちに三乗という名があるにせよ、〔本当は〕三乗がないのと同じじゃ[47]。

司会　第九章において詳しくお話を伺いましたとおり、日蓮上人は娑婆世界の〝久遠実成の釈迦牟尼仏〟が最古の仏であり、他の諸仏は〝久遠実成の釈迦牟尼仏〟によって一時的に作り出された権仏《ごんぶつ》（〝方便としての仏〟）であると考えていらっしゃいます。したがって、『法華経』より前の諸経において説かれている諸仏の浄土も〝久遠実成の釈迦牟尼仏〟によって一時的に作り出されただけであって本当は穢土であるし、『法華経』において説かれている兜率天や極楽世界や全方向の浄土は娑婆世界を指してそう呼んでいるにすぎないというお話ですね。

ですが、第九章において詳しく扱いましたとおり、他の諸仏が〝久遠実成の釈迦牟尼仏〟によって一時的に作り出された権仏《ごんぶつ》であるという日蓮上人のお説は、『法華経』の梵文によるかぎり、妥当でないようです。したがって、そのお説にもとづいて兜率天や極楽世界などの永続性を否定なさることは、こんにちにおいてはあまり意味がないかもしれませんね。

日蓮宗・日蓮　『法華経』全二十八品の肝心である寿量品に「わたし〔釈迦牟尼〕は常にこの娑婆世界にいる」と言われておる。さらに「わたしは常にここに住んでいる」と言われておる。さらに「わがこの仏土は安穏である」と言われておる。この文のとおりならば、根本である久遠実成の円教の〔釈迦牟尼〕仏はこの〔娑婆〕世界にいらっしゃるのじゃ。この仏土を捨てて、どこの仏土を願えというのか。ゆえに、『法華経』『涅槃経』を修行する者が住まう場所こそを、浄土と思うべきじゃ。どうしてわざわざ他所《よそ》を求めるのか[48]。

司会　しかし、たとえ本当の姿として、娑婆世界が浄土であるにせよ、現実の姿としては、娑婆世界は苦しみに満ちています。第八章において詳しくお話を伺いましたとおり、日蓮上人は「南無妙法蓮華経」と唱えることを勧めていらっしゃいました。「南無妙法蓮華経」と唱えて、なおも今世において苦しみに耐えねばならない人は、来世においてやはり娑婆世界に生まれなければならないのでしょうか。

日蓮宗・日蓮　同じものの種《たね》はどれも同じものの種、別のものの種はどれも別のものの種じゃ。同じ『妙法蓮華経』の種を心に孕みなさったならば、同じ『妙法蓮華経』の国へお生まれになるであろうぞ[49]。

司会　「『妙法蓮華経』の国」とおっしゃるのは、天台大師さまによって、円教の菩薩のみが住んでいる実報無障礙土と決められた、霊山浄土《りょうせんじょうど》（『法華経』寿量品）です。今世において「南無妙法蓮華経」と唱える人は、たとえ今世において苦しみに耐えねばならなくても、来世に霊山浄土に生まれることができ、霊山浄土において仏になれるというお話ですね。このことについては、第十一章において詳しくお話を伺います。

　黄檗宗、臨済宗、曹洞宗

司会　ここからは、禅門の皆さまにお話を伺います。禅門の皆さまはいずれも仏土を重視なさらない傾向にあります。まず、黄檗禅師《おうばくぜんじ》にお話を伺います。

黄檗宗・黄檗希運　およそ人が臨終する時に、ただ〝〔色《しき》〔〝物質〟〕、受《じゅ》〔〝感受〟〕、想《そう》〔〝対象化〟〕、行《ぎょう》〔〝形成〟〕、識《しき》〔〝認識〟〕という〕五蘊《ごうん》（〝五つのグループ〟）はすべて空《くう》（〝からっぽ〟）である。〔色を構成している、地、水、火、風という〕四大《しだい》（〝四つの元素〟）のうちには我《が》（〝霊魂〟）がない。真心《しんじん》（〝まことの心〟）はかたちがないので、去りもせず来もせず、生まれる時にもその性質上、来はしないし、死ぬ時にもその性質上、去りはしない。しんとしたまままったく静かであり、心とその対象とは一つである〟と観察し、ただこのように端的にすぐ了解することができたならば、〔過去、現在、未来という〕三世のうちに繋がれず、そのまま世間を超えた人となる。決して毛先ほどすらも意向があってはならぬ。もし善き姿の諸仏が来迎し、さまざまに現前したとしても、やはり後についていこうという心がなく、もし悪しき姿の者がさまざまに現前したとしても、やはり怖れる心がなく、ただ自ら心を忘れ、法界《ほっかい》（〝諸法の領域〟＝全宇宙）に同ずるならば、ただちに自在を得る。これが要点じゃ。[50]

司会　極楽世界からのお迎えが来ても、ついて行っては駄目だというお話ですね。

黄檗宗・黄檗希運　もし無心を会得《えとく》しないまま、かたちに執着して行為するならば、すべて魔業（〝魔物のしわざ〟）の一部になる。しまいには浄土のための仏事（〝仏に仕えること〟）をなすこともすべて業つくりであって、そのまま仏障《ぶっしょう》（〝仏というさまたげ〟）と呼ばれるのじゃ。〔仏障が〕おぬしの心をさまたげるから、〔おぬしは輪廻という〕因果関係に束縛されて、行く場合にも止まる場合にも自由がない[51]。

司会　浄土を求めたりせずに無心でいるのが悟りだというお話ですね。

次に、臨済《りんざい》禅師にお話を伺います。

臨済宗・臨済義玄　円頓教《えんどんきょう》（『華厳経』）の菩薩が法界に入って身を現わす場合でさえ、浄土に向かって、凡夫たることを厭い、聖者たることを喜んでおる。このような連中は取捨（〝わけへだて〟）をいまだ忘れきっておらず、染と浄との〔取捨の〕心がある。禅宗の見解はともかくそうでない。ずばり今だ。〔取捨をなくせば、〕これ以上〔修行の〕期間は必要ない[52]。

司会　染土を厭ったり浄土を求めたりするようなわけへだてをなくすのが悟りだというお話ですね。

ですが、隠元《いんげん》禅師は黄檗宗の在家信者に浄土を説いてもいらっしゃらないでしょうか。

黄檗宗・隠元隆琦　世間のものであれ、出世間のもの（〝世間を超えたもの〟）であれ、努力によらずに得られるような法は一つもない。きわめて真、きわめて妙なる、大きな努力についてはいうまでもない。そういうわけで、一人前の男たるもの、一人前の男の大事を究明し、一人前の男の志をまっとうし、一人前の男の本願を成し遂げるべきじゃ。そうでなければ、一婦人が純一の念（〝思い〟）を有し確定された信（〝信仰〟）を有しているのにかなわない。

みずから〝仏というものがあるし、それを確実に成し遂げることができる〟と知り、一瞬一瞬なおざりにせず、幼い頃から老いる頃まで、絶え間なく、油断しないならば、自然に一かけらのまことの仏の境地を成し遂げ、臨終の際にはまったく業《ごう》の累《わず》らいがない。どうして極楽世界に行けぬと愁いたりしようか。ゆえに「むしろ女子供のまことをなすとも、一人前の男のかりそめをなすな」と言われておる。至言というものじゃ[53]。

司会　参禅する一人前の男は仏の境地を成し遂げ、業にわずらわされないので、極楽世界に生まれることのような、業のむくいを受けなくなるというお話ですね。では、極楽世界に生まれるのは、どのような人なのでしょうか。

黄檗宗・隠元隆琦　念（〝思い〟）が純一でなければ、極楽世界には生まれぬし、業《ごう》（〝ふるまい〟）が重いのでなければ、地獄には堕ちぬ。(54)

司会　先ほどのお話にあった、純一の念を有する婦人のような人が極楽世界に生まれるというお話ですね。

次に、道元禅師にお話を伺います。

曹洞宗・道元　ただ、わが国には昔から正しい師がおらぬ。どうしてそれをそうとわかるかといえば、〔弟子が師の書籍の〕言語を見て〔悟りを〕推測するのは、下流を汲んで水源を推測するようなものじゃ。わが国古来の諸師は書籍を編集して、弟子を訓《おし》え、人々や神々に与えたが、その言語は青く未熟じゃ。いまだ学びの位の頂点に到っておらぬ以上、どうして証得の位の天辺《てっぺん》に及んでいようか。ただ言語を〔弟子に〕伝え、〔仏の〕名号を称えさせるにすぎぬ。日夜、他人の財宝を数え、自分はひとかけらの銭も持っておらぬ。古来の諸師の負うべき責めはここにある。ある者は人に心の外側に正しい悟りを求めさせ、ある者は人に他の仏国土に生まれることを求めさせる。惑乱はここから起き、邪念はここから起こる。たとえ良薬を与えるにせよ、薬毒の消しかたを教えないから、人を病《やまい》にしてしまう。毒を飲むよりひどい。わが国では昔から良薬を与える人はなきに等しく、薬の毒を消してやる師はいなかった。そのために、生という病を除きがたかったし、老死をどうして免がれていようか。

すべては師の咎《とが》であり、まったく弟子の咎でない。その理由は何かといえば、人の師となった者が、人に根本的なことを捨てさせ瑣末なことを追わせたことがそうさせたのじゃ。自分の知解《ちげ》がいまだしっかり立たないうちから、ひとえに〝自分が正しい〟という心をもっぱらにし、みだりに他人を邪境に堕とす結果を招いた。哀しむべきじゃ。彼らを師とする者は、いまだ彼らが邪惑であると知らぬ。弟子がどうして是非をわかろうか。(55)

司会　他の仏土に生まれることを願わせること自体が誤りだというお話ですね。
では、今世に娑婆世界において悟りを得られなかった人は、来世にやはり娑婆世界に生まれるしかないのでしょうか。

曹洞宗・道元　さらに、今生が終わる時には、二つの眼の前はたちまち暗くなるはずじゃ。その時を、すでに生の終わりが来ていると知って、はげんで「南無帰依仏《なむきえぶつ》」（〝仏を礼拝し帰依します〟）と唱えたてまつるがよい。この時、全方向の諸仏は憐れみを垂れてくださる。縁（〝条件〟）があって〔地獄、畜生、餓鬼という〕悪道に堕ちるはずの罪もくつがえされて天上に生まれ、仏の目の前に生まれて、仏を拝みたてまつり、仏が説きたまう法を聴くのじゃ(56)。

司会　娑婆世界の天上に生まれ、他の仏土に生まれることができるというお話ですね。
ところで、どうして他の仏土に生まれることを願うべきではないのでしょうか。

曹洞宗・道元　〔『法華経』寿量品において〕「天人が常に充満している」とあるところは、ただちに〔久遠実成の〕釈迦牟尼仏である毘盧遮那《びるしゃな》の国土である常寂光土じゃ。おのずから四土のうちに具わっているわれらは、ただちに一なる仏土のうちに住んでおるのじゃ(57)。

司会　四土とは、天台大師さまが説いていらっしゃる、常寂光土、実報無障礙土、方便有余土、凡聖同居土という四土を指します。先に詳しくお話を伺いましたとおり、これら四土は、別々でありながらも、真理の次元においては、融けあっています。それゆえに、われわれは一なる仏土のうちに住んでいるのだというお話ですね。衆生は娑婆世界にいながら四土すべてに住んでいる以上、わざわざ極楽世界のような他の凡聖同居土に生まれることを願うのは余計なわけへだてなのです。
道元禅師は天台宗出身でいらっしゃいますから、天台大師さまに従っていらっしゃるのですね。ただし、先に詳しくお話を伺いましたとおり、天台大師さまご自身はご遷化の砌に極楽世界に生まれることを願われました。さらに、「天人が常に充満している」と言われる霊山浄土は、正しくは「毘盧遮那の国土である常寂光土」でなく、盧舎那の国土である実報無障礙土であるようです。「毘盧遮那の国土である常寂光土」のうちには法身しかいないからです。

結局のところ、禅門の皆さまがいずれも仏土を重視なさらない傾向にあるのは、極楽世界のような他の仏土（いわゆる浄土）に生まれたいと願うことが、禅門の皆さまにとっては、悪しき執着であると思われるからなのですね。

一遍上人が挙手していらっしゃいますが、お話を伺えますでしょうか。

時宗・一遍　念仏の行者は知恵をも愚痴をも捨て、善悪という対象をも捨て、貴賤や高下という道理をも捨て、地獄を恐れる心をも捨て、極楽を願う心をも捨て、さらに、諸宗の悟りをも捨て、あらゆることを捨てて称える念仏であってこそ、阿弥陀仏の、世間を超えた本願にもっとも適うというものじゃ。(58)

司会　極楽世界に生まれたいとも願わずに称える念仏こそが、阿弥陀仏の本願にもっとも適うというお話ですね。一遍上人は臨済宗の心地覚心《しんちかくしん》禅師（法灯円明《ほっとうえんみょう》国師。一二〇七―一二九八）に参禅して印可をいただいたと伺いますから、禅門の影響を受けていらっしゃるのでしょうね。

おわりに

司会　本章においてお伺いしたお話を表にしますと、次頁のとおりです（表4）。

皆さま、ありがとうございました。

表4

宗祖	仏土説
法相宗・基	四土説（法性土、自受用土、他受用土、変化土）
律宗・道宣	発言せず
天台宗・智顗	四土説（常寂光土、実報無障礙土、凡聖同居土、方便有余土）
日蓮宗・日蓮	霊山浄土説
華厳宗・法蔵（円教）	無尽
融通念仏宗・大通融観	四土説（常寂光土、実報無障礙土、凡聖同居土、方便有余土）
真言宗・空海	四土説（法仏土、報仏土、応化仏土、等流身土）
浄土宗・善導	三土説（法土、報土、化土）
浄土真宗・親鸞	四土説（法身土、報身土、応身土、化身土）
時宗・一遍	三土説（法土、報土、化土）
黄檗宗・黄檗希運	仏土を重視せず（他仏土を求めず）
黄檗宗・隠元隆琦	仏土を重視せず（他仏土は在家信者〔女性〕向け）
臨済宗・臨済義玄	仏土を重視せず（他仏土を求めず）
曹洞宗・道元	仏土を重視せず（他仏土を求めず） 四土説（常寂光土、実報無障礙土、凡聖同居土、方便有余土）

第十一章　成仏論

はじめに

司会　先の第十章においては、仏身（〝仏のからだ〟）によって居住されるべき仏土（〝仏の国〟）について、宗祖の皆さまにお話を伺いました。この第十一章においては、仏になることである成仏《じょうぶつ》について、宗祖の皆さまにお話を伺います。

インド仏教

司会　まず、十三宗の前提となるインド仏教を扱います。第一章において詳しく扱いましたとおり、歴史的ブッダの教えは、彼の死（紀元前五世紀頃）の後、彼の弟子たちの教団によって、経、律、論という三蔵として編纂されました。経は『阿含経《あごんきょう》』、律は教団の運営規則、論は『阿含経』の解釈です。教団はのちに諸部派へと分裂し、それぞれの部派において、若干異なる三蔵が保持されることになりました。

『阿含経』においては、次のような三種類の修行者が説かれています。

①声聞《しょうもん》（〝〔仏の〕声を聞く者〟）
②独覚《どっかく》（〝独りで目覚めた者〟）

③菩薩《ぼさつ》（〝〔仏の〕悟りを求める生きもの〟）

諸部派の論においては、彼らの悟りは別々であって、声聞や独覚は仏になれないと見なされ、それぞれの悟りに至る、次のような三乗《さんじょう》（〝三種類の乗りもの〟）が説かれています。

①声聞乗《しょうもんじょう》（〝声聞の乗りもの〟）

②独覚乗《どっかくじょう》（〝独覚の乗りもの〟）

③菩薩乗《ぼさつじょう》（〝菩薩の乗りもの〟）

声聞乗と独覚乗とは二乗《にじょう》（〝二種類の乗りもの〟）と言われます。諸部派は声聞乗と規定されます。

その後、歴史的ブッダの死後五百年頃（紀元前後）から、『阿含経』に対する一種の解釈として、大乗《だいじょう》経（〝偉大な乗りものに属する経〟）が出現し始めました。大乗は菩薩になれば仏になりうることを人々に保障し、みずからを菩薩乗と規定し、二乗を小乗《しょうじょう》（〝つまらない乗りもの〟）と規定しています。それによって、諸部派においても、律をそのまま用いつつ、経のうちに大乗経を加え、論として大乗経の解釈を著わす者が出現し始め、結果として、大乗の三蔵を有する、大乗の学派が派生していきました。ここまでは、おさらいです。

（α）『阿含経』においては、釈迦牟尼は永劫《えいごう》のあいだ修行して仏となったと説かれています。

（β）諸部派の論においては、そのことが踏襲され、声聞乗の成仏説が体系化されました。説一切有部の論においては、釈迦牟尼は三阿僧祇《あそうぎ》百劫のあいだ修行して仏となったと説かれ、上座部の論においては、釈迦牟尼は四阿僧祇十万劫のあいだ修行して仏となったと説かれています。阿僧祇（アサンキヤ。〝不可算〟）とは十の五十九乗を指す数詞、劫（カルパ）とは宇宙的時間の単位です。

（γ）大乗経においては、菩薩は三阿僧祇劫のあいだ修行して仏となると説かれることもありますし、無量阿僧祇劫のあいだ修行して仏となると説かれることもあります。

（δ）インドにおける大乗の学派に中観《ちゅうがん》派と唯識《ゆいしき》派との二つがあるうち、唯識派のもとに出現した大乗経である『解深密経《げじんみっきょう》』においては、菩薩は勝解行地《しょうげぎょうじ》において第一阿僧祇劫のあいだ修行し、十地の初地から第七地において第二阿僧祇劫のあいだ修行し、第八地から第十地において第三阿僧祇劫のあいだ修行して仏になると説かれています。勝解行地や十地については、第二章において詳しくお話を伺いましたとおりです。唯識派の論においては、そのことが踏襲され、大乗の成仏説が体系化されました。

唯識派の三阿僧祇劫成仏説は南北朝時代（六世紀）に中国に伝わり始めました。

ここからは、いよいよ宗祖の皆さまにお話を伺います。

法相宗

司会　まず、慈恩《じおん》大師さまにお話を伺います。唐の時代に中国からインドの唯識派のもとに留学した玄奘《げんじょう》三蔵（六〇二―六六四）は唯識派の三阿僧祇劫成仏説を中国にふたたびもたらしましたが、その三阿僧祇劫成仏説を中国に詳しく紹介なさったのが玄奘三蔵のお弟子である慈恩大師さまです。慈恩大師さまは、あくまで三阿僧祇劫成仏説にもとづいて、仏となるまでにかかる期間を三阿僧祇劫と判定していらっしゃいます。

法相宗・基　すべてこの三大阿僧祇劫をかけて、〔仏となるための〕原因を修習し、ようやく仏となることができるのじゃ。[1]

表1　天台宗・智顗の成仏説

教	期間
三蔵教《さんぞうきょう》[3]	三阿僧祇劫
通教《つうきょう》[4]	無量阿僧祇劫
別教《べっきょう》[5]	無量阿僧祇劫
円教《えんぎょう》[6]	不定

律宗

司会　続いて、南山《なんざん》大師さまにお話を伺います。南山大師さまも、あくまで三阿僧祇劫成仏説にもとづいて、仏となるまでにかかる期間を三阿僧祇劫と判定していらっしゃいます。

律宗・道宣　この執着は始まりもない昔からの習慣によって染みついたもので、三阿僧祇劫の直後にようやく尽きはたすことができるのじゃ[2]。

天台宗

司会　続いて、天台大師さまにお話を伺います。天台大師さまは仏となるまでにかかる期間を四教判によって判別していらっしゃいます。表にしますと、右のとおりです（表1）。

ただし、第三章において詳しくお話を伺いましたとおり、三蔵教と通教と別教とのうちどれを学ぶ者も、結局、そのままでは仏になることができません（「果頭無人《かずむにん》」説）。彼らは途中から円教を学び、円教によって仏となります。

円教において、仏となるまでの期間が不定であるというのは、どういうことでしょうか。

天台宗・智顗　別教は〔見思《けんじ》と塵沙《じんしゃ》との〕二惑を除去するのに〔十住、十行、十廻向という〕三十心を過ぎ、ややもすれば永劫の数を経て、しかるのちに初めて無明の惑を打破する。円教はそうではない。ただただこの身において、ただちに二惑を打破し、ただちに中道《ちゅうどう》に入る。一生のうちに済ますことができるのじゃ(7)。

司会　円教においては、早ければ一生のうちに、煩悩のうち、見思の惑と塵沙の惑とを断ちきって、真理である中道を証得することができるというお話ですね。煩悩については第六章において、中道については第三章において、それぞれ詳しくお話を伺いましたとおりです。

その場合、一生のうちにどの行位まで上がることができるのでしょうか。

天台宗・智顗　始めは〔五品弟子位《ごほんでしい》の〕初品から、終わりは〔十住の〕初住まで、一生のあいだに修習することができ、一生のうちに証得することができるのじゃ(8)。

司会　円教においては、早ければ、一生のあいだに五品弟子位から十住の初住に上がることができるというお話ですね。行位については、第二章において詳しくお話を伺いましたとおりです。

ちなみに、初住において真理である中道を初めて証得することを、部分的に仏になることと見なして、「初住成《しょじゅうじょう》仏《ぶつ》」と呼びます（完全に仏になるわけではありません）。

天台宗・智顗　いっぽうで、円教の肉身は、一生のあいだに十地に上がることがあるのじゃ(9)。

司会　円教においては、場合によっては、一生のあいだに五品弟子位から十地に上がることもできるというお話ですね。

以上のように、円教においては、仏となるまでの期間がさまざまに短縮可能であって、不定なのです。そのようなことはインドの唯識派の説においてはあり得ませんが、天台大師さまの実体験にもとづく確信として受け取っておきたいと思います。

なお、のちの日本の天台密教（台密）においては、一生のうちに即身成仏《そくしんじょうぶつ》（〝すぐこの身で仏になること〟）もできるとも言われるようになりますが、天台大師さまは一生のうちに仏になることまではおっしゃっておられません。

ところで、第一章において詳しくお話を伺いましたとおり、円教は、『法華経』より前の諸経においても、いちおう説かれています。

天台宗・智顗　初めの〔『華厳経』によって〕仏慧《ぶつえ》（〝仏の悟り〟）〔に入るの〕も、後の〔『法華経』によって〕仏慧〔に入るの〕も、円頓《えんどん》であることは等しいのじゃ。(10)

司会　そうである以上、円教であるならば、『法華経』より前の諸経によっても、仏となることができるはずですね。

日蓮宗

司会　日蓮上人が挙手していらっしゃいますが、お話を伺えますでしょうか。

日蓮宗・日蓮　通常の天台宗の主張においては、爾前《にぜん》（〝『法華経』より前〟）〔の諸経〕によってもその折々に悟りを得ることが認められる。それがしの主張においては、〔爾前の諸経によって〕その折々に悟りを得ることは認められぬ。(11)

司会　たとえ円教であっても、『法華経』より前の諸経によっては、仏になることができないというお話ですね。それはなぜでしょうか。

日蓮宗・日蓮　〔『法華経』より前の諸経における〕〝決定種姓《けつじょうしゅしょう》の二乗（声聞、独覚）は永遠に仏になれない〟ということばだけが〔『法華経』において〕いつわりのことばとなり、〔『法華経』より前の諸経における〕〝ほかの菩薩や凡夫が仏になれる〟などということばは〔『法華経』においても〕まことのことばとなるというのは、信用しがたいことじゃ。たとえば、東を西じゃといつわりのことばを述べる人は、西を東じゃと述べるはずじゃ。〝〔決定種姓の〕二乗（声聞、独覚）は永遠に仏になれない〟と説く仏が〝ほかの菩薩は仏になれる〟と認めるのも、やはりいつわりのことばであるまいか。五乗〔の種姓〕はただ一仏性のみじゃ。〔『法華経』より前の諸経が〕二乗の仏性を隠し、菩薩と凡夫との仏性を明らかにするのは、むしろ、菩薩と凡夫との仏性を隠すものじゃ。[12]

司会　『法華経』より前の諸経において、仏は〝決定種姓の声聞と決定種姓の独覚とが永遠に仏になれない〟といつわりを言いつつ〝菩薩は仏になれる〟と言っていたが、いつわりを言っていた以上、それら諸経において〝菩薩は仏になれる〟と言っていたのもいつわりでなければならず、本当に菩薩が仏になれるための教えは『法華経』のみだというお話ですね。決定種姓については、第五章において詳しくお話を伺いましたとおりです。

日蓮宗・日蓮　そういうわけじゃから、諸経のうちに登場する諸仏、菩薩、人、天などは、たとえそれぞれの経によって仏となったように見えるにせよ、じつは、『法華経』によって正しく悟ったのじゃ。釈迦牟尼仏や諸仏の「衆《しゅ》生無辺誓願度《じょうむへんせいがんど》」（〝かぎりなくいる生きものを〔悟りへと〕渡らせようと誓願します〟）という共通の誓願はすべてこの『〔法華〕経』において完成されておるのじゃ。〔『法華経』方便品《ほうべんぼん》に〕「今はすでに完成されている」とある文がそれじゃ。[13]

司会　あらゆる衆生を仏にならせようという誓願は、『法華経』においてすでに完成されているというお話ですね。したがって、あらゆる衆生が『法華経』によって仏になれることはすでに決まっていることになります。

第一章において詳しくお話を伺いましたとおり、日蓮上人は、『法華経』において、前半である迹門《しゃくもん》と、後半である本門《ほんもん》とがあるうち、本門を重視し、さらに、その本門において、解脱させるものである寿量品と、解脱のための種まきである題目とがあるうち、題目を末法の時代の仏教と見なしていらっしゃいます。われわれ末法の時代の衆生は、どのようにして、題目によって仏になれるのでしょうか。

日蓮宗・日蓮　自分勝手に解釈を加えれば、経文をけがすも同然じゃ。そうは言っても、〔『法華経』の〕経文の意味は、釈尊の因行果徳（〝原因としての修行、結果としての功徳〟）という二法は「妙法蓮華経」という五字のうちに具わっておるというのじゃ。われらがこの五字を受持するならば、自然にその因果功徳（〝原因としての功徳、結果としての功徳〟）を譲り与えてくださるのじゃ。(14)

司会　衆生が「南無妙法蓮華経」と題目を称えたならば、〝久遠実成《くおんじつじょう》の釈迦牟尼仏〟は、自然に、仏になるための修行と、仏になったあとの功徳とを譲り与えてくださるというお話ですね。「南無妙法蓮華経」については、第八章においで詳しくお話を伺いましたとおりです。

日蓮宗・日蓮　〔『法華経』方便品に〕「〔あらゆる衆生を〕わたし（釈迦牟尼仏）と等しい、異ならないものにしたい。と、わたしが昔に願ったことは、今はすでに達成された。あらゆる衆生を教化してみな仏道（〝仏の悟り〟）に入らせよう」とある。妙覚である釈尊はわれらの血肉じゃ。〔釈尊の〕因果功徳（〝原因としての功徳、結果としての功徳〟）は〔われらの〕骨髄でなかろうか。(15)

司会　〝久遠実成の釈迦牟尼仏〟はわれわれ末法の時代の衆生を釈迦牟尼仏と同じようにしてくださるというお話ですね。妙覚については、第二章において詳しくお話を伺いましたとおりです。

では、なぜ〝久遠実成の釈迦牟尼仏〟は、われわれに、仏になるための修行と、仏になったあとの功徳とを譲り与えることができるのでしょうか。

日蓮宗・日蓮　今、本門における娑婆《しゃば》世界は、〔火災、水災、風災という〕三災をかけ離れ、〔成劫、住劫、壊劫、空劫という〕四劫を超えた、〔〝霊山浄土《りょうせんじょうど》〟という〕常住の浄土じゃ。〔〝久遠実成の釈迦牟尼仏〟という〕仏は過去においで死んだこともなく、未来において生まれることもないが、教化される側〔である衆生〕も〔仏と〕同体じゃ。これこそが自分の心の一念三千であり、〔五蘊、衆生、国土という〕三世間を具えておるのじゃ。(16)

司会　第三章において詳しくお話を伺いましたとおり、天台大師さまは「一念三千」というお考えをお持ちです。それによれば、あらゆる衆生の心は十界（〝十の要素〟）や三世間を具えており、十界のひとつが仏界（〝仏の要素〟）です。天台大師さまはこの仏界を潜在的な仏とお考えになるのですが、日蓮上人はこの「仏界」を〝久遠実成の釈迦牟尼仏〟とお考えになるのです。なぜなら、第九章と第十章とにおいて詳しくお話を伺いましたとおり、『法華経』の本門の寿量品において、この娑婆世界が常住の〝霊山浄土〟と説かれている以上、〝霊山浄土〟というレベルにおいては、あらゆる衆生は〝久遠実成の釈迦牟尼仏〟と同じく常住であり、常住というレベルにおいては、あらゆる衆生は〝久遠実成の釈迦牟尼仏〟と同体だからです。

同体であるからこそ、衆生が「南無妙法蓮華経」と題目を称えたならば、〝久遠実成の釈迦牟尼仏〟はその衆生に、仏になるための修行と、仏になったあとの功徳とを譲り与えることができるというお話ですね。

日蓮宗・日蓮　一念三千をわからない者のために、仏は大慈悲を起こし、〔「妙法蓮華経」という〕五字のうちにこの〔一念三千という〕宝石を包んで、末代の幼な子の首に掛けさせたまうたのじゃ。(17)

司会　ですが、たとえ「南無妙法蓮華経」と題目を称えることによって、〝久遠実成の釈迦牟尼仏〟から、仏になるための修行と、仏になったあとの功徳とを譲り与えていただいたとしても、普通の人はそれこそ「幼な子」のままであって、自分が仏になった実感がないと思うのです。完全に仏になれるのは、いつなのでしょうか。

日蓮宗・日蓮　たとえ首を鋸《のこぎり》で挽かれ、胴を矛《ほこ》で突かれ、足に枷《かせ》をはめられ錐《きり》をもみこまれたとしても、命あるかぎり「南無妙法蓮華経」「南無妙法蓮華経」と唱えて、唱え死にして死ぬならば、釈迦牟尼仏や、多宝如来《たほうにょらい》や、全方向の諸仏は、霊山浄土における集会において御約束なさった以上、またたく間に飛び来たって、手を取って肩に乗せ、霊山浄土へとひた走ってくださるから、〔『法華経』陀羅尼品《だらにぼん》において『法華経』をたもつ者を守ると誓った薬王《やくおう》菩薩と勇施《ゆうせ》菩薩との〕二聖や、〔持国天《じこくてん》と多聞天《たもんてん》との〕二天や、十羅刹女《らせつにょ》は〔『法華経』を〕たもつ者を擁護し、諸天善神は天蓋をさしかけ、のぼりを上げて、われらを守護して、たしかに常寂光土《じょうじゃっこうど》という宝の国へと送ってくださるはずじゃ。ああ、うれしいことじゃ、ああ、うれしいことじゃ。[18]

司会　現世において「南無妙法蓮華経」と題目を唱えたならば、死後、来世において霊山浄土に生まれ、そのまま、常寂光土（仏の法身が住む仏土）に送られて仏になれるというお話ですね。常寂光土については、第十章において詳しくお話を伺いましたとおりです。

要するに、日蓮上人のお説は、最終的に二生かかって仏になるという、二生成仏説であることがわかります。

華厳宗

司会　続いて、賢首《げんじゅ》大師さまにお話を伺います。賢首大師さまは仏となるまでにかかる期間を五教判によって判別していらっしゃいます。表にしますと、左のとおりです（表2）。

ただし、第三章において詳しくお話を伺いましたとおり、小乗教と始教と終教と頓教とのうちどれを学ぶ者も、結局、そのままでは仏になることができません。彼らは途中から円教を学び、円教によって仏となります。

円教において、仏となるまでの期間が不定であるというのは、どういうことでしょうか。

華厳宗・法蔵　もし円教によるならば、あらゆる時間はことごとく不定じゃ。なぜかと言えば、諸劫は相即相入して

いるからじゃ。(20)

司会　第三章において詳しくお話を伺いましたとおり、円教においては、ある一瞬におけるあらゆる法が相即相入しています。ところで、『華厳経』寿命品《じゅみょうぼん》においては、われわれが住む娑婆世界の一劫は極楽世界の一日一夜にすぎず、極楽世界の一劫は別の世界の一日一夜にすぎず、そのようにして、無量の世界があると説かれますから、娑婆世界の三阿僧祇劫は、ある、時間の長い世界の一瞬にすぎないことになります。もし娑婆世界の三阿僧祇劫は時間の長い世界の一瞬にすぎず、その、時間の長い世界の一瞬における法が、娑婆世界の一瞬における法と相即相入しているならば、娑婆世界の一瞬における法は、娑婆世界の三阿僧祇劫における法を含んでいることにもなります。そうなると、もはや仏になるまでにかかる期間を規定することが無意味になるのです。したがって、円教においては、仏になるまでの期間は不定です。

華厳宗・法蔵　さらに、あらゆる衆生とみな同時同時同時同時同時同時同時同時同時同時に仏となるし、後にもみな

表2　華厳宗・法蔵の成仏説(19)

教	期間
小乗教	三阿僧祇劫
始教《しきょう》	三阿僧祇劫
終教《じっきょう》	三阿僧祇劫あるいは不定（無量阿僧祇劫）
頓教《とんぎょう》	説かれない
円教《えんぎょう》	不定

新たに新たに煩悩を断ちきるのじゃ(21)。

司会　円教においては、ある衆生が仏になる瞬間に、あらゆる衆生はその衆生と相即相入して同時に仏になるし、そのあらゆる衆生は、のちのちには、新たに自分自身で煩悩を断ちきって仏になるというお話ですね。

仏になるまでの期間が不定であるにせよ、転生《てんしょう》（〝生まれ変わり〟）の回数で言えば、何回の転生によって仏になるのでしょうか。

華厳宗・法蔵　今、仏になると言うのは、ただただ、初めは見聞位《けんもんい》から、しまいには第二生においてただちに解行《げぎょう》位《い》を成し遂げ、解行位の終わりに因位《いんい》（〝原因である段階〟）を極めたならば、第三生においてただちにかの究竟自在円《くきょうじざいえん》融果《にゅうか》（〝究極である自由自在な円融〔＝相即相入〕という結果〟＝仏位）を得るのじゃ(22)。

司会　第一章において詳しくお話を伺いましたとおり、円教においては、見聞位（十信）、解行位（十住、十行、十廻向、十地）、証果海位という三つの行位が説かれます。その三つの行位を三つの生涯において経過するのであって、三回の転生によって仏になるというお話ですね。これを「三生成仏《さんしょうじょうぶつ》」と呼びます。そのようなことはインドの唯識派の説においてはあり得ませんが、賢首大師さまの実体験にもとづく確信として受け取っておきたいと思います。

ちなみに、見聞位（十信）の終わりに真理である相即相入を初めて証得することを、部分的に仏になることと見なして、「信満成仏《しんまんじょうぶつ》」と呼びます（完全に仏になるわけではありません）。天台大師さまの円教における「初住成仏」と同じです。

融通念仏宗

司会　続いて、大通《だいつう》上人にお話を伺います。大通上人は賢首大師さまの五教判を踏襲していらっしゃいますが、成仏についてはいかがでしょうか。

融通念仏宗・大通融観　一乗（円教）の仏は、自他が同時に仏となる。仏となったのち仏地という結果に安住してしまい修行という原因を修習しなくなるというわけではない。あるいは、仏となるのは、あらゆる衆生とともに、前々からすでに仏となっており、後々にもやはり仏となるのじゃ。(23)

司会　賢首大師さまと同じご趣旨ですね。

真言宗

司会　続いて、密教の立場から、弘法《こうぼう》大師さまにお話を伺います。

真言宗・空海　〔現在、過去、未来という〕三世のあらゆる如来はみなこの〔密教の〕門から仏になるのじゃ。ほかの〔顕〕教において仏になることが説かれているのはいずれも方便（〝手だて〟）として人を引き寄せるための話にすぎず、本当の話ではない。(24)

司会　諸仏はかならず密教によって仏になるのであり、顕教によって仏になることはないというお話ですね。たしかに、『金剛頂経《こんごうちょうきょう》』初会《しょえ》においては、釈迦牟尼は密教によって仏になっています。では、密教によっては、どのようにして仏になるのでしょうか。

真言宗・空海　もし人が〔密教の〕規則どおりに昼も夜も努力するならば、現在の身のまま、〔天眼通《てんげんつう》（〝透視力〟）、天耳通《てんにつう》（〝地獄耳〟）、他心通《たしんつう》（〝読心力〟）、宿命通《しゅくみょうつう》（〝前世記憶〟）、神足通《じんそくつう》（〝念動力〟）という〕五神通を獲得し、次第に修練するにしたがって、この身を〔死によって〕捨てぬまま、仏の位に進入するのじゃ。詳しくは〔密教の〕経に説かれているとおりじゃ。(25)

司会　いわゆる即身成仏《そくしんじょうぶつ》（〝すぐこの身で仏になること〟）ですね。即身成仏のための修行については、第八章において詳しくお話を伺いましたとおりです。

真言宗・空海　『金剛頂瑜伽中発阿耨多羅三藐三菩提心論《こんごうちょうゆがちゅうほつあのくたらさんみゃくさんぼだいしんろん》』（『菩提心論』）において「諸仏菩薩は、昔、因地《いんじ》（〝原因の段階〟）においてこの〔悟りを求める〕心を起こしてのち、勝義《しょうぎ》（〝最高〔智〕の対象〟）と、行願《ぎょうがん》（〝〔他者を利益する〕行への願い〟）と、三摩地《さんまじ》（サマーディ。〝瞑想〟）とを戒（〝節制〟）とし、しまいには仏となるまで、暫らくも忘れる時がない。ただ真言法においてのみ、即身成仏する。ゆえに、この、三摩地を説く法は、もろもろの教のうちに、欠けており書かれていない」と言われておる。

教えて進ぜよう。この『論』は、大聖者龍樹《りゅうじゅ》によって造られた千部の論のうち、密教の論蔵の肝心の論じゃ。それゆえ、顕教と密教との二教の違いである、浅深や、仏となるまでの遅速や、優劣は、いずれもこのうちに説いてある。「諸教」と言われるのは、他受用身《たじゅゆうしん》と変化身《へんげしん》とによって説かれたもろもろの顕教じゃ。「この、三摩地を説く法」と言われるのは、自性法身《じしょうほっしん》によって説かれた〔密教である〕秘密真言三摩地門がそれじゃ。いわゆる十万頌《じゅうまんじゅ》の『金剛頂経』などがそれじゃ[26]。

司会　他受用身、変化身、自性法身については、第九章において詳しくお話を伺いましたとおりです。

日蓮上人が挙手していらっしゃいますが、お話を伺えますでしょうか。

日蓮宗・日蓮　この論は一巻本で七丁ある。龍樹のことばらしからぬことがあちこちに多い。ゆえに目録にも、龍樹のものと書いてあったり、不空のものと書いてあったり、両方じゃ。いまだ事実は確定されておらぬ。そのうえ、この論は〔釈迦牟尼仏の〕一生涯を総括する論でもない。荒唐無稽なことが多い。まず、「ただ真言法においてのみ」という肝心の文が誤りじゃ。そのわけは、文証《もんしょう》（〝経文上の証拠〟）と現証《げんしょう》（〝現実上の証拠〟）とがある『法華経』の即身成仏を無視して、文証も現証もあとかたもない真言経のうちに即身成仏を主張しておる。さらに、「ただ」という「ただ」の一語が第一の誤りじゃ。ことのありさまを見るに、不空三蔵が自分勝手に造った〔論〕を、当時の人に重視させるために、仕事を龍樹に帰したのじゃろうか。(27)

司会　『菩提心論』は龍樹菩薩の真作でなく不空金剛《ふくうこんごう》三蔵（アモーガヴァジュラ。七〇五―七七四）の作であるから、そこに説かれている即身成仏は信用できず、本当の即身成仏は、『法華経』の力によって、〝久遠実成の釈迦牟尼仏〟から、仏になるための修行と、仏になったあとの功徳とを譲り与えていただいて、仏になることに他ならないというお話ですね。ただ、不空金剛三蔵の作であることはそのとおりでしょうが、即身成仏は不空金剛三蔵訳の諸経において説かれていますから、文証がないわけではないようです。

浄土宗

司会　続いて、浄土門の皆さまにお話を伺います。前章までにおいては、浄土門の皆さまはお話が一致することが多かったため、ひとくくりに扱わせていただいていたのですが、本章においては、かなりお話が異なることが予想されますので、別々に伺わせていただきます。

まず、善導和尚《ぜんどうかしょう》にお話を伺います。善導和尚は仏となるまでにかかる期間を三阿僧祇劫と判定していらっしゃいます。

浄土宗・善導　三阿僧祇劫における修行の発起がすべて無漏《むろ》（〝煩悩のないこと〟）と結びつき、〔十地の〕地ごとに功績を収め、ようやく結果が完成することにたどりついたかたが、仏と呼ばれるのじゃ。(28)

司会　いっぽう、法然上人は、仏になるまでにかかる時間について、普段からまったくご発言がないようにお見受けします。

浄土宗・法然　末代の衆生は、自分の修行を完成しがたいので、まず阿弥陀如来の本願の力に乗じて、念仏による往生を遂げてのち、浄土（極楽世界）において阿弥陀如来や観音菩薩や勢至菩薩にお目にかかって、もろもろの聖教《しょうぎょう》をも学び、悟りをも開くがよろしい(29)。

司会　まず、阿弥陀仏にすがって極楽世界に生まれることが大事なのであって、仏になることについては極楽世界に生まれてから考えればよいというお話ですね。

浄土宗・法然　〔阿弥陀如来は〕すみやかに、すみやかに極楽浄土に生まれさせてくださって、阿弥陀如来と観音菩薩とを先生として、『法華経』の真如実相平等（〝そのとおりのまことという、まことのありさまの変わりなさ〟）というすばらしい道理や、『般若経』の勝義空性《しょうぎくうしょう》（〝最高〔智〕の対象としてのからっぽさ〟）や、真言宗の即身成仏といった、あらゆる聖教を、心ゆくまでわからせてくださるはずじゃよ(30)。

浄土真宗

司会　次に、親鸞上人にお話を伺います。親鸞上人は法然上人と違い、仏になるまでにかかる時間について、普段から非常な関心を寄せていらっしゃるようにお見受けします。

浄土真宗・親鸞　それがしには本当にわかりもうした。弥勒《みろく》菩薩は等覚《とうがく》の金剛喩定《こんごうゆじょう》（〝ダイヤモンドのような瞑想〟）を窮めつくすから、〔来世に〕龍華樹《りゅうげじゅ》の下において三回の法会《ほうえ》を開く時に、この上ない悟りに至るはずですし、念仏する衆生は横超《おうちょう》の金剛喩定を窮めつくすから、臨終の一瞬の夕べに、大般涅槃《だいはつねはん》を飛び級的に証得するのですのう。ゆえに〔念仏する衆生は弥勒菩薩と〕同じじゃと言うのですわい(31)。

司会　弥勒菩薩は五十二位の行位のうち等覚に位置しており、あと一回だけ来世に生まれると同時に、妙覚に至って仏となりますが、念仏する者は来世に極楽世界に生まれると同時に、仏となるのであり、念仏する者は弥勒菩薩と同じであるというお話ですね。行位については、第二章において詳しくお話を伺いましたとおりです。

横超とは、〔極楽世界へ〕横飛びしつつ〔悟りへ〕飛び級することであって、念仏する者が阿弥陀仏の他力によって極楽世界に生まれると同時に仏になることを意味します。

しかし、なぜ念仏する者は弥勒菩薩と同じなのでしょうか。

浄土真宗・親鸞　信心を得た人は、必ず、正定聚《しょうじょうじゅ》（〝正しさに定まったグループ〟）の位に安住するから、等正覚《とうしょうがく》（〝正しい悟りに等しい者〟）の位と呼ばれますのう。『大無量寿経』においては、〔阿弥陀仏に〕救い取られ見放されないという利益に定まった者たちが「正定聚」と呼ばれ、『無量寿如来会』においては〔それが〕「等正覚」と説かれておりますわい。その訳語こそ異なっておりますが、「正定聚」と「等正覚」とは同じ意味、同じ位ですのう。「等正覚」という位は一生補処《いっしょうふしょ》（〝〔仏となるまでに〕あと一生を残す状態〟）である弥勒菩薩と同じ位ですわい。〔信心を得た人は、〕弥勒と同じく、このたびこの上ない悟りに至るはずじゃから、弥勒菩薩と同じじゃと説くのですのう。[32]

司会　阿弥陀仏の前身である法蔵菩薩の本願のひとつ（第十一願）として、康僧鎧《こうそうがい》訳『無量寿経』に「もしわたしが仏（阿弥陀仏）となった際に、〔わたしの〕国土（極楽世界）の人と天とが正定聚のうちに安住し必ず滅度（〝涅槃〟）に至るのでないならば、〔わたしは〕正しい悟りを得たくありません[33]」とある文は、異訳の菩提流志《ぼだいるし》訳『大宝積経・無量寿如来会』に「もしわたしが仏（阿弥陀仏）となった際に、〔わたしの〕国土（極楽世界）の衆生が等正覚を成しとげ大涅槃を証得することに決定されるのでないならば、〔わたしは〕悟りを得たくありません[34]」とあります。親鸞上人は『無量寿経』の「正定聚」が『無量寿如来会』の「等正覚」であることに注目なさり、その「等正覚」を弥勒菩薩の位と同一視なさって、念仏する者は弥勒菩薩と同じであるとおっしゃるのです。

しかし、この経の梵文には「世尊よ、もし、わたしのその仏国土において生まれるであろう衆生たち、彼らすべてが果ては大般涅槃に至るまで正しさに定まるのでないならば、そうであるかぎりは、わたしはこの上ない正しい悟りを悟りたくありません」とあって、『無量寿経』の「正定聚」や『無量寿如来会』の「等正覚」は梵文の「正しさに定まる」の訳です。

『阿含経』においては、「正しさ」（サミヤクトヴァ）は涅槃であると説かれています（『雑阿含経』七九〇経、七九一経）。

声聞乗の論においては、「正しさに定まること」（サミヤクトヴァ・ニヤーマ。正性離生《しょうしょうりしょう》）は聖者の始まりである法智忍であると説かれています（『阿毘達磨倶舎論』賢聖品）。

大乗経においては、「菩薩が〔正しさに〕定まること」（ボーディサットヴァ・ニヤーマ）あるいは「正しさに定まること」（サミヤクトヴァ・ニヤーマ）は聖者の始まりである初地であると説かれています（前者は『華厳経』十地品《じゅうじぼん》、初地。後者は『解深密経《げじんみっきょう》』分別瑜伽品《ふんべつゆがぼん》）。

要するに、インド仏教の文脈においては、『無量寿経』のこの経文は、衆生が極楽世界に生まれるのと同時に初地に入るという意味であって、決して、衆生が極楽世界に生まれるのと同時に仏になるという意味ではないのです。「正定聚」（サミヤクトヴァ・ニヤタ・ラーシ）ということばも、インド仏教の文脈においては、法智忍以上の声聞、あるいは、初地以上の菩薩について使われます。したがって、親鸞上人が念仏する者は極楽世界に生まれるのと同時に仏になるとおっしゃることは、こんにちにおいてはあまり意味がないかもしれませんね。

親鸞上人のお説は、阿弥陀仏の力によって、来世に極楽世界に生まれると同時に仏になるという二生成仏説です。先ほど詳しくお話を伺いました日蓮上人のお説は、〝久遠実成の釈迦牟尼仏〟の力によって、来世に霊山浄土に生まれると同時に仏になるという二生成仏説です。仏力による二生成仏説という点で、親鸞上人と日蓮上人とはよく似ていらっしゃいます。

極楽世界に生まれた時点ですぐ仏になるというのは、どのような仏になるのでしょうか。

浄土真宗・親鸞　安楽浄土（極楽世界）に入り終わったならば、ただちに「大涅槃を証得する」（菩提流志訳『大宝積経・無量寿如来会』）とも、「滅度に至る」（康僧鎧訳『無量寿経』）とも言われるのは、名称が異なるようでありますが、これらはみな法身《ほっしん》という仏になるのですわい[35]。

司会　受用身《じゅゆうしん》になるのではなく、法身になるのですね。仏の三身については、第九章において詳しくお話を伺いましたとおりです。

浄土真宗・親鸞　〔阿弥陀仏の〕誓いのありさまは、〔衆生を〕この上ない仏にならせようと誓いたまうたのですのう。この上ない仏と言うのは、かたちもなくいらっしゃるもの（法身）ですわい[36]。

時宗

司会　次に、一遍上人にお話を伺います。

時宗・一遍　無心であって寂静なのを仏と呼ぶ。求めることを起こすうちは仏と呼ばれるべきでない。求めることは妄執《もうしゅう》じゃ[37]。

司会　第四章において詳しくお話を伺いましたとおり、無心を仏と呼ぶのは黄檗禅師《おうばくぜんじ》や臨済《りんざい》禅師のお考えです。一遍上人は臨済宗の心地覚心《しんちかくしん》禅師（法灯円明《ほっとうえんみょう》国師。一二〇七—一二九八）に参禅して印可をいただいたと伺いますから、禅門の影響を受けていらっしゃるのでしょうね。

時宗・一遍　もともと、自己の本分は〔輪廻《りんね》のうちに〕流転するものでない。ただただ、妄執が流転するのじゃ。本分というのは諸仏によって証得された〔「南無阿弥陀仏」という〕名号じゃ。(38)

司会　一遍上人にとって、名号が衆生にもともと具わる大円鏡智を意味していることについては、第四章において詳しくお話を伺いましたとおりです。

時宗・一遍　しかるに、衆生は、我執《がしゅう》（〝自我への執着〟）という一瞬の妄念に迷って以来、常に〔輪廻のうちに〕沈んでおる凡夫じゃ。ここで、阿弥陀仏の本願である、他力の名号に立ち返るならば、輪廻のない本分に立ち返ることになるのじゃ。(39)

司会　衆生は妄念（妄執）に迷わされ、みずからにもともと具わる大円鏡智としての名号を忘れているから、阿弥陀仏の他力としての名号を称えることによって、大円鏡智としての名号に立ち返ることができるというお話ですね。

ところで、妄念（妄執）はどうして起こっているのでしょうか。

時宗・一遍　「心の外側に諸法（〝さまざまな枠組み〟）があると見るのは、外道（〝異教徒〟）と呼ばれる」と言われるが、心の外側に対象を置いて、〔その対象に〕妄念を起こすことが迷いと呼ばれるのじゃ。対象を滅ぼしてただ〔心〕一つとなっておる、本分の心は妄念を持っておらぬ。心と対象とを別々に、二つと思うからこそ、輪廻のうちに流転するのじゃ。(40)

司会　心の外側に対象（すなわち外界）があると思いこむから、妄念（妄執）が起こっているというお話ですね。

引用していただきましたのは、中国の禅僧、永明延寿《ようめいえんじゅ》（九〇四―九七五）の著作『宗鏡録《すぎょうろく》』巻四十二において大意として引用されました『楞伽経《りょうがきょう》』の経文です。一遍上人が禅文献を読み込んでいらっしゃることがよくわかります。

時宗・一遍　心の外側に対象を置いて、罪をやめたり、善を修習したりするうちは、たとえ塵の数ほどの永劫を経ても、輪廻から解脱することはできぬ。どの教においても、主体〔である心〕と客体〔である対象〕とのわけへだてが絶える状態に至ってこそ、輪廻から解脱するのじゃ。今の名号は主体〔である心〕と客体〔である対象〕とが一つになっておる法じゃ(41)。

司会　聖道門であっても、浄土門であっても、心の外側に対象を置かず、心と対象とが一つになる状態に至ってこそ、仏になって輪廻から解脱できるのであり、浄土門においては、名号を称えることによってその状態に至るというお話ですね。おそらく、一遍上人のお考えにおいては、衆生は極楽世界に生まれてからも名号を称え続け、そのことによって仏になるのでしょうね。

時宗・一遍　（頷く）心がいかなるものかを知らなくても、名号を称えれば仏になるのじゃ(42)。

黄檗宗、臨済宗、曹洞宗

司会　続いて、禅門の皆さまにお話を伺います。禅門の皆さまはいずれも禅門における「即心是仏《そくしんぜぶつ》」（〝すぐその心で仏である〟）という主張に絡めて成仏を説明なさる傾向にあります。

まず、黄檗禅師《おうばくぜんじ》にお話を伺います。

黄檗宗・黄檗希運　即心是仏（〝すぐその心で仏〟）じゃ。無心が悟りじゃ。ただただ、心を起こすことや、念（〝はからい〟）を動かすことや、有無や長短や彼我や主客などの〔わけへだての〕心をなくせ。心はもともと仏、仏はもともと心じゃ。心は虚空《こくう》のようじゃ。ゆえに〔『金光明経《こんこうみょうきょう》』空品《くうぼん》において〕「仏のまことの法身は虚空のようである」と言われておる。

〔仏を〕別個に求める必要はない。求めることがあるのはすべて苦しみじゃ。たとえガンジス河の砂の数ほどの永劫のあいだ、六波羅蜜（〝六つの完成〟）のようなよろずの修行を行なうことによって、仏の悟りを得たとしても、〔そのような悟りは〕やはり究極的なものでない。なぜかといえば、〔そのような悟りは〕原因によって作られたものだからじゃ。原因〔の効果〕がもし尽きたならば、〔原因によって作られた悟りは〕ふたたび崩壊する。ゆえに〔世親菩薩の『金剛般若経論』において〕「報身と化身とは真の仏でないし、法を説く者でもない」と言われておる。ただただ、みずからの心は無我であり無人であり、もともと仏であると知るがよい(43)。

司会　もし何も求めないことによって無心というもともと具わっている悟りをものにしたならば、虚空のような心である法身が現われ、それが真の仏であるが、もし仏を求めること（修行）によって悟りを得たならば、一時的なものである報身と化身とが作られ、それは真の仏でないというお話ですね。

黄檗宗・黄檗希運　百種類〔の経論〕について博識であることは、求めないことという最高の状態に及ばない。悟った人とは〝何もしなくてよい〟と気づいた人じゃよ(44)。

司会　仏になるために永劫のあいだ修行することは無駄なのでしょうか。

黄檗宗・黄檗希運　たとえ三阿僧祇劫のあいだ、努力して修行し、もろもろの行位を経たとしても、悟りを証得する一瞬の時には、ただもともと仏であったこと、その上には何も加えるものがなかったことを悟るだけじゃ。永劫を経た努力を振り返って見れば、すべて夢の中でいたずらにやったことじゃ。ゆえに如来（釈迦牟尼仏）は〔『金剛般若経』において〕「わたしはこの上ない悟りについて、じつは得たものなどない。もし得たものがあるならば、〔わたしの師である〕燃灯仏《ねんとうぶつ》はわたしに〔仏になることを〕予言なさらなかっただろう」とおっしゃり、さらに、「この法は一定であって、上がったり下がったりはない。それが悟りと呼ばれる」とおっしゃった(45)。

司会　もともと仏である以上、仏になるために永劫のあいだ修行しても無駄だというお話ですね。

では、無心というもともと具わっている悟りは、どれほどのあいだ無心を学べば、ものになるのでしょうか。

黄檗宗・黄檗希運　おぬしが今、あらゆる時に、行く時であろうが、とどまる時であろうが、坐る時であろうが、横になる時であろうが、ただただ無心を学ぶならば、やがては本当にものになるはずじゃ。おぬしの力が不足しておるせいで、すぐにひとっとびというわけにはいかぬが、ただし、三年、五年、あるいは十年で、入り口に至って自然に会得《えとく》し終わるはずじゃ(46)。

司会　十年もかからないというお話ですね。

次に、臨済《りんざい》禅師にお話を伺います。

臨済宗・臨済義玄　おぬしらあちこちの者は〝修行はあるし、証得はある〟と言っておる。間違ってはならぬ。もし修行や証得があるならば、それはすべて輪廻の原因となる業《ごう》（〝ふるまい〟）じゃ。おぬしらは〝六波羅蜜のようなよろずの修行をどれも修行する〟と言っておる。わしはすべて業を作るだけじゃと見る。仏を求めたり、法を求めたりするのは、地獄の原因となる業じゃ。菩薩を求めるのも業を作るだけじゃ。経を読み、教えを読むのも業を作るだけじゃ。仏や祖師とは〝何もしなくてもよい〟と気づいた人じゃ(47)。

司会　黄檗禅師と同じご趣旨ですね。

臨済宗・臨済義玄　おぬしらがもし仏を求めるならば、ただちに仏という魔につかまってしまう。おぬしらが祖師を求めるならば、ただちに祖師という魔に縛られてしまう。おぬしらに求めることがあるのはすべて苦しみじゃ。〝何もしなくてよい〟と気づくにこしたことはない(48)。

司会　黄檗禅師と同じご趣旨ですね。

臨済宗・臨済義玄　おぬしらが他所にあたふたと学び取りに行くならば、三阿僧祇劫かかっても、結局は輪廻するだけに終わるじゃろう。〝何もしなくてもよい〟と思えるようになって、禅道場で禅床に足を組んで坐っているにこしたことはない(49)。

司会　無心というもともと具わっている悟りは、どれほどのあいだ無心を学べば、ものになるのでしょうか。

臨済宗・臨済義玄　おぬしらは拙僧のことばに取りつくよりも、〔心を〕休め、〝何もしなくてよい〟と気づくにこしたことはない。〔心が〕起こっているなら続かせるな、起こっていないなら起こさせる必要はない。そうすればおぬしらの十年間の修行よりましじゃろうよ(50)。

司会　十年もかからないというお話ですね。

次に、隠元《いんげん》禅師にお話を伺います。

黄檗宗・隠元隆琦　当人は即心是仏（〝すぐその心で仏〟）じゃ。無心が悟りじゃ(51)。

司会　黄檗禅師と同じご趣旨ですね。

次に、道元禅師にお話を伺います。

曹洞宗・道元　仏となるために、きわめてたやすい道がある。もろもろの悪を作らず、輪廻に執着する心もなく、あらゆる衆生のために憐れみぶかく、上の者を敬い下の者を憐れみ、あらゆるものを厭う心もなく求める心もなく、心のうちに思うこともなく憂いることもない、それを仏と呼ぶのじゃ。このほかに詮索してはならぬ(52)。

司会　何も求めない者を仏と規定なさる点において、黄檗禅師や臨済禅師と似ていらっしゃいますね。

「即心是仏」についてはいかがでしょうか。

曹洞宗・道元　諸仏とは、〔煩悩の〕汚れがない状態なので、諸仏なのじゃ。そうであるから、すなわち、即心是仏（〝すぐその心で仏である〟）とは、発心し、修行し、悟りを得、涅槃に入った諸仏のことじゃ。いまだ発心せず、修行せず、悟りを得ず、涅槃に入っていない者は、〔汚れがある状態なので、〕即心是仏でない。たとえ一瞬のうちに発心し、修行し、証得したとしても、即心是仏であるし、たとえ一微塵のうちに発心し、修行し、証得したとしても、即心是仏であるし、たとえ無量劫のあいだ発心し、修行し、証得したとしても、即心是仏であるし、たとえ一思いに発心し、修行し、証得したとしても、即心是仏であるし、たとえちょっとした間に発心し、修行し、証得したとしても、即心是仏なのじゃ。

それなのに、〝永劫のあいだ修行し、仏となったのは即心是仏でない〟というのは、即心是仏をいまだ見すえておらぬし、いまだ知っておらぬし、いまだ学んでおらぬのじゃ。即心是仏を説明してくれる正しい先生にお目にかかっておらぬのじゃ(53)。

司会　いまだ涅槃に入っていない者は「即心是仏」でなく、すでに涅槃に入っている者は修行の期間の長短にかかわらず「即心是仏」であるというお話ですね。

黄檗禅師や臨済禅師があらゆる衆生について心はもともと仏であるとおっしゃるのに対し、道元禅師は仏についてのみ心は仏であるとおっしゃることになります。

さらに、黄檗禅師や臨済禅師が仏となるために永劫のあいだ修行することを無駄だとおっしゃるのに対し、道元禅師はそうはおっしゃらないことになります。

道元禅師はわれわれがもともと仏であるとはお考えにならないのでしょうか。

曹洞宗・道元　摩訶迦葉《まかかしょう》から菩提達磨《ぼだいだるま》に至るまでの〔インドの禅門の祖師〕二十七世は〔声聞の〕阿羅漢あるいは菩薩であり、仏世尊の正法眼蔵（〝正法の精髄〟。禅門において伝えられている法）を伝えたが、いまだ仏と自称しなかった。仏は修行が満たされ仏となったかたであり、祖師は理解が具わり法を継ぐかたであるからじゃ。仏果（〝仏となった結

果〟としての悟りはみだりには完成され得ない。この道理をはっきり知る者が、まことに仏と祖師との嫡子なのじゃ。(54)

司会　禅門の祖師ですら、声聞や菩薩にすぎず、仏ではないというお話ですね。

しかし、禅門の祖師も悟りを得たのではないでしょうか。

曹洞宗・道元　仏道（〝仏の道〟）を学ぶ人は、もし悟りを得たとしても、これで究極と思って、仏道を修行することをやめてはならぬ。仏道は窮まりないものじゃ。悟ったとしても、なおも仏道を修行するがよい。(55)

司会　悟りを得たとしても、修行するというお話ですね。

悟りはいつから得られ、悟りを得てからは、修行の期間はどのくらいかかるのでしょうか。

曹洞宗・道元　その場合、この上ない正しくまったき悟りは、かならず、出家したその日のうちに完成されるのじゃ。されども、三阿僧祇劫のあいだ修行し証得したり、無量阿僧祇劫のあいだ修行し証得したりするのであり、〝〔悟りがもう〕ある〟だの〝〔悟りがまだ〕ない〟だのという二極端によって汚されたりはしない。学ぶ人はそのことを知らねばならぬ。(56)

司会　悟りは出家した日にすでに得られ、悟りを得てからは、三阿僧祇劫あるいは無量阿僧祇劫のあいだ修行するというお話ですね。

三阿僧祇劫のあいだ修行する菩薩と、無量阿僧祇劫のあいだ修行する菩薩との違いは何でしょうか。

曹洞宗・道元　悟りを求める心を起こしてのち、三阿僧祇劫と百劫とのあいだ修行する。あるいは無量劫のあいだ修行して、衆生を先に〔悟りへと〕渡らせ、みずからは最後まで仏にならず、ただただ衆生を渡らせ、衆生を利益することもある。菩薩の意向しだいじゃ。(57)

司会　通常の菩薩は三阿僧祇劫のあいだ修行して仏になるが、衆生を先に救いたいという意向を持つ菩薩は無量阿僧祇劫のあいだ修行するというお話ですね。

曹洞宗・道元　日本国の越前（福井県）の、永平寺を開いた沙門《しゃもん》（僧侶）、道元も誓願を発することにしたい。未来の五濁《ごじょく》の世において仏となり、仏と弟子と仏土との名も、正法期と像法期も、身量も寿命も、ひとえにこんにちの本師、釈迦牟尼仏と異なりませんように(58)。

司会　五濁とは、寿濁《じゅじょく》（〝寿命の劣化〟）、劫濁《こうじょく》（〝時劫の劣化〟）、煩悩濁《ぼんのうじょく》（〝煩悩の劣化〟）、見濁《けんじょく》（〝見解の劣化〟）、衆生濁《しゅじょうじょく》（〝生きものの劣化〟）です。道元禅師もこれからずっと修行し、仏となるつもりだというお話ですね。

おわりに

司会　本章において伺いましたお話を表にしますと、次頁のとおりです（表3）。

皆さま、ありがとうございました。

表3

宗祖	成仏説
法相宗・基	三阿僧祇劫成仏
律宗・道宣	三阿僧祇劫成仏
天台宗・智顗（円教）	不定
華厳宗・法蔵（円教）	不定（三生成仏）
融通念仏宗・大通融観（円教）	不定
真言宗・空海（密教）	即身成仏
日蓮宗・日蓮	即身成仏（二生成仏）
浄土宗・善導	三阿僧祇劫成仏
浄土宗・法然	往生後成仏
浄土真宗・親鸞	往生即成仏（二生成仏）
時宗・一遍	往生後成仏
黄檗宗・黄檗希運	即心是仏（無心。無心がものになるのに十年もかからない）
黄檗宗・隠元隆琦	即心是仏（無心）
臨済宗・臨済義玄	即心是仏（無心。無心がものになるのに十年もかからない）
曹洞宗・道元	即心是仏（三阿僧祇劫成仏、無量阿僧祇劫成仏）

第十二章　戒律論

司会　先の第十一章においては、仏になることである成仏について、宗祖の皆さまにお話を伺いました。この第十二章においては、仏となるべき菩薩によって実践されるべき戒律（〝節制と運営規則〟）について、宗祖の皆さまにお話を伺います。

インド仏教

司会　まず、十三宗の前提となるインド仏教を扱います。第一章において詳しく扱いましたとおり、歴史的ブッダの教えは、彼の死（紀元前五世紀頃）の後、彼の弟子たちの教団によって、経、律、論という三蔵として編纂されました。経は『阿含経《あごんきょう》』、律は教団の運営規則、論は『阿含経』の解釈です。教団はのちに諸部派へと分裂し、それぞれの部派において、若干異なる三蔵が保持されることになりました。

『阿含経』においては、次のような三種類の修行者が説かれています。

①声聞《しょうもん》（〝〔仏の〕声を聞く者〟）
②独覚《どっかく》（〝独りで目覚めた者〟）
③菩薩《ぼさつ》（〝〔仏の〕悟りを求める生きもの〟）

諸部派の論においては、彼らの悟りは別々であって、声聞や独覚は仏になれないと見なされ、それぞれの悟りに至る、次のような三乗《さんじょう》（〝三種類の乗りもの〟）が説かれています。

①声聞乗《しょうもんじょう》（〝声聞の乗りもの〟）
②独覚乗《どっかくじょう》（〝独覚の乗りもの〟）
③菩薩乗《ぼさつじょう》（〝菩薩の乗りもの〟）

声聞乗と独覚乗とは二乗《にじょう》（〝二種類の乗りもの〟）と言われます。諸部派は声聞乗と規定されます。

その後、歴史的ブッダの死後五百年頃（紀元前後）から、『阿含経』に対する一種の解釈として、大乗経《だいじょう》（〝偉大な乗りものに属する経〟）が出現し始めました。大乗は菩薩になれば仏になりうることを人々に保障し、みずからを菩薩乗と規定し、二乗を小乗《しょうじょう》（〝つまらない乗りもの〟）と規定しています。それによって、諸部派においても、律をそのまま用いつつ、経のうちに大乗経を加え、論として大乗経の解釈を著わす者が出現し始め、結果として、大乗の三蔵を有する、大乗の学派が派生していきました。ここまでは、おさらいです。

（α）『阿含経』においては、仏教徒が守るべき戒（シーラ。〝節制〟）がばらばらに説かれています。仏教徒とは、七《しち》衆《しゅ》です。表にしますと、左のとおりです（表1）。

そもそも、戒と漢訳される語としては、大きく分けて、尸羅《しら》（シーラ。〝節制〟）と波羅提木叉《はらだいもくしゃ》（別解脱《べつげだつ》。プラーティモークシャ。〝個々に解脱させるもの〟）との二つがあります。二つのうち、広義であるのは尸羅であり、波羅提木叉を含んでいます。

波羅提木叉とは、もともと、七衆のうち、①比丘と②比丘尼とが守るべきふるまいを指していたようです。そのことは、七衆のうち、①比丘と②比丘尼とのみが、その守るべきふるまいが記された戒経（戒本。プラーティモークシャ・スートラ）という文献を有していることから知られます。律はこの戒経（戒本）を中心として編纂されたものです。

（β）諸部派の論においては、『阿含経』と律とが踏襲され、声聞乗の戒説が体系化されました。部派のひとつである説一切有部《せついっさいうぶ》の論においては、波羅提木叉という語が、①比丘と②比丘尼とが守るべきふるまいのみならず、七衆それぞれが守るべきふるまいについて用いられています。これを七衆の別解脱律儀《べつげだつりつぎ》（プラーティモークシャ・サンヴァラ。〝波羅提木叉であるつつしみ〟）と呼びます。七衆の別解脱律儀はそれぞれ異なります。表にしますと、次頁のとおりです（表2）。

仏教徒は、いずれも、入信の時においては、出家者の教団に赴き、三帰依してから、適切な別解脱律儀を受けます。三帰依とは、仏（ブッダ。〝仏陀〟）、法（ダルマ。〝仏教〟）、僧（サンガ。〝出家者の教団〟）に帰依することです。

特に、①比丘が二百五十戒を、②比丘尼が五百戒を受けることは「具足戒《ぐそくかい》」（ウパサンパダー。〝完備〟）と呼ばれて重視されます。

表1　七衆

七衆	内容
①比丘《びく》（苾芻《びっしゅ》。ビクシュ）	出家の男性（二十歳以上）
②比丘尼《びくに》（苾芻尼《びっしゅに》。ビクシュニー）	出家の女性（二十歳以上）
③式叉摩那《しきしゃまな》（正学女《しょうがくにょ》。シクシャマーナー）	出家見習いの女性（十八歳以上。二年間）
④沙弥《しゃみ》（勤策男《ごんさくなん》。シュラーマネーラ）	出家見習いの男性（二十歳未満）
⑤沙弥尼《しゃみに》（勤策女《ごんさくにょ》。シュラーマネーリー）	出家見習いの女性（十八歳未満）
⑥優婆塞《うばそく》（近事男《ごんじなん》。ウパーサカ）	在家の男性
⑦優婆夷《うばい》（近事女《ごんじにょ》。ウパーシキー）	在家の女性

表2　七衆の別解脱律儀

七衆	別解脱律儀
①比丘	二百五十戒（概数。部派によって相違）
②比丘尼	五百戒（概数。部派によって相違）
③式叉摩那	六法戒
④沙弥	十戒
⑤沙弥尼	
⑥優婆塞	五戒、八斎戒
⑦優婆夷	

（γ）大乗経においては、『阿含経』と律とが踏襲されるとともに、大乗の戒（シーラ。尸羅）がばらばらに説かれています。

（δ）インドにおける大乗の学派に中観《ちゅうがん》派と唯識《ゆいしき》派との二つがあるうち、唯識派の論においては、そのようなばらばらに説かれている戒（シーラ。尸羅）がまとめられ、大乗の戒説が体系化されました（『瑜伽師地論《ゆがしじろん》』本地分中菩薩地戒《ほんじぶんちゅうぼさつじかい》品《ぼん》）。それは、大乗の戒を、①律儀戒《りつぎかい》（〝つつしみという戒〟）、②摂善法戒《しょうぜんぼうかい》（〝善法を集めようという戒〟）、③饒益有情戒《にょうやくうじょうかい》（〝生きものを保護しようという戒〟）という三つの菩薩戒にまとめる、三聚浄戒《さんじゅじょうかい》（〝三グループの清らかな戒〟）説です。三聚浄戒にもとづく具体的項目として、四重四十三違犯《しじゅうしじゅうさんいぼん》も説かれています。図にしますと、次のとおりです。

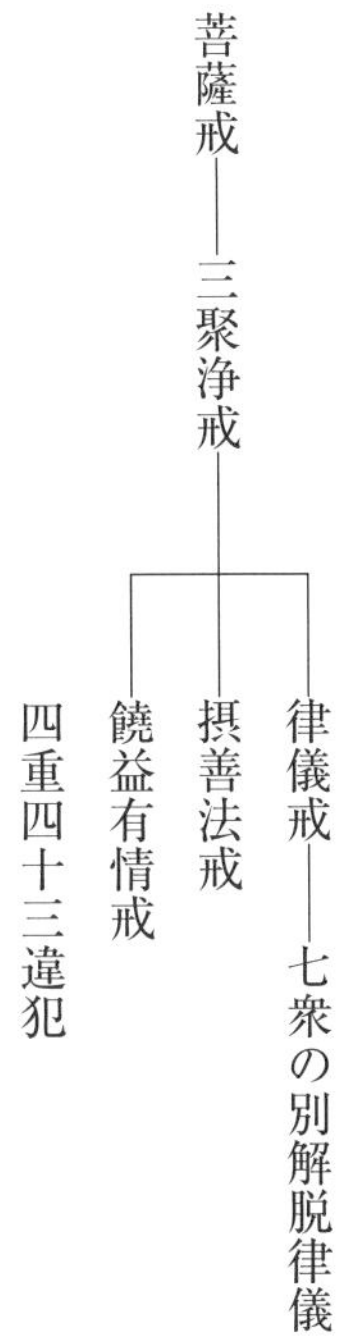

司会　このうち、注目されるのは、律儀戒が七衆の別解脱律儀であることです。大乗の菩薩は、声聞乗のいずれかの部派の、七衆の別解脱律儀のいずれかをたもつのです。

しかるに、中国における大乗の学派においては、そのことが大きく誤解されたのです。偽経『梵網経《ぼんもうきょう》』（五世紀）においては、菩薩戒として、唯識派の四重四十三違犯を改めた十重四十八軽戒《じゅうじゅうしじゅうはちきょうかい》が説かれ、さらに、偽経『菩薩瓔《ぼさつよう》珞本業経《らくほんごうきょう》』（五世紀）においては、三聚浄戒のうち摂律儀戒《しょうりつぎかい》（律儀戒）として、『梵網経』の十重戒が説かれています。図にしますと、次のとおりです。

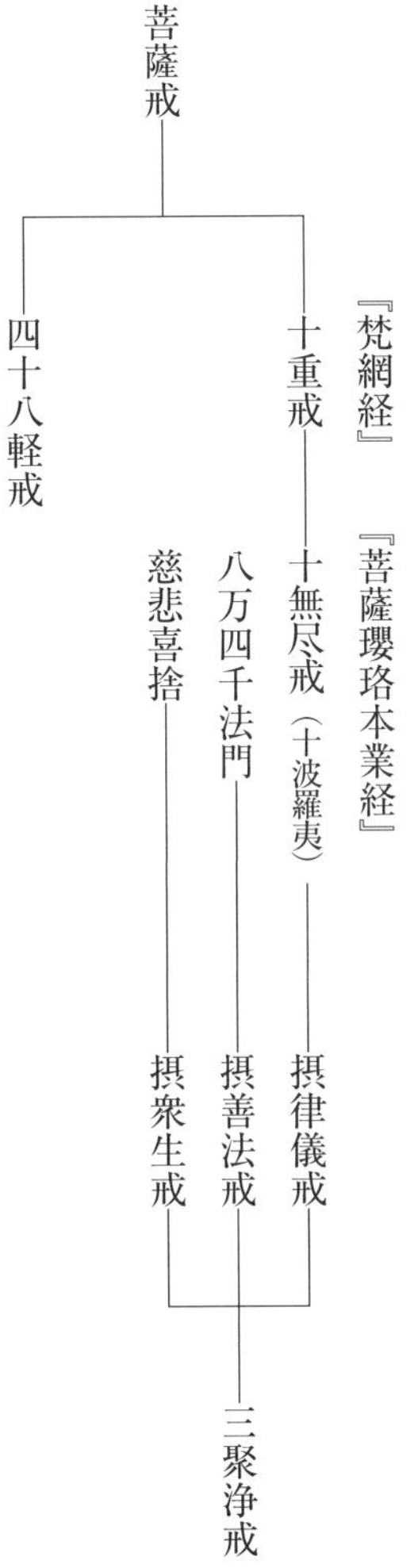

司会　唯識派の戒説は南北朝時代（五世紀）に中国に伝わり始めました。その後、中国においては、唯識派の戒説と、『梵網経』『菩薩瓔珞本業経』の戒説とが並存するようになります。

表3　五大広律

部派	戒経（戒本）	律
説一切有部（薩婆多部《さつばたぶ》）	『十誦比丘波羅提木叉戒本《じゅうじゅびくはらだいもくしゃかいほん》』 『十誦比丘尼波羅提木叉戒本《じゅうじゅびくにはらだいもくしゃかいほん》』	『十誦律《じゅうじゅりつ》』
法蔵部《ほうぞうぶ》（曇無徳部《どんむとくぶ》）	『四分律比丘戒本《しぶんりつびくかいほん》』 『四分比丘尼戒本《しぶんびくにかいほん》』	『四分律《しぶんりつ》』
大衆部《だいしゅぶ》（摩訶僧祇部《まかそうぎぶ》）	『摩訶僧祇律大比丘戒本《まかそうぎりつだいびくかいほん》』 『摩訶僧祇律比丘尼戒本《まかそうぎりつびくにかいほん》』	『摩訶僧祇律《まかそうぎりつ》』
化地部《けじぶ》（弥沙塞部《みしゃそくぶ》）	『弥沙塞五分戒本《みしゃそくごぶんかいほん》』 『五分比丘尼戒本《ごぶんびくにかいほん》』	『五分律《ごぶんりつ》』
根本説一切有部	『根本説一切有部戒経《こんぽんせついっさいうぶかいきょう》』 『根本説一切有部苾芻尼戒経《こんぽんせついっさいうぶびっしゅにかいきょう》』	『根本説一切有部律《こんぽんせついっさいうぶりつ》』

七衆の別解脱律儀、唯識派の戒（四重四十三違犯）、『梵網経』所出の戒（十重四十八軽戒）の項目をひとつひとつ紹介することは本章の役目ではありません。それらについては、順に、以下の書物のうちに全訳があります。読者のかたには、そちらをご覧いただけますと幸いです。

佐藤密雄［一九七二］『仏典講座4　律蔵』大蔵出版。
藤田光寛［二〇一三］『はじめての「密教の戒律」入門』セルバ出版（セルバ仏教ブックス）。
石田瑞麿［一九七一］『仏典講座14　梵網経』大蔵出版。

さて、冒頭に述べましたとおり、インドにおける大乗の学派は、声聞乗の諸部派の三蔵のうち、経に『阿含経』のみならず大乗経を加え、律をそのまま用い、論として大乗経の解釈を著して、大乗の三蔵を形成しました。したがって、大乗の菩薩は、もし出家者であるならば、声聞乗のいずれかの部派の律を用いるのです。

そのことは中国における大乗の学派においても踏襲されました。南北朝から唐にかけては、声聞乗の五つの部派の律が漢訳されています。これを「五大広律《ごだいこうりつ》」と呼びます。表にしますと、右のとおりです（表3）。

『十誦律』は弗若多羅《ふつにゃたら》、鳩摩羅什《くまらじゅう》、卑摩羅叉《ひまらしゃ》らによって北朝（姚秦《ようしん》）において漢訳され（弘始八年（四〇六）以降完成）、『四分律』は仏陀耶舎《ぶつだやしゃ》によって北朝（姚秦）において漢訳され（弘始十五年（四一三）完成）、『摩訶僧祇律』は仏駄跋陀羅《ぶつだばだら》や法顕《ほっけん》らによって南朝（東晋）において漢訳され（義熙十二年（四一六）完成）、『五分律』は仏陀什《ぶつだじゅう》によって南朝（宋）において漢訳され（景平元年（四二三）完成）、『根本説一切有部律』は義浄《ぎじょう》によって唐において漢訳されました。

戒経（戒本）の多くも同じ訳者によって漢訳されましたが、例外として、『十誦比丘尼波羅提木叉戒本』『五分比丘尼戒本』はそれぞれ中国人によって『十誦律』『五分律』から抜粋されたものにすぎません。

南北朝時代においては、南朝は説一切有部の『十誦律』、北朝は法蔵部の『四分律』を用いていましたが、北朝系の隋が南北朝を統一したのちは、中国全土において『四分律』が用いられるようになりました。

中国において盛んに議論された問題として、戒体《かいたい》（〝戒の本体〟）の問題があります。説一切有部の論においては、戒は業《ごう》（〝ふるまい〟）のひとつと説かれています。図にしますと、次のとおりです。

司会　まず、業は思業（〝思いというふるまい〟）と、思已業（〝思ってからのふるまい〟）とに分かれます。

思業は意業（〝こころのふるまい〟）であり、心所のひとつである思《し》です。心所については、第三章において詳しく扱いましたとおりです。

思已業は身業（〝からだのふるまい〟）と語業（〝ことばのふるまい〟）とであり、表業（〝あらわなものであるふるまい〟）と無表業（〝あらわならざるものであるふるまい〟）とに分かれます。表業は外側に顕在的となったふるまいであり、無表業は表業の余燼《よじん》として内側に潜在的に残されたふるまいです。無表業は微細な色《しき》（〝物質〟）であって、無表色《むひょうしき》（〝あらわならざるものである物質〟）と呼ばれます。

説一切有部の論においては、戒である律儀無表《りつぎむひょう》（〝つつしみというあらわならざるもの〟）は、この無表色であると説かれています。すなわち、衆生《しゅじょう》（〝生きもの〟）を構成している法（〝枠組み〟）である、色（〝物質〟）、受《じゅ》（〝感受〟）、想《そう》（〝対象化〟）、行《ぎょう》（〝形成〟）、識《しき》（〝認識〟）という五蘊《ごうん》（〝五つのグループ〟）のうちの色です。

ただし、説一切有部に対して批判的な経量部《きょうりょうぶ》の『成実論《じょうじつろん》』においては、戒である律儀無表は、五蘊のうちの行（詳しく言えば、不相応行（〝心と結合していない行〟））であると説かれています。

さらに、大乗の唯識派の論においては、戒である律儀無表は、たとえ無表色と呼ばれるにせよ、じつは思の種子《しゅうじ》（〝潜在的状態〟）であると説かれています（『成唯識論』巻一）。

南北朝時代の中国においては、『成実論』は法蔵部の論であると理解される傾向にありました。そして、中国においては、説一切有部は色を戒体とし、法蔵部（『成実論』）は非色非心（〝色でもなく心でもないもの〟＝行）を戒体とすると説かれるようになりました。

ここからは、いよいよ宗祖の皆さまにお話を伺います。

法相宗

司会　まず、慈恩《じおん》大師さまにお話を伺います。唐の時代に中国からインドの唯識派のもとに留学した玄奘《げんじょう》三蔵（六〇二―六六四）は唯識派の戒説をふたたび中国にもたらしましたが、その戒説を中国に詳しく紹介なさったのが玄奘三蔵のお弟子である慈恩大師さまです。慈恩大師さまは、戒については、唯識派の菩薩戒（三聚浄戒）をたもっていらっしゃいます。

法相宗・基　戒は三種類ある。

第一は律儀戒。すなわち、七衆が受けるべきもの〔である別解脱律儀〕じゃ。

第二は摂善法戒。修習すべき、〔声聞乗、独覚乗、菩薩乗という〕三乗のあらゆる善法じゃ。

第三は饒益有情戒。すなわち、有情（〝生きもの〟）を利益《りやく》する、〔身業（〝からだのふるまい〟）、語業（〝ことばのふるまい〟）、意業（〝こころのふるまい〟）という〕三業（〝三つのふるまい〟）による、よろずの行ないじゃ。(1)

司会　戒体については、いかがでしょうか。

法相宗・基　かの、別解脱律儀でもあり、色処《しきしょ》（〝物質の処〟）の一部分でもある無表（〝あらわならざるもの〟）は、善なる思の種子（〝潜在的状態〟）のうちに、身（〝からだ〟）の悪と、語（〝ことば〟）の悪とを防ぐ戒の功能《くうのう》（〝はたらき〟）があったり、身（〝からだ〟）の善と、語（〝ことば〟）の善とを発する戒の功能があったりすることを、体《たい》（〝本体〟）としておるのじゃ。(2)

司会　戒体である無表業（無表色）は、善なる思の種子であるというお話ですね。

なお、慈恩大師さまは、戒経（戒本）と律とについて、どの部派に拠るべきか、普段からまったくご発言がありませんので、本章においても強いてお話を伺わずにおきます。ただし、唐の仏教においては、僧侶は法蔵部に拠っていましたから、当然、慈恩大師さまは、戒経（戒本）については『四分律比丘戒本』『四分比丘尼戒本』、律については『四分律』を用いていらっしゃることになりますね。

法相宗・基　（頷く）

律宗

司会　続いて、南山《なんざん》大師さまにお話を伺います。南山大師さまは、戒については、唯識派の菩薩戒（三聚浄戒）をたもっていらっしゃいます。

律宗・道宣　もし大乗によるならば、戒は三種類に分かれる。律儀戒〔である七衆の別解脱律儀〕ひとつのみは声聞と異ならない。第二〔の摂善法戒〕と第三〔の饒益有情戒〕とが〔声聞と〕異ならないわけではない[3]。

司会　戒体については、いかがでしょうか。

律宗・道宣　愚者は〝〔色と心とは〕異なる〟と思って、それについて、〝〔戒体は〕色や心である〟だの〝〔戒体は〕色でもなく心でもない〟だのと執着を起こす。智者は〝対象はもともと心によって作られたものである〟と知って、対象についてまどわない。ただ一つの識〔である心〕が縁（〝条件〟）に随って転変するので、〔色である〕あれやこれやのものがあるのじゃ。まどいの感情を見すえたいならば、まどいの業（〝ふるまい〟）に気付かねばならぬ。ゆえに、法（〝仏教〟）を受けることを表〔業〕（〝あらわなもの〔であるふるまい〕〟）とし、まどいの心に熏習《くんじゅう》（〝匂い付け〟）し、根本の阿頼耶識《あらやしき》のうちに、善なる種子（〝潜在的状態〟）を成立させる。それ（善なる種子）が戒体なのじゃ[4]。

司会　戒体である無表業は、善なる種子であるというお話ですね。阿頼耶識については、第三章において詳しくお話を伺いましたとおりです。

なお、南山大師さまは、戒経（戒本）については『四分律比丘戒本』『四分比丘尼戒本』を、律については『四分律』を用いていらっしゃいます。

律宗・道宣　この『四分律』の宗義は大乗にも当てはまる。『四分律比丘戒本』において「自身のために仏道（〝仏の悟り〟）を求める者は正しい戒を尊重すべきである。さらに、〔戒を説いたことの功徳を〕衆生《しゅじょう》（〝生きものたち〟）に迴《え》向《こう》（〝贈りもの〟）して、いっしょに仏道を完成したいものだ」と言われておる。『四分律』のうちにも多く証拠がある。慧《え》光《こう》先生（四六九―五三八）も〔『四分律』を〕大乗律の範囲に入るものと判定なさった。[5]

司会　「『四分律』のうちにも多く証拠がある」とは、『四分律』のうちに大乗ということばが複数出てくることを指します。慧光先生（光統律師《こうずりっし》）は中国の南北朝時代の北朝において活躍した地論宗《じろんしゅう》の高僧であり、律宗と華厳宗との両方からルーツとして尊敬されている人物です。

華厳宗

司会　続いて、賢首《げんじゅ》大師さまにお話を伺います。賢首大師さまは、戒については、『四分律比丘戒本』所出の波羅提木叉と、『梵網経』所出の菩薩戒とをたもっていらっしゃいます。

まず、『四分律比丘戒本』所出の波羅提木叉について言えば、日本に南山律宗を伝えた鑑真《がんじん》和上《わじょう》（六八八―七六三）の具足戒の時、賢首大師さまは証人のひとりとして立ち会われました（思託《したく》『大唐伝戒師僧名記大和上鑑真伝』巻上。凝然《ぎょうねん》『梵網戒本疏日珠鈔』巻三所引）。このことは賢首大師さまが『四分律比丘戒本』所出の波羅提木叉をたもっていらっしゃることを意味します。

華厳宗・法蔵　〔頷く〕

司会　次に、『梵網経』所出の菩薩戒について言えば、賢首大師さまはこれに註釈を書いていらっしゃるほどです。

華厳宗・法蔵　法蔵は、たとえいささかの志があって、このすばらしい行ない〔菩薩戒〕をこいねがい、いつもそれが〔中国に〕欠けているのを残念がって、西域に探しにいきたいと願っていたにせよ、結局遂げられなかったため、気持ちの上であきらめがつかずにおった。のちに大蔵経のうちを詳しく探して、残された行跡を拾い、『菩薩毘尼《ぼさつびに》蔵《ぞう》』〔〝菩薩の律蔵〟〕二十巻を編集したが、ついに〔『梵網経』〕菩薩戒本があって、いにしえより諸賢がいまだ広くは註釈していないのを見つけたのじゃ。[6]

司会　『菩薩毘尼蔵』は失われてしまって、残っていないのが残念です。

戒体については、いかがでしょうか。『梵網経』においては、戒が「非青黄赤白黒、非色非心」〔〝青や黄や赤や白や黒ではないし、色〔〝物質〟〕でもなく心でもない〟〕なる光と言われており、そのことは中国仏教において『成実論』が「非色非心」を戒体とすると見なされていたことにもとづくようですが。

華厳宗・法蔵　初めに、色と心とをかけ離れているというのは、具体的に言えば、この、まことの戒は、本性上、〔色という〕さまたげのあるものでないし、〔心という〕思慮するものでないから、「色でもなく心でもない」と言われるのじゃ。

もうひとつ解釈がある。戒は、思の種子〔〝潜在的状態〟〕において設定されるから、思の種子を体〔〝本体〟〕としておる。ゆえに「青などという色でもない」と言われるのじゃ。思の種子において、仮に〔無表〕色〔〝〔あらわならざるものである〕物質〟〕と設定されるから、「心でもない」と言われるのじゃ。[7]

司会　戒体は思の種子であるというお話ですね。

なお、賢首大師さまは、律については、当然、『四分律』を用いていらっしゃることになりますね。

華厳宗・法蔵　（頷く）

天台宗

司会　続いて、天台大師さまにお話を伺います。天台大師さまは、戒については、『十誦比丘波羅提木叉戒本』所出の波羅提木叉と、『梵網経』所出の菩薩戒とをたもっていらっしゃいます。

まず、『十誦比丘波羅提木叉戒本』所出の波羅提木叉について言えば、天台大師さまがあちこちで言及なさっている戒や律の内容が『十誦律』に一致することは古来指摘されております。南北朝時代の中国においては、南朝は『十誦律』、北朝は『四分律』を用いていましたが、北朝系の隋が南北朝を統一したのちは、中国全土において『四分律』が用いられるようになりました。天台大師さまは南朝のご出身であり、のちには隋朝の帝師《ていし》におなりになりましたから、ちょうど、『十誦律』から『四分律』への移行期にいらっしゃったのです。

天台宗・智顗　麁《そ》（〝粗雑〔な戒〕〟）を〔妙《みょう》（〝精妙〔な戒〕〟）として〕迎え入れることについていえば、律における学《がく》（〝戒経〔戒本〕の条目〟）は、ただちに、大乗における学である式叉《しきしゃ》（シクシャー。〝学〟）じゃ。式叉はただちに大乗の最高の対象である、青でもなく黄でもなく赤でもなく白でもない光（『梵網経』所出の菩薩戒）じゃ。三帰依も、〔優婆塞と優婆夷との〕五戒も、〔優婆塞と優婆夷との〕十善戒も、〔比丘の〕二百五十戒も、すべて大乗じゃ。どうして、妙戒（〝精妙な戒〟）と隔たるような、麁戒（〝粗雑な戒〟）があったりしようか。〔あらゆる〕戒がただちに妙（〝精妙〟）である以上、〔戒をたもつあらゆる〕人もやはりそうじゃ。〔『法華経』信解品《しんげぼん》に〕「おまえは実はわが子である」というのはそのことじゃ。これを絶対的な妙戒と呼ぶのじゃ。[8]

司会　部派の戒はそのまま大乗の戒であるというお話ですね。

なお、正確に言えば、『十誦比丘波羅提木叉戒本』所出の波羅提木叉は二百六十三戒、『四分律比丘戒本』所出の波羅提木叉は二百五十戒ですから、天台大師さまは『十誦比丘波羅提木叉戒本』でなく『四分律比丘戒本』に従っていらっしゃるように感じられるかもしれませんが、波羅提木叉を二百五十戒と数えることは天台大師さまが重視していらっしゃる『大智度論』のうちにしばしば現われますから、天台大師さまは『大智度論』によって『十誦比丘波羅提木叉戒本』所出の波羅提木叉を二百五十戒と数えていらっしゃるのでしょうね。

次に、『梵網経』所出の菩薩戒について言えば、天台大師さまはこれを四教判のうち別教と円教との戒であると判定していらっしゃいます。

天台宗・智顗　麁（〝粗雑〔な戒〕〟）を〔妙《みょう》（〝精妙〔な戒〕〟）として〕迎え入れてのち、〔さらに〕妙を顕わすことについていえば、他の者たちは〝『梵網経』が菩薩戒である〟と言っておる。今、問わせていただこう。〝何の菩薩戒なのか〟と。彼らがもし〝三蔵教や通教などの菩薩戒である〟と答えるならば、〔三蔵教と通教とにおいて、声聞衆のほかに〕別個に菩薩衆があることになってしまうはずじゃ。〔しかし、現実には、三蔵教と通教とにおいて、声聞と菩薩との〕衆が別々でない以上、〔声聞と菩薩との〕戒はどうして異なることができようか。さらに、〔三蔵教と通教とにおいて、〕もし別個に菩薩戒を明らかにしているというならば、何が別個に独覚戒であるのか。

今、説明して進ぜよう。三蔵教と三乗（通教）とにおいては、〔声聞衆のほかに〕別個の衆はいない以上、別個に菩薩戒や独覚戒はあり得ない。もし別教と円教との菩薩について解釈するならば、それがあることはできよう。なぜかといえば、〔別教と円教とにおいては、〕三乗（通教）の共《ぐう》の十地の衆のほかに、別個に菩薩がいるから、別個に〔菩薩〕戒があるのじゃ。(9)

司会　四教判のうち、別教と円教とにおいては、部派の戒のほかに、『梵網経』所出の菩薩戒もあるというお話ですね。共の十地については、第二章において詳しくお話を伺いましたとおりです。

戒体については、いかがでしょうか。

天台宗・智顗　小乗の教えのごときは〝戒は無表（〝あらわならざるもの〟）である善法である〟と弁じておる。戒を受けるきっかけが具わって、もし無表である戒を得たならば、そののちは、睡眠のあいだにおいても、入定（〝瞑想〟）のあいだにおいても、この善はどんどん自生していくのであり、身（〝からだ〟）と語（〝ことば〟）と意（〝こころ〟）とによる行ないを要しない。無表がまさに戒体じゃ。説一切有部の人のごときは〝無表である戒は無表色（〝あらわならざるものである物質〟）であり不可見（〝見えないもの〟）であり無対《むつい》（〝さまたげのないもの〟）である〟と理解しておる。法蔵部の人のごときは〝無表である戒は〔第一のグループである色法でもなく、第二のグループである心法でもない〕第三のグループである非色非心法（〝色でも心でもない法〟＝行）である〟と説明しておる。諸部派が異なっておる以上、〔どれかの説に〕偏って固執してはならぬにせよ、小乗の教えという門においては、結局、無表が戒体じゃ。そのことは異ならない。

大乗の教えの門においては、〝戒は心によって起こる〟と説かれておる。すなわち、善心が戒体なのじゃ。このことは『菩薩瓔珞本業経』において説かれておるとおりじゃ。

ある師は〝大衆部の人は無表である戒は心法であると言っている〟と言っておる。(10)

司会　小乗は戒を無表と説き、大乗（偽経『菩薩瓔珞本業経』）は戒を心と説き、ある師は大衆部の説と称して戒を無表である心と説くというお話ですね。いろいろ説を挙げていただきましたが、天台大師さま自身の結論としては、いかがでしょうか。

天台宗・智顗　まず、戒体とは、起こらないうちは何もないが、起こったならばすなわち仮のものとしての無表色（〝あらわならざるものである物質〟）じゃ。(11)

司会　戒体は、説一切有部の説のとおり、無表色であるというお話ですね。ですが、先ほどのお話においては、大乗（偽経『菩薩瓔珞本業経』）は戒を心と説き、無表と説かないのではなかったでしょうか。

天台宗・智顗　〔無表は〕本当はないにせよ、教えの門においてはある。今の必要上においては、無表はあるのじゃ。(12)

司会　たとえ本当は心が戒体であるにせよ、教えの上では仮のものとしての無表を便宜的に設定するというお話ですね。

なお、天台大師さまは、律については、当然、『十誦律』を用いていらっしゃることになりますね。

天台宗・智顗　（頷く）

司会　次に、伝教大師さまにお話を伺います。伝教大師さまは、戒については、『梵網経』所出の菩薩戒（十重四十八軽戒）〔『菩薩瓔珞本業経』の三聚浄戒〕をたもっていらっしゃいます。

天台宗・最澄　小乗の律儀戒（七衆の別解脱律儀）は三蔵教と通教とに共通し、『梵網経』の三聚浄戒は別教と円教とに限られる。(13)

司会　天台大師さまが部派の戒経（戒本）所出の波羅提木叉をあらゆる仏教に共通するとおっしゃったのに対し、伝教大師さまは部派の戒経（戒本）所出の波羅提木叉を三蔵教と通教とに共通するとおっしゃって、別教と円教とにおいては不要視なさるのです。

天台宗・智顗　いったい、〔『遺教経《ゆいぎょうきょう》』に〕「波羅提木叉は汝の師である」とあるのを聞いたことがないのかね。(14)

天台宗・最澄　個人的に考えてみたのですが、菩薩は国の宝であって、『法華経』を推し戴く者です。大乗が他者を利益することは大乗において説かれます。天を覆う七つの難は、大乗経によらなければ、どうして除去されましょうか。いまだ起こっていない大災害は、菩薩僧によらなければ、どうして防止することを得ましょうか(15)。

司会　部派の戒経（戒本）所出の波羅提木叉を受けたのでなく、大乗経である『梵網経』所出の菩薩戒を受けた菩薩僧のみが、大災害を未然に防止できるというお話ですね。にわかには信じがたいお話ですが、伝教大師さまの実体験にもとづく確信として受け取っておきたいと思います。

『梵網経』所出の菩薩戒を受けたのち、部派の戒経（戒本）所出の波羅提木叉を受けるのは、差しさわりがあるでしょうか。

天台宗・最澄　今、天台法華宗の年間所定得度者ならびに〔小乗の律儀戒（七衆の別解脱律儀）から〕回心して大乗に向かう初めの修行者については、十二年のあいだ、深山《しんざん》（比叡山）の四種三昧院（延暦寺）に住まわせ、修行が終わって以後、他者を利益するために、仮に小乗の律儀戒を受けさせ、仮に兼行寺（〝大乗の菩薩戒と小乗の律儀戒とがともに行なわれている寺〟）に住むことを許しておる(16)。

司会　『梵網経』所出の菩薩戒を受けたのち、比叡山において十二年のあいだ修行した天台宗の僧侶は、仮に部派の戒経（戒本）所出の波羅提木叉を受けたのち、部派の戒経（戒本）所出の波羅提木叉を受けた他宗の僧侶たちといっしょの寺に住んで、人助けをしてもよいというお話ですね。すなわち、他宗の僧侶たちといっしょの寺に住む天台宗の僧侶に限っては、仮に部派の戒経（戒本）所出の波羅提木叉を受けることが許されるのです。

現実においては、天台宗の寺が増加したことによって、他宗の僧侶たちといっしょの寺に住む天台宗の僧侶はいなくなりましたので、仮に部派の戒経（戒本）所出の波羅提木叉を受けることもなくなっています。しかし、今後、志ある天台宗の僧侶が上座部仏教やチベット仏教の寺に留学する場合は、伝教大師さまのこの教えに従って、上座部仏教やチベット仏教の寺において授けられる、部派の戒経（戒本）所出の波羅提木叉を受けることを考えるべきでしょうね。

ちなみに、部派の戒経（戒本）所出の波羅提木叉においては、沙弥（出家見習いの男性。二十歳未満）と比丘（出家の男性。二十歳以上）との区別がはっきり付けられています（女性についても同様）。『梵網経』所出の菩薩戒においては、沙弥と比丘との区別をいかにして付けるのでしょうか。

天台宗・最澄　円教の十善戒を授けることによって、菩薩沙弥とするのじゃ(17)。

司会　『梵網経』所出の菩薩戒に十重戒と四十八軽戒とがあるうち、沙弥は十重戒のみを受け、比丘は十重戒と四十八軽戒との両方を受けるというお話ですね。

ただ、たとえ沙弥と比丘との区別がそのように付けられたとしても、菩薩戒が出家者と在家者とに共通である以上、菩薩戒のみをたもつ出家者と、菩薩戒のみをたもつ在家者とのあいだには、本質的な区別はないことになります。結局のところ、伝教大師さまにおいては、出家者と在家者との区別は、袈裟《けさ》を着けているか着けていないかという外見的な区別だけになるのです。このことは、その後の日本仏教において、出家者と在家者との区別が曖昧となる原因となっていきます。

最後に、伝教大師さまは『梵網経』所出の菩薩戒を日本に普及させたかたでいらっしゃいますが、伝教大師さまご自身はどなたからお受けになったのでしょうか。

天台宗・最澄　大唐の貞元二十一年（八〇五）、干支は乙酉《きのととり》、大日本国の延暦二十四年、干支は乙酉に当たる、春の三月二日の夜の初め、二更である亥《い》の時に、台州（現在の浙江省台州市）の臨海県（現在の臨海市）にある龍興寺の西側の棟である極楽浄土院において、天台宗の第七伝法でいらっしゃる道邃和上《どうずいかしょう》にお願いして、最澄や義真（七八一―八三三。最澄の弟子。初代天台座主）は、大唐の沙門《しゃもん》（僧侶）二十七人とともに、円教の菩薩戒を受けたのじゃ(18)。

司会　天台宗第六祖、湛然《たんねん》さま（七一一―七八二）のお弟子である道邃さまからお受けになったというお話ですね。

ちなみに、江戸時代の天台宗においては、伝教大師さまのように『梵網経』所出の菩薩戒をたもつだけでなく、天台大師さまのように『梵網経』所出の菩薩戒と『四分律比丘戒本』所出の波羅提木叉との両方をたもとうという、「安楽律《あんらくりつ》」という運動が起きております。「安楽」とは、この運動の拠点となった安楽院（滋賀県大津市。現在は旧跡が残る）の名称に拠ります。

日蓮宗

司会　続いて、日蓮上人にお話を伺います。日蓮上人は、戒については、『法華経』をたもつことを、戒をたもつことと規定していらっしゃいます。

日蓮宗・日蓮　末法の世においては、〔『法華経』より前の〕四十余年〔の経〕のように戒をたもつということはなく、ただ『法華経』によって戒をたもつことがあるのみじゃ(19)。

司会　『法華経』見宝塔品においては、『法華経』をたもつ者が戒をたもつ者と呼ばれていますが、そのことを重視するというお話ですね。なお、『法華経』の梵文には『法華経』をたもつ者は「制御された段階（ダーンタ・ブーミ）に至っている」と書かれています。

日蓮上人が部派の戒経（戒本）所出の波羅提木叉をたもっていらっしゃらないのは、日蓮上人が最澄さまの日本天台宗出身でいらっしゃるからです。当然、日蓮上人は部派の律をも用いていらっしゃいません。

日蓮宗・日蓮　〔鑑真和上《がんじんわじょう》（六八八―七六三）は〕大唐の終南山にある豊徳寺《ぶとくじ》の道宣律師の小乗戒を日本の三箇所（奈良

東大寺、大宰府観世音寺、下野薬師寺）に設置なさった。これはまったく法華宗を流布するための手段にすぎぬ。大乗が出現した後には、〔小乗戒が大乗と〕肩を並べて行ぜられるというわけではない。(20)

司会　しかし、伝教大師さまが『梵網経』所出の菩薩戒をたもっていらっしゃったのに対し、日蓮上人は妻子を帯せず魚鳥を服しないというような範囲でしか『梵網経』の菩薩戒をたもっていらっしゃいませんね。それはなぜでしょうか。

日蓮宗・日蓮　かの円戒も迹門《しゃくもん》の大戒である以上、今どきに符合するものでない。(21)

司会　『梵網経』所出の菩薩戒である円戒は『法華経』の前半部である迹門の戒であって、日蓮上人が末法期向けに推奨なさる、『法華経』の後半部である本門《ほんもん》の戒ではないというお話ですね。

ちなみに、江戸時代の日蓮宗においては、日蓮上人のように本門の戒をたもつだけでなく、僧侶として『四分律比丘戒本』所出の波羅提木叉をたもとうという、「草山律《そうざんりつ》」という運動が起きております。「草山」とは、この運動の指導者であった元政《げんせい》上人（一六二三―一六六八）が開創した、深草山瑞光寺（京都市伏見区）の名称に拠ります。

融通念仏宗

司会　続いて、大通《だいつう》上人にお話を伺います。大通上人は、戒については、『梵網経』所出の菩薩戒（十重四十八軽戒＋『菩薩瓔珞本業経』所出の三聚浄戒）をたもっていらっしゃいます。

融通念仏宗・大通融観　仏法を修行し始めるにあたっては、〝わが身は如来蔵《にょらいぞう》（〝如来を蔵するもの〟）であり、修行すれば仏となることができる〟〝〔仏、法、僧という〕三宝《さんぼう》の功徳は最も勝れており、量りがたい。それらを離れては、別の帰依処《きえしょ》はない〟〝因果関係は定まっており、業（〝ふるまい〟）の異熟《いじゅく》（〝むくい〟）があるのは必然である。それゆえに、悪を捨てるのも、善を修するのも、おのれの心を離れてはありえない〟と信じるべきじゃ。そののち、三聚浄戒を受け、十重戒と四十八軽戒とをたもち、遮罪《しゃざい》（〝副次的な罪〟）と性罪《しょうざい》（〝本質的な罪〟）とを、部分的あるいは全体的に、ひとつひとつ、あかたも〔大海において〕浮き袋を惜しむかのように、たとえ微塵《みじん》ほどであっても犯してはならぬ。(22)

司会　「浮き袋」というのは、『梵網経』巻下に出ている喩えですね。

なお、大通上人が『梵網経』『菩薩瓔珞本業経』所出の菩薩戒をたもっていらっしゃるにすぎず、部派の戒経（戒本）所出の波羅提木叉をたもっていらっしゃらないのは、融通念仏宗の祖と仰がれる良忍《りょうにん》上人（一〇七二―一一三二）が最澄さまの日本天台宗出身でいらっしゃるからです。当然、大通上人は部派の律をも用いていらっしゃいません。

真言宗

司会　続いて、弘法大師さまにお話を伺います。弘法大師さまは、戒については、顕戒《けんかい》（〝表層的な戒〟）と密戒《みっかい》（〝深層的な戒〟）との二つをたもっていらっしゃいます。表にしますと、左のとおりです（表4）。

真言宗・空海　仏道（〝仏の悟り〟）に向かうには、戒によらねば、どうして到れようか。必ず顕戒と密戒との二つを固くたもち、清らかなまま、犯してはならぬ。

表4　顕戒と密戒

戒	内容
顕戒	三帰依、五戒、声聞戒、菩薩戒
密戒	三昧耶戒《さんまやかい》

いわゆる顕戒とは、三帰依、〔優婆塞と優婆夷との〕五戒、〔比丘と比丘尼との〕声聞戒、菩薩戒などである。〔比丘、比丘尼、優婆塞、優婆夷という〕四衆にはそれぞれもとづくべき戒がある。

密戒とは、いわゆる三昧耶戒であり、仏戒と呼ばれもするし、発菩提心戒と呼ばれもするし、無為戒などと呼ばれもする。[23]

司会　密戒である三昧耶戒は善無畏《ぜんむい》三蔵（シュバカラシンハ。六三七―七三五）の『無畏三蔵禅要《むいさんぞうぜんよう》』や不空金剛《ふくうこんごう》三蔵（アモーガヴァジュラ。七〇五―七七四）の『受菩提心戒儀《じゅぼだいしんかいぎ》』において詳しく説かれております。弘法大師さまの『三昧耶戒序』をもご覧ください。

「顕戒と密戒との二つを固くたもち」とおっしゃいますように、弘法大師さまは、密戒である三昧耶戒をたもつのみならず、顕戒である声聞戒（二百五十戒）をたもっていらっしゃるのです。このことは伝教大師さまが声聞戒を捨てていらっしゃることと大きく異なっています。

ちなみに、弘法大師さまは三昧耶戒をどなたからお受けになったのでしょうか。

真言宗・空海　大師は仏教の流布を尊び、救われるべき衆生（〝生きもの〟）を歎じ、わたしに発菩提心戒（三昧耶戒）を授け、灌頂道場に入ることを許したまうたのじゃ。[24]

司会　お師匠さまであった恵果和尚《けいかわじょう》（七四六―八〇六）からお受けになったというお話ですね。

次に、戒経（戒本）と律とについて、どの部派に拠るべきか議論があります。弘法大師さまは延暦二十三年（八〇四）に東大寺戒壇院において具足戒（〝戒を完備〟）なさいましたから（貞観寺座主『贈大僧正空海和上伝記』、『続日本後紀』）、戒経（戒本）については『四分律比丘戒本』『四分比丘尼戒本』、律については『四分律』を用いていらっしゃることになります。しかし、弘法大師さまは『根本説一切有部戒経』『根本説一切有部律』を学ぶことを定めていらっしゃいます（『真言宗所学経律論目録』）。

そのせいで、江戸時代の真言宗においては、比丘や比丘尼が波羅提木叉を受ける時、『四分律比丘戒本』『四分比丘尼戒本』を用いるべきか、『根本説一切有部戒経』『根本説一切有部苾芻尼戒経』を用いるべきかという議論が起こりました。ただし、波羅提木叉はそれをたもっている教団（僧伽）から受けなければ発効しませんから、江戸時代の日本においては、『根本説一切有部戒経』『根本説一切有部苾芻尼戒経』所出の波羅提木叉をたもっている教団がなかった以上、『四分律比丘戒本』『四分比丘尼戒本』を用いるしかありませんでした。

しかし、現在においては、『根本説一切有部戒経』所出の波羅提木叉をたもっている教団として、チベット仏教の教団があることが知られています。もし志ある真言宗の僧侶がチベット仏教の教団から波羅提木叉を受けるならば、日本において真言宗が『根本説一切有部戒経』を用いていくことも夢ではありません。

浄土宗、浄土真宗、時宗

司会　続いて、浄土門の皆さまにお話を伺います。

まず、善導《ぜんどう》和尚《かしょう》にお話を伺います。善導和尚は、戒については、『四分律比丘戒本』所出の波羅提木叉と、『梵網経』所出の菩薩戒（十無尽戒＋『菩薩瓔珞本業経』の三聚浄戒）とをたもっていらっしゃいます。

浄土宗・善導　さまざまな戒を具えることについては、ところで、戒は多くの種類がある。三帰戒であるとか、〔優婆塞と優婆夷との〕五戒であるとか、〔優婆塞と優婆夷との〕八斎戒であるとか、〔優婆塞と優婆夷との〕十善戒であるとか、〔比丘の〕二百五十戒であるとか、〔比丘尼の〕五百戒であるとか、沙弥の戒であるとか、菩薩の三聚浄戒であるとか、十無尽戒であるとかなどじゃ。ゆえにさまざまな戒を具えるというのじゃ[25]。

司会　唐の比丘のつねとして、善導和尚が『四分律比丘戒本』所出の波羅提木叉をたもっていらっしゃることは明らかです。

浄土宗・善導　修行者は、もし浄土に生まれたいならば、ただただ、戒をたもち、念仏し、『阿弥陀経』を暗誦しなされ。(26)

司会　念仏は戒をたもつこととといっしょでなければならないというお話ですね。善導和尚ご自身は「けっして目を上げて女性を見ようとはなさらなかった(27)」とすら伝えられていらっしゃいます。

なお、善導和尚は、律については、当然、『四分律』を用いていらっしゃることになりますね。

浄土宗・善導　（頷く）

次に、法然上人にお話を伺います。法然上人は、戒については、『梵網経』所出の菩薩戒をたもっていらっしゃいます。

浄土宗・法然　戒は仏法にとって大地であります。さまざまな修行は、たとえまちまちであるにせよ、いずれもそれに拠っております。そういうわけで、善導和尚は目を上げて女性を見ようとはなさらなかった。その行状はもとの律を超えていらっしゃるほどであります。浄土宗の徒は、もしそれに従わないならば、遠くは如来の遺してくださった教えにそむき、近くは祖師のうるわしい行跡にそむくことになります。すべて拠りどころをなくしてしまうというものですな。(28)

司会　ただし、『観無量寿経』においては、たとえ五戒や八斎戒や具足戒を破った者であっても、阿弥陀仏の力によって極楽世界に生まれることが説かれておりますね。

浄土宗・法然　そうである以上、戒をたもつという修行は〔阿弥陀〕仏の本願と関係ない修行ですから、可能な範囲にしたがって、たもちなさるのがよろしいでしょうな。[29]

司会　戒をたもつという修行は阿弥陀仏の本願と関係ない修行である以上、できるだけ戒をたもてばよいというお話ですね。

浄土宗・法然　たとえのちに破ってしまうとしても、〔戒を受ける〕その時に、〝たもとう〟と思う心によって〝たもつ〟と言うのは良いことであります。[30]

司会　ですが、戒をたもつという修行は阿弥陀仏の本願と関係ない修行である以上、原理的に言えば、たとえ無戒（〝戒がない状態〟）であっても、極楽世界に生まれることは可能であるはずですね。

浄土宗・法然　そうである以上、今どきの末世における出家者と在家者とは、戒をたもつ者も、戒を破る者も、無戒である者も、ただただ、一心不乱に念仏するならば、みな〔極楽世界に〕生まれることになりましょうな。[31]

司会　要するに、戒は絶対の条件ではないというお話ですね。

なお、法然上人が『梵網経』所出の菩薩戒をたもっていらっしゃるにすぎず、部派の戒経（戒本）所出の波羅提木叉をたもっていらっしゃらないのは、法然上人が最澄さまの日本天台宗出身でいらっしゃるからです。当然、法然上人は部派の律をも用いていらっしゃいません。

ちなみに、江戸時代の浄土宗においては、法然上人のように『梵網経』所出の菩薩戒をたもつだけでなく、善導和尚のように『梵網経』所出の菩薩戒と『四分律比丘戒本』所出の波羅提木叉との両方をたもとうという、「浄土律」という運動が起きております。

次に、親鸞上人にお話を伺います。親鸞上人はいかなる戒をもたもっていらっしゃいません。

浄土真宗・親鸞　それがしには本当にわかりもうした。悲しいことじゃ。この愚かな禿、親鸞は、愛欲という広い海に沈み、名誉や利権という大きな山に迷い、正定聚《しょうじょうじゅ》（〝正しさに定まったグループ〟）に入るのを喜ばず、〔『無量寿経』において極楽世界について行なわれた〕真実の証明を実証するのがうれしくありませぬ。恥じねばなりませぬのう。傷まねばなりませぬのう。(32)

司会 法然上人は、たとえ無戒であっても極楽世界に生まれることができるとおっしゃいつつも、ご自分は『梵網経』所出の菩薩戒をたもっていらっしゃいました。それに対し、親鸞上人は『梵網経』所出の菩薩戒をやめ、無戒を実践なさったのです。

浄土真宗・親鸞 それがしは、人の師になることや、戒師になることをやめねばなりませぬ。(33)

司会 それはどうしてでしょうか。

浄土真宗・親鸞 よいことであるか、あやまちであるかもわからず、正しいことであるか、悪いことであるかも区別できないこの身ですのう。これっぽっちの慈悲もないくせに、名誉と利権とのために人の師たることを好んでおるにすぎませぬわい。(34)

司会 ご自分は人の師や戒師になる器でないという深刻な反省がおありになったというお話ですね。

ちなみに、親鸞上人についてしばしば言われる妻帯については、親鸞上人は承元の法難によって法然上人とともに還俗させられたわけですから、何も問題はありません。ですが、妻帯にあたっては、やはり相当にお考えを重ねたことでしょうね。

浄土真宗・親鸞 世間の妻子や一族についても、こちらについて来るような宿縁（〝前世からの因縁〟）があるうちは、たとえ別れようとしても捨て去ることはできませぬのう。宿縁が尽きる時は、たとえ慕い睦もうとしてもかなえられませぬわい。(35)

司会　妻帯は宿縁によるというお話ですね。そのことと関連して、親鸞上人が法然上人の門下にお入りになる前に、観音菩薩からいただいた夢のお告げがありましたね。

浄土真宗・親鸞　（頷く）「修行者が宿報（〝前世のむくい〟）によってもし女犯《にょぼん》することになったなら、わたしは玉のような女性のからだとなって犯されてあげよう。一生のあいだ着飾らせ、臨終には導いて極楽世界に生まれさせてあげよう(36)。」

司会　先ほどおっしゃった宿縁は、今おっしゃった宿報と同じであって、要するに、前世からの宿命のことですね。

浄土真宗・親鸞　たとえ兎の毛や羊の毛の先っぽに収まる塵ほどであっても、作った罪が宿業（〝前世の業〟）によらないことはない、とおわかりになるがよろしいのう(37)。

司会　親鸞上人が生きていらっしゃった中世の日本においては、生きるために心ならずも生きものを殺めたり、生きるために心ならずも男女関係を結ばねばならなかったりする人々が多くいました。還俗させられ、越後国に配流され、越後国の豪族三善為教《みよしためのり》の娘をめとった親鸞上人もそのひとりです。そのように心ならずも戒を犯さねばならなくなる人々の悲しみの理由を、前世の業にお求めになるというお話ですね。

浄土真宗・親鸞　そうなるべき業縁（〝前世の業という条件〟）が働くなら、どのようなふるまいでもしてしまうでしょうのう(38)。

司会　夢のお告げにあるように、親鸞上人は早くからそのような宿命論的お考えを持っていらっしゃいましたが、還俗から流罪、妻帯に至る運命によってそれを痛感し、ご自分と同じような、心ならずも戒を犯さねばならなくなる人々に共感を抱きつつ、そのような人々をすら救ってくださるという阿弥陀仏への信仰に生涯を捧げなさったのでした。

次に、一遍上人にお話を伺います。一遍上人は、戒については、『梵網経』所出の菩薩戒（十重四十八軽戒）のうち、十重戒のみをたもっていらっしゃいます。このことは、文永十一年（一二七四）における再出家の時、四天王寺において決意なさったことです（『一遍聖絵』巻二）。

時宗・一遍　悪いとは知りながら、ますます執着して、安心して養生しようとして、財宝や妻子を求め、酒や肉や五辛によってわが身を養生することは、〝ばか者だ〟と知った甲斐がない。悪いものをすみやかに捨てるにこしたことはない[39]。

司会　さらに、律としては、部派の律を用いずに、『時衆制誡』を制定していらっしゃいます。時衆（時宗）独自の教団運営規則であり、禅宗独自の教団運営規則である清規《しんぎ》に該当します。

黄檗宗、臨済宗、曹洞宗

司会　そういうわけで、禅門の皆さまにお話を伺います。中国においては、晩唐の混乱の中、寺院への喜捨が激減し、その結果、多くの僧侶が律に反して労働せざるを得なくなりました。そのような状況の中、禅門においては、百丈《ひゃくじょう》懐海禅師《えかいぜんじ》（七四九―八一四）が労働を積極的に認める新たな教団運営規則である『百丈古清規《ひゃくじょうこしんぎ》』を制定し、後世の禅門は律の代わりに『百丈古清規』の発展型であるさまざまな清規を用いるようになりました。百丈禅師のおことばとしては「一日作《な》さずんば、一日食らわず」がよく知られております。『百丈古清規』そのものは失われ、その発展型のうち現存最古の『禅苑清規《ぜんおんしんぎ》』が後世に至るまで権威ある清規と見なされました。

まず、黄檗《おうばく》禅師にお話を伺います。伝記（『宋高僧伝』巻二十、希運伝）によれば、黄檗禅師は黄檗山において出家なさいました。したがって、戒については、唐の比丘のつねとして、『四分律比丘戒本』所出の波羅提木叉をたもっていらっしゃいます（さらに、『梵網経』所出の菩薩戒をたもっていらっしゃったかもしれませんね）。

さらに、黄檗禅師は百丈禅師のお弟子さまですから、律については、『百丈古清規』を用いていらっしゃったことでしょうね。

黄檗宗・黄檗希運　（頷く）

司会　ところで、第六章において詳しくお話を伺いましたとおり、黄檗禅師は、心がもともと無心である以上、煩悩は究極的にはないとおっしゃっていました。もしそうならば、煩悩を抑えるための戒はいるのでしょうか。

黄檗宗・黄檗希運　貪《とん》（〝むさぼり〟）と瞋《しん》（〝いかり〟）と痴《ち》（〝おろかさ〟）とがあるために、〔仏は〕ただちに戒（〝節制〟）と定《じょう》（〝瞑想〟）と慧《え》（〝知恵〟）とを考案してくださった。しかし、もともと〔貪と瞋と痴とのような〕煩悩はないのじゃから、どうして〔戒と定と慧とによる〕悟りがあったりしようか。ゆえに、ある祖師は「仏があらゆる法を説いてくださったのは、あらゆる心を除去するためである。わたしにはあらゆる心がないのだから、どうしてあらゆる法を用いたりしようか」とおっしゃっておるよ(40)。

司会　心はもともと無心である以上、煩悩も究極的にはないのであって、もしその無心をものにしたならば、煩悩を抑えるための戒はいらなくなるというお話ですね。

次に、隠元《いんげん》禅師にお話を伺います。隠元禅師は、戒については、『四分律比丘戒本』所出の波羅提木叉と、『梵網経』所出の菩薩戒との両方をたもっていらっしゃいます。

黄檗宗・隠元隆琦　道を学ぶ人はまず堅く戒をたもつべきじゃ。たとえば沙弥の十戒、比丘の二百五十戒、菩薩の十重四十八軽戒について、そのありさまを知って堅くたもち、違犯《いぼん》してはならぬ。もし違犯してしまったならば、ただちに大慚愧《だいざんき》を生じ、痛切に自ら心を責め、告白し懺悔《さんげ》せよ(41)。

司会　先ほどの黄檗禅師のお話によれば、心はもともと無心である以上、煩悩も究極的にはないのであって、もしその無心をものにしたならば、煩悩を抑えるための戒はいらなくなるのでした。

黄檗宗・隠元隆琦　わが釈迦牟尼仏は戒と定と慧という薬を設けてくださって、それ（煩悩という病）を治してくださる。その病がもし癒えたならば、薬もどうして作用しましょうや。(42)

司会　黄檗禅師と同じご趣旨ですね。

さらに、隠元禅師は、律については、自ら『黄檗清規《おうばくしんぎ》』を制定していらっしゃいます。

黄檗宗・隠元隆琦　（頷く）

司会　なお、隠元禅師が来日ののち、特に心を痛めなさったのは、日本の国において殺生が安易に行なわれていることでした。中国においては、『梵網経』第二十軽戒および第三軽戒にもとづいて、放生《ほうじょう》（〝魚鳥を自然界に放つこと〟）および精進料理が普及していましたが、荒々しい武士の世を経た日本においては、そのような優しい習慣が断たれていたのです。隠元禅師は放生を勧め、精進料理である普茶料理《ふちゃりょうり》を教えてくださいました。

黄檗宗・隠元隆琦　思うに、あらゆる衆生（〝生きもの〟）の命はわれらの命と変わりありませぬ。どうして彼の命を損なって、わが腹の足しにできましょうや。聖人《せいじん》もやはりその〔殺される動物の〕声を聞いて、その肉を食べるに忍びませんでした（『孟子』梁恵王章句上）。〔儒教の〕仁《じん》の心の発現もやはり戒の一歩一歩です。かならずわれらの命も延びるでありましょう。殺生禁止を貴んで、天下に長命を祝えば、福徳は計り知れませぬ。これこそ一国を挙げて仁を興すことであり、仁の至りであります。ただちにここがそのまま西方清浄世界（極楽世界）であるというものです。(43)

司会　ちなみに、浄土真宗においては、親鸞上人の月命日に肉や魚を食べないことが一種の戒として行なわれるようになりました。来日した隠元禅師がそれをお笑いになったということを江戸時代の上田秋成（一七三四—一八〇九）が書き記しております（『胆大小心録《たんだいしょうしんろく》』）。親鸞上人は、心ならずも不殺生戒などを犯さねばならなくなる人々のために、阿弥陀仏の力にすがって極楽世界に生まれることを説いたのですが、隠元禅師は、不殺生戒を犯さない人々を増やすことによって、日本の国を極楽世界にすることを説いたのです。どちらを選ぶか、宗祖の教えを学ぶ者一人一人が考えていかなければならない問題です。

次に、臨済禅師にお話を伺います。伝記（延沼『臨済慧照禅師塔記』）によれば、臨済禅師は出家の時「受具」（〝具足戒を受け〟）なさったとあります。したがって、戒については、唐の比丘のつねとして、『四分律比丘戒本』所出の波羅提木叉をたもっていらっしゃいます（さらに、『梵網経』の菩薩戒をたもっていらっしゃったかもしれませんね）。

さらに、臨済禅師は百丈禅師のお弟子である黄檗禅師のお弟子ですから、律については、『百丈古清規』を用いていらっしゃったことでしょうね。

臨済宗・臨済義玄　（頷く）出家者は悟りを学ぶ必要がある。拙僧の場合も、かつて律を気に留めたり、経や論を検討したりしたが、のちになってようやく、どれも世を救うための薬であって表向きの説にすぎぬとわかったので、そこですぐさま投げ捨てて、悟りを求め参禅した。のちに大善知識《だいぜんちしき》（〝偉大な指導者〟＝黄檗禅師）にめぐりあって、ようやく悟りの眼が開け、初めて天下の老師たちの見分けがつき、彼らの邪正がわかるようになったのじゃ。[44]

司会　清規のほかに律はいらないというお話ですね。

次に、道元禅師にお話を伺います。道元禅師は、戒については、三帰依と、『菩薩瓔珞本業経』所出の三聚浄戒と、『梵網経』所出の十重戒との合計である、十六条戒をたもっていらっしゃいます。

曹洞宗・道元　この十六条戒は、千の仏によって護持され、曩祖《のうそ》によって伝来されたのじゃ。[45]

司会　曩祖というのはどなたでしょうか。

曹洞宗・道元　いま仏から仏、祖から祖へと正しく伝えられている仏戒は、ただ嵩岳嚢祖《すうがくのうそ》（菩提達摩《ぼだいだるま》。五—六世紀）が正しく伝えたものであって、中国において五人が継承して曹渓高祖《そうけいこうそ》（中国禅第六祖、曹渓慧能《そうけいえのう》。六三八—七一三）に至った。〔その弟子〕青原行思《せいげんぎょうし》（—七四〇）、南岳懐譲《なんがくえじょう》（六七七—七四四）らが正しく伝えたことによって、今に伝わっておるが、いまだかつてそのことを知らずにいる杜撰な長老たちもおる。最も憐れむべきじゃ。[46]

司会　嚢祖というのは嵩山《すうざん》少林寺に住まわれた中国禅の初祖、菩提達摩《ぼだいだるま》禅師であるというお話ですね。ただ、実際には、インド人であった菩提達摩禅師が偽経である『梵網経』『菩薩瓔珞本業経』をご存知であったはずはないので、十六条戒が菩提達摩禅師によってインドから伝来されたと主張なさることは、こんにちにおいてはあまり意味がないかもしれませんね。

　道元禅師は十六条戒をどなたからお受けになったのでしょうか。

曹洞宗・道元　大宋の宝慶元年（一二二五）乙酉九月十八日、前の〔天童山景徳寺《てんどうさんけいとくじ》〕住持であった天童如浄《てんどうにょじょう》和尚（一一六三—一二二八）は道元に示しておっしゃった。「仏戒はわが宗門の大事である。霊鷲山《りょうじゅせん》の釈尊、少林寺の菩提達摩、曹谿慧能、洞山良价《とうざんりょうかい》らはいずれも後継ぎにそれを委嘱し、如来から一対一で相承してわたしにまで到った。今、法弟子である、日本国の僧、道元に委嘱する。委嘱完了」[47]。

司会　お師匠さまである天童如浄和尚からお受けになったわけですね。

　ちなみに、戒体については、いかがでしょうか。

曹洞宗・道元　唐やわが国の昔の人師（〝ただの人である師〟）が、戒を解釈する時、菩薩戒体について詳しく論じていたのは、はなはだ間違っておる。戒体を論ずる、その必要性は何なのか。如来世尊はただ戒の功徳を説きたまうただけであり、〔戒を〕得るか否かについて、戒体があるかないかを論じたまわなかった。[48]

司会　戒体を論ずる必要はないというお話ですね。

なお、道元禅師が『梵網経』『菩薩瓔珞本業経』所出の菩薩戒をたもっていらっしゃるにすぎず、部派の戒経（戒本）所出の波羅提木叉をたもっていらっしゃらないのは、道元禅師が最澄さまの日本天台宗出身でいらっしゃるからです。

曹洞宗・道元　釈迦牟尼仏はおっしゃった。「声聞の人々はいまだ正命《しょうみょう》（〝正しい生活〟）を得ていない」と（出典不明）。そうである以上、すなわち、声聞の教えと修行と証得とは、いまだ正命ではない。そうであるのに、最近のつまらぬ者どもは〝声聞と菩薩とを区別してはいけない。その〔声聞の〕威儀や戒や律を〔声聞と菩薩とに〕ともに用いるのがよい〟と言って、小乗声聞の法によって、大乗菩薩の法にかなった威儀進止《いぎしんし》（〝立ち居ふるまい〟）を判定しておる。釈迦牟尼仏はおっしゃった。「声聞の持戒は菩薩の破戒である」と（『大宝積経』優波離会など）。そうである以上、声聞が持戒と思っておるにせよ、もし菩薩戒に較べるならば、声聞戒はみな破戒じゃ(49)。

司会　中国の風潮においては、いかがだったのでしょうか。

曹洞宗・道元　宋の風潮においては、たとえ大乗の教えを学ぶにせよ、僧侶はまず大僧戒（比丘戒、比丘尼戒）を受ける。ただ菩薩戒を受けただけの僧侶など、聞いたことがない。まず比丘戒を受け、のちに菩薩戒を受ける。菩薩戒を受けたのちを法臈《ほうろう》（〝出家後の年数〟）とすることなど、聞いたことがない(50)。

司会　道元禅師は中国において僧侶がかならず部派の戒経（戒本）所出の波羅提木叉をたもっていることをご存知でありながら、最澄さまの日本天台宗に従われたのですね。

曹洞宗・道元　（頷く）

さらに、道元禅師は、律については、部派の律を用いずに、自ら『永平清規《えいへいしんぎ》』を制定していらっしゃいます。

司会　しかし、こうして見ると、日本においては、部派の戒経（戒本）所出の波羅提木叉を捨てた伝教大師さまの影響力が強いことがわかりますね。直接間接に日本天台宗と関わった、法然上人、親鸞上人、一遍上人、道元禅師、日蓮上人、大通上人は、いずれも部派の戒経（戒本）所出の波羅提木叉をたもっていらっしゃいません。まさに最澄チルドレンと言うべきです。

　南山大師さまが嘆息していらっしゃいますが、お話を伺えますでしょうか。

律宗・道宣　ある者は「自分は大乗の人であり、小乗の法を行なわない」と言っておる。このような連中は一人や二人や三人にとどまらない。そやつらは内的には菩薩の心にそむき、外的には声聞の行儀を欠いておる。〔行くこと、とどまること、坐ること、臥せることという〕四威儀《しいぎ》に法の潤いがない以上、枯れしぼんだ衆生（〝生きもの〟）と言うべきじゃ。このような連中は昔も今も途絶えない。自分が法をたもつ達人でない者は、誰がそやつらを鑑《かがみ》とすることができようか[51]。

司会　伝教大師さまはご自分が法をたもつ達人であったため、たとえ部派の戒経（戒本）所出の波羅提木叉を捨てたとしても自らを律することができたのでしょうが、法をたもつ達人でない者がそうすることは難しいかもしれませんね。だからこそ、江戸時代においては、先ほど触れました、天台宗の「安楽律」運動、浄土宗の「浄土律」運動、日蓮宗の「草山律」運動のように、法をたもつ達人でない者を律するための、律の復興運動も起こったのです。伝教大師さまの理想を尊びつつも、その理想に追いつかない自らの現実に苦悩するのが、伝教大師さま以降の日本仏教であり、その理想と現実との葛藤は現代まで続いています。

おわりに

司会　本章において伺いましたお話を表にしますと、左のとおりです（表5）。皆さま、ありがとうございました。

表5

祖師	戒経（戒本）	律
法相宗・基	出家戒：『四分律比丘戒本』『四分比丘尼戒本』 菩薩戒：『瑜伽師地論』（三聚浄戒）	『四分律』
律宗・道宣	出家戒：『四分律比丘戒本』『四分比丘尼戒本』 菩薩戒：『瑜伽師地論』（三聚浄戒）	『四分律』
華厳宗・法蔵	出家戒：『四分律比丘戒本』『四分比丘尼戒本』 菩薩戒：『梵網経』（十重四十八軽戒）	『四分律』
天台宗・智顗	出家戒：『十誦比丘波羅提木叉戒本』『十誦比丘尼波羅提木叉戒本』 菩薩戒：『梵網経』（十重四十八軽戒）	『十誦律』
天台宗・最澄	出家戒：ナシ 菩薩戒：『梵網経』（十重四十八軽戒）	ナシ
日蓮宗・日蓮	出家戒：ナシ 菩薩戒：『法華経』（本門の戒）	ナシ

融通念仏宗・大通融観	出家戒：ナシ 菩薩戒：『梵網経』（十重四十八軽戒）	ナシ
真言宗・空海	出家戒：『四分律比丘戒本』『四分比丘尼戒本』 菩薩戒：三昧耶戒	『四分律』
浄土宗・善導	出家戒：『四分律比丘戒本』『四分比丘尼戒本』 菩薩戒：『梵網経』（十重四十八軽戒）、『菩薩瓔珞本業経』（三聚浄戒）	『四分律』
浄土宗・法然	出家戒：ナシ 菩薩戒：『梵網経』（十重四十八軽戒）	ナシ
浄土真宗・親鸞	出家戒：ナシ 菩薩戒：ナシ	ナシ
時宗・一遍	出家戒：ナシ 菩薩戒：『梵網経』（十重戒のみ）	『時衆制誡』
黄檗宗・黄檗希運	出家戒：『四分律比丘戒本』『四分比丘尼戒本』 菩薩戒：不明	『百丈古清規』（推定）
黄檗宗・隠元隆琦	出家戒：『四分律比丘戒本』『四分比丘尼戒本』 菩薩戒：『梵網経』（十重四十八軽戒）	『黄檗清規』
臨済宗・臨済義玄	出家戒：『四分律比丘戒本』『四分比丘尼戒本』 菩薩戒：不明	『百丈古清規』（推定）
曹洞宗・道元	出家戒：ナシ 菩薩戒：十六条戒	『永平清規』

閉会式
——シンポジウム「宗祖に訊く——日本仏教十三宗・教えの違い総わかり」

司会　長きにわたってお話を伺ってまいりました本シンポジウムも、いよいよ閉会の時が近づいてまいりました。
開会式において申し上げましたとおり、本シンポジウムは、〝家の宗教〟でなく〝個の宗教〟としていずれかの祖師の教えを主体的に選択しようとする自由な個人に向けて、宗祖の皆さまの教えの骨組みを明確化するために開催されました。そもそも、十三宗の宗祖の皆さまのほとんどは、たとえ教えとしての宗（シッダーンタ。〝論証された結論〟）を立てたにせよ、教団としての宗に固執するつもりは乏しく、むしろ、後進の人々に教えを乞われつつも、孤独な求道を続けていらっしゃった自由な個人が多かったのです。その点において、皆さまは、これから〝個の宗教〟としていずれかの祖師の教えを主体的に選択しようとする自由な個人にとって、先輩に当たられるように思います。

宗祖たち、頷く。

司会　孤独な求道は厳しいものです。孤独な求道を続けた先輩として、同じく孤独な求道を続けようとする後輩に対し、激励のおことばをお持ちのかたは、ぜひご自由にご発言いただきたいと存じます。

親鸞、一遍、道元、日蓮、挙手する。

浄土真宗・親鸞　親鸞は弟子を一人も持ってはおりませぬのう。そのわけは、それがしの計らいによって人に念仏を申させてこそ、弟子でもあろうが、阿弥陀仏のお力にあずかって念仏を申しておる人をそれがしの弟子と申すことは、きわめつけの無茶なことですわい(1)。

時宗・一遍　わしは規則を好まぬから、弟子の法師を欲しくもない。誰をも檀家だと頼りにせぬから、人にへつらうこともない(2)。

曹洞宗・道元　たとえ千人万人が利益を追い財欲にふけって集まるよりも、一人もいないほうがまだましじゃ。〔地獄、畜生、餓鬼という〕悪道に堕ちる因である業《ごう》（〝ふるまい〟）のみがおのずから積もって、仏法の気配がないからじゃ。清貧のまま苦労して、乞食《こつじき》したり、茶や果実などを食べたりして、つねに飢えながら道を学んでいるならば、それを聞きつけて、たとえ一人でも〝行って学ぼう〟と思う人がいるであろうことが、本当の求道心の持ち主であるし、仏法の興隆であると思われる。苦労や貧乏のせいで一人もいなくなってしまうことと、衣食が豊かなせいで人々が集まって仏法がなくなってしまうこととは、単に、似たりよったりじゃ(3)。

日蓮宗・日蓮　たとえ王権の地に生まれたために、身を従わせてさしあげるようであっても、心まで従わせてさしあげるのはよくありませぬぞ(4)。

司会　ありがとうございます。奇しくもすべて鎌倉時代の皆さまからおことばを戴きましたが、さすがに、鎌倉時代の皆さまは命をかけて迫害に耐え、孤独な求道を貫いたかたが多いため、独立自尊の精神が素晴らしいですね。

親鸞、一遍、道元、日蓮、微笑む。

曹洞宗・道元　学ぶ人は、初心者である時には、求道心があってもなくても、経論や聖教《しょうぎょう》などをよくよく見るがよい、学ぶがよい。

わしは、初めてまさに無常（母の死）によっていささか求道心を起こし、あまねく諸方を訪れ、ついに山門（比叡山延暦寺）を辞して、道を学ぶことを修行し始めた頃、〔京都の〕建仁寺《けんにんじ》に仮寓したが、それまでのあいだ、正しい師に逢わず、善友もいなかったせいで、迷って邪念を起こしてしまった。

道を教える師も〝まず、学問の点で先達に等しく良い人となり、国家に知られ、天下に名誉を得よう〟ということを教えていた。そのせいで、教えの法などを学ぶ場合にも、〝まず、この国の上古の賢者に等しくなろう〟ということを思い、〝大師などとも同じようになろう〟と思って、それにちなんで、『高僧伝』『続高僧伝』などを開いて見てみたところ、大国（インド、中国）の高僧や仏教者のようすを見てみるに、今の師の教えとは似ても似つかなかった。また、〝わしが起こした心は、すべて、経論や伝記などにおいては忌み嫌われる心であった〟と思ってのち、しだいに気がついて思うに、道理を考えてみれば、たとえ〝名誉を得よう〟と思うにせよ、現代の下劣な人に〝良い〟と思われるよりも、過去の賢者や未来の善人に恥かしくないようにならねばならぬ。たとえ〝等しくなろう〟と思うにせよ、この国（日本）の人よりも、中国やインドの先達や高僧に恥かしくないようにならねばならぬ。〝そのかたがたに等しくなろう〟と思わねばならぬ。しまいには、神々や冥衆《みょうしゅ》（〝目に見えない神格たち〟）や諸仏菩薩などに恥かしくないようにならねばならず、〝そのかたがたに等しくなろう〟と思わねばならぬのであって、その道理をわかってからは、この国の大師などは瓦礫のように感じられて、従来の身も心もすべて改まったのじゃ。(5)

最澄、空海、微苦笑する。

司会　伝教大師さまと弘法大師さまとが微苦笑していらっしゃいますが、要するに、権威にまどわされるなというお話ですね。なお、道元禅師の時代の比叡山は形骸化が進んで、求道者にとっては物足りない状態だったようですが、伝教大師さまご自身は、貧しさに耐えて求道なさった、じつにまじめなかたでいらっしゃいます。

曹洞宗・道元　（頷く）　この国（日本）は僻地の小国であるにせよ、昔も今も、顕教と密教との二つについて有名な、後の世までも人に知られたような人が、一人でも衣食が豊かであったということをいまだ聞いたことがありませぬ。(6)

天台宗・最澄　求道心さえあれば衣食はどうにかなるものじゃ。が、衣食があるだけでは求道心はどうにもなりませぬなあ。(7)

最澄、道元、微笑みあう。

司会　また、弘法大師さまは「弘法も筆のあやまり」「弘法、筆を選ばず」というように書聖としての文化人的な面が採り上げられがちですが、弘法大師さまご自身は書をあくまで余技と見なし、瞑想こそを願って求道なさった、じつにまじめなかたでいらっしゃいます。

真言宗・空海　わたしは海外でかなり書法を習った。墨で書いてはいないにせよ、書きかたはだいたいわかった。しかし、定《じょう》（〝瞑想〟）という水が澄み渡ることを願っているのであって、飛ぶ雲のような素晴らしい書体を顧みようとは思わない。心の外に捨て置いて、習字に年月をかけなかったよ。(8)

司会　結局、宗祖の皆さまはいずれも当時における自由な個人であり、孤独な求道者であって、単に鎌倉時代の皆さまだけでなく、すべての皆さまが独立自尊の精神を持っていらっしゃった。だからこそ、自らの宗を立てましたし、他の人を惹きつけたのでしょうね。

宗祖たち、頷く。

司会　では、その皆さまと同じような自由な個人が本シンポジウムを踏まえた上で気をつけるべきこととして、何があるでしょうか。

浄土宗・法然　念仏の修行を信じない人に出会って論争したり、もしくは、別の修行をする人々に向かって議論をふっかけたりしていただきたくはありませぬな。別の見解や別の学問のある人を見て、むやみに、あなどったり、そしったりすることがあってはなりませぬ。(9)

司会　議論をふっかけられたり、あなどられたり、そしられたりした場合はいかがでしょうか。

浄土宗・法然　おおかた、阿弥陀仏との縁が薄く、〔極楽世界に〕生まれる時期が来ていない者は、聞いても信ぜず、〔念仏を〕修行するのを見ては腹を立て、怒りを含んで、妨げようとすることでありましょう。そういうお心になっては、どのように人が言い聞かせても、お心は揺るぎもしないでありましょう。どうしても信じようとしない者に対しては、仏すら力が及びなさいませぬ。ましてや凡夫は力が及ぶはずもありませぬ。このような不信の衆生のために、慈悲を起こし、〝利益してあげたい〟と思うにつけても、〝早く極楽世界に行って悟りを開いて、輪廻に赴いて誹謗不信の者をも救い、あらゆる衆生をあまねく利益したい〟と思うのがよろしいでしょうな。このことを心得ていらっしゃるとよろしい(10)。

浄土真宗・親鸞　念仏を、心を込めて常に称え、念仏をそしるであろう人々の現世や来世のことを祈ってあげあうのがよろしいでしょうのう。ご自身のためには、お念仏は今さらどうしてなさる必要がありましょうや。ただただ、ひがんだ世の人々のために祈り、〝阿弥陀仏のお誓いのうちに入れ〟と考えあいなさるならば、仏のご恩に報いさせていただくことになりましょうのう(11)。

時宗・一遍　もっぱら自分が愛する法を信じるだけになされ。他人が愛する法を論破してはならぬ(12)。

曹洞宗・道元　昔から「君子の力は牛にまさる。しかし牛と争わない」と言われておる。今どきの学ぶ人は、たとえ自分の知恵がほかの学ぶ人にまさっているとしても、人と論争を好むことがあってはならぬ。また、悪口をもって人のことを言ったり、怒りの目をもって人を見たりすることがあってはならぬ(13)。

臨済宗・臨済義玄　立派な男たるもの、むやみに目上の者について議論したり、敵について議論したり、〝そのとおりだ〟〝そうではない〟と議論したり、色ごとについて議論したり、財産について議論したりして、議論ばかりで暇《ひま》話《ばなし》に日を過ごしてはならぬ(14)。

司会　他者と論争するよりも、自己の修養を大事にせよというお話ですね。宗祖は一宗を立てる必要上、他宗と論争せざるを得ない場合もありますが、浄土門や禅門の宗祖の皆さまは論争をできるだけ避けるご傾向にあるようにお見受けします。

曹洞宗・道元　君子の力は牛にまさる。しかし牛と争わない。たとえ〝自分は法を知っている。彼にまさっている〟と思ったとしても、論争して彼を言い負かしてはならぬ。もしまことに道を学ぶ人がいて、法について質問したならば、惜しんではならぬ。彼のために回答してやるがよい。しかし、それすらも、三回質問されて、ようやく一回答えてやるがよい。多くのことばによって暇話することがあってはならぬ。この失敗はわしの身にあったことじゃ。わしを諌めてくださったのがわかったから、その後は、人と法門について論争したことはない[15]。

司会　それに対し、他宗との論争に積極的でいらっしゃいますのが日蓮上人です。浄土門や禅門に対しても、随分、論争を挑みなさいましたね。

日蓮宗・日蓮　〝日本国の皇位を譲ってやろう。『法華経』を捨てて『観無量寿経』などに就いて来世を期せよ〟〝念仏を称えねば、父母の首を刎ねてやるぞ〟などという大問題が持ち上がったとしても、智者にそれがしの主張が破られぬかぎり、採用することはできませぬなあ[16]。

司会　自己の主張に固執する人であるかように誤解されがちな日蓮上人ですが、じつは、破られれば智者に教えを乞うて自己の主張を変えていこうとする、男らしい人なのであって、論争はあくまで真実を求めるために行なっていらっしゃるということですね。今後、日本仏教が上座部《じょうざぶ》仏教やチベット仏教と対話し、ともにさらに高い次元へと進んでいくためには、浄土門や禅門の宗祖の皆さまのように論争を避けるだけでなく、日蓮上人のように堂々と論争することも大切になるように思います。日蓮上人は辻説法《つじせっぽう》（〝ストリート説法〟）のようにディベートを好まれるかたですが、けっして自己の主張に固執することを好まれるかたではないということは、よく記憶される必要があるでしょうね。

宗祖たち、頷く。

曹洞宗・道元　さてはて、この日本国は海の彼方の遠方じゃ。人の心がきわめて愚かじゃ。昔から聖人が生まれたためしがなく、生まれながらの智者が生まれたためしがなく、ましてや道を学ぶまことの人士は稀《まれ》じゃ。求道心を知らない者どもは、求道心を教えてやった時には、忠告が耳ざわりであるせいで、自分自身を省みず、他人を恨んだりする。(17)

司会　現代の日本は勤労への真摯な取り組みによって世界に知られる国のひとつとなりましたが、人格の向上への真摯な取り組みによって真の大国民を育てたかと言えば、心もとないものがあります。かつてこの国に高い精神性を教え、わが日本人のご先祖さまたちを数知れず徳性へと導いた宗祖の皆さまに対しては、まことに慚愧に堪えません。

ただ、その日本の国においても、宗祖の皆さまの生きかたに学び、皆さまのように生きようと努める人々はいつも変わらずいるのです。日本仏教十三宗は人格の向上を求める日本人にとって常に立ち返られる思索の鍵であり、実際に人格の向上を成し遂げた過去の日本人たちの尊い体験によって支えられてきました。本シンポジウムにおいてお伺いしましたことを土台として、上座部仏教やチベット仏教、さらにはほかの宗教や精神科学とも対話を深め、それらと手を携えて、日本人が仏教を通じて獲得した思索の鍵や尊い体験を、人類のさらなる向上のためのヒントとして提供できる、本当によい日本仏教を作ってまいりたいと存じます。

日蓮宗・日蓮　（大きく頷く）　蔵の宝よりも、わが身の宝のほうがすぐれておる。わが身の宝よりも、心の宝こそが一番じゃ。(18)

宗祖たち、立ち上がり、口々に日本仏教の未来を声援する。

会場のうちに徐々に光明が拡がり始める。宗祖たちを次の教化の場へと送り届けるべく、仏天が起こした神通力の兆しである。宗祖たち、歓喜に溢れて合掌する。

司会　それでは、お名残惜しい気持ちは尽きませんが、お別れの時が来たようでございます。最後に、本書によって十三宗の教えを学ぶ読者の皆さんに、一言ずつお願いいたします。

法相宗・基　願わくば、後学のかたがたが、詳細に、そして容易に、理解してくださいますように(19)。

律宗・道宣　ああ、律は正法にとって命じゃ。広めれば命は安全じゃ。今、それを欲せず広めないならば、正法はここで滅びる。悲しむべきことの最たるものじゃ(20)。

天台宗・智顗　願わくば、後生においては、ふたたび山奥の谷間に棲みたいものじゃ。修行が完成するので、ようやく人を利益することができるであろうよ(21)。

天台宗・最澄　自分は繰り返しこの国〔日本〕に生まれ、一乗〔『法華経』〕を学び、一乗を弘めたいのみ。もしわしと心を同じくする者がいれば、道を守り、道を修め、互いに思いあい、互いに頼りあおうぞ(22)。

日蓮宗・日蓮　ことばは文章に尽くせぬし、文章は心を尽くしがたい以上、ここまでといたそう(23)。

華厳宗・法蔵　広くは『華厳経』という、普眼〔〝広いまなざしを持つ者〟〕の対象に依拠して、それに準じてこのことを思惟してくだされ(24)。

真言宗・空海　虚空〔〝宇宙空間〟〕が行き尽くされ、衆生が救い尽くされ、涅槃が入り尽くされたならは、わが願いも尽くされるであろう(25)。

融通念仏宗・大通融観　ああ、時は遠くへだたり、教えは弛んでしまった。通暁しておる者はまれじゃ。どうして憂いずにおれようか(26)。

浄土宗・善導　さあ、帰ろう。魔郷にとどまっているわけにはいかぬ。永劫よりこのかた流転し、六道を輪廻し尽くしてきた。どこへ行ってもほかの楽しみはなく、ただ歎きの声を聞くのみだった。この生涯を終えてのち、かの涅槃の城に入ろう。(27)

浄土宗・法然　南無阿弥陀仏と称えなされば、たとえ住所が隔たっていても、源空〈法然〉に親しいかたであります。源空も南無阿弥陀仏と称えたてまつるからであります。念仏をこととせざる人は、たとえ肩を並べ、膝を寄せあっていても、源空から遠い人であります。〔身、語、意による〕三つのふるまいがすべて異なっているからであります。(28)

浄土真宗・親鸞　わが身は、今は、時期が来ておるため、かならず先立って〔浄土に〕生まれるじゃろうから、浄土にて必ず必ず待っておりますぞ。(29)

時宗・一遍　一代聖教みな尽きて、南無阿弥陀仏になりはてぬ。(30)

黄檗宗・黄檗希運　真仏〈法身〉には口がなく、法を解説しない。〔法身による〕真聴〈〝まことの聴聞〟〉には耳がなく、誰が聴いたりしようか。ご苦労だった。(31)

臨済宗・臨済義玄　おぬしらはただただ自分の眼で見よ。ほかに何があろう。説いてもきりがない。めいめい努力せよ。ご苦労だった。(32)

曹洞宗・道元　世の無常なることは迅速じゃ。生死《しょうじ》の問題は一大事じゃ。しばらくでも命があるあいだ、業《ぎょう》を修め、学を好みたいのなら、ただただ、仏道を修行し、仏法を学ぶがよい。(33)

黄檗宗・隠元隆琦　おぬしら、志あって法門をたもっていこうとする者は、法門を重んじ、みずから道を貴び、俗世にしたがってはなりませぬぞ。かりそめにも名声や利権を求めたならば、みずから素晴らしい徳を喪うことになります。老僧が去ってのち、もしわが訓《おし》えによらないでいるならば、わが眷属ではありませぬぞ。(34)

仏天の神通力が会場に満ち、霊威あふれる神変の中、威儀を正した宗祖たち、次々と光明のうちに消えてゆく。司会、膝を屈して頂礼する。

註

開会式

（1）檗山千古、法幢声実、徧覆諸方。正幹開闢、始祖鴻休、罵賊名揚、断際道満。天下軒知、源遠流長。迩来天童、重振済道、豁然有光。（隠元『黄檗和尚太和集』〔南源性派、高泉性潡・編〕、聞福唐黄檗因事有感寄外護居士幷警本山僧衆。KZS11, 13）

（2）人之相知、不必在対面久話。意通則傾蓋之遇也。（空海『遍照発揮性霊集』巻二。KDKZ6, 735a）

（3）道元偏観経論師之見解、解了一代之経律論、独智者禅師最勝。可謂光前絶後。（道元『宝慶記』。DZZ16, 96）

（4）但一切の人師の中には、天台智者大師一人教をしれる人なり。（日蓮『顕謗法抄』。NST14, 95）

（5）善導和尚偏以浄土而為宗、而不以聖道為宗。故偏依善導一師也。（法然『選択本願念仏集』。T83, 19a）

（6）たとひ法然聖人にすかされまひらせて、念仏して地獄におちたりとも、さらに後悔すべからずさふらう。（『歎異抄』。SZB 7-8）

（7）この日本国は伝教大師の御弟子にあらざる者外道なり、悪人なり。（日蓮『撰時抄』。NST14,205）

（8）黄檗は超越古今の古仏なり、百丈よりも尊長なり、馬祖よりも英俊なり。（道元『正法眼蔵』仏経。DZZ5, 118）

（9）まことに臨済のごときは群に群せざるなり。（道元『正法眼蔵』行持上。DZZ2, 150）

（10）此中所有義理徴釈皆於大師親加決了。但伝之疎謬、非無承禀也。諸有智者幸留意焉。（基『大乗法苑義林章』巻一、總料簡章。T45, 255c）

（11）始入道門、未修戒定、越学空宗、仏不随喜。（道宣『浄心誡観法』巻下。T45, 834a）

（12）遺法中、見聞信向此無尽法、成金剛種、当必得此円融普法。（法蔵『華厳経探玄記』巻一。T35, 117a）

（13）貧道稟承師教、禅慧頗持、耳去眼流、如華上水。採聴経論、其功既浅。頼荷禅門、憑定修習、比於専学数論区分、理乃弗違、業乖至熟。（『国清百録』巻二、譲請義書。T46, 807c）

（14）努力努力。（一乗忠『叡山大師伝』。DDZF 40）

（15）若有信修、不論男女、皆是其人。不簡貴賤、悉是其器。（空海『性霊集』巻十、答叡山澄法師求理趣釈経書。KDZ6, 775b）

（16）少壮無事、得時便勉矣。倘不者也、後悔難追。（大通融観『融通円門章』。T84, 2b）

（17）念仏を信ぜん人は、たとひ一代の御のりをよくよく学すとも、一文不知の愚鈍の身になして、尼入道の無智のともがらにおなじくして、智者のふるまひをせずして、

ただ一向に念仏すべし。（『黒谷上人語灯録』巻十一、御誓言の書〔＝一枚起請文〕。T83, 177a）

（18）しかるに、念仏よりほかに往生のみちをも存知し、また法文をもしりたるらんと、こゝろにくゝおぼしめしておはしましてはんべらんは、おほきなるあやまりなり。もししからば、南都北嶺にもゆゝしき学生たち、おほく座せられてさふらうなれば、かのひとにもあひたてまつりて、往生の要よくよくきかるべきなり。親鸞におきては、たゞ念仏して弥陀にたすけられまひらすべしと、よきひとのおほせをかふりて信ずるほかに、別の子細なきなり。（『歎異抄』。SZB 7）

（19）またかくのごとく愚老が申事も意得にくく候はゞ、意得にくきにまかせて愚老が申事をも打捨、何ともかともあてがひはからずして、本願に任て念仏したまふべし。（『一遍上人語録』巻下、消息法語。NST10, 306）

（20）仏法を習極めんとをもわば、いとまあらずば叶べからず。（日蓮『報恩抄』。NST14, 250）

（21）聴汝学得三乗十二分教、一切見解総須捨却。（『宛陵録』。入矢義高［1974 : 291a］）

（22）你欲得如法見解、但莫受人惑。向裏向外、逢著便殺。逢仏殺仏、逢祖殺祖、逢羅漢殺羅漢、逢父母殺父母、逢親眷殺親眷、始得解脱、不与物拘、透脱自在。（『臨済録』。入矢義高［1989 : 96-97］）

（23）いかなるか邪見、いかなるか正見と、かたちをつくすまで学習すべし。（道元『正法眼蔵』三時業。DZZ9, 79）

（24）蓋人生斯世一夢幻矣。此時不覚、更待何。大丈夫豈可自昧其心、甘作迷中之人也耶。如何、如何。（『普照国師法語』巻下、示永井日向守。T82, 762a）

第一章　教判論

（1）基『大乗法苑義林章』巻一、諸乗義林（T45, 249a）による作表。

（2）略示教者、四阿笈摩等是初時教。諸説空経是第二時教。以隠密言総説諸法無自性故。『花厳』『深密』唯識教等第三時也。以顕了言説三無性非空非有中道教故。（基『大乗法苑義林章』巻一、諸乗義林。T45, 249a）

（3）約理及機、漸入道者、大由小起、乃有三時諸教前後。『解深密経』説唯識是也。若非漸次而入道者、大不由小、即無三時諸教前後。約其多分。即初成道『花厳』等中説唯心是。（基『大乗法苑義林章』巻一、諸乗義林。T45, 249b）

（4）此経三周説一乗処、多被声聞。先説『般若』、已教其空、破彼有病。彼不愚法既信解已、今説第三時、令其帰趣。（基『妙法蓮華経玄賛』巻一本。T34, 656a）

（5）基『説無垢称経疏』巻一本（T38, 999ab）、基『妙法蓮華経玄賛』巻一本（T34, 657b）による作表。

（6）道宣『四分律删繁補闕行事鈔』巻上、標宗顕徳篇（T40, 4c-5c）による作表。

（7）且明化教、教通道俗。（道宣『四分律删繁補闕行事鈔』巻上、僧網大綱篇。T40, 18b）

（8）二就制教以明者、僧令懺悔改迹便止。（道宣『四分律删繁補闕行事鈔』巻上、僧網大綱篇。T40, 18c）

（9）然理大要不出三種。一者、諸法性空無我。此理照心、名為小乗。二者諸法本相是空、唯情妄見。此理照用、属小菩薩。三者諸法外塵本無、実唯有識。此理深妙、唯意縁知、是大菩薩仏果證行。（道宣『四分律删繁補闕行事鈔』巻中四、懺六聚法篇。T40, 96b）

（10）智顗『四教義』巻一（T46, 721a-722c）による作表。

（11）別教計阿梨耶生一切惑。（智顗・灌頂『摩訶止観』巻十上。T46, 134a）

（12）結者、当知『華厳』兼、三蔵但、方等対、『般若』帯、此経無復兼但対帯、専是正直無上之道。（智顗・灌頂『妙法蓮華経玄義』巻一上。T33, 682b）

（13）日蓮は諸経の勝劣をしること、花厳の澄観、三論の嘉祥、法相の慈恩、真言の弘法にすぐれたり。天台・伝教の跡をしのぶゆへなり。（日蓮『開目抄』。NKBT82, 387）

（14）在世本門、末法之初、一同純円也。但彼脱此種也。彼一品二半、此但題目五字也。（日蓮『観心本尊抄』。T84, 276a）

（15）法華一乗機、今正是其時。何以得知。安楽行品末世法滅時也。（最澄『守護国界章』巻上之下。T74, 177b）

（16）法蔵『華厳一乗教義分斉章』巻一（T45, 481bc）による作表。

（17）如浄名以黙顕不二等。（法蔵『華厳一乗教義分斉章』巻一。T45, 481b）

（18）法蔵『華厳経探玄記』巻一（T35, 116b）による作表。

（19）大通融観『融通円門章』（T84, 1c）による作表。

（20）稍莫自言成於己見。（大通融観『融通円門章』。T84, 1a）

（21）空海『辨顕密二教論』『秘蔵宝鑰』による作表。

（22）夫仏有三身、教則二種。応化開説、名曰顕教、言顕略、逗機。法仏談話、謂之密蔵、言秘奥、実説。（空海『辨顕密二教論』巻上。T77, 374c）

（23）顕密在人、声字即非。（空海『般若心経秘鍵』。T57, 12c）

（24）人法法爾、興廃何時。機根絶絶、正像何別。（空海『教王経開題』。T61, 6b）

（25）蓋捨劣取勝、世上常理。然法華一乗、真言一乗、何有優劣。（最澄『伝教大師消息』。DDZ5, 468）

（26）雖然、法応之仏不得無差、顕密之教何無浅深。（空海

『性霊集』巻十、為泰範答叡山澄和尚啓書。KDZ6, 774b）

（27）今此浄土宗者、若依道綽禅師意、立二門、而摂一切。所謂聖道門浄土門是也。（法然『選択本願念仏集』。T83, 1c）

（28）初聖道門者、就之有二。一者大乗、二者小乗。就大乗中、雖有顕密権実等不同、今此『集』意唯存顕大及以権大。故当歴劫迂迴之行。準之思之、応存密大及以実大。然則今真言、仏心、天台、華厳、三論、法相、地論、摂論、此等八家之意正在此也。応知。次小乗者、総是小乗経律論之中所明声聞縁覚断惑證理入聖得果之道也。準上思之、亦可摂倶舎成実諸部律宗而已。（法然『選択本願念仏集』。T83, 1c）

（29）此文意、道綽禅師『安楽集』意『法華経』已前於大小乗経雖分聖道浄土二門、我私以『法華』真言等実大密大同四十余年権大乗称聖道門、「準之思之」四字是也。（日蓮『守護国家論』。NST14, 395b）

（30）総『選択集』亘十六段作無量謗法根源、偏起此四字、誤哉、哀哉。（日蓮『守護国家論』。NST14, 395b）

（31）今者唯是弥陀三部、故名浄土三部経也。（法然『選択本願念仏集』。T83, 2a）

（32）謂聖道門諸経先滅。故云「経道滅尽」。浄土門此経特留。故云「止住百歳」也。当知聖道機縁浅薄、浄土機縁深厚也。（法然『選択本願念仏集』。T83, 8c）

謂聖道門諸経先滅。故云「経道滅尽」。浄土門此経特留。故云「止住百歳」也。当知聖道機縁浅薄、浄土機縁是深厚也。（法然『黒谷上人語灯録』巻一、無量寿経釈。T83, 115b）

（33）当来之世、経道滅尽。我以慈悲哀愍、特留此経、止住百歳。其有衆生、値斯経者、随意所願、皆可得度。（『無量寿経』巻下。T12, 279a）

（34）自『法華』『涅槃』前、可滅浄土三部経。（日蓮『守護国家論』。NST14, 393a）

（35）『無量義経』挙爾前四十余年大部諸経了、云「未顕真実」。『双観経』等「特留此経」之言皆方便也、虚妄也。（日蓮『守護国家論』。NST14, 393a）

（36）天台真言皆名頓教、然彼断惑證理故猶是漸教也。明未断惑凡夫直出過三界長夜者、偏是此教。故以此教為頓中之頓也。（法然『黒谷上人語灯録』巻一、無量寿経釈。T83, 105c）

（37）今此『観経』菩薩蔵収、頓教摂。（善導『観無量寿仏経疏』巻一。T37, 247a）

（38）夫欲速離生死、二種勝法中、且閣聖道門、選入浄土門。（法然『選択本願念仏集』。T83, 19a）

（39）近背所依浄土三部経「唯除五逆誹謗正法」誓文、遠迷一代五時之肝心『法華経』第二「若人不信毀謗此経」乃至「其人命終入阿鼻獄」誡文者也。（日蓮『立正安国論』。

T84, 205a)

(40) これはいと人のせぬ事にて候。（『黒谷上人語灯録』巻十五、一百四十五箇条問答。T83, 231a)

(41) 於此界中、入聖得果、名聖道門、云難行道。就此門中、有大小・漸頓・一乗・二乗・三乗・権実・顕蜜・竪出竪超。（親鸞『顕浄土方便化身土文類』。T83, 629c)

(42) 於安養浄刹、入聖證果、名浄土門、云易行道。就此門中、有横出・横超・仮真・漸頓・助正・雑行・雑修・専修也。（親鸞『顕浄土方便化身土文類』。T83, 629c)

(43) 横超者、憶念本願、離自力之心。是名横超他力也。斯即専中之専、頓中之頓、真中之真、乗中之一乗。斯乃真宗也。（親鸞『顕浄土方便化身土文類』。T83, 629c)

(44) 浄土真宗は大乗のなかの至極なり。（親鸞『末燈鈔』。NKBT82, 117)

(45) 聖道・浄土の二門を能能分別すべきものなり。聖道門は「煩悩即菩提、生死即涅槃」と談ず。我も此法門を人にをしへつべけれども、当世の機根にを（＝お）いてはかなふべからず。いかにも煩悩の本執に立かへりて、人を損ずべき故なり。浄土門は身心を放下して、三界・六道の中に希望する所ひとつもなくして、往生を願ずるなり。此界の中に、一物も要事あるべからず。此身をこゝに置ながら、生死をはなるゝ事にはあらず。（『一遍上人語録』巻下、門人伝説。NST10, 322)

(46) 『法華』を出世の本懐とするも経文なり。又、釈迦の五濁悪世に出世成道するはこの難信の法を説むが為なりといふも経文なり。機に随て益あらば、いづれも皆勝法なり、本懐なり。益なければ、いづれも劣法なり、仏の本意にあらず。余経余宗があればこそ、此尋は出来れ、三宝滅尽のときは、いづれの教とか対論すべき。念仏の外には物もしらぬ法滅百年の機になりて、一向に念仏申べし。（『一遍上人語録』巻下、門人伝説。NST10, 341-342＝『播州法語集』。NST10, 373)

(47) 諸々の智者達の様々に立をかるゝ法要どもの侍るも、皆諸惑に対したる仮初の要文なり。されば、念仏の行者は、かやうの事をも打捨て念仏すべし。（『一遍上人語録』巻上、消息法語。NST10, 305)

(48) 如来一期の化儀も、爾前方便の権教は、実に無益也。只最後実教のみ実の益ある也。（懐奘『正法眼蔵随聞記』巻一。DZZ16, 119-120)

(49) 教家に名相をことゝせるに、なほ大乗実教には、正像末法をわくことなし。修すればみな得道すといふ。いはむやこの単伝の正法には、入法出身、おなじく自家の財珍を受用するなり。（道元『弁道話』。DZZ1, 34)

(50) 世間の人、多分云、「学道の志あれども、世のすえ也、人くだれり、我根劣也。不可堪如法修行。只随分にやすきにつきて、結縁を思ひ、他生に開悟を期すべし」と。今云、此言は全非也。仏法に正像末を立事、しばらく一途の方便也。真実の教道はしかあらず。依行せん、皆うべき也。在世の比丘、必しも皆な勝たるに非ず。不可思議に希有に浅増き心ろ子、下根なるもあり。仏、種々の戒法等をわけ給事、皆なわるき衆生、下根の為也。人々皆仏法の機なり。非器也と思ふことなかれ。依行せば、必ず可得也。（懐奘『正法眼蔵随聞記』巻五。DZZ16, 244-245）

(51) 如来現世欲説一乗真法、則衆生不信興謗、没於苦海。若都不説、則堕慳貪、不為衆生溥捨妙道。遂設方便、説有三乗。乗有大小、得有浅深、皆非本法。故云「唯有一乗道、餘二則非真」。然終未能顕一心法。故召迦葉、同法座、別付一心離言説法、此一枝法令別行。若能契悟者、便至仏地矣。（『伝心法要』。入矢義高［1974：274a］）

(52) 従仏至祖、並不論別事、唯論一心、亦云一乗。所以十方諦求、更無餘乗。「此衆無枝葉、唯有諸貞実」。（『宛陵録』。入矢義高［1974：290a］）

(53) 三乗教網祇是応機之薬、随宜所説、臨時施設、各各不同。但能了知、即不被惑。第一不得於一機一教辺守文作解。何以如此。「実無有定法如来可説」。我此宗門不論此事。但知息心即休。更不用思前慮後。（『伝心法要』。入矢義高［1974：279a］）

(54) 百種多知、不如無求最第一也。道人是無事人。（『伝心法要』。入矢義高［1974：284a］）

(55) 聴汝学得三乗十二分教、一切見解総須捨却。（『宛陵録』。入矢義高［1974：291a］）

(56) 学人不了、為執名句、被他凡聖名礙。所以障其道眼、不得分明。祇如十二分教皆是表顕之説。学者不会、便向表顕名句上生解、皆是依倚落在因果、未免三界生死。（『臨済録』。入矢義高［1989：60-61］）

(57) 設解得百本経論、不如一箇無事底阿師。你解得、即軽懱他人。勝負修羅、人我無明、長地獄業。如善星比丘、解十二分教、生身陥地獄、大地不容。不如無事休歇去。（『臨済録』。入矢義高［1989：141］）

(58) 莫向文字中求。心動疲労、吸冷気無益。不如一念縁起無生、超出三乗権学菩薩。（『臨済録』。入矢義高［1989：141］）

(59) また臨済かつて勝師の志気あらず、過師の言句きこえず。（道元『正法眼蔵』仏経。DZZ5, 118）

(60) 乃至三乗十二分教皆是拭不浄故紙。（『臨済録』。入矢義高［1989：83］）

(61) 約山僧見処、勿嫌底法。你若愛聖、聖者聖之名。有一般学人、向五台山裏求文殊、早錯了也。五台山無文殊。你欲識文殊麼。祇你、目前用処、始終不異、処処不疑、此箇是活文殊。你一念心無差別光処処総是真普賢。你一念心自能解縛、随処解脱、此是観音三昧法。互為主伴。出則一時出。一即三、三即一。如是解得、始好看教。（『臨済録』。入矢義高［1989 : 65-66］）

(62) いま西天の梵文を、東土の法本に翻訳せる、わづかに半万軸にたらず。これに三乗五乗、九部十二部あり。これらみな、したがひ学すべき経巻なり。したがはざらんと廻避せんとすとも、うべからざるなり。（道元『正法眼蔵』自証三昧。DZZ7, 7-8）

(63) ある漢いはく、釈迦老漢、かつて一代の教典を宣説するほかに、さらに上乗一心の法を摩訶迦葉に正伝す、嫡々相承しきたれり。しかあれば、教は赴機の戯論なり、心は理性の真実なり。この正伝せる一心を教外別伝といふ。三乗十二分教の所談にひとしかるべきにあらず。一心上乗なるゆゑに、直指人心、見性成仏なりといふ。（道元『正法眼蔵』仏教。DDZ4, 80-81）

(64) ただ一心を正伝して、仏教を正伝せずといふは、仏法をしらざるなり。仏教の一心をしらず、一心の仏教をきかず。一心のほかに仏教ありといふ、なんぢが一心、いまだ一心ならず。仏教のほかに一心ありといふ、なんぢが仏教、いまだ仏教ならざらん。（道元『正法眼蔵』仏教。DZZ4, 81-82）

(65) このゆゑに、上乗一心といふは、三乗十二分教これなり、大蔵小蔵これなり。（道元『正法眼蔵』仏教。DZZ4, 82）

(66) 邪魔魍魎野獣畜生猥号禅宗、而謬論雌雄於法華華厳等之宗。所以澆季無人也。仏祖単伝唯是我釈迦牟尼仏之正法也。阿耨多羅三藐三菩提也。所以須知仏法之中有法華華厳等、非法華華厳等各各之中有各各之仏法也。然則法華華厳等八万四千法蔵悉是仏祖単伝也。非法華華厳等外別有祖師道也。所以不可与諸宗比肩也。（『道元和尚広録』巻七。DZZ12, 267）

(67) 先師尋常道、「我箇裏、不用焼香礼拝念仏修懺看経、祗管打坐、辨道功夫、身心脱落」。かくのごとくの道取、あきらむるともがらまれなり。ゆゑはいかん。看経をよんで看経とすれば触す、よんで看経とせざればそむく。不得有語、不得無語。速道、速道。この道理、参学すべし。この宗旨あるゆゑに、古人云、「看経須具看経眼」。まさにしるべし、古今にもし経なくば、かくのごときの道取あるべからず。脱落の看経あり、不用の看経あること、参学すべきなり。（道元『正法眼蔵』仏経。DZZ5, 113-114）

(68) 若要看経、須憑曹谿所挙之経教。所謂法華涅槃般若等経乃是也。曹谿未挙之経用不何為。所以者何。古人披経論偏為菩提、今人披経論但為名利。夫仏説経教為諸衆生得菩提故也。今人為名利披仏経幾多違於仏意。況復以短慮而擬広学博覧、誠是愚之甚也。（『道元和尚広録』巻五。DZZ11, 267）

（69）仏法を学し仏道を修するにも、尚多般を兼学すべからず。況や教家の顕密の聖教、一向に閣べき也。（懐奘『正法眼蔵随聞記』巻二。DZZ16, 143）

（70）しるべし、仏家には、教の殊劣を対論することなく、法の浅深をえらばず、ただし修行の真偽をしるべし。（道元『弁道話』。DZZ1, 16）

第二章　行位論

（1）十信即是初発心住摂。（基『妙法蓮華経玄賛』巻七本。T34, 783a）

（2）其三賢十聖無垢妙覚四十二地空宗真理唯可知聞影像麁相、下地凡夫力所未及、亦未能行。（道宣『浄心誡観法』巻上、五字釈名法篇。T45, 819c）

（3）智顗・灌頂『妙法蓮華経玄義』巻五上（T33, 737ab）、『摩訶止観』巻一下（T46, 10bc）による作表。

（4）前両観、因中、有教行證人、果上、但有其教、無行證人。何以故。因中之人灰身入寂、沈空尽滅、不得成於果頭之仏。直是方便之説。故有其教、無行證人。別教、因中、有教行證人、若就果者、但有其教、無行證人。何以故。若破無明登初地時。即是円家初住位。非復別家初地位也。初地尚爾。何況後地後果。故知因人不到於果。故云果頭無人。（智顗・灌頂『摩訶止観』巻三下。T46, 33ab）

（5）吾不領衆、必浄六根。為他損己、只是五品位耳。（灌頂『隋天台智者大師別伝』。T50, 196b）

（6）吾是十信鉄輪位耳。（道宣『続高僧伝』慧思伝。T50, 563b）

（7）武津歎曰。「一生望入銅輪、領衆太早、所求不克」。（智顗・灌頂『摩訶止観』巻七下。T46, 99b）

（8）日蓮は名字の凡夫なり。（日蓮『顕仏未来記』。NST 14, 170）

（9）法蔵『華厳一乗教義分斉章』巻中、行位差別（T45, 488a-490b）による作表。

（10）既云「無量億那由他劫不信此経」、即知過此劫数必当信受。以離此普法更無餘路得成仏故。経不説彼過此劫数猶不信故。問。若彼地前過彼劫数必信受者、即知地上二宗不別。豈彼所信無十地耶。答。於彼教中具有行布十地漸次乃至仏果。長養彼根器務令成熟。極遅之者至此劫数定当信入。如其疾者是即不定。可准知耳。（法蔵『華厳経探玄記』巻一。T35, 117ab）

（11）我在具縛地。（法蔵『華厳経探玄記』巻一。T35, 107a）

（12）若有神通乗機善男善女、若緇若素、与我同志者、結縁此法門、書写読誦、如説修行、如理思惟、則不経三僧祇、

父母所生身　超越十地位、速證入心仏。（空海『性霊集』巻九、勧諸有縁衆応奉写秘密法蔵文。KDZ6, 769A）

（13）世尊我一心　帰命尽十方　法性真如海　報化等諸仏　一一菩薩身　眷属等無量　荘厳及変化　十地三賢海　時劫満未満　智行円未円　正使尽未尽　習気亡未亡　功用無功用　證智未證智　妙覚及等覚　正受金剛心　相応一念後　果徳涅槃者（善導『観無量寿仏経疏』巻一。T37, 245c）

（14）又仏密意弘深、教門難暁。三賢十聖弗測所闚。況我信外軽毛敢知旨趣。（善導『観無量寿仏経疏』巻一。T37, 246b）

（15）われらは信心決定の凡夫、くらゐ正定聚のくらゐなり。これは因位なり。これ等覚の分なり。（親鸞『御消息集』善性本。NKBT82, 177）

（16）祖師西来、唯伝心仏、直指汝等心本来是仏。心心不異、故名為祖。若直下見此意、即頓超三乗一切諸位。本来是仏、不仮修成。（『宛陵録』入矢義高［1974：296a］）

（17）学道人若不直下無心、累劫修行、終不成道、被三乗功行拘繫、不得解脱。然證此心有遅疾、有聞法一念便得無心者、有至十信十住十行十迴向乃得無心者、有至十地乃得無心者、長短得無心乃住、更無可修可證。実無所得、真実不虚。一念而得、与十地而得者、功用恰斉、更無深浅、祇是歴劫枉受辛勤耳。（『伝心法要』。入矢義高［1974：263a］）

（18）饒你学得三賢四果、十地満心、也祇是在凡聖内坐。不見道、「諸行無常、是生滅法」。勢力尽、箭還墜、招得来生不如意、争似無為実相門、一超直入如来地。（『伝心法要』。入矢義高［1974：284ab］）

（19）取山僧見処、坐断報化仏頭、十地満心、猶如客作児、等妙二覚、担枷鎖漢、羅漢辟支、猶如厠穢、菩提涅槃、如繫驢橛。（『臨済録』。入矢義高［1989：40］）

（20）参禅人綿綿密、十聖三賢見不及。（隠元『黄檗和尚太和集』〔南源性派、高泉性潡・編〕、参禅偈。KZS11, 25）

（21）正法眼蔵を伝持せらん比丘尼は、四果支仏および三賢十聖もきたりて礼拝問法せんに、比丘尼この礼拝をうくべし。（道元『正法眼蔵』礼拝得髄。DZZ3, 208）

第三章　真理論

（1）一心三観如象、運円教大乗。次第三観如馬、運別教大乗。即空析空観如牛、運通教等大乗。析法観自行如鹿羊等、運二乗之法。（智顗・灌頂『妙法蓮華経文句』巻六上。T34, 81b）

（2）今『経』三諦円融、最得自在。（智顗・灌頂『妙法蓮華経玄義』巻一上。T33, 684c）

（3）一空一切空、無仮中而不空、総空観也。一仮一切仮、無空中而不仮、総仮観也。一中一切中、無空仮而不中、総中観也。即『中論』所説不可思議一心三観。歴一切法亦如是。（智顗・灌頂『摩訶止観』巻五上。T46, 55b）

（4）法蔵『華厳経探玄記』巻八（T35, 270ab）による作表。

（5）今則理事融通、具斯無礙。謂不異理之事具摂理性時、令彼不異理之多事、随彼所依理、皆於一中現。（法蔵『華厳経旨帰』。T45, 595b）

（6）夫一心具十法界。一法界又具十法界百法界。一界具三十種世間。百法界即具三千種世間。此三千在一念心。若無心而已。介爾有心、即具三千。（智顗・灌頂『摩訶止観』巻五上。T46, 54a）

（7）今当去丈就尺、去尺就寸、置色等四陰、但観識陰。識陰者、心是也。（智顗・灌頂『摩訶止観』巻五上。T46, 52ab）

（8）又以用摂体、更無別体故、唯是相入。以体摂用、無別用故、唯是相即。（法蔵『華厳一乗教義分斉章』巻四、十玄縁起無礙法門義。T45, 503b）

（9）一切法入一法、一法具一切法。（智顗・湛然『維摩経略疏』巻六。T38, 655a）

（10）円融自在、一即一切、一切即一。（法蔵『華厳一乗教義分斉章』巻四、十玄縁起無礙法門義。T45, 503a）

（11）設諸経之中処処雖載六道並四聖、不見『法華経』並天台大師所述『摩訶止観』等明鏡、不知自具十界百界千如一念三千也。（日蓮『観心本尊抄』。T84, 272c）

（12）草木瓦礫と四大五蘊と、おなじくこれ唯心なり、おなじくこれ実相なり。尽十方界、真如仏性、おなじく法住法位なり。真如仏性のなかに、いかでか草木等あらん。草木等、いかでか真如仏性ならざらん。諸法は有為にあらず、無為にあらず、実相なり。（道元『正法眼蔵』発菩提心。DZZ6, 181）

（13）中道第一義諦即是法性実相。（智顗『維摩経玄疏』巻六。T38, 556a）

（14）一有力、多無力、多入一中。多有力、一無力、入多中。一多相入。（大通融観『融通円門章』。T84, 1c）

（15）四大等不離心大。心色雖異、其性即同。色即心、心即色、無障無礙。智即境、境即智、智即理、理即智、無礙自在。（空海『即身成仏義』。T77, 382c）

（16）理謂二諦四諦等理。此有二種。一根本智境。諸法実性故。即二空理。二後得智境。変似彼故。十六諦等。（基『大乗法苑義林章』巻六、三宝義林。T45, 344c）

（17）其三賢十聖無垢妙覚四十二地空宗真理唯可知聞影像麁相、下地凡夫力所未及、亦未能行。（道宣『浄心誡観法』巻上、五字釈名法篇。T45, 819c）

第四章　心識論

（1）先名阿末羅識、或名阿摩羅識、古師立為第九識者、非也。（基『成唯識論述記』巻三末。T43, 344c）

（2）此無垢識是円鏡智相応識名。（基『成唯識論述記』巻三末。T43, 344c）

（3）三界衆生、無始已来、造善悪業、皆熏本識、成業種子。浄染合雑、数過塵算、受六道報、生死無辺。（道宣『浄心誡観法』巻上、誡観六道流転受報無窮法。T45, 825b）

（4）如一人心、復何定為善則善識、為悪即悪識、不為善悪即無記識。此三識何容頓同水火。祇背善為悪、背悪為善、背善悪為無記、祇是一人三心耳。三識亦応如是。若阿黎耶中、有生死種子、熏習増長、即成分別識。若阿黎耶中有智慧種子、聞熏習増長、即転依成、道後真如名為浄識。若異此両識、祇是阿黎耶識。此亦一法論三、三中論一耳。（智顗・灌頂『妙法蓮華経玄義』巻五下。T33, 744bc）

（5）又取通大地十数与心王倶起。入善入悪、遍通一切。謂想欲触慧念思解脱憶定受也。（智顗・灌頂『妙法蓮華経文句』巻二上。T34, 20b）

（6）法蔵『華厳一乗教義分斉章』巻二（T45, 484c-485b）による作表。

（7）若依円教、即約性海円明法界縁起無礙自在一即一切一切即一主伴円融、故説十心、以顕無尽。如離世間品及第九地説。又唯一法界性起心亦具十徳。如性起品説。（法蔵『華厳一乗教義分斉章』巻二。T45, 485b）

（8）法蔵『華厳経探玄記』巻十三（T35, 347ab）による作表。

（9）上来十門唯識道理、於中初三門約初教説、次四門約終教頓教説、後三門約円教中別教説、総具十門約同教説。（法蔵『華厳経探玄記』巻十三。T35, 347c）

（10）法蔵『華厳経探玄記』巻十六（T35, 410bc）による作表。

（11）大通融観『融通円門章』（T84, 1c-2a）による作表。

（12）一一心中一切心、一一塵中一切刹。（大通融観『融通円門章』。T84, 3a）

（13）衆生自心、其数無量。衆生狂酔、不覚不知。大聖随彼機根、開示其数。唯蘊抜業二乗但知六識。他縁覚心両教但示八心。一道極無但知九識。『釈大衍』説十識。『大日経王』説無量心識無量身等。（空海『秘密曼荼羅十住心論』巻十。T77, 359b）

（14）二乗智劣、為説六識、大乗稍勝、乃示八九、執滞不進、奚知無数、不解密意、得小為足、不識已有、貧莫過此。（空海『吽字義』。T77, 406b）

（15）心王心数、其数無量。（空海『秘密曼荼羅十住心論』巻十、『即身成仏義』。T77, 359c; 382a）

(16) 心王者、法界体性智等。心数者、多一識。（空海『即身成仏義』。T77, 384a)

(17) 心王心数、主伴無尽、互相渉入、帝珠錠光、重重難思、各具五智。（空海『吽字義』。T77, 406b)

(18) 次当想仏。所以者何。諸仏如来是法界身、遍入一切衆生心想中。是故汝等心想仏時、是心即是三十二相八十随形好、是心作仏、是心是仏。諸仏正遍知海従心想生。是故応当一心繫念諦観彼仏多陀阿伽度阿羅呵三藐三仏陀。（『観無量寿仏経』。T12, 343a)

(19) 或有行者、将此一門義、作唯識法身之観、或作自性清浄仏性観者、其意甚錯。絶無少分相似也。既言想像、仮立三十二相者。真如法界身豈有相而可縁、有身而可取也。然法身無色、絶於眼対、更無類可方。故取虚空、以喩法身之体也。又今此観門等唯指方立相、住心而取境、総不明無相離念也。（善導『観無量寿経疏』巻四。T37, 267b)

(20) 六識縦横自然悟。（善導『転経行道願往生浄土法事讃』。T47, 433b)

(21) 若観彼仏真如法身常勤修習、畢竟得生、住正定故。（『大乗起信論』。T32, 583a)

(22) 以自業識為内因、以父母精血為外縁、因縁和合、故有此身。（善導『観無量寿経疏』巻二。T37, 259b)

(23) 随此諸業、識住後身。（『成実論』巻十一、明因品。T32, 326b)

(24) 然末代道俗近世宗師沈自性唯心、貶浄土真證。（親鸞『顕浄土真実信文類』。T83, 600c)

(25) 諸法心成、無餘境界。（曇鸞『無量寿経優婆提舎願生偈註』巻上。T40, 841c)

(26) 凡大乗の仏法は心の外に別の法なし。たゞし聖道は万法一心とならひ、浄土は万法南無阿弥陀仏と成ずるなり。万法は無始本有の心徳なり。しかるに、我執の妄法におほはれて、其体あらはれがたし。今、彼の一切衆生の心徳を願力をもて、南無阿弥陀仏と成ずる時、衆生の心徳は開くるなり。（『一遍上人語録』巻下、門人伝説。NST 10, 338-339 ≒『播州法語集』。NST 10, 370)

(27) を（＝お）よそ万法は一心なりといへども、みづからその体性をあらはさず。我目をもて、わが目を見る事を得ず、又木に火の性有といへども、其火その木をやく事をえざるがごとし。鏡をよすれば、我目をもて我目を見る、これ鏡のちからなり。鏡といふは、衆生本有の大円鏡智の鏡、諸仏已証の名号なり。しかれば、名号の鏡をもて、本来の面目を見るべし。（『一遍上人語録』巻下、門人伝説。NST 10, 340)

(28) 信謗共に利益せむ　他力不思議の名号は　無始本有の行体ぞ　始て修するとおもふなよ（『一遍上人語録』巻下、

百利口語。NST 10, 297)

(29) 当世は西山の浄土宗の人共、真言を習あへると聞。(無住『沙石集』巻二、弥勒行者事。NKBT85, 123)

(30) 所言「同是一精明、分為六和合」、「一精明」者一心也、「六和合」者六根也。此六根各与塵合、眼与色合、耳与声合、鼻与香合、舌与味合、身与触合、意与法合、中間生六識、為十八界。若了十八界無所有、束「六和合」為「一精明」。「一精明」者即心也。(『伝心法要』。入矢義高[1974 : 274a])

(31) 世人不悟、祇認見聞覚知為心、為見聞覚知所覆、所以不覩精明本体。但直下無心、本体自現、如大日輪昇於虚空、徧照十方、更無障礙。(『伝心法要』。入矢義高[1974 : 265a])

(32) 心自無心、亦無無心者。将心無心、心却成有。(『伝心法要』。入矢義高[1974 : 263b])

(33) 但於見聞覚知処、認本心。然本心不属見聞覚知、亦不離見聞覚知。但莫於見聞覚知上起見解、亦莫於見聞覚知上動念、亦莫離見聞覚知覓心、亦莫捨見聞覚知取法。(『伝心法要』。入矢義高[1974 : 265b])

(34) 但無一切心、即名無漏智。(『伝心法要』。入矢義高[1974 : 284a])

(35) 心法無形、通貫十方。在眼曰見、在耳曰聞、在鼻嗅香、在口談論、在手執捉、在足運奔。「本是一精明、分為六和合」。一心既無、随処解脱。(『臨済録』。入矢義高[1989 : 39-40])

(36) 古人道「即心是仏」、而今会者少得。雖道「即心」、不是五識六識八識九識及心数法等也。又不是悉多汗栗駄矣栗陀等也。除此外、有何心、而得作即心。不是慮知念覚知見解会霊霊知昭昭了等也。(道元『道元禅師広録』巻四。DZZ11, 256)

(37) 和尚示曰。若言一切衆生本是仏者、還同自然外道也。以我我所、比諸仏、不可免未得謂得未證謂証者也。(道元『宝慶記』。DZZ16, 88)

(38) いまいふところの見、またく仏法にあらず。先尼外道が見なり。いはく、かの外道の見は、わが身、うちにひとつの霊知あり、かの知、すなはち縁にあふところに、よく好悪をわきまへ、是非をわきまふ。痛痒をしり、苦楽をしる、みなかの霊知のちからなり。しかあるに、かの霊性は、この身の滅するとき、もぬけてかしこにむまるるゆゑに、ここに滅すとみゆれども、かしこの生あれば、ながく滅せずして常住なりといふなり。かの外道が見、かくのごとし。しかあるを、この見をならうて仏法とせむ、瓦礫をにぎつて金宝とおもはんよりもなほおろかなり。痴迷のはづべき、たとふるにものなし。大唐国

の慧忠国師、ふかくいましめたり。（道元『弁道話』。DZZ1, 26-27)

(39) いはゆる正伝しきたれる心といふは、一心一切法、一切法一心なり。（道元『正法眼蔵』即心是仏。DZZ1, 169)

(40) 若従一心生一切法者、此則是縦。若心一時含一切法者、此即是横。縦亦不可、横亦不可。祇心是一切法、一切法是心。故非縦非横、非一非異。（智顗・灌頂『摩訶止観』巻五上。T46, 54a)

(41) 転境転心は大聖の所呵なり。説心説性は仏祖の所不肯なり。見心見性は外道の活計なり。（道元『正法眼蔵』山水経。DZZ3, 231)

第五章　仏性論

(1) 然性有二。一理性、『勝鬘』所説如来蔵是。二行性、『楞伽』所説如来蔵是。前皆有之、後性或無。彼『経』『論』云「性種姓者、無始法爾、六処殊勝、展転相続」。此依行性、有種姓也。無種姓人、無種性故、雖復発心懃行精進、終不能得無上菩提。但以人天善根、而成就之。即無性也。（基『妙法蓮華経玄賛』巻一本。T34, 656ab)

(2) 一切諸衆生、平等有仏性、仏性雑煩悩、塵染未清浄。（道宣『浄心誡観法』巻下。T45, 832c)

(3) 然『瑜伽』既云「具種性者方能発心」、即知具性習二法成一種性。是故此二縁起不二。随闕一不成。亦不可説性為先習為後。但可、位至堪任已去、方可約本説有性種、約修説為習種。（法蔵『華厳一乗教義分斉章』巻二、種性差別。T45, 485c)

(4) 由此当知諸乗種性皆就習説。（法蔵『華厳一乗教義分斉章』巻二、種性差別。T45, 486b)

(5) 諸菩薩種姓具足、是名第一初発心因。（『瑜伽師地論』巻三十五。T30, 481b)

(6) 若諸菩薩六処殊勝従無始世展転伝来法爾所得、当知是名種姓具足。（『瑜伽師地論』巻三十五。T30, 481b)

(7) 如是相者、一切衆生皆有実相。本自有之。乃是如来蔵之相貌也。（智顗・灌頂『妙法蓮華経文句』巻三下。T34, 43b)

(8) 我等常没一闡提凡夫欲信『法華経』、為顕仏性先表也。（日蓮『守護国家論』。NST 14, 402b)

(9) 夫有形有識、必具仏性。仏性法性、遍法界而不二。自身他身、与一如而平等。覚之者常遊五智之台、迷之者毎沈三界之泥。（空海『性霊集』巻九、高野建立初結界時啓白文。KDZ 6, 769A)

(10) 行法之始、応信己身有如来蔵、修行可得成仏。（大通融観『融通円門章』。T84, 2c)

(11) 真如之体量量、性不出蠢蠢之心。法性無辺辺、体則元来不動。無塵法界、凡聖斉円。両垢如如、則普該於含識。恒沙功徳、寂用湛然。但以垢障覆深、浄体無由顕照。（善導『観無量寿仏経疏』巻一。T37, 246a）

(12) 罪業もとよりかたちなし　妄想顚倒のなせるなり　心性もとよりきよけれど　この世はまことのひとぞなき（親鸞『正像末浄土和讃』。NKBT82, 108）

(13) 本来仏性一如にて　迷悟の差別なきものを　そゞろに妄念おこしつゝ　迷とおもふぞ不思議なる（『一遍上人語録』巻上、百利口語。NST 10, 297）

(14) 即心是仏。上至諸仏、下至蠢動含霊、皆有仏性同一心体。所以達摩従西天来、唯伝一心法、直指一切衆生本来是仏、不仮修行。（『宛陵録』入矢義高［1974 : 301a］）

(15) 此心是本源清浄仏、人皆有之。蠢動含霊、与諸仏菩薩、一体不異。祇為妄想分別、造種種業果。（『伝心法要』入矢義高［1974 : 263b］）

(16) 学道須自信本来清浄円満具足之心是仏。（隠元『普照国師法語』巻下。T82, 763b）

(17) 無仏可得。乃至三乗五性円頓教迹皆是一期薬病相治。并無実法。設有皆是相似表顕。路布文字差排。且如是説。（『臨済録』。入矢義高［1989 : 137-138］）

(18) すなはち悉有は仏性なり。悉有の一悉を衆生といふ。正当恁麼時は、衆生の内外すなはち仏性の悉有なり。（道元『正法眼蔵』仏性。DZZ1, 76）

(19) 仏性の言をききて、学者おほく先尼外道の我のごとく邪計せり。それ、人にあはず、自己にあはず、師をみざるゆゑなり。（道元『正法眼蔵』仏性。DZZ1, 78）

(20) 仏性の道理は、仏性は成仏よりさきに具足せるにあらず、成仏よりのちに具足するなり。仏性かならず成仏と同参するなり。（道元『正法眼蔵』仏性。DZZ1, 93）

(21) 衆生もとより仏性を具足せるにあらず。たとひ具せんともとむとも、仏性はじめてきたるべきにあらざる宗旨なり。（道元『正法眼蔵』仏性。DZZ1, 117）

(22) われらはもとより無上菩提かけたるにあらず、とこしなへに受用すといへども、承当することをえざるゆゑに、みだりに知見をおこす事をならひとして、これを物とおふによりて、大道いたづらに蹉過す。この知見によりて、空花まちまちなり。（道元『弁道話』。DZZ1, 17-18）

(23) しかあるを、いまはまさしく仏印によりて万事を放下し、一向に坐禅するとき、迷悟情量のほとりをこえて、凡聖のみちにかかはらず、すみやかに格外に逍遥し、大菩提を受用するなり。（道元『弁道話』。DZZ1, 18）

(24) 人々皆有仏性也。徒に卑下する事莫れ。（懐奘『正法眼蔵随聞記』巻二。DZZ16, 154）

第六章　煩悩論

（1）基『大乗法苑義林章』巻二末、断障章（T45, 284c-285a）による作表。
（2）二乗者断煩悩障現種尽、習気不尽、亦能永断所知障小分。（基『大乗法苑義林章』巻二末、断障章。T45, 285a）
（3）阿羅漢独覚能断三界一切見修即（及?）定障等。（基『大乗法苑義林章』巻二末、断障章。T45, 285a）
（4）結有十結。使通三界九十八種。（道宣『浄心誡観法』巻下、誡観煩悩結使法。T45, 827a）
（5）七地大菩薩　不名無煩悩　金剛心滅後　然證無為道（道宣『浄心誡観法』巻下、誡観十八界仮縁生法。T45, 827c）
（6）従発道心、畢至究竟、其間功用、悉名智障。到如来地、二障永尽。（道宣『浄心誡観法』巻下、誡観智差別福田不等法。T45, 833a）
（7）思仮者、謂貪瞋痴慢。此名鈍使、亦名正三毒。歴三界為十。（智顗・灌頂『摩訶止観』巻六上。T46, 70a）
（8）如是十使、歴欲界四諦、苦下具十。集下有七。除身辺戒取。道下有八。除身辺。滅下有七。除身辺戒取。合三十二使。歴色界四諦、有二十八。無色亦爾。例除一瞋、合有八十八使。（智顗・灌頂『摩訶止観』巻五下。T46, 62b）
（9）地地雖有智、智与無明雑。雑故亦得呼為智障。障上分智故。（智顗・灌頂『摩訶止観』巻三下。T46, 30b）
（10）界内雖断相応独頭、而習気猶在。小乗中、習非正使。大乗実説習即別惑。是界外無明也。（智顗・灌頂『摩訶止観』巻三下。T46, 30a）
（11）三蔵観思議真、析法観智伏断。通教観思議真、体法観智伏断。別教雖知中道、次第観智伏断。円教即中一心観智伏断。（智顗・灌頂『摩訶止観』巻五下。T46, 69c）
（12）若依通教、伏見之位是乾慧地。若得理水沾心即成性地。若進破見者、即是八人見地位也。（智顗・灌頂『摩訶止観』巻五下。T46, 69bc）
乾慧地正是三賢位。……性者即是四善根位。……此両位共伏見惑。八人者八忍也。……見者見真、断三界見惑八十八使皆尽、故言見地。（智顗・灌頂『摩訶止観』巻五下。T46, 71c-72a）
（13）若依別教、伏見者是鉄輪十信位。破見是銅輪十住位。（智顗・灌頂『摩訶止観』巻五下。T46, 69c）
（14）若依円教、伏見是五品弟子位。破見是六根清浄位。若就円教破思仮位者、初破見仮、正是初信。（智顗・灌頂『摩訶止観』巻五下。T46, 69c）
『摩訶止観』巻五下。T46, 73a）
（15）薄者、除欲界思惟六品、故名薄地。離欲者、除欲界九品尽、故言離欲地。已辦者、除色無色七十二品尽、如火焼木為炭、故言已辦地。（智顗・灌頂『摩訶止観』巻五下。T46, 72a）
五薄地位者、体愛仮即真、発六品無礙、断欲界六品、證第六解脱、欲界煩悩薄也。六離欲地位者、即是三乗之人体愛仮即真、断欲界五下分結尽、離欲界煩悩也。七已辦地位者、即是三乗之人体色無色愛即真、発真無漏、断五上分結、七十二品尽也。断三界事惑究竟、故言已辦地。（智顗・灌頂『妙法蓮華経玄義』巻五上。T33, 730a）

(16) 若八人六地見思尽、七地修方便。（智顗・灌頂『妙法蓮華経玄義』巻五上。T33, 737a）

(17) 若就別教明破思仮位者、初破見正入初住、従二住至七住破於思仮。欲細分品秩、判諸住位、準前可知。（智顗・灌頂『摩訶止観』巻五下。T46, 73a）

(18) 若就円教破思仮位者、初破見仮、正是初信。従第二信、至第七信、是破思仮。（智顗・灌頂『摩訶止観』巻五下。T46, 73a）

(19) 辟支仏者、福慧深利、能侵除習気、如焼木成灰。菩薩者、福慧深利、道観双流、断習気及色心無知、得法眼道種智、遊戯神通、浄仏国土、学仏力無畏等法、残習将尽、如餘少灰。仏地者、大功徳資利智慧、得一念相応慧、習気永尽、如劫焼火無炭無灰。（智顗・灌頂『摩訶止観』巻五下。T46, 72a）

(20) 従八九十住、正是侵習。（智顗・灌頂『摩訶止観』巻五下。T46, 73a）

(21) 十行出仮、断無知、成道種智、兼伏界外塵沙。十回向断界外塵沙、成道種智、正修中道、伏無明。（智顗・灌頂『観音玄義』巻下。T34, 886b）
十行破塵沙、如生蘇。十迴向破界外塵沙、如熟蘇。（智顗・灌頂『妙法蓮華経玄義』巻五下。T33, 739c）

(22) 八信至十信、断習尽。（智顗・灌頂『摩訶止観』巻五下。T46, 73a）
入此信心、能破界内見思尽、又破界外塵沙無知、能伏無明住地之惑。（智顗・灌頂『妙法蓮華経玄義』巻五上。T33, 733c-734a）
十信之位、伏道転強、発得似解、破界内見思界内界外無知塵沙。（智顗・灌頂『妙法蓮華経玄義』巻五上。T33, 735c-736a）
故知住此十信之位、断界内見思尽、*破界内界外塵沙無知、伏無明住地之惑也。（智顗『四教義』巻十一。T46, 762c. 底本欠*界内。挹甲本乙本加）

(23) 若別教明位、同三十心断界内結尽、即伏界外無明、至迴向後心、初地方発真智、断無明一品、乃至断十品、名為十地。等覚後心断無明方尽。妙覚常果蕭然累外、無所断也。（智顗『四教義』巻十一。T46, 760b）

若別教明、三十心断界内結、即伏界外無明、至迴向後心、発真智、見仏性中道之理、断一品無明、名登初地。乃至断十品無明、名為十地。等覚後心断無明方尽。妙覚蕭然累外。（智顗『維摩経玄疏』巻四。T38, 540b）

(24) 若円教所明、従初随喜心、修一心三観、入十信位、断界内惑尽、即伏界外無明、十住初心即発真智、断無明住地初品、従此四十心、皆断無明、至等覚後心、無明方尽。妙覚極地粛然累外、名究竟菩提無上之涅槃也。（智顗『四教義』巻十一。T46, 760b）

若円教所明、従初仮名発心、即一心三観、修随喜心、入十信位、断界内惑尽、即伏界外無明、十住初心発円真智慧、断無明初品、従此四十心、皆断無明、至等覚後心方尽。妙覚極地蕭然累外、名究竟菩提無上大涅槃也。（智顗『維摩経玄疏』巻四。T38, 540b）

(25) 心即実相。初観為因、観成為果。以観心故、悪覚不起。心数塵労、若同若異、皆被化而転。（智顗・灌頂『妙法蓮華経玄義』巻一上。T33, 685c）

(26) 若円教明義、多説不断。不断而断者、即是不思議断。（智顗『四教義』巻十一。T46, 761a）

(27) 法蔵『華厳一乗教義分斉章』巻三、断惑分斉（T45, 493abc）による作表。

(28) 若依頓教、一切煩悩本来自離、不可説断及与不断。（法蔵『華厳一乗教義分斉章』巻三、断惑分斉。T45, 495c）

(29) 若依円教、一切煩悩不可説其体性、但約其用、即甚深広大。以所障法一即一切具足主伴等故、彼能障惑亦如是也。是故不分使習種現、但如法界一得一切得故、是故煩悩亦一断一切断也。（法蔵『華厳一乗教義分斉章』巻三、断惑分斉。T45, 495c）

(30) 如今宗者、口称事相、彼此交絡、周遍塵界、具有衆徳、莫有遺餘。即于煩悩、證於菩提。（大通融観『融通円門章』。T84, 2a）

(31) 復次、本清則心王体性、塵垢即心数本名。（空海『梵網経開題』。T62, 2a）

(32) 一切無明煩悩、入大空三昧、則都無所有。一切塵垢即為財。『仁王』所説「菩薩未成仏、菩提為煩悩。已成仏時、煩悩為菩提」。又「婬欲即是道、恚痴亦復然」等亦此也。（空海『梵網経開題』。T62, 2a）

(33) 若能観日月之輪光、誦声字之真言、発三密之加持、揮四印之妙用、則大日之光明廓周法界、無明之障者忽帰心海。無明忽為明、毒薬乍為薬。（空海『三昧耶戒序』。T78, 5c）

(34) 除仏已還、智行未満、在其学地。由有正習、二障未除、果願未円。（善導『観無量寿経疏』巻四。T37, 271b）

(35) 然往生浄土法門、雖未断尽無明煩悩、依弥陀願力、生彼浄土、超出三界、永離生死。求其事跡、紀伝所載甚多。故知往生浄土法門是未断惑而出過三界之法門也。（法然『黒谷上人語灯録』巻一、無量寿経釈。T83, 105c）

(36) すべてもろもろの煩悩のをこる事は、みなもと貪瞋を母として出生するなり。貪といふにつゐて、喜足小欲の貪あり、不喜足大欲の貪あり。いま浄土宗に制するところは、不喜足大欲の貪煩悩也。まづ行者かやうの道理を心えて念仏すべき也。これが真実の念仏にてある也。喜足小欲の貪はくるしからず。瞋煩悩も敬上慈下の心をやぶらずして、道理を心えんほど也。痴煩悩といふは、おろかなる心なり。此心をかしこくなすべき也。まづ生死をいとひ、浄土をねがひて、往生を大事といとなみてもろもろの家業を事とせざれば、痴煩悩なき也。少少の痴は往生のさはりにはならず。このほどに心えつれば、貪瞋等の虚仮の心はうせて、真実心はやすくほこる也。これを浄土の菩提心といふなり。（『黒谷上人語灯録』巻十二、七箇条起請文。T83, 189a）

(37) 無礙光仏の不可思議の本願、広大智慧の名号を信楽すれば、煩悩を具足しながら無上大涅槃にいたるなり。（親鸞『唯信鈔文意』。T83, 702a）

(38) 能発一念喜愛心　不断煩悩得涅槃　凡聖逆謗斉回入如衆水入海一味（親鸞『顕浄土真実教行証文類』。T83, 600a）

(39) もとは、無明のさけにゑいふして、貪欲・瞋恚・愚痴の三毒をのみ、このみめしあふてさふらひつるに、仏の御ちかひをききはじめしより、無明のゑひも、やうやうすこしづゝさめ、三毒をもすこしづゝこのまずして、阿弥陀仏のくすりをつねにこのみめす身となりておはしましあふてさふらふぞかし。しかるに、なをゑひもさめやらぬに、かさねてゑひをすすめ、毒もきえやらぬに、なを毒をすゝめられさふらふらんこそ、あさましくさふらへ。煩悩具足の身なればとて、こゝろにまかせて、身にもすまじきことをもゆるし、くちにもいふまじきことをもゆるし、こゝろにもおもふまじきことをもゆるして、いかにもこころのままにてあるべしとまふしあふてさふらふらんこそ、かへすがへす不便におぼえさふらへ。ゑひもさめぬさきに、なをさけをすゝめ、毒もきえやらぬにいよいよ毒をすゝめんがごとし。くすりあり、毒を好めとさふらふらんことは、あるべくもさふらはずとぞおぼえ候。（親鸞『末灯鈔』。NKBT82, 147-148）

参考：摂取心光常照護　已能雖破無明闇　貪愛瞋憎之雲霧　常覆真実信心天　譬如日光覆雲霧　雲霧之下明無闇（親鸞『正信念仏偈』。NKBT82, 31-32）

(40) 其身に仏性の火有といへども、われと煩悩の薪を焼滅する事なし。名号の智火のちからをもて焼滅すべきなり。

（『一遍上人語録』巻下、門人伝説。NST 10, 341 ≒『播州法語集』NST 10, 375）

(41) 此人但非超過四味三教極位並爾前円人、将又勝出真言等諸宗元祖畏厳恩蔵宣摩導等百千万億倍也。（日蓮『四信五品鈔』。T84, 288c）

(42) 起妄遣妄亦成妄。妄本無根、祇因分別而有。你但於凡聖両処情尽、自然無妄、更擬若為遣他。（『伝心法要』。入矢義高［1974 : 282b］）

(43) 你若愛聖憎凡、生死海裏沈浮。煩悩由心故有、無心煩悩何拘。不労分別取相、自然得道須臾。（『臨済録』。入矢義高［1989 : 90］）

(44) 堂頭和尚慈誨曰。「仏祖児孫先除五蓋、後除六蓋也。五蓋加無明蓋為六蓋也。唯除無明蓋即除五蓋也。五蓋雖離、無明蓋未離、未到仏祖修証也」。道元便礼拝々謝叉手白。「前来未聞今日和尚指示。這裡箇々老宿耆年雲水兄弟都不知。又不曽説。今日多幸特蒙和尚大慈大悲、忽蒙未嘗聞処、宿殖之幸。但除五蓋六蓋有其秘術也無」。和尚微笑曰。「你向来作功夫作甚麼。這箇便是離六蓋之法也。仏々祖々不待階級、直指単伝離五蓋六蓋、呵五欲等也。祇管打坐、作功夫、身心脱落来、乃離五蓋五欲等之術也。此外都無別事。渾無一箇事。豈有落二落三者也」。（道元『宝慶記』。DZZ16, 97）

(45) 拝問。「煩悩障異熟障業障等障、仏祖之道処耶」。和尚云。「如龍樹等祖師之説須保任也。不可有異途之説。但至業障者、慇懃修行之時、必可転也」。（道元『宝慶記』。DZZ16, 91）

第七章　生死論

(1) 雖諸菩薩願力受生、伏煩悩種、分段之果定不能生。二乗生死非由悲願、若有惑種、生死後続、故断種時、生死永尽。菩薩生死但由悲願、必仮現惑、助願方生、故伏現時、永断生死。（基『成唯識論述記』巻八末。T43, 538b）

(2) 謂有唯受分段、非変易。謂諸凡夫、四果定性。或唯受変易、非分段。謂二乗無学不定性者、八地以上菩薩。或亦受分段、亦受変易。謂前三果不定性、七地已前。（基『成唯識論述記』巻八末。T43, 536c-537b）

(3) 謂声聞縁覚、通教菩薩、別教三十心、円教似解止破見思、未除無明、無明潤無漏、受方便生。（智顗・灌頂『妙法蓮華経玄義』巻六下。T33, 760c）

(4) 従二住去、至一生在、皆是法身。（智顗・灌頂『妙法蓮華経玄義』巻七下。T33, 771a）

(5) 『大論』明肉身菩薩即分段、法身菩薩謂変易。（智顗・灌頂『妙法蓮華経文句』巻七下。T34, 101a）

(6) 然円教肉身、於一生中、有超登十地之義。（智顗・灌頂『妙法蓮華経玄義』巻二下。T33, 702a）

(7) 業有三種。謂漏業、無漏業、非漏非無漏業。感於三報。謂分段、方便、実報。報由三種煩悩。謂取相、塵沙、無明也。（智顗・灌頂『摩訶止観』巻三上。T46, 23c）

(8) 若無四住、則分段不生。若無無知、則方便不生。若無無明、則実報不生。（智顗・灌頂『妙法蓮華経文句』巻一下。T34, 9b）

(9) 若伏断者、順道法愛為因、無明為縁、生変易土。（智顗・灌頂『妙法蓮華経玄義』巻二上。T33, 695a）

(10) 塵沙雖不潤生、能障化道、故須前断。（智顗・灌頂『摩訶止観』巻三下。T46, 30a）

(11) 菩薩位者、九地十地。是則十地菩薩当知為如仏。斉此、習気未尽。過菩薩地、則入仏地。用誓扶餘習、生閻浮提、八相成道。（智顗・灌頂『妙法蓮華経玄義』巻四下。T33, 730c）

(12) 通教則有誓扶餘習、而生分段。（智顗・灌頂『妙法蓮華経玄義』巻六下。T33, 756a）

(13) 大乗実説習即別惑。是界外無明也。（智顗・灌頂『摩訶止観』巻三下。T46, 30a）

(14) 我大師は変易猶をわたり給へり。況分段生死をや。（日蓮『開目抄』巻上。NKBT 82, 331-332）

(15) 法蔵『華厳一乗教義分斉章』巻二、修行所依身（T45, 491ab）による作図。

(16) 聖人受生非現潤。彼復留種子、如何不受分段身耶。若言八地已上以智障為縁受変易者、所留惑種即便無用。何不於此第八地初永害一切煩悩種耶。（法蔵『華厳一乗教義分斉章』巻二、修行所依身。T45, 491a）

(17) 若依終教、地前留惑、受分段身、於初地中、永断一切煩悩使種。亦不分彼分別倶生。於所知障中、又断一分麁品正使。是故地上受変易身、至金剛位。（法蔵『華厳一乗教義分斉章』巻三、修行所依身。T45, 492a）

(18) 若依頓教、一切行位既不可説。所依身分亦準此知。（法蔵『華厳一乗教義分斉章』巻三、修行所依身。T45, 492b）

(19) 若依円教、不説変易。但分段身、至於十地離垢定前。以至彼位、得普見肉眼、故知是分段也。又如善財等、以分段身、窮於因位故也。（法蔵『華厳一乗教義分斉章』巻三、修行所依身。T45, 492b）

(20) 分段変易、依処斉限、果報各別。（大通融観『融通円門章』。T84, 4c）

(21) 三界業報、六道苦身、即生即滅、念念不住、無体無実、如幻如影、分段変易、因縁生法、九百生滅、如焔如流。（空海『吽字義』。T77, 406a）

(22) 如『華厳経』説、「初地已上、七地已来、即是法性生身変易生身」。斯等曽無分段之苦。（善導『観無量寿経疏』

巻一。T37, 248a)

(23) 不作人天業、不作地獄業、不起一切心、諸縁尽不生、即此身心是自由人。不是一向不生、祇是随意而生。『経』云「菩薩有意生身」是也。(『宛陵録』。入矢義高［1974 : 301b］)

(24) 你一念不生、便是上菩提樹、三界神通変化、意生化身、法喜禅悦、身光自照。思衣羅綺千重、思食百味具足、更無横病。(『臨済録』。入矢義高［1989 : 103］)

(25) 若問来世果、今生作者是。若今生所作種種勝事、自然生人天中。若作種種重業、自然堕於三途。故我宗門向上一著透得、自然不落因果人天。第乗願力、随意生身、度諸有情、成仏而後已。(『普照国師法語』巻下。T82, 765c)

第八章　修行論

(1) 加以又持五行之禁、握利剣而無傷、修六法之檀、得意珠而不守。厳戒真施、勇進力行。(李乂『大唐大慈恩寺法師基公碑』)

(2) 玄奘少来、頗得専精教義。唯於四禅九定、未暇安心。今願託慮禅門、澄心定水。(慧立『大唐大慈恩寺三蔵法師伝』巻九。T50, 274a)

(3) 吾昔往西域、在路飢乏、無村可乞。忽有一沙門、手持梨子、与吾食之。吾自啖後、気力日健。今汝是持梨沙門也。(『続日本紀』巻一。SNKBT12, 22)

(4) 経論深妙、不能究竟。不如学禅流伝東土。(『続日本紀』巻一。SNKBT12, 22)

(5) 或三日一起、或七日一起。(『続日本紀』巻一。SNKBT12, 22)

(6) 法師糞掃其衣、禅悦其食。(閻朝隠『大唐大薦福寺故大徳康蔵法師之碑』。T50, 280b)

(7) 如一巻『華厳三昧』中説。(法蔵『華厳経探玄記』巻十三。T35, 347c)

(8) 五妄想者、如除刺樹先断其根、故修五停観、息五過。止不令起、故名停心観。因修此観、現悩不行、得小解脱所由之処。戒定調柔、漸證神通、名大解脱。十障滅尽、名真解脱。莫不因今五停観法。(道宣『浄心誡観法』巻上、誡観五停心観法。T45, 820b)

(9) 要従五停、除悩證聖。(道宣『浄心誡観法』巻下、誡観内行密修嘱付殷勤受持法。T45, 834a)

(10) 若入安般観法、心所漸息、乃至九次第定、還帰一真清浄心中。此清浄心名為仏性、名真常法身、無心之心、無相之相。(道宣『浄心誡観法』巻上、誡観身心相苦悩過患法。T45, 826a)

(11) 若解一心一切心、一切心一心、非一非一切、一陰一切陰、一切陰一陰、非一非一切、一入一切入、一切入一入、非一非一切、一界一切界、一切界一界、非一非一切、一衆生一切衆生、一切衆生一衆生、非一非一切、一国土一切国土、一切国土一国土、非一非一切、一相一切相、一切相一相、非一非一切、乃至一究竟一切究竟、一切究竟一究竟、非一非一切、遍歴一切、皆是不可思議境。（智顗・灌頂『摩訶止観』巻五上。T46, 55ab)

(12) 所照為三諦、所発為三観。（智顗・灌頂『摩訶止観』巻五上。T46, 55c)

(13) 智顗・灌頂『摩訶止観』巻二上（T46, 11a-15b）による作表。

(14) 春秋常行、冬夏常坐。随行者楽欲、応修半行半坐、亦修非行非坐。（最澄『顕戒論』巻上。DDZ1, 74)

(15) 観名仏知、止名仏見。於念念中、止観現前、即是衆生開仏知見。此観成就名初随喜品。（智顗・灌頂『摩訶止観』巻六下。T46, 85a)

(16) 所謂五品之初二三品、仏正制止戒定二法、一向限慧一分。慧又不堪、以信代慧。信一字為詮。不信一闡提謗法因。信慧因、名字即位也。（日蓮『四信五品鈔』。T84, 288a)

(17) 制止壇（甲本作檀）戒等五度、一向令称南無妙法蓮華経、為一念信解初随喜之気分也。是則此経本意也。（日蓮『四信五品鈔』。T84, 288a)

(18) 空海『秘蔵宝鑰』（T77, 373c-374a）による作表。

(19) 若有真言行人、観察此義、手作印契、口誦真言、心住三摩地、三密相応加持故、早得大悉地。（空海『即身成仏義』。T77, 383a)

(20) 不簡僧俗、受課之外、毎日清晨、盥漱已後、向西合掌、挙揚「弥陀所伝　融通念仏　億百万遍　決定往生」、以心縁歴、不高不低、不緩不急、調停得中、字字分明、称念果号、十声為度、尽此一生、暫莫放過。早旦称仏表貴敬也。比臣之朝、類子之省。又旦即是夜気清明、未馳世路、取自心浄。又朝露忽消、電光便過、幸乎、得一日光景。称一日仏名、験得往生。（大通融観『融通円門章』。T84, 2ab)

(21) 且曇鸞法師『往生論註』云「謹案龍樹菩薩『十住毘婆沙』云『菩薩求阿毘跋致、有二種道。一者難行道、二者易行道』。難行道者、謂於五濁之世、於無仏時、求阿毘跋致為難。此難乃有多途、粗言五三、以示義意。一者、外道相善、乱菩薩法。二者、声聞自利、障大慈悲。三者、無顧悪人、破他勝徳。四者、顛倒善果、能壊梵行。五者、唯是自力、無他力持。如斯等事、触目皆是。譬如陸路歩行則苦。易行道者、謂但以信仏因縁、願生浄土、乗仏願力、便得往生彼清浄土、仏力住持、即入大乗正定之聚。正定即是阿毘跋致。譬如水路乗船則楽」已上。此中、難行道者、即是聖道門也。易行道者、即是浄土門也。難行易行、聖道浄土、其言雖異、其意是同。（法然『選択本願念仏集』。T83, 2ab）

(22)　次就行立信者、然行有二種。一者正行、二者雑行。言正行者、専依往生経行行者、是名正行。何者是也。一心専読誦此『観経』『弥陀経』『無量寿経』等。一心専注思想、観察憶念彼国二報荘厳。若礼、即一心専礼彼仏。若口称、即一心専称彼仏。若讃歎供養、即一心専讃歎供養。是名為正。又就此正中、復有二種。一者、一心専念弥陀名号、行住坐臥、不問時節久近、念念不捨者、是名正定之業。順彼仏願故。若依礼誦等、即名為助業。除此正助二行已外、自餘諸善悉名雑行。（善導『観無量寿経疏』巻四。T37, 272ab）

(23)　謹按浄土真宗、有二種廻向。一者往相、二者還相。就往相廻向、有真実教行信証。夫顕真実教者、則『大無量寿経』是也。（親鸞『顕浄土真実教文類』。T83, 589b）

(24)　謹按往相廻向、有大行、有大信。大行者、則称無礙光如来名。斯行即是摂諸善法、具諸徳本。極速円満、真如一実功徳宝海、故名大行。（親鸞『顕浄土真実行文類』。T83, 590a）

(25)　爾者、称名能破衆生一切無明。能満衆生一切志願。称名則是最勝真妙正業。正業則是念仏。念仏則是南無阿弥陀仏。南無阿弥陀仏則是正念也。可知。（親鸞『顕浄土真実行文類』。T83, 590c）

(26)　智慧の念仏うることは　法蔵願力のなせるなり　信心の智慧なかりせば　いかでか涅槃をさとらまし（親鸞『正像末浄土和讃』。NKBT82, 95）

(27)　爾者、若行若信、無有一事非阿弥陀如来清浄願心之所回向成就。非無因他因有也。可知。（親鸞『顕浄土真実信文類』。T83, 603c）

(28)　本願はもとより仏の御約束とこゝろえぬるには、善にあらず、行にあらざるなり。かるがゆへに他力とまふすなり。（親鸞『末灯鈔』。NKBT82, 151）

(29)　憶念弥陀仏本願、自然即時入必定、唯能常称如来号、応報大悲弘誓恩。（親鸞『顕浄土真実行文類』。T83, 600b）

(30)　二言還相回向者、則是利他教化地益也。則是出於必至補処之願。亦名一生補処之願。亦可名還相回向之願也。（親鸞『顕浄土真実証文類』。T83, 617a）

(31)　設我得仏、他方仏土諸菩薩衆来生我国、究竟必至一生補処。除其本願自在所化、為衆生故、被弘誓鎧、積累徳本、度脱一切、遊諸仏国、修菩薩行、供養十方諸仏如来、開化恒沙無量衆生、使立無上正真之道、超出常倫、諸地之行、現前修習普賢之徳。若不爾者、不取正覚。（康僧鎧訳『無量寿経』巻上。T12, 268b）

（32）専修称名行、莫勤余雑行（『一遍上人語録』巻上、時衆制誡。NST10, 299）

（33）しかりといへども、法蔵比丘、五劫思惟の智恵、名号不思議の法をさとり得て、凡夫往生の本願とせり。此願すでに十劫以前に成就せし時、十方衆生の往生の業は南無阿弥陀仏と決定す。此覚体、阿弥陀仏といふ名にあらはれぬるうへは、厭離穢土、欣求浄土のこゝろざしあらん人は、わが機の信不信、浄不浄、有罪無罪を論ぜず、たゞかゝる不思議の名号をきゝ得たるをよろこびとして、南無阿弥陀仏をとなへて息たえ命お（＝を）はらん時、必聖衆の来迎に預て、無生法忍にかなふべきなり。（『一遍上人語録』巻上、消息法語。NST10, 304）

（34）熊野権現の、「信不信をいはず、有罪無罪を論ぜず、南無阿弥陀仏が往生するぞ」と示現し給ひし時より、法師は領解して、自力の妄執を打捨たり。（『一遍上人語録』巻下、門人伝説。NST 326-327）

（35）ともはねよかくてもをどれ心ごま弥陀の御法と聞ぞうれしき（『一遍上人語録』巻上、偈頌和歌。NST10, 314）

（36）又、読経、念仏等のつとめにうるところの功徳を、なんぢしるやいなや。ただしたをうごかし、こゑをあぐるを仏事功徳とおもへる、いとはかなし。仏法に擬するにうたたとほく、いよいよはるかなり。又、経書をひらくことは、ほとけ、頓漸修行の儀則ををしへおけるを、あきらめしり、教のごとく修行すれば、かならず証をとらしめむとなり。いたづらに思量念度をつひやして、菩提をうる功徳に擬せんとにはあらぬなり。おろかに千万誦の口業をしきりにして仏道にいたらむとするは、なほこれながえをきたにして、越にむかはむとおもはんがごとし。又、円孔に方木をいれんとせんとおなじ。文をみながら修するみちにくらき、それ医方をみる人の合薬をわすれん、なんの益かあらん。口声をひまなくせる、春の田のかへるの、昼夜になくがごとし、つひに又益なし。（道元『弁道話』。DDZ1, 14-15）

（37）今人云、可行易行之行。此言尤非也。太不合仏道。若専事以擬行者、偃臥猶懶。懶于一事、懶于万事。好易之人、自知非道器矣。況乎今世流布之法、此乃釈迦大師無量劫来難行苦行、然後乃得此法也。本源既爾、流派豈可易乎。好道之士莫志易行。若求易行、定不達実地、必不到宝所者歟。古人具大力量、尚言難行。可識仏道深大。若仏道本自易行者、古来大力量之士不可言難行難解也。以今人比古人、不及九牛之一毛。而以此少根薄識、縦励力以擬難行能行、猶不可及古人易行易解也。今人之所好易解易行之法者、其是何耶。已非世法、又非仏法、未及天魔波旬之行、未及外道二乗之行。可云凡夫迷妄之甚歟。

縦雖擬出離、還是無窮之輪廻也。（道元『永平初祖学道用心集』。DZZ14, 94）

（38）念仏はまことに浄土にむまる丶たねにてやはんべらん、また地獄におつべき業にてやはんべるらん。惣じてもて存知せざるなり。たとひ法然聖人にすかされまひらせて、念仏して地獄におちたりとも、さらに後悔すべからずさふらう。そのゆへは、自余の行もはげみて、仏になるべかりける身が、念仏をまふして地獄にもおちてさふらはゞこそ、すかされたてまつりてといふ後悔もさふらはめ。いづれの行もおよびがたき身なれば、とても地獄は一定すみかぞかし。（『歎異抄』。SZB 7-8）

（39）詮ずるところ愚身の信心におきてはかくのごとし。このうへは、念仏をとりて信じたてまつらんとも、またすてんとも、面々の御はからひなり。（『歎異抄』。SZB 8）

（40）一文不通にて、無才愚鈍の人も、坐禅を専らにすれば、多年の久学、聡明の人にも勝れて出来する。然ば、学人、只管打坐して他を管ずる事なかれ。仏祖の道は只坐禅也。他事に順ずべからず。（懐奘『正法眼蔵随聞記』巻六。DZZ16, 287）

（41）若以聡明縛解可入仏道者、神秀上座其人也。若以庸体卑賤可嫌仏道者、曹渓高祖豈敢乎。伝得仏道之法在聡明縛解之外事、於是明矣。探而可尋、顧而可参。又不嫌年老耄及、又不嫌幼稚壮齢。趙州者六旬餘兮始参、雖然為祖席之英雄。鄭娘者十三歳兮久学、能又叢林之萃抜也。仏法之威見于加与不加、分于参与不参。（道元『永平初祖学道用心集』。DZZ14, 94）

（42）初心の学道の人は、只、衆に随て、行道すべき也。修行の心故実等を学し知らんと思ふことなかれ。用心故実等も、只一人、山にも入り市にも隠れて行ぜん時、錯なくよく知りたらば、よしと云ふ事也。衆に随て行ぜば、道を得べきなり。譬えば舟に乗りて行には、故実を知らず、ゆく様を知らざれども、よき船師にまかせて行けば、知りたるも知ざるも、彼岸に到るが如し。善知識に随て、衆と共に行て、私なければ、自然に道人也。（懐奘『正法眼蔵随聞記』巻一。DZZ16, 112-113）

（43）堂頭和尚示曰。参禅者身心脱落也。不用焼香礼拝念仏修懺看経、只管打坐而已。（道元『宝慶記』。DZZ16, 92）

（44）奈何時輩根劣気微無能担荷。至不得已、亦教人念仏。正応病与薬之意也。誰謂不宜。（『黄檗和尚太和集』〔木庵性瑫、即非如一・編〕巻二、復示瑤林善人。IZ7,3319-3320）

（45）悟在於心、非関六度万行。六度万行尽是化門接物度生辺事。（『宛陵録』。入矢義高［1974：290a］）

（46）此心即是仏、仏即是衆生。為衆生時、此心不減、為諸仏時、此心不添、乃至六度万行、河沙功徳、本自具足、

不仮修添。（『伝心法要』。入矢義高［1972 : 261a］）

（47）心同虚空去、如枯木石頭去、如寒灰死火去、方有少分相応。若不如是、他日尽被閻老子拷你在。（『伝心法要』。入矢義高［1974 : 284a］）

（48）如今但一切時中、行住坐臥、但学無心、亦無分別、亦無依倚、亦無住著、終日任運騰騰、如痴人相似。世人尽不識你、你亦不用教人識不識。心如頑石頭、都無縫罅、一切法透汝心不入、兀然無著、如此始有少分相応。（『宛陵録』。入矢義高［1974 : 301b］）

（49）約山僧見処、無仏無衆生、無古無今、得者便得、不歴時節。無修無證、無得無失。一切時中、更無別法。設有一法過此者、我説如夢如化。山僧所説皆是。（『臨済録』。入矢義高［1989 : 54］）

（50）祇如諸方説六度万行、以為仏法、我道、是荘厳門仏事門、非是仏法。乃至持斎持戒、擎油不潤、道眼不明、尽須抵債、索飯銭有日在。（『臨済録』。入矢義高［1989 : 128］）

（51）今、仏祖を行ぜんと思はば、所期も無く、所求も無く、所得も無くして、無利に先聖の道を行じ、祖々の行履を行ずべき也。所求を断じ、仏果をのぞむべからず。さればとて、修行をとどめ、本の悪行にとどまらば、還て是所求に堕し、窠臼にとどまる也。全く一分の所期を不存、只人天の福分とならんとて、僧の威儀を守り、済度利生の行儀を思ひ、衆善を好み修して、本の悪をすて、今の善にとどこほらずして、一期、行じもてゆけば、是を古人も打破漆桶底と云也。仏祖の行履如是也。（懐奘『正法眼蔵随聞記』巻四。DZZ16, 218-219）

（52）只管打坐也。或閣上、或楼下にして、常坐をいとなむ。人に交り物語をせず、聾者の如く瘂者の如くにして、常に独坐を好む也。（懐奘『正法眼蔵随聞記』巻六。DZZ16, 265）

第九章　仏身論

（1）自受用身自受法楽、他受用身令他受用。（基『大乗法苑義林章』三身義林。T45, 359a）

（2）戒本有三。三身之本。一摂律儀戒、謂断諸悪、即法身之因也由法身本浄、悪覆不顕。今修離悪、功成徳現故。二摂善法戒、謂修諸善、即報身之因也報以衆善所成、成善無高止作。今修止作二善、用成報仏之縁。三摂衆生戒、即慈済有心功、成化仏之因也以化仏無心、随感便応、今大慈普済、意用則斉。（道宣『釈門帰敬偈』。T45, 856bc）

（3）三蔵仏、父母生身、八十二尽、身灰智滅、畢竟不生。（智顗・灌頂『妙法蓮華経玄義』巻七下。T33, 769a）

（4）通教菩薩亦始行因、神通変化、而論本迹。非久遠本迹也。『大品』説「菩薩有本迹、二乗則無」、説「仏始得生法二身本迹」、不説久遠。『浄名』不説「声聞有本迹」、

但明菩薩住不思議之本迹、説「仏有浄土」、螺髻所見亦非久遠。（智顗・灌頂『妙法蓮華経玄義』巻九下。T33, 795c）

（5）一翻維摩名、二解釈。一翻名者、外国人語、自有不同。猶如此土楚夏之別。而前後翻訳不無増損。増損立義、略有三家。一云。毘摩羅詰帝隷、此土翻為「浄名無垢称」。「称」或「云歎」什師翻也。次家云。毘摩羅詰、此土翻為「浄名」肇師翻也。後家云。毘摩羅詰栗致、此土翻為「浄無垢称」光師所承三蔵翻也。二解釈者、初翻似覚為繁、難為申釈。次翻為「浄名」。今用此解、以対真応二身。「浄」者即是真身。真智無惑、故云為「浄」。「名」者即是応身。垂形済物、名称普聞也。後家翻為「浄無垢称」。今用此翻釈、以対三身、即為三意。一就事解、二約観心。一就事解三身者、一法身、二報身、三応身。一「浄」義者、即是法身。自性清浄、皎然無点、即是性浄法身也。二「無垢」者、即是報身。報智円明、無有垢染、即是円浄報身也。三「称」者、即是応身。大慈化世、名称普洽、即是応身也。（智顗『維摩経玄疏』巻二。T38, 524bc）若歎通教、通教無三身、又非入仏慧、名不普聞。（智顗・灌頂『妙法蓮華経文句』巻二上。T34, 21b）

（6）就境為法身、就智為報身、起用為応身。（智顗・灌頂『摩訶止観』巻六下。T46, 85a）

（7）三身明義不乖二身。識其開合、豈定偏用。（智顗『維摩経玄疏』巻二。T38, 524c）

（8）法身如来名毘盧遮那、此翻遍一切処。報身如来名盧舎那、此翻浄満。応身如来名釈迦文、此翻度沃焦。（智顗・灌頂『妙法蓮華経文句』巻九下。T34, 128a）

（9）此品詮量通明三身、若従別意、正在報身。（智顗・灌頂『妙法蓮華経文句』巻九下。T34, 129a）

（10）是三如来、若単取者、則不可也。『大経』云「法身亦非、般若亦非、解脱亦非、三法具足、称秘密蔵、名大涅槃」。不可一異縦横並別。円覧三法称、仮名如来也。（智顗・灌頂『妙法蓮華経文句』巻九下。T34, 128a）

（11）仏於三世等有三身、於諸教中秘之不伝。（智顗・灌頂『妙法蓮華経文句』巻九下。T34, 129c）

（12）双林最後大般涅槃経四十巻、其外の法花前後の諸大乗経に一字一句もなく、法身の無始無終はとけども、応身・報身の顕本はとかれず。（日蓮『開目抄』。NKBT 82, 348）

（13）かうてかへりみれば、花厳経の台上十方、阿含経の小釈迦、方等・般若の、金光明経の、阿弥陀経の、大日経等の権仏等は、此寿量仏の天月、しばらく影を大小の器にして浮給うを、諸宗の学者等、近くは自宗に迷、遠くは法花経の寿量品をしらず。水中の月に実月の想をなし、或は入て取とをもひ、或は縄をつけてつなぎとゞめんと

す。天台云、「不識天月、但観池月」等云云。（日蓮『開目抄』。NKBT 82, 347-348）

（14）始成四十余年の釈尊、一劫・十劫等已前の諸仏を集めて分身ととかる。（日蓮『開目抄』巻下。NKBT82, 368）

（15）法蔵『華厳一乗教義分斉章』巻三、仏身開合（T45, 498c-499a）による作図。

（16）或立十仏以顕無尽。如離世間品説。此約一乗円教説也。（法蔵『華厳一乗教義分斉章』巻三、仏身開合。T45, 499a）

（17）十仏之外、無別三四。三四身者、十仏用也。（大通融観『融通円門章』。T84, 3c）

（18）空海『辨顕密二教論』による作図。

（19）同證四身。所謂自性身、受用身、変化身、等流身。（空海『金剛頂経開題』。T61, 2a）

（20）若拠『秘蔵金剛頂経』説、如来変化身為地前菩薩及二乗凡夫等、説三乗経法、他受用身為地上菩薩、説顕一乗等、並是顕教也。自性受用仏自受法楽故与自眷属各説三密門、謂之密教。（空海『辨顕密二教論』巻上。T77, 375a）

（21）大毘盧遮那仏者、是乃法身如来也。（空海『声字実相義』。T77, 404a）

（22）若謂報仏、亦名大日尊。（空海『声字実相義』。T77, 404a）

（23）若謂応化仏、或名大日尊。応化光明普照法界、故得此名。（空海『声字実相義』。T77, 404a）

（24）若謂等流身、亦名大日尊。分有此義故。（空海『声字実相義』。T77, 404a）

（25）若依『瓔珞経』、毘盧遮那是理法身、盧遮那則智法身、釈迦名化身。然則是『金剛頂経』所談「毘盧遮那仏自受用身所説内證自覚聖智法」者、此則理智法身之境界也。（空海『辨顕密二教論』巻下。T77, 379b）

（26）他受用身応化仏随機所説故。（空海『法華経開題』〔重円性海〕。T56, 175b）

（27）是故大唐大興善寺阿闍梨云、「彼『法華』久遠成仏只是此『経』毘盧遮那仏。不可異執」。（円仁『金剛頂大教王経疏』巻二。T61, 39b）

（28）然報応二身者、眼目之異名。前翻報作応、後翻応作報。凡言報者、因行不虚、定招来果。以果応因、故名為報。又三大僧祇所修万行必定応得菩提、今既道成、即是応身。斯乃過現諸仏辨立三身、除斯已外、更無別体。縦使無窮八相名号塵沙、剋体而論、衆帰化摂。今彼弥陀現是報也。（善導『観無量寿経疏』巻一。T37, 250b）

（29）言三身者、謂法報応。先法身者、此即諸仏所證境界、無相甚深妙理、一切諸法畢竟空寂、即名法身也。次報身者、酬因之身。此即證彼法身無相妙理之智、名報身也。此二身者、周遍法界、包含万象。次応身者、為済度衆生、於無際限中、仮示際限、於無功用中、仮現功用、随類応

同之身。（『黒谷上人語灯録』巻八、逆修説法。T83, 148b）

（30）親鸞『愚禿鈔』（T83, 648a）による作図。

（31）無明の大夜をあはれみて　法身の光輪きはもなく　無碍光仏としめしてぞ　安養界に影現する（親鸞『浄土和讃』。NKBT82, 61）

（32）久遠実成阿弥陀仏　五濁の凡愚をあはれみて　釈迦牟尼仏としめしてぞ　迦耶城には応現する（親鸞『浄土和讃』。NKBT82, 61）

（33）いまこの弥陀如来は報身如来なり。（親鸞『末灯鈔』。NKBT 82, 127）

（34）弥陀成仏のこのかたは　いまに十劫とときたれど　塵点久遠劫よりも　ひさしき仏とみへたまふ（親鸞『浄土和讃』。NKBT82, 55）

（35）自性清浄法身は　如々常住の仏なり　迷も悟もなきゆへ（＝ゑ）に　しるもしらぬも益ぞなき
万行円備の報身は　理智冥合の仏なり　境智ふたつもなき故に　心念口称に益ぞなき
断悪修善の応身は　随縁治病の仏なり　十悪五逆の罪人に　無縁出離の益ぞなき
名号酬因の報身は　凡夫出離の仏なり　十方衆生の願なれば　独ももるゝ過ぞなき（『一遍上人語録』巻上、別願和讃。NST10, 291）

（36）今、他力不思議の名号は、自受用の智なり。故に仏の自説ともいひ、亦随自意ともいふなり。自受用といふは、水が水をのみ、火が火を焼がごとく、松は松、竹は竹、其体を（＝お）のれなりに生死なきをいふなり。（『一遍上人語録』巻下、門人伝説。NST10, 325-326. ＝『播州法語集』。NST10, 365）

（37）仏有三身、法身説自性虚通法、報身説一切清浄法、化身説六度万行法。法身説法、不可以言語音声形相文字而求、無所説、無所證、自性虚通而已。故曰、「無法可説、是名説法」。報身化身皆随機感現、所説法亦随事応根、以為摂化、皆非真法。故曰、「報化非真仏、亦非説法者」。（『伝心法要』。入矢義高［1974：274a］）

（38）本仏上実無一物、虚通寂静、明妙安楽而已。深自悟入、直下便是。円満具足、更無所欠。（『伝心法要』。入矢義高［1974：265a］）

（39）你要与祖仏不別、但莫外求。你一念心上清浄光是你屋裏法身仏。你一念心上無分別光是你屋裏報身仏。你一念心上無差別光是你屋裏化身仏。此三種身是你即今目前聴法底人。祇為不向外馳求、有此功用。拠経論家、取三種身為極則。約山僧見処、不然。此三種身是名言、亦是三種依。古人云、「身依義立、土拠体論」。法性身法性土、明知是光影。大徳、你且識取弄光影底人。是諸仏之本源。

是一切処是道流帰舎処。（『臨済録』。入矢義高［1989：36］）

(40) 縦有苦脩睹煉、未免魔外生涯。正如蒸沙欲図成飯。無有是処。与夫本分正覚道果、爰交渉也。此事本来現成、奚仮脩持。本来清浄、阿誰汚染。本来円明、阿誰塞礙。本来具足、阿誰欠少。雖然与麼、非過量衲僧超群漢子、大難承当。苟能如是信得及提得起放得下、仏之一字、悟不喜聞、便能坐断報化仏頭。（『普照国師法語』巻上。T82, 756b）

(41) 一念清浄円明是弥陀。一念無差別智是文殊。一念平等行是普賢。千仏万祖皆従一心而成。離心而成、則成外道。正如蒸沙、豈能成飯。然沙非飯種故。（『普照国師法語』巻下、示丹羽玉峯居。T82, 761ab）

(42) 報化非諸仏、思量不衆生。所以言仏説法未了、法説仏到来。（道元『永平広録』巻一。DZZ10, 291）

(43) 諸仏かならず威儀を行足す、これ行仏なり。行仏それ報仏にあらず、化仏にあらず、自性身仏にあらず、他性身仏にあらず。始覚本覚にあらず、性覚無覚にあらず。如是等仏、たえて行仏に斉肩することうべからず。しるべし、諸仏の仏道にある、覚をまたざるなり。仏向上の道に行履を通達せること、唯行仏のみなり。自性仏等、夢也未見在なるところなり。この行仏は、頭々に威儀現成するゆゑに、身前に威儀現成す、道前に化機漏泄すること、亙時なり、亙方なり、亙仏なり、亙行なり。行仏にあらざれば、仏縛法縛いまだ解脱せず、仏魔法魔に党類せらるるなり。（道元『正法眼蔵』行仏威儀。DZZ1, 175-176）

(44) 清浄法身毘盧遮那仏　円満報身盧遮那仏　千百億化身釈迦牟尼仏　当来下生弥勒尊仏　十方三世一切諸仏　大乗妙法蓮華経　大聖文殊師利菩薩　大乗普賢菩薩　大悲観世音菩薩　諸尊菩薩摩訶薩　摩訶般若波羅蜜（道元『赴粥飯法』。DZZ15, 354）

参考：清浄法身毘盧遮那仏　金打　円満報身盧遮那仏　同　千百億化身釈迦牟尼仏　同　当来下生弥勒尊仏　同　十方三世一切諸仏　同　大聖文殊師利菩薩　同　大聖普賢菩薩　同　大悲観世音菩薩　同　諸尊菩薩摩訶薩　同　摩訶般若波羅蜜　同（道元『正法眼蔵』安居。DZZ7, 67）

第十章　仏土論

(1) 基『妙法蓮華経玄賛』巻九末（T34, 833a）による作表。

(2) 一云。准『摂大乗』等、西方乃他受用土。（基『説無垢称経疏』巻二末。T38, 1029c）

(3) 『摂大乗論』云、「非唯由願方乃得生。別時意故」。如以一銭、貨得千銭、別時方得、非今即得。十念往生亦復如是。十念為因、後方漸生。非由十念死後即生。（基『説

無垢称経疏』巻二末。T38, 1029c-1030a)

（4）二云。西方通於報化二土。報土文證、如前所説。化土證者、『鼓音王経』云「阿弥陀仏、父名月上、母名殊勝妙顔、有子有魔、亦有調達、亦有王城」。若非化身、寧有此事。（基『説無垢称経疏』巻二末。T38, 1030a)

（5）二釈任情、取捨随意。（基『説無垢称経疏』巻二末。T38, 1030a)

（6）智顗・灌頂『妙法蓮華経玄義』巻七上（T33, 767a）、智顗『維摩経略疏』巻一（T38, 564a-565a）による作表。

（7）又二人悉破無明見実相者、方得生彼。（智顗・灌頂『妙法蓮華経玄義』巻六下。T33, 761a)

（8）謂声聞縁覚、通教菩薩、別教三十心、円教似解。（智顗・灌頂『妙法蓮華経玄義』巻六下。T33, 760c)

（9）四果及支仏、通教六地、別十住、円十信後心。（智顗『維摩経略疏』巻一。T38, 564b)

（10）若但聖生、凡夫何得願生彼土。故知雖具惑染、願力持心、亦得居也。（智顗『維摩経略疏』巻一。T38, 564b)

（11）四十八願荘厳浄土、華池宝樹易往無人。火車相現能改悔者、尚復往生。況戒慧熏修行道力故実不唐捐。梵音声相実不誑人。（灌頂『隋天台智者大師別伝』。T50, 196a)

（12）「常在霊鷲山」、此謂実報土也。「及餘諸住処」者、謂方便有餘土也。即上「餘国」義也。（智顗・灌頂『妙法蓮華経文句』巻十上。T34, 135c)

（13）若分別而言、謂方便土在三界外。若即事而真、不必在遠。下文云、「若能深心信解、則為見仏常在耆闍崛山、共大菩薩声聞衆僧囲遶説法」。即方便土意也。（智顗・灌頂『妙法蓮華経玄義』巻六下。T33, 760c)

（14）若分別為言、謂実報在方便之外。若即事而真、此亦不遠。文云、「観見娑婆瑠璃為地坦然平正、諸台楼観衆宝所成、純諸菩薩咸処其中」。即実報土意也。（智顗・灌頂『妙法蓮華経玄義』巻六下。T33, 761a)

（15）古明仏土、区区多端。大略有四。一曰、凡聖同居。二曰、方便有餘。三曰、実報無障礙。四曰、常寂光也。（大通融観『融通円門章』。T84, 2c)

（16）極楽浄土標指方域、為成機信。教境真実、一仏土一切仏土、一切仏土一仏土、円融不可説也。（大通融観『融通円門章』。T84, 3a)

（17）法蔵『華厳経探玄記』巻三（T35, 158ab）による作表。

（18）法蔵『華厳経探玄記』巻三（T35, 158ab）による作表。

（19）西方浄域離俗塵　千葉蓮華如車輪　不知何時成仏身（閻朝隠『大唐大薦福寺故大徳康蔵法師之碑』。T50, 280c)

（20）上所説依正土並通四種身。（空海『声字実相義』。T77, 404a)

（21）冀令生盲徒、頓悟三昧法仏本具我心、二諦真俗倶是常

住、禽獣卉木皆是法音、安楽観史本来胸中。（空海『性霊集』巻三、中寿感興詩幷序。KDZ6, 739a）

（22）男女若能持一字、朝朝一観自心宮、自心亦是三身土、五智荘厳本自豊。（空海『性霊集』巻一、喜雨歌。KDZ6, 732A）

（23）若帰本、則是密厳国土。不起于座能成一切仏事。（『金剛頂瑜伽中発阿耨多羅三藐三菩提心論』。T32, 574c）

（24）真言教の弥陀は、これ己心の如来、ほかをたずぬべからず。この教の弥陀は、これ法蔵比丘の成仏也。西方におはしますゆへに、その意おほきにことなり。（法然『黒谷上人語灯録』巻第十五、一百四十五箇條問答。T83, 234a）

（25）三身化用皆立浄土、以導群生。（善導『転経行道願往生浄土法事讃』巻上。T47, 425c）

（26）是報非化。（善導『観無量寿経疏』巻一。T37, 250b）

（27）不可執菩薩論以為指南。若依此執者、即是自失誤他也。（善導『観無量寿経疏』巻一。T37, 250a）

（28）若仏所説、即是了教。菩薩等説尽名不了教也。応知。是故今時仰勧一切有縁往生人等。唯可深信仏語、専注奉行。不可信用菩薩等不相応教以為疑礙。抱惑自迷廃失往生之大益也。（善導『観無量寿経疏』巻四。T37, 271b）

（29）一切善悪凡夫得生者、莫不皆乗阿弥陀仏大願業力為増上縁也。（善導『観無量寿経疏』巻一。T37, 246b）

（30）證得不退入三賢。（善導『転経行道願往生浄土法事讃』。T47, 433b）

（31）親鸞『愚禿鈔』（T83, 648a）による作表。

（32）親鸞『顕浄土真仏土文類』（T83, 620c）、『顕浄土方便化身土文類』（T83, 626c）による作表。

（33）由選択本願之正因、成就真仏土。（親鸞『顕浄土真仏土文類』。T83, 626b）

（34）斯心即是出於念仏往生之願。斯大願名選択本願。（親鸞『顕浄土真実信文類』。T83, 601a）

（35）良仮仏土業因千差、土復応千差。是名方便化身化土。（親鸞『顕浄土真仏土文類』。T83, 626b）

（36）七宝講堂道場樹　方便化身の浄土なり　十方来生きはもなし　講堂道場礼すべし（親鸞『浄土和讃』。NKBT 82, 51）

（37）既以真仮皆是酬報大悲願海。故知報仏土也。（親鸞『顕浄土真仏土文類』。T83, 626b）

（38）大願清浄報土不云品位階次、一念須臾傾、速疾超證無上正真道。故曰横超也。（親鸞『顕浄土真実信文類』。T83, 607c-608a）

（39）法界に差別なきを即報仏報土といふなり。（『播州法語集』。NST10, 374）

（40）『菩提心論』にいはく、「遇筏達於彼岸、法已応捨」と。極楽も指方立相の分は法已応捨の分なるべし。（『一遍上人語録』巻下、門人伝説。NST10, 344＝『播州法語集』。NST10,

367）

（41）当世は西山の浄土宗の人共、真言を習あへると聞。（無住『沙石集』巻二、弥勒行者事。NKBT85, 123）

（42）光明寺の和尚の『般舟讃』には、「信心のひとは、その心すでにつねに浄土に居す」と釈したまへり。「居す」といふは、浄土に、信心のひとのこゝろ、つねにゐたりといふこころなり。これは弥勒とおなじといふことをまふすなり。これは等正覚を弥勒とおなじとまふすによりて、信心のひとは如来とひとしとまふすこゝろなり。（親鸞『末灯鈔』。NKBT82, 121）

（43）他力称名の行者は、此身はしばらく穢土に有といへども、心はすでに往生を遂て浄土にあり。此旨を面面にふかく信ぜられるべし。（『一遍上人語録』巻下、門人伝説。NST330-331）

（44）白諸行者。凡夫生死不可貪而不厭。弥陀浄土不可軽而不忻。厭則娑婆永隔、忻則浄土常居。（善導『依観経等明般舟三昧行道往生讃』。T47, 456a）

（45）往生成仏共別時意也。（日蓮『守護国家論』。NST14, 393a）

（46）仏、観経等の四十余年の経々を束て「未顕真実」と説せ給ぬれば、此の経文に随て「乃至十念」「即得往生」等は実には往生しがたしと申。（日蓮『題謗法抄』。NST14, 84）

（47）爾前浄土、久遠実成釈迦如来所現〔浄〕土、実皆穢土也。法華経亦方便寿量二品也。至寿量品、定実浄土、此土即定浄土了。但至兜率安養十方難者、不改爾前名目、於此土付兜率安養等名。例如此経雖有三乗名、不有三乗。（日蓮『守護国家論』。NST14, 405a）

（48）法華経二十八品肝心寿量品云、「我常在此娑婆世界」。亦云、「我常住於此」。亦云、「我此土安穏」（文）。如此文者、本地久成円仏在此世界。捨此土可願何土乎。故法華涅槃修行者所住処、可想浄土。何煩求他処乎。（日蓮『守護国家論』。NST14, 405a）

（49）一つ種は一つ種、別の種は別の種。同妙法蓮華経の種を心にはらませ給なば、同妙法蓮華経の国へ生れさせ給べし。（日蓮『上野殿母尼御前御返事』。NKBT82, 470）

（50）凡人臨欲終時、但観五蘊皆空、四大無我、真心無相、不去不来、生時性亦不来、死時性亦不去、湛然円寂、心境一如。但能如是直下頓了、不為三世所拘繋、便是出世人也。切不得有分毫趣向。若見善相諸仏来迎、及種種現前、亦無心随去。若見悪相種種現前、亦無心怖畏。但自忘心、同於法界、便得自在。此即是要節也。（『伝心法要』。入矢義高［1974 : 272a］）

（51）忽若未会無心、著相而作者、皆属魔業、乃至作浄土仏事、並皆成業、乃名仏障。障汝心故、被因果管束、去住

無自由分。（『宛陵録』。入矢義高［1974：301b］）

(52) 如円頓菩薩入法界現身、向浄土中、厭凡忻聖。如此之流取捨未忘、染浄心在。如禅宗見解、又且不然。直是現今。更無時節。（『臨済録』。入矢義高［1989：56-57］）

(53) 世出世間、無有一法不従精進而得。無況上大進至真至妙者乎。是以大丈夫須明大丈夫之事、満大丈夫之志、成大丈夫之願。否則不若一婦人有純一之念決定之信。自知有仏断断可成、念念不已、自幼至老、無間無断、自然成一片真仏境界、臨終之際了無業累、奚愁極楽不到。故曰。「寧為児女真、莫作丈夫仮」。至哉言也。（『普照国師法語』巻下。T82, 765a）

(54) 念不一不生極楽。業不重不落地獄。（『普照国師法語』巻下。T82, 765b）

(55) 但我国従昔正師未在。何以知之然乎。見言而察也、如酌流而討源。我朝古来諸師篇集書籍、訓弟子、施人天、其言是青、其語未熟。未到学地之頂、何及證階之辺。只伝文言、令誦名字。日夜数他宝、自無半銭分。古責在之。或教人求心外之正覚、或教人願他土之往生。惑乱起于此、邪念職于此。縦雖与良薬、不教銷方作病之、甚於服毒。我朝従古与良薬之人如無、銷薬毒之師未在。是以生病難除、老死何免。皆是師之咎也、全非機之咎也。所以者何。為人師者、教人捨本逐末之令然也。自解未立以前、偏専己我之心、濫教他人招堕邪境。可哀。為師之者、未知是邪惑。弟子何為覚了是非乎。（道元『永平初祖学道用心集』。DDZ14, 93）

(56) またこの生のをはるときは、二つの眼たちまちにくらくなるべし。そのときを、すでに生のをはりとしりて、はげみて南無帰依仏ととなへたてまつるべし。このとき、十方の諸仏、あはれみをたれさせたまふ。縁ありて悪趣におもむくべきつみも、転じて天上にむまれ、仏前にうまれて、ほとけををがみたてまつり、仏のとかせたまふのりをきくなり。（道元『正法眼蔵』道心。DZZ7, 206）

(57) 「天人常充満」のところは、すなはち釈迦牟尼仏・毘盧遮那の国土、常寂光土なり。おのづから四土に具するわれら、すなはち如一の仏土に居するなり。（道元『正法眼蔵』法華転法華。DZZ7, 170-171）

(58) 念仏の行者は智恵をも愚痴をも捨、善悪の境界をもすて、貴賤高下の道理をもすて、地獄をおそるゝ心をもすて、極楽を願ふ心をもすて、又諸宗の悟をもすて、一切の事をすて、申念仏こそ、弥陀超世の本願に尤かなひ候へ。（『一遍上人語録』巻上、消息法語。NST10, 305）

第十一章　成仏論

（1）凡経此三大阿僧祇劫修因、方得作仏。（基『妙法蓮華経玄賛』巻二。T34, 689b）

（2）此執無始習熏、三祇無間、方能傾尽。（道宣『釈門帰敬儀』巻上、引教徴事篇第六。T45, 860c）

（3）若按迦旃延所解三蔵中、明三阿僧祇習学仏法、百劫種相、仏道現前。此是三蔵小乗浅近之法。修学研行、劫数為少。若按『釈論』、弾於此義。仏法無量、豈是三祇所学能遍。乃経無量億僧祇、習塵沙仏法諸深法門、乃可円満大乗深妙。是故学劫亦多。（智顗『維摩経略疏』巻十。T38, 708a）

如餘菩薩者、六度菩薩、引錐指地、無非捨身命処、戒忍禅智、満三僧祇。（智顗・灌頂『金光明経文句』巻六。T39, 80b）

（4）若通教入仮、雖分別薬病、但依二諦、診病不深、識薬不遠。但是作意神通、非真起応。応有始終、為作父母師長、世世結縁、処処調伏、動経無量阿僧祇劫。（智顗・灌頂『摩訶止観』巻六下。T46, 80a）

若通教菩薩、従仮入空、非止一世修行、従空入仮、動逾塵劫。（智顗・灌頂『金光明経文句』巻六。T39, 80b）

又復菩薩、無量劫修行、何但三阿僧祇。如是等種種破三蔵失、以顕摩訶衍中通教意也。（智顗・灌頂『観音玄義』巻下。T34, 886a）

（5）若別教菩薩、直行一行、動経無量阿僧祇劫。（智顗・灌頂『金光明経文句』巻六。T39, 80b）

（6）円人根最利、復是実説、復無品秩。此則最能超。『瓔珞』明頓悟如来。『法華』一刹那便成正覚。従此義、則有超。（智顗・灌頂『摩訶止観』巻六上。T46, 73b）

（7）別除両惑、歴三十心、動経劫数、然後始破無明。円教不爾。祇於是身、即破両惑、即入中道、一生可辦。（智顗・灌頂『摩訶止観』巻六下。T46, 80c）

（8）始自初品、終至初住、一生可修、一生可證。（智顗・灌頂『摩訶止観』巻六下。T46, 83a）

（9）然円教肉身、於一生中、有超登十地之義。（智顗・灌頂『妙法蓮華経玄義』巻二下。T33, 702a）

（10）初後仏慧、円頓義斉。（智顗・灌頂『妙法蓮華経玄義』巻十下。T33, 808a）

（11）常天台宗義立、於爾前、許当分得道。於自義、不許当分得道。（日蓮『守護国家論』。NST14, 403a）

（12）決定性の二乗永不成仏の語ばかり妄語となり、若余の菩薩・凡夫の成仏等は実語となるべきならば、信用しがたき事なり。譬へば東方を西方と妄語し申人は西方を東方と申すべし。二乗永不成仏と説仏は、余の菩薩の成仏をゆるすも又妄語にあらずや。五乗は但一仏性なり。二乗の仏性をかくし、菩薩・凡夫の仏性をあらはすは、返て菩薩・凡夫の仏性をかくすなり。（日蓮『顕謗法抄』。NST14, 85）

(13) されば、諸経の諸仏、菩薩、人天等は彼々の経々にして仏にならせ給やうなれども、実には法華経にして正覚なり給へり。釈迦、諸仏の「衆生無辺」の総願は皆此経にをいて満足す。「今者已満足」の文これなり。（日蓮『開目抄』巻下。NKBT82, 377）

(14) 私加会通、如黷本文。雖爾文心者、釈尊因行果徳二法妙法蓮華経五字具足、我等受持此五字、自然譲与彼因果功徳。（日蓮『観心本尊抄』。T84, 275a）

(15) 「如我等無異、如我昔所願、今者已満足、化一切衆生、皆令入仏道」、妙覚釈尊我等血肉也。因果功徳非骨髄乎。（日蓮『観心本尊抄』。T84, 275a）

(16) 今本時娑婆世界離三災出四劫常住浄土。仏既過去不滅未来不生、所化以同体。此即己心三千具足三種世間也。（日蓮『観心本尊抄』。T84, 275b）

(17) 不識一念三千者、仏起大慈悲、五字内裹此珠、令懸末代幼稚頸。（日蓮『観心本尊抄』。T84, 278a）

(18) 縦頸をば鋸にてひき、胴をばひしほこを以てつゝき、足にはほだしを打て錐を以てもむとも、命のかよはんきはゝ、南無妙法蓮華経々々々々々々と唱て、となへ死にしぬならば、釈迦、多宝、十方の諸仏、霊山会上にして御契約なれば、須臾の程に飛来て手を取り肩へ引懸て、霊山へはしり参り給はゞ、二聖、二天、十羅刹女は受持の者を擁護し、諸天善神は天蓋を指し、幡を上て、我等を守護して、たしかに寂光の宝刹へ送り給ふべし。あらうれしやゝゝゝ。（日蓮『如説修行鈔』。NST14, 165）

(19) 法蔵『華厳一乗教義分斉章』巻二、修行時分（T45, 490b-491a）による作表。

(20) 若依円教、一切時分悉皆不定。何以故。謂諸劫相入故、相即故。（法蔵『華厳一乗教義分斉章』巻二、修行時分。T45, 491a）

(21) 及与一切衆生皆悉同時同時同時同時同時同時同時同時同時同時作仏、後皆新新断惑。（法蔵『華厳一乗教義分斉章』巻四、十玄縁起無礙法。T45, 506a）

(22) 今言＊作仏者、但従初＊＊見聞已去、乃至第二生即成解行、解行終心因位窮満者、於第三生、即得彼究竟自在円融果矣。（法蔵『華厳一乗教義分斉章』巻四、十玄縁起無礙法。T45, 505c。＊底本作令。拠甲本、乙本、丙本改。＊＊底本作初従。拠甲本、乙本、丙本改。）

(23) 一乗之仏、自他同成。已成仏去。非唯住果地不修因行。

或成仏与一切衆生、前前已成、後後亦成。（大通融観『融通円門章』。T84, 4b）

（24）三世一切如来皆従此門而成仏。餘教説成仏者、并是方便引摂之言而已、不是究竟実談。（空海『教王経開題』。T61, 7a）

（25）若有人不闕法則昼夜精進、現身獲得五神通、漸次修練、不捨此身、進入仏位。具如経説。（空海『即身成仏義』。T77, 383b）

（26）『金剛頂発菩提心論』云。「諸仏菩薩、昔在因地、発是心已、勝義行願三摩地為戒、乃至成仏、無時暫忘。惟真言法中、即身成仏。故是説三摩地法、於諸教中、闕而不書」。喩曰。此『論』者龍樹大聖所造千部論中密蔵肝心論也。是故顕密二教差別浅深及成仏遅速勝劣皆説此中。謂「諸教」者、他受用身及変化身等所説諸顕教也。「是説三摩地法」者、自性法身所説秘密真言三摩地門是也。所謂『金剛頂十万頌経』等是也。（空海『辨顕密二教論』巻上。T77, 378b）

（27）此の論一部七丁あり。竜猛の言ならぬ事、処々に多し。故に目録にも、或は竜猛、或は不空と両方也。いまだ事定まらず。其上此論文は一代を括れる論にもあらず。荒量なる事此多し。先「唯真言法中」の肝心の文あやまりなり。其故は、文証・現証ある『法華経』の即身成仏をばなきになして、文証も現証もあとかたもなき真言経に即身成仏を立て候。又唯という唯の一字は第一のあやまりなり。事のていを見るに、不空三蔵の私につくりて候を、時の人にをもくせさせんがために、事を竜猛によせたるか。（日蓮『撰時抄』。NST14, 210）

（28）三祇起行皆与無漏相応、地地収功、始得果円、号仏。（善導『転経行道願往生浄土法事讃』。T47, 425c）

（29）末代の衆生、その行成就しがたきによりて、まづ弥陀の願力に乗じて、念仏往生をとげてのち、浄土にて阿弥陀如来、観音勢至にあひたてまつりて、もろもろの聖教をも学し、さとりをもひらくべきなり。（『黒谷上人語灯録』巻十二、念仏大意。T83, 192a）

（30）とくとく安楽浄土に往生せさせおはしまして、弥陀観音を師として、『法花』の真如実相平等の妙理、『般若』の第一義空、真言の即身成仏、一切の聖教、心のままにさとらせおはしますべし云云。（『黒谷上人語灯録』巻十三。T83, 210b）

（31）真知、弥勒大士窮等覚金剛心故、龍華三会之暁、当極無上覚位。念仏衆生窮横超金剛心故、臨終一念之夕、超證大般涅槃。故曰便同也。（親鸞『顕浄土真実信文類』。T83, 609b）

（32）信心をえたるひとは、かならず正定聚のくらゐに住するがゆへに、等正覚のくらゐとまふすなり。大無量寿経には、摂取不捨の利益にさだまるものを正定聚となづけ、無量寿如来会には等正覚とときたまへり。その名こそかはりたれども、正定聚・等正覚はひとつこゝろ、ひとつくらゐなり。等正覚とまふすくらゐは、補処の弥勒とおなじくらゐなり。弥勒とおなじくこのたび無上覚にいたるべきゆへに、弥勒とおなじとときたまへり。（親鸞『末灯鈔』。NKBT 82, 120）

（33）設我得仏、国中人天、不住定聚必至滅度者、不取正覚。（康僧鎧訳『無量寿経』巻上。T12, 268a）

（34）若我成仏、国中有情、若不決定成等正覚證大涅槃者、不取菩提。（菩提流志訳『大宝積経・無量寿如来会』。T11, 93c）

（35）安楽浄土にいりはつれば、すなわち大涅槃をさとるとも、滅度にいたるともまふすは、み名こそかわりたるやうなれども、これはみな、法身とまふす仏となるなり。（親鸞『末灯鈔』。NKBT 82, 150）

（36）ちかひのやうは、無上仏にならしめむとちかひたまへるなり。無上仏とまふすは、かたちもなくまします。（親鸞『末灯鈔』。NKBT 82, 123）

（37）無心寂静なるを仏といふ。意楽をおこすは、仏といふべからず。意楽は妄執なり。（『一遍上人語録』巻下、門人伝説。NST10, 331）

（38）本より已来、自己の本分は流転するにあらず、唯妄執が流転するなり。本分といふは諸仏己証の名号なり。（『一遍上人語録』巻下、門人伝説。NST 10, 326）

（39）然に、衆生、我執の一念にまよひしより已来、既に常没の凡夫たり。爰に弥陀の本願他力の名号に帰しぬれば、生死なき本分にかへるなり。（『一遍上人語録』巻下、門人伝説。NST 10, 326. ＝『播州法語集』。NST 10, 365）

（40）「心の外に法を見るを名づけて外道とす」といふこと、心の外に境を置て、念をおこすを迷といふなり。境を滅して独一なる本分の心は妄念なし。心境各別にして、ふたつとおもひしより、生死には流転するなり。（『一遍上人語録』巻下、門人伝説。NST10, 337 ＝『播州法語集』。NST10, 368）

（41）心外に境を置て罪をやめ、善を修する面にては、たとひ塵劫をふるとも、生死をば離るべからず。いづれの教に（て）も、能所の絶する位に入て、生死を解脱するなり。今の名号は能所一体の法なり。（『一遍上人語録』巻下、門人伝説。NST10, 337 ＝『播州法語集』。NST10, 369）

（42）こゝろをばいかなるものとしらねども名をとなふればほとけにぞなる（『一遍上人語録』巻上、偈頌和歌。NST10, 314）

（43）即心是仏、無心是道。但無生心動念、有無長短、彼我能所等心。心本是仏、仏本是心、心如虚空。所以云、仏真法身、猶若虚空。不用別求、有求皆苦。設使恒沙劫行六度万行、得仏菩提、亦非究竟。何以故、為属因縁造作故。因縁若尽、還帰無常。所以云、「報化非真仏、亦非説法者」。但識自心、無我無人、本来是仏。(『宛陵録』。入矢義高［1974 : 289a］)

(44) 百種多知、不如無求最第一也。道人是無事人。(『伝心法要』。入矢義高［1974 : 284a］)

(45) 縦使三祇精進修行、歴諸地位、及一念證時、祇證元来自仏、向上更不添得一物。却観歴劫功用、総是夢中妄為。故如来云、「我於阿耨菩提、実無所得。若有所得、然燈仏則不与我授記」。又云、「是法平等、無有高下、是名菩提」。(『伝心法要』。入矢義高［1974 : 265a］)

(46) 你如今一切時中、行住坐臥、但学無心、久久須実。為你力量小、不能頓超。但得三年五年或十年、須得箇入頭処、自然会去。(『伝心法要』入矢義高。［1974 : 284b］)

(47) 你諸方言道、有修有證。莫錯。設有修得者、皆是生死業。你言六度万行斉修。我見皆是造業。求仏求法、即是造地獄業。求菩薩、亦是造業。看経看教、亦是造業。仏与祖師、是無事人。(『臨済録』。入矢義高［1989 : 74-75］)

(48) 你若求仏、即被仏魔摂。你若求祖、即被祖魔縛。你若有求皆苦。不如無事。(『臨済録』。入矢義高［1989 : 83］)

(49) 你擬傍家波波地学得、於三祇劫中、終帰生死。不如無事、向叢林中、牀角頭交脚坐。(『臨済録』。入矢義高［1989 : 90］)

(50) 你取山僧口裏語、不如休歇無事去。已起者莫続、未起者不要放起、便勝你十年行脚。(『臨済録』。入矢義高［1989 : 99］)

(51) 当人即心是仏。無心是道。(『普照国師法語』巻下、示丹羽玉峯居。T82, 761a)

(52) 仏となるに、いとやすきみちあり。もろもろの悪をつくらず、生死に著するこころなく、一切衆生のために、あはれみふかくして、上をうやまひ下をあはれみ、よろづをいとふこころなく、ねがふ心なくて、心におもふことなく、うれふることなき、これを仏となづく。又ほかにたづぬることなかれ。(道元『正法眼蔵』生死。DZZ7, 201-202)

(53) 諸仏、不染汚諸仏なり。しかあればすなはち、即心是仏とは、発心・修行・菩提・涅槃の諸仏なり。いまだ発心・修行・菩提・涅槃せざるは即心是仏にあらず。たとひ一刹那に発心修證するも即心是仏なり、たとひ一極微中に発心修證するも即心是仏なり、たとひ無量劫に発心修證するも即心是仏なり、たとひ一念中に発心修證するも即心是仏なり、たとひ半拳裏に初心修證するも即心是仏なり。しかあるを、長劫に修行作仏するは即心是仏にあらずといふは、即心是仏をいまだ見ざるなり、いまだしらざるなり、いまだ学せざるなり。即心是仏を開演する正師を見ざるなり。（道元『正法眼蔵』即心是仏。DZZ1, 170-171）

（54）迦葉已後、至于達磨、二十七世、或是羅漢、或是菩薩、伝仏世尊正法眼蔵、未称為仏。所以仏是行満作仏也、祖是解備嗣法也。仏果菩提不猥得成。明知此道理、実是仏祖嫡子也。（道元『永平広録』巻六。DZZ11, 281）

（55）学道の人、もし悟を得ても、今は至極と思て、行道を罷ことなかれ。道は無窮なり。さとりても、猶行道すべし。（懐奘『正法眼蔵随聞記』巻一。DZZ16, 113）

（56）しかあるに、阿耨多羅三藐三菩提は、かならず出家即日に成熟するなり。しかあれども、三阿僧祇劫に修証し、無量阿僧祇劫に修証するに、有辺無辺に染汚するにあらず。学人しるべし。（道元『正法眼蔵』出家功徳。DZZ8, 33）

（57）菩提心をおこしてのち、三阿僧祇劫、一百大劫修行す。あるいは無量劫おこなひて、衆生をさきにわたして、みづからはつひにほとけにならず、ただし衆生をわたし、衆生を利益するもあり。菩薩の意楽にしたがふ。（道元『正法眼蔵』発菩提心。DZZ8, 137）

（58）日本国越宇開闢永平寺沙門道元亦発誓願。当来五濁之世作仏、仏及弟子、国土名号、正法像法、身量寿命、一如今日本師釈迦牟尼仏不異。（道元『永平広録』巻二、寛元四年夏解上堂。DZZ10, 304）

参考：如来の般涅槃よりさきに涅槃にいり、さきだちて死せるともがらは、この八大人覚を聞かず、ならはず。いまわれら見聞したてまつり、修学したてまつる。宿殖善根のちからなり。いま習学して生々に増長し、かならず無上菩提にいたり、衆生のためにこれをとかんこと、釈迦牟尼仏にひとしくしてことなることなからん。（道元『正法眼蔵』八大人覚。DZZ9, 184-185）

第十二章　戒律論

（1）戒有三種。一律儀戒。即七衆所受。二摂善法戒。所修三乗一切善法。三饒益有情戒。即利有情三業万行。（基『妙法蓮華経玄賛』巻二末。T34, 685c）

（2）其別解脱律儀及処中一分無表以善思種子上有防身語悪戒功能及発身語善戒功能為体。（基『大乗法苑義林章』巻三末、表無表色章。T45, 301a）

（3）若拠大乗、戒分三品。律儀一戒不異声聞。非無二三有異。（道宣『四分律刪繁補闕行事鈔』巻下四、沙弥別行篇。T40, 149b）

（4）愚人謂異、就之起著、或依色心、及非色心。智知境縁本是心作、不妄縁境。但唯一識随縁転変、有彼有此。欲了妄情、須知妄業。故作法受、還熏妄心、於本蔵識、成善種子。此戒体也。（道宣・元照『四分律刪補随機羯磨疏済縁記』巻三之五）

（5）此『四分』宗義当大乗。『戒本』文云「若有為自身、欲求於仏道、当尊重正戒、及迴施衆生、共成仏道」。『律』中多有誠例。光師亦判入大乗律限。（道宣『四分律刪繁補闕行事鈔』巻上三、受戒縁集篇。T40, 26b）

（6）蔵雖有微心、冀茲勝行、毎慨其斥闕、志願西求、既不果遂、情莫能已。後備尋蔵経、捃摭遺躅、集『菩薩毘尼蔵』二十巻、遂見有菩薩戒本、自古諸賢未広解釈。（法蔵『梵網経菩薩戒本疏』巻一。T40, 605b）

（7）初離色心者、謂此真戒、性非質礙、又非縁慮、故云「非色心」。又釈。戒於思種而建立。故用思種為体。故云「非青等色」也。於思種上、仮立為色。故云「非心」也。（法蔵『梵網経菩薩戒本疏』巻一。T40, 607c）

（8）開麁者、毘尼学者即大乗学式叉。式叉即是大乗第一義光、非青非黄非赤白。三帰五戒十善二百五十皆是摩訶衍。豈有麁戒隔於妙戒。戒既即妙人亦復然。「汝実我子」即此義也。是名絶待妙戒。（智顗・灌頂『妙法蓮華経玄義』巻三下。T33, 718a）

（9）開麁顕妙者、他云。『梵網』是菩薩戒。今問。是何等菩薩戒。彼若答言。是蔵通等菩薩戒者、応別有菩薩衆。衆既不別、戒何得異。又若別明菩薩戒、何等別是縁覚戒。今明。三蔵三乗無別衆、不得別有菩薩縁覚之戒也。若作別円菩薩解者、可然。何者、三乗共衆外、別有菩薩、故別有戒。（智顗・灌頂『妙法蓮華経玄義』巻三下。T33, 717c-718a）

（10）若小乗教、辯戒是無作善法。受戒因縁具足、若発得無作戒、爾後睡眠入定、此善任運自生、不須身口意造作。以無作正為戒体。若薩婆多人、解無作戒是無表色不可見無対。若曇無徳人、明無作戒是第三聚非色非心法。諸部既異、雖不可偏執、約小乗教門、終是無作為戒体。其義不差。若大乗教門中、説戒従心起。即以善心為戒体。此義如『瓔珞経』説。有師言〝摩訶僧祇部人云無作戒是心法〟。（智顗・法慎『釈禅波羅蜜次第法門』巻二。T46, 484b）

（11）初戒体者、不起而已、起即性無作仮色。（智顗『菩薩戒義疏』巻上。T40, 566a）

（12）在実雖無、教門則有。令（甲本作今）之所用、有無作也。（智顗『菩薩戒義疏』巻上。T40, 566b）

（13）小乗律儀通於蔵通、『梵網』三聚局於別円。（最澄『上顕戒論表』。DDZ1, 256）

（14）豈不曾聞「波羅提木叉是汝之師」。（灌頂『隋天台智者大師別傳』T50, 196b）

(15) 窃以菩薩国宝、載『法華経』。大乗利他、摩訶衍説。弥天七難、非大乗経、何以為除。未然大災、非菩薩僧、豈得冥滅。（最澄『山家学生式』四条式。DDZ1, 19）

(16) 今天台法華宗年分学生並回心向大初修業者、一十二年、令住深山四種三昧院、得業以後、利他之故、仮受小律儀、許仮住兼行寺。（最澄『山家学生式』四条式。T74, 624c）

(17) 授円十善戒、為菩薩沙弥。（最澄『山家学生式』六条式。T74, 624a）

(18) 大唐貞元二十一年歳次乙酉当大日本国延暦二十四年乙酉也、春三月二日初夜二更亥時、於台州臨海県龍興寺西廂極楽浄土院、奉請天台第七伝法道邃和上、最澄義真等、与大唐沙門二十七人、倶受円教菩薩戒。（最澄『内證仏法相承血脈譜』。DZZ1, 236）

(19) 於末代、無四十余年持戒、唯有『法華経』持戒。（日蓮『守護国家論』。NST14, 390b）

(20) 大唐の終南山の豊徳寺の道宣律師の小乗戒を日本国三所に建立せり。此は偏に法花宗の可流布方便也。大乗出現の後には、肩を並て非行。（日蓮『下山抄』。NST14, 312）

(21) 彼の円戒も迹門の大戒なれば今時の非機。（日蓮『下山抄』。NST14, 334）

(22) 行法之始、応信己身有如来蔵、修行可得成仏。三宝功徳最勝難量。離此更無合帰依処。因果決定、業報必然。是故捨悪修善不離自心。然後受三聚浄戒、護持十重四十八軽、遮性分全、一一惜嚢、如微塵許、勿令有犯。（大通融観『融通円門章』。T84, 2c）

(23) 趣向仏道、非戒寧到。必須顕密二戒堅固受持、清浄莫犯。所謂顕戒者、三帰五戒及声聞菩薩等戒。四衆各有本戒。密戒者、所謂三昧耶戒、亦名仏戒、亦名発菩提心戒、亦名無為戒等。（空海『弘仁遺誡』）

(24) 大師尚仏法之流布、歎生民之可抜、授我以発菩提心戒、許我以入灌頂道場。（空海『御将来目録』。T55, 1060b）

(25) 言具足衆戒者、然戒有多種。或三帰戒、或五戒、八戒、十善戒、二百二十戒、五百戒、沙弥戒、或菩薩三聚戒、十無尽戒等。故名具足衆戒也。（善導『観無量寿経疏』巻二。T37, 260a）

(26) 行者欲生浄土、唯須持戒念仏誦『弥陀経』。（善導『観念阿弥陀仏相海三昧功徳法門』。T47, 23b）

(27) 未嘗挙目視女人。（王日休『龍舒増広浄土文』。T47, 266c）

(28) 戒是仏法之大地也。衆行雖区、同依於此。是以善導和尚不挙目視女人。此其行状過本律制。浄業之徒、若不順之、遠違如来之遺教、近背祖師之嘉躅。都無拠者哉。（『黒谷上人語灯録』巻十、七箇条起請文。T83, 167c）

(29) されば持戒の行は仏の本願にあらぬ行なれば、たへたらんにしたがひて、たもたせ給べく候。（『拾遺黒谷語灯

録』巻下、熊谷の入道へつかはす御返事。T83, 262a）

（30）たとひのちにやぶれ候とも、その時たもたんとおもふ心にて、たもつと申すはよき事にて候。（『黒谷上人語燈録』巻十五、一百四十五箇條問答。T83, 229c）

（31）然則今時澆季緇素持戒破戒及無戒者、但能一心念仏、皆当往生也。（『黒谷上人語灯録』巻一、無量寿経釈。T83, 115a）

（32）誠知。悲哉、愚禿鸞、沈没於愛欲広海、迷惑於名利太山、不喜入定聚之数、不快近真證之證、可恥可傷矣。（親鸞『顕浄土真実信文類』。T83, 609c）

（33）説道も涯分いにしへにはづべからずといへども、「人師戒師停止すべき」よし、聖人の御前にて誓言発願をはりき。（覚如『口伝抄』。SZB 60）

（34）是非しらず邪正もわかぬこのみなり。小慈小悲もなけれども名利に人師をこのむなり。（親鸞『正像末浄土和讃』。NKBT82, 111）

（35）世間の妻子眷属もあひしたがふべき宿縁あるほどは別離せんとすれども捨離するにあたはず。宿縁つきぬるときはしたひむつれむとすれどもかなはず。（覚如『改邪抄』。SZB 126）

（36）行者宿報設女犯　我成玉女身被犯　一生之間能荘厳　臨終引導生極楽（専修寺蔵『親鸞夢記』『三夢想記』ほか）

（37）卯毛羊毛のさきにいるちりばかりも、つくるつみの宿業にあらずといふことなしとしるべし。（『歎異抄』。SZB 20）

（38）さるべき業縁のもよほさば、いかなるふるまひもすべし。（『歎異抄』。SZB 23）

（39）わろしとは知ながら、いよいよ著して、こゝろやすくはぐゝみたてんとて、財宝妻子をもとめて、酒肉五辛をもてやしなふ事は、ゑ（え）せものと知りたる甲斐なし。わろきものをばすみやかにすつるにはしかず。（『一遍上人語録』巻下、門人伝説。NST10, 324）

（40）為有貪瞋痴、即立戒定慧。本無煩悩、焉有菩提。故祖師云、「仏説一切法、為除一切心。我無一切心、何用一切法」。（『伝心法要』。入矢義高［1974：269b］）

（41）学道人先須堅持禁戒。如沙弥十戒、比丘二百五十戒、菩薩十重四十八軽戒、識相堅持、毋得違犯。設有違犯、即当生大慚愧、痛自責心、発露懺悔。（隠元『黄檗清規』。T82, 769ab）

（42）我迦文設戒定慧薬、以治之。其病若愈、薬亦烏用。（『普照国師法語』巻下。T82, 762b）

（43）蓋一切衆生之命与我無二無別。何苦戕彼命而資我腹。聖人亦有聞其声、不忍食其肉。仁心発現、亦戒之漸也。要延我寿。貴須禁殺、以寿天下、福詎可量。是為一国興仁、仁之至也。即此便是西方清浄世界矣。（『普照国師法

語』巻下、答独広方居士七問。T82, 765c)

(44) 出家児且要学道。祇如山僧、往日曽向毘尼中留心、亦曽於経論尋討。後方知是済世薬表顕之説、遂乃一時抛卻、即訪道参禅。後遇大善知識、方乃道眼分明、始識得天下老和尚、知其邪正。(『臨済録』。入矢義高［1989 : 96］)

(45) 此十六条戒、千仏之所護持、曩祖之所伝来。(道元『仏祖正伝菩薩戒作法』。DZZ15, 475)

(46) いま仏々祖々正伝するところの仏戒、ただ嵩嶽曩祖まさしく伝来し、震旦五伝して曹渓高祖にいたれり。青原・南嶽等の正伝、いまにつたはれりといへども、杜撰の長老等かつてしらざるもあり、もともあはれむべし。(道元『正法眼蔵』受戒。DZZ8, 62)

(47) 大宋宝慶元年乙酉九月十八日、前住天童如浄和尚示道元云「仏戒者宗門大事也、霊山少林曹谿洞山皆附嫡嗣、従如来嫡々相承而到吾、今附法弟子日本国僧道元。伝附既畢」。(『授覚心戒脈奥書』。DZZ15, 489)

(48) 唐土我朝先代人師、釈戒之時、詳論菩薩戒体、甚以非也。論体、其要如何。如来世尊唯説戒之徳、得否不論体之有無。(道元『出家略作法文』。DZZ15, 483)

(49) 釈迦牟尼仏言、「諸声聞人、未得正命」。しかあればすなはち、声聞の教行證、いまだ正命にあらざるなり。しかあるを、近日庸流いはく、声聞菩薩を分別すべからず、その威儀戒律ともにもちゐるべしといひて、小乗声聞の法をもて、大乗菩薩法の威儀進止を判ず。釈迦牟尼仏言、「声聞持戒、菩薩破戒」。しかあれば、声聞の持戒とおもへる、もし菩薩戒に比望するがごときは、声聞戒みな破戒なり。(道元『正法眼蔵』三十七菩提分法。DZZ6, 147)

(50) 宋朝之風、雖習学大乗教、僧皆先受大僧戒也。只受菩薩戒之僧、未嘗聞者也。先受比丘戒、後受菩薩戒也。受菩薩戒、而為夏臈、未嘗聞也。(道元『明全戒牒奥書』。DDZ17, 147)

(51) 或云「我是大乗之人、不行小乗之法」。如斯者衆非一二三。此則内乖菩薩之心、外闕声聞之行。四儀既無法潤、乃名枯槁衆生。若此等流、古今不絶。自非持法達士、孰能鑒之者哉。(道宣『教誡新学比丘行護律儀』。T45, 869b)

閉会式

(1) 親鸞は弟子一人ももたずさふらう。そのゆへは、わがはからひにて、ひとに念仏をまふさせさふらはゞこそ、弟子にてもはふらはめ、弥陀の御もよほしにあづかて念仏まふしさふらうひとを、わが弟子とまふすこと、きはめたる荒涼のことなり。(『歎異抄』。SZB 11)

(2) 法主軌則をこのまねば　弟子の法師もほしからず　誰

を檀那と頼まねば　人にへつらふ事もなし（『一遍上人語録』巻上、百利口語。NST10, 295）

（3）直饒千万人、利益につき財欲にふけりて聚たらん、一人なからん、猶とるべき。悪道の業因のみ自積て仏法の気分無故也。清貧艱難して、或は乞食し、或は茶果等を食して、恒、飢饉して学道せば、是を聞て、若一人も来り学せんと思ふ人有らんこそ、実の道心者、仏法の興隆ならめと覚る。艱難貧道によりて一人も無らんと、衣食饒にして諸人聚て仏法なからんと、只、八両と与半斤也。（懐奘『正法眼蔵随聞記』巻三。DZZ16, 176）

（4）王地に生たれば、身をば随られたてまつるやうなりとも、心をば随られたてまつるべからず。（日蓮『撰時抄』。NST14, 238）

（5）学人、初心の時、道心有ても無ても、経論聖教等よくよく見るべく、学ぶべし。我、初めてまさに無常によりて聊か道心を発し、あまねく諸方をとぶらひ、終に山門を辞して、学道を修せしに、建仁寺に寓せしに、中間に正師にあはず、善友なきによりて、迷つて邪念をおこしき。教道の師も、先づ学問先達にひとしくよき人也、国家に知れ、天下に名誉せん事を教訓す。よて教法等を学するにも、先この国の上古の賢者にひとしからん事を思ひ、大師等にも同じからんと思て、因、高僧伝続高僧伝等を披見せしに、大国の高僧、仏法者の様を見しに、今の師の教への如くには非ず。また我がをこせる心は、皆経論、伝記等には厭い悪みきらへる心にて有りけりと思より、漸く心つきて思に、道理をかんがふれば、名聞を思とも、当代下劣の人によしと思はれんよりも、上古の賢者、向後の善人を可恥。ひとしからん事を思とも、此国の人よりも、唐土天竺の先達高僧を可恥。かれにひとしからんと思べし。乃至諸天冥衆、諸仏菩薩等を恥、かれにひとしからんとこそ思べきに、道理を得て後には、此国の大師等は土かわらの如く覚て、従来の身心皆改ぬ。（懐奘『正法眼蔵随聞記』巻五。DZZ16, 234-236）

（6）此国は、辺地小国なりといへども、昔も今も、顕密二道に名を得、後代にも人に知られたる人いまだ一人も衣食に饒なりと云ことを聞かず。（懐奘『正法眼蔵随聞記』巻一。DZZ16, 109）

（7）道心之中有衣食也。衣食中無道心也。（光定『伝述一心戒文』巻下所引。T74, 658a）

（8）余於海西、頗閑骨法。雖未画墨、稍覚規矩。然猶願定水之澄浄、不顧飛雲之奇体。棄置心表、不歯鑑写。（空海『遍照発揮性霊集』巻四、劉庭芝集書上表。KDZ6, 742A）

（9）念仏の行を信ぜぬ人にあひて論じ、又あらぬ行の人人にむかひて執論候べからず。あながちに別解異学の人を

みては、あなづりそしる事候まじ。（『黒谷上人語灯録』巻十三、鎌倉の二位の禅尼へ進ずる御返事。T83, 203b）

（10）おほかた弥陀に縁あさく、往生に時いたらぬものは、きけども信ぜず、をこなふをみてははらをたて、いかりをふくみて、さまたげんとする事にて候也。その意をえて、いかに人申とも、御心ばかりはゆるがせ給ふべからず。あながちに信ぜざらんは、仏なをちからをよび給ふまじ。いかにいはんや凡夫はちからをよぶまじき事也。かかる不信の衆生のために、慈悲をおこし利益せんと思はんにつけても、とく極楽へまいりてさとりをひらきて、生死にかへりて誹謗不信のものをもわたし、一切衆生をあまねく利益せんと思べき事にて候也。このよしを意えておはしますべし。（『黒谷上人語灯録』巻十四、津戸三郎入道へつかはす御返事。T83, 217bc）

（11）念仏を御こゝろにいれてつねにまふして、念仏そしらんひとびと、この世、のちの世までのことをいのりあはせたまふべくさふらふ。御身どもの料は、御念仏はいまはなにかはせさせたまふべき。ただ、ひがふだる世のひとびとをいのり、弥陀の御ちかひにいれとおぼしめしあはば、仏の御恩を報じまいらせたまふになりさふらふべし。（『親鸞聖人御消息集』。NKBT82, 167）

（12）専信所愛法、莫破他人法（『一遍上人語録』巻上、時衆制誡。NST10, 299）

（13）ふるく云、「君子の力ら、牛に勝れたり。しかあれども、牛とあらそはず」。今の学人、我智恵を学人にすぐれて存すとも、人と諍論を好む事なかれ。又、悪口をもて人を云ひ、怒目をもて人を見る事なかれ。（懐奘『正法眼蔵随聞記』巻六。DZZ16, 260）

（14）大丈夫児莫祇麼論主論賊論是論非論色論財論説閑話過日。（『臨済録』。入矢義高［1989 : 67］）

（15）君子の力らは牛にもすぐれたり。しかれども牛と相ひ争はず。我れ法を知れり、彼れにすぐれたりと思ふとも、論じて彼を難じ負かすべからず。若、真実に、学道の人有りて、法を問はば、惜むべからず。為に開示すべし。然れども、猶を其れも、三度問はれて、一度答ふべし。多言閑語する事なかるべし。此の咎は身に有り。是、我を諌らるると思しかば、其後、人と法門を諍論せず。（懐奘『正法眼蔵随聞記』巻六。DZZ16, 261-262）

（16）日本国の位をゆづらむ、法花経をすてゝ観経等について後生をごせよ、父母の頸を刎、念仏申さずわ、なんどの種々の大難出来すとも、智者に我義やぶられずば、用いじ。（日蓮『開目抄』巻下。NKBT82, 402-403）

（17）又この日本国は海外の遠方なり、人のこころ至愚なり。むかしよりいまだ聖人むまれず、生知むまれず、いはんや学道の実士まれなり。道心をしらざるともがら、道心をしふるときは、忠言の逆耳するによりて、自己をかへりみず、他人をうらむ。（道元『正法眼蔵』渓声山色。DZZ3, 141）

(18) 蔵の財より身の宝勝たり。身の宝より心の財第一也。（日蓮『崇峻天皇御書』。NKBT82, 455）

(19) 庶後学徒詳而易入。（基『大乗法苑義林章』巻二末、二諦義。T45, 0253a）

(20) 嗚呼、律為法命。弘則命全。今不欲不弘、正法斯滅。又可悲之深矣。（道宣『続高僧伝』巻二十二、論。T50, 621a）

(21) 願得次生、還棲山谷、修業成辦、乃可利人。（『国清百録』巻二、重述還天台書。T46, 808b）

(22) 但我鄭重、託生此間、習学一乗、弘通一乗。若同心者、守道修道、相思相待。（一乗忠『叡山大師伝』。DDZF 39）

(23) 語はふみにつくさず、ふみは心をつくしがたく候へばとどめ候ぬ。（日蓮『南条兵衛七郎殿御書』。NST14, 109）

(24) 宜可広依『華厳経』普眼境界、準思之。（法蔵『華厳一乗教義分斉章』巻四、十玄縁起無礙法門義。T45, 507b）

(25) 虚空尽、衆生尽、涅槃尽、我願尽。（空海『続遍照発揮性霊集』巻八、高野山万灯会願文。KDKZ6, 765a）

(26) 嗚呼、時遠教弛、希有暁了。寧弗作楚乎。（大通融観『融通円門章』。T84, 1a）

(27) 帰去来。魔郷不可停。曠劫来流転、六道尽皆経。到処無餘楽、唯聞愁歎声。畢此生平後、入彼涅槃城。（善導『観無量寿経疏』巻三。T37, 263a）

(28) 南無阿弥陀仏と唱給へば、住所は隔といへども、源空に親しとす。源空も南無阿弥陀仏と唱たてまつるが故なり。念仏を縡とせざる人は、肩を並膝を与といへども、源空に疎かるべし。三業皆異なるが故なり。（聖覚『黒谷源空聖人伝』。JZ17, 15ab）

(29) この身は、いまは、としきはまりてさふらへば、さだめてさきだちて往生しさふらはんずれば、浄土にてかならずかならずまちまいらせさふらふべし。（親鸞『末灯鈔』。NKBT82, 132）

(30) 一代の聖教皆尽て、南無阿弥陀仏になりはてぬ。（『一遍上人語録』巻下、門人伝説。NST10, 348）

(31) 真仏無口、不解説法。真聴無耳、其誰聞乎。珍重。（『宛陵録』。入矢義高［1972：302a］）

(32) 你但自家看。更有什麼。説亦無尽。各自著力。珍重。（『臨済録』。入矢義高［1989：146］）

(33) 無常迅速也。生死事大也。暫存命の間、業を修し、学を好には、只、仏道を行じ、仏法を学すべき也。（懐奘『正法眼蔵随聞記』巻二。DZZ16, 142-143）

(34) 汝等有志扶持法門者、当以法門為重、以道自貴、不可

循俗。苟求声利、自喪至徳。老僧去後、若不依吾之訓、非吾眷属。（『黄檗開山隠元老和尚末後事実』。IZF 5435）

著者紹介
大竹　晋（おおたけ　すすむ）
1974年、岐阜県生まれ。筑波大学卒業。博士（文学）。
現在、仏典翻訳家。
著書に『大乗起信論成立問題の研究』『大乗非仏説をこえて』（国書刊行会）、『唯識説を中心とした初期華厳教学の研究』『元魏漢訳ヴァスバンドゥ釈経論群の研究』（大蔵出版）、訳書に新国訳大蔵経・『十地経論Ⅰ・Ⅱ』『大宝積経論』『能断金剛般若波羅蜜多経論釈 他』『法華経論・無量寿経論 他』（大蔵出版）などがある。

宗祖《しゅうそ》に訊《き》く
――日本仏教《にほんぶっきょう》十三宗《しゅう》・教《おし》えの違《ちが》い総《そう》わかり
ISBN978-4-336-05938-3

平成 27 年 7 月 20 日　初版第 1 刷発行
令和 元 年 7 月 19 日　初版第 2 刷発行

著　者　大竹　晋
発行者　佐藤今朝夫

〒174-0056 東京都板橋区志村 1-13-15
発行所　株式会社　国書刊行会
電話 03(5970)7421　FAX 03(5970)7427
E-mail: sales@kokusho.co.jp　URL: http://www.kokusho.co.jp

落丁本・乱丁本はお取替えいたします。
装幀 鈴木正道（Suzuki Design）
印刷 三松堂株式会社
製本 株式会社ブックアート